日本近代化の構造的特質

北條　浩〔著〕

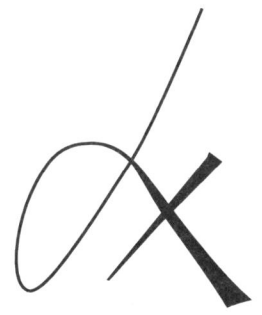

御茶の水書房

日本近代化の構造的特質　目次

目次

日本近代化の構造的特質

序　明治絶対主義国家の成立と近代化

明治維新の変革は、いうまでもなく、幕藩体制としての封建的領主支配機構にたいする政治的変革である。明治維新の政治的変革は、その初期政治的段階において古代律令制的天皇制中央集権的絶対支配体制を志向するものであったが、幕藩体制下における経済的・社会的発展は、古代体制をそのまま構造的なかたちで受け入れるだけの余地をもたなかった。しかし、経済的にも、政治体制的にも破綻した幕藩体制の現状の再編成は、幕藩的政治支配体制の再編成か、古代律令制的天皇制絶対支配による統一的国家体制か、の対立であって二者択一的である。結果として指向したものは天皇制絶対主義的政治支配体制であった。これは、倒幕の大義名分が天皇支配体制の復活であるから、当然の帰結であった。とはいえ、古代天皇体制がそのまま実現されるものではないからである。

この変革期においては、ブルジョア的変革、すなわち、市民社会的変革といった問題は生じていない。したがって、市民社会的な変革についての社会的・政治的内在は存在することがなく、統一的支配体制への指向のみが存在しただけである。国内戦争において、幕府諸藩による封建的反動か、天皇を大義名分とする反幕府的諸藩連合の統一支配体制化か、の二者択一なのであるから、いずれにしても封建的反動であり、封建的再編成であることには変りはない。

明治初年に形成された明治絶対主義国家の中央官僚体制は、古代律令体制的中央集権の外装の側面をもつという、その創成期の主観的・主体的要因はともかくとして、形成期の官僚体制は、絶対主義的な近代の産物であるし、また、そうならなければ国家体制として維持できなかったのである。しかし、明治維新の変革が、いわゆる市民社会型の根底からの変革ではなく、天皇制明治絶対主義国家の創設にたいする変革であったから、その後における近代的擬装には、プロシャ＝ドイツの絶対主義国家制度が導入されても不思議なことではなく、それでなければならなかったのである。国家体制の等似性である。明治維新の変革によって、旧幕藩体制的な封建的領邦国家体制は断絶するが、明治維新国家体制として創設された天皇制古代体制支配としての中央集権的官僚制国家体制の確立であり、その移行である、絶対主義を附与された、天皇制絶対主義支配体制は、その初期の段階において、裁判機構と政治支配のもとに置いた。その初期の好例として裁判所は検察をもともなったのである。これは、旧幕府体制と同じである。

裁判機構の頂点に立つ大審院制度の創設は明治八（一八七五）年であるが、それ以前においては、裁判機構は旧幕藩制を踏襲していて、国家権力の下部の役割を果していた。つまり、天皇制中央集権的国家体制のかたちを整えるといっても、その初期の段階においては、古代国家体制と幕府体制とが混在していたのである。すでに、幕末期において、ヨーロッパ、アメリカの文物の検討が行なわれ、実際に海外へ派遣された開明派が、中央集権国家体制への制度的改革を構想しても、フランス絶対王制か、プロシャ＝ドイツ絶対主義国家かは、近代の理想型Idealtypusとして求められるものではなく、天皇制統一国家体制への適用として制度的に利用されたのである。したがって、天皇制統一国家体制の創設ならびに維持のためには、その中央集権的支配機構は、もともと、近代的国家イデオロギーにもとづくものではないから、その支配のためには古代官制や、幕府制度ならびに支那（中国）の儒教的イデオロギーやその制度も混在していたのである。その端的なあらわれは、刑法関係の制度・法律・法令である。

天皇制古代国家への指向は、太政官制度による中央集権的官僚制であり、その編成である。[1] 編成においては、多くの内部対立をはらみながらも、中央集権的体制を確立するということにおいては一致している。むしろ、中央集権的な体制の確立であるがために内部抗争があったといえるのである。外国への対応にもとづく諸制度の制定は、のちに「開明派」と言われる者によって推進される。その内容にいたっては、天皇制中央集権国家に対立する特別なイデオロギーにもとづくものではない。明治三（一八七〇）年に、太政官に制度局を設けて民法編纂に着手するが、江藤新平（会長）はフランス民法にもとづいて日本の民法を制定することをはじめとし、司法卿に着任してからは、フランスの商法・訴訟法・治罪法の訳にとり組む。それでは、江藤新平がフランスの国家体制やイデオロギーにもとづく明治国家体制を意図しているのか、ということであるが、そうではない。たんなる制度の適用なのである。他方において、箕作麟祥がフランス民法を翻訳したときに、「ドロアー・シヴィール Droit civilという語を『民権』と訳出」したときに、「『民に権があるとは何の事だ』という議論が直ちに起った」[2]というほど、旧幕藩体制的な支配のイデオロギーであって、それは統一国家体制の上層側において一般的実情であった。このことは、天皇制中央集権統一国家側において、ヨーロッパ——とくにフランス——の絶対主義国家体制を構造的変革の主体的条件として受けいれる余地のないことを示している。

しかしながら、他方において、租税制度の法制的変革を示す明治五年にはじまる地租改正の前提としての所有権確認作業は、旧幕期以来の私的所有の一般的展開にもとづくものであり、古代律令制的太政官制度的土地の天朝領国有は後退したが、のちに（明治二一年）天皇御料地として復活する。外国の法制度の転用というかたちでの法形式の創設は、皮肉にも太政官を頂点とする天皇制統一国家において可能なことであった。それは、法制度の背景にある国家イデオロギー、ないしは同じことながら法のイデオロギーにかかわりなく制度として利用するまでのことである。にもかかわらず、その制度がよってもって立つ国家社会——たとえば、フランス絶対王制、プロシャ絶対主制——とは完全にかけ離れているのではなく、近似性があったからにほかならない。つまり、絶対主義的「近代的」な外国法を受け入れるだけの経済的・社会的素地は全面的ではないにしても存在していたのである。江藤新平のとうとつなフランス民法の転用も、彼のイデオロギーが明確に絶対王制もしくは「近代」を指向した、あるいは、そのイデオロギーではないにしても、社会的には否定されるべき、対立したものではなかったのである。

律令的天皇制統一国家体制とその支配のための法制は、それじたいではフランス・ドイツ・イギリスの「近代」を指向した絶対主義国家とは相容れないものである。にもかかわらず、たとえ制度上、ならびにイデオロギー上において古代官制にもとづくものであっても、その中央集権的国家体制は、近代を指向する中央集権的絶対主義国家体制にとっては必ずしも否定されるべきものでなく、明治天皇制中央集権国家作成の強化に利用することのできる「近代化」制度にとり入れられたのである。

ところで、絶対主義国家は、ヨーロッパのそれぞれの国において創出過程ならびに支配機構上において異なるとはいえ、絶対君主が中央集権国家の頂点に立って支配権力を掌握し、官僚体制によって支配を行なうことには変りはない。明治維新の政治的変革（国内戦争）によって成立した天皇制絶対主義統一国家は、その封建的反動のいかんにかかわりなく、古代律令制的なイデオロギーによっていわゆる「後古」をスローガンとして中央集権官僚的支配体制を確立する。天皇（王・君主）による中央集権的官僚体制は、支配の統一的絶対的性格において、まさに、中央集権的国家なのであり、絶対王制として、他の絶対主義国家の中央集権と等似性をもつ。機構編成が異なるだけである。しかし、そのもとにおける社会・経済的基盤は、古代律令制そのものではありえない。この支配体制と社会・経済的基盤との溝、あるいは対抗関係を埋めるのが「近代」的といわれる諸編成なのである。そうでなければ、この基盤と支配機構との相違は対立関係を大きくして、古代律令制的中央集権国家の危機をもたらすことになるからである。この、古代律令的性格と機構をもち、身分階級的制度をもつ天皇制明治絶対主義国家は、その「近代」の導入において、たんなる封建反動国家体制から、日本特有のプロシャ型といわれる絶対主義国家の始動が開始され、そのもとでの法制度の改革が行なわれるのである。したがって、法制度の改革も一定の限界をもち、イデオロギーも、古代律令制的イデオロギーと、絶対主義的プロシャ型とのイデオロギーとの対立をもちながら進められるのである。

（1）池田寅二郎『司法ニ関スル法制』（『司法資料』第一〇四号）昭和二年、司法大臣官房調査課。

（2）穂積陳重『法窓夜話』、二二四頁、一九八〇年、岩波書店。

（3）河野健二『絶対主義の構造』（四頁）において、「身分的階層関係をもち、人民の無権利状態を前提としている」と言われているが、「無権利状態」では、絶対主義国としては成立する余地がない（昭和二五年、日本評論社）。

（4）所有権の絶対性も、そのなかで捉えておくべきであろう。すなわち、所有権の絶対性はプロシャ型絶対王制（あるいは絶対主義国家一般の）に特徴的な近代化の一階梯にほかならない。したがって、川島武宜氏の『所有権法の理論』（一九四九年、岩波書店）もその観点から捉えられるべきであろう。

追記　本書を『日本近代化の構造的特質』としたが、この「特質」というのは、プロシャ型の絶対主義国家の日本型ということであり、プロシャ型の政治・法律・社会構造、およびイデオロギーにとっては当然のものなのである。フランス型絶対主義あるいは近代市民国家に対置した用語として使用したまでのことである。

第一章　中央官僚国家体制の成立と国家的所有
――地租改正と国有林の成立――

はじめに

わが国の国有林野（御料林も含む）は、明治初年以来、法制度上において、私的所有に対立するばかりでなく、国民にも対立する存在であった。この、国有林野のうち、幕藩の「御林《おはやし》」等の領主直轄林は、そのなかでも禁伐林については特別保護林として厳重な管理・統制のもとに置かれていた。保護林といっても、幕府の経済的理由から厳重な管理・統制が行なわれていたものと、領主の奢侈《しゃし》や遊興によるものもそれなりの面積をもっていた。それらは村民の立入りが禁止されていた。しかし、そのほかの御林においては、或程度において村民の使用・収益が認められていたのである。尾張藩直轄の木曽山林においては、俗に「木一本首一つ」といわれ、禁伐木五種類のうちの一本を伐採（盗伐）すれば、その者の首がとぶ（死刑）といわれた――実際はそのような法律上の規定はないし、史実上においてもその例をみない――ほど厳重な管理をもってのぞんだ。その尾張藩の木曽山林でさえ、制限付きではあるが地元村民の使用・収益を認めていたことがかなりあった。

これにたいして、国有林を所有し管理する農商務省（管理の前身は内務省）では、国有林のきわめて厳重な管理を行なったのである。それは、少なくとも、幕府御林の管理の比ではなかった。それは、管理規程のなかにみられるし、実際上における管理の強圧政策にもみられる。このような管理規定をみるのも明治政府においてはじめてである。まさに、プロシャ型絶対主義国家体制的な中央集権的官僚統制によるものである。これが日本の「近代」といわれるものである。

国有林野は、所有において絶対的な権利の存在を付与され、私有林野と所有権制度上において、対立し、競合関係に立つ。そればかりではない。その所有の理論をもって従来から権益をもっていた——村所有ならびに入会——村民の使用・収益を制限もしくは否定し、さらに、国民の共同の権利をも、その意識とともに排除する。それは、国有林野をもって国家的所有として国民に対立し、国家利益——国家の主導による軍事的・産業的価値物としての利用——に供することを目的としたからにほかならない。それが、明治政府の国家的所有の論理である。

明治四（一八七一）年の御林の調査時点においてはその面積はそれほど膨大なものではない。まして、御林中に私権である入会権の存在を除外すれば、その面積はさらに少なくなる。ところが、地租改正——とくに、山林原野官民有区別——において、旧村所有・支配地ならびに入会地を大量に国有地へ編入したことによって、国有地の面積は膨大な数量となって出現する。現在の国有林野の創出はここを基点とする。そうして、明治絶対主義国家の中央集権的支配体制が始動して以降において、国有林野は明治国家体制の利害ばかりでなく、官僚・政治家・大資本の利害と直結した存在となった。そのためには、絶対王制的な開明的所有の理論——所有の絶対性——と支配の確立が求められたのである。この時点において、所有を媒介として、国家と地元村民（部落構成員）とは林野をめぐり対立関係に置かれたばかりでなく、国家と国民も対立関係に置かれた。

その後、国有林は国防事業ならびに産業——そうして、政商——と密接な関係にあったばかりでなく、官僚と企業・商業とのゆ着を生むことにもなった。戦後において林野官僚のこれらの産業・商業への天下りや払下げなどはこの国家的所有の特質——絶対主義的な中央官僚制——を象徴する。

第一節　国有林野創設の始動

今日、わが国の林野のなかできわ立って広い面積をもつ国有林の大部分は、明治元（一八〇五）年頃にはじまる「御林」等の幕府・領主直轄林の官林編入を経て、明治初年の地租改正の際、広大な林野を官林・官有地（以下、国有林と称する）として確定したことに基因する。この国有林の編入については、従来の研究では国家による暴力的な収奪ないしは収奪を前提とする立法・行政等が行なわれた結果であることが指摘されている。(1) その時期については必ずしも一定していないが、少なくとも地租改正中期以降というのが支配的な説である。明治一四（一八八一）年にほぼ地租改正が終了するから、右の時期以降に国有林野が確定しても時期的にはさして問題がない。

地租改正には、山林原野も含まれる。地租改正中、とくに山林原野を特別に扱ったということはないが、他の土地にたいする地租改正と山林原野の地租改正とを区別する意味で林野地租改正（もしくは山林原野地租改正）とよんでいる。林野地租改正は、全体的にみて他の土地——とくに、田・畑・宅地——よりも遅れた。このことは、山林原野の所有の確認が、(イ)所有の認定と(ロ)境界調査、ならびに(ハ)面積の確定、(ニ)樹種・数量の確定、(ホ)地価の算定、という点で田・畑・宅地よりも手間がかかったからである。

ところで、地租改正における土地所有の認定は、その多くが、旧幕時代における土地支配（所有ないしは占有）の法制的な確認である。もともと、田・畑については原則として法律上においては売買が禁止されていた。しかし、山林については必ずしも右の法令が適用されていたわけではない。といっても、山林は田・畑のごとくその「所有」者の移動が頻繁に行なわれていない。したがって、公簿や書証上において明確に「所有」を確認することは田・畑とは異なり容易ではなく、そのために事実上の支配が所有を決定する場合が多かったのである。

明治五（一八七二）年二月の地所売買解禁（太政官布告五〇号）もその意味では山林にたいしては直接的な効果はなく、ただ、全面的に土地の自由化が法制度上において認められたことを意味するものである。旧幕期における林野は、その支配の形態からみて、大きく三つにわけられる。その一つは、領主の直轄支配の林野。その二つは私的支配の林野。その三つは、村支配の林野である。これらの支配は、その強弱によってのちに林野地租改正、とくに山林原野官民有区別において、私的所有との関連性が問題となる。これらの林野はいずれも領主が領有するところであるから、領有による支配と、私的所有ないしは私的支配との対抗関係が私的所有の確認作業にも影響を与えたことにもなる。

明治元（一八六八）年正月一〇日、天皇家＝明治維新政府は天領（徳川家支配地）の接収（天皇領の創出）を宣言したのち、ただちにこれの調査と管理にのり出した。正月二七日に、東海・東山・北陸・山陽・山陰・南海の六道にある幕領の点検を命じ、ひきつづいて一二月二四日に会計官が関東府県にたいして出した第一一四四号布告「御林木風損立枯」の払下げならびに『御林帳』の提出を命じたのがそれであり、ひきつづいて明治二年七月九日に大蔵省が「伊豆国並関東府県」の「御料御林旧旗下上知林」の見分を租税使官吏に取締りを命じ（六三二号）、民部省もまた翌一〇日に府県にたいして「支配地宮林総反別」・「上知林」の書上げを命じた（六三七号）ことによってこの地域の支配は実質的に完了したといえる。この時点において天皇家は徳川宗家の土地を領有し、「御林」等の直轄地を直接の支配下に置いたこととなる。天皇家の土地支配は、「御林」に関するかぎり直接的な支配を行なっており、ここに農民の用益権ないしは用益の事実がみられるか否かにかかわりなく、その支配の強度ならびに管理の状態からみて、領主側からみれば「所有」に近似するものであろう。

これにたいして、他の林野においては、右のような意味での「所有」が貫徹しない場合が多い。問題は、農民の支配（利用）が「所有」そのものを示すか、ないしは近似するかである。ここでは天皇家は領主としての地位にとどまり「所有」を示すものは存在しない。土地を領有することと「御林」を直接に管理することとは明確に区別されている。たとえば、さきの大蔵省指令においては、「御林旧旗下上知林」の取締りのほか開発ならびに「木品」の払下げ等が内容とされている。ごく短い一時期を限って、私有林にまで艦船等の建造のための特定の林木に伐採制限が行なわれたことがあるが、領有地全般の山林について、右のようなかたちでの指令はみられない。ところで、大蔵省達では「御林」とあり、民部省達では「官林」とあって名称が異なるが、両者はその内容からいって同じであり、「官林」という名称がその後において定着する。(2) この時期に、民部省が「官林」という名称をいかなる理由で使用したのかは明らかではない。明治三年三月の民部省達（第二五四号）では「管内御林」について『御林帳』の提出が命じられているからである。大蔵省では、八月に「御林」という用語を使用しているが（第五三五号）、九月にいたって「官林」と称している（第五八七号）。太政官では九月の布達（第六三〇号）では「御林」であるが、翌四年一一月では「官林」と称している。この間、明治二年六月に版籍奉還が太政官より達せられ、形式上において明治政府が旧藩領にたいする支配権を掌握した。以後、官林（御林等）にたいする施策について、つぎに大筋を示してみる。

明治二年七月九日（六三二号、大蔵省）。「伊豆国並関東府県」にたいして「関東筋御料御林旧旗下上知林」の見分のために租税司付属を派遣し取締りと開発等について指示するほか、『御林帳』を差出すことを命じた。

同年同月一〇日（六三七号、民部省）。「官林総反別」・「上知林」についての調査書の提出を府県に命じた。

同年一〇月二九日（一〇一九号、民部省）。「府県、預所アル諸藩」にたいして『御林帳』の提出を命じている。もっとも、この達では『御林帳』のほかに「郷帳」等の諸帳簿がある。

明治三年三月(二五四号、民部省)。日付を欠くが『御林帳』(雛形付)の提出を命じた。なお宛先は明記していないが、『御林帳』の雛形表紙には「何府県」、末尾には「何府県印」という記載がある。

同年八月一五日(五三五号、大蔵省)。旧来、村請で上納していた「御林山薪炭」制を廃止する。

同年九月二七日(六三〇号、太政官)。「御林陣屋敷其他御用地ニ属スル場所」についての試作は、絵図面を添えて民部省へ提出すること、とある。

以上のごとくである。その布告、達の多くは府県であり、一例において「預所アル諸藩」となっている。宛先を欠いている分も含めて、これらは、幕府直轄領(天領)にたいして出されたものということができる。この時期における御林=官林は、その名称のいかんにかかわりなく、旧幕領的な支配のなかに位置づけられていることは明らかである。

明治四年七月(九日)[3]、民部省は『官林規則』(第二二号)を制定した。その前文には、「山林ノ儀追テ相達候品モ有之候得共当分別紙ノ通相心可申事」(傍点、引用者)とあり、暫定的なものであることを示している。ここでいう「山林」が私有林までを含むかどうかは別として、規則の対象は表題が示すようにまさしく「官林」にほかならない。したがって、この規則が翌五年六月大蔵省第七六号によって消滅するとはいえ、条文という形式によって総合的に官林にたいする明治政府の方針を始めて示したものとして重要な意味をもっている。その内容はつぎに示すように全六か条からなっている。

第一

一山林樹木疎ナル所ハ種栽シ密ナル所ハ培養シ眼前ノ小算ニヨリテ叨リニ斬伐不可為事

第二

一立枯根返風雪折朽腐木往来ヲ妨田園良木ヲ害スル等ノ類無據斬伐ノ儀ハ木品寸間ヲ改メ価ノ当否ヲ正シ伐採セシメ不苦事

第三

一鉄道並船艦製造官舎営繕用水路樋橋梁提防等木竹ヲ斬伐スルハ事宜ニ寄其筋ノ官員可差出儀モ可有之候得共官廰於テ取計ノ分ハ其掛リノ官員點検濫伐ヲ可禁事

第四

一松杉桧栂槻樫栗樟山毛欅シヨウシ等ノ木材ハ国家必用ノ品ニ付精々培養イタシ私林タリトモ深切愛育ノ意ヲ可加事

第五

一諸道往還筋並木ハ斬伐スヘカラス入交リノ雑木ハ斬伐苦シカラス跡地松苗木可致植付事
往来ヲ妨ケ田園ヲ害スル分ハ第二ケ条ノ通タルヘシ

第六

一水源ノ山林良材雑木ニ拘ラス濫伐スヘカラス
　但立枯風雪折朽腐木ハ此限ニアラス

右の条文は全体的にみて濫伐を防止することに重点が置かれているほか、育林等についても指示されている。しかも、国家が必要とする木材については私有林も対象となり例外ではない。ただ、松・杉等の特定の材木をあげてこれの育成を指示している第四条において、この規定が私林にまでおよぶとされているのは『官林規則』の範囲を越えたものであろう。しかし、いずれにしても『官林規則』としては支配の強化や所有について問題になるような内容ではない。つまり、ここには用益権等の制限についての直接の規定もなく、官林での伐採を全面的に禁止する条項もない。ところで、この『官林規則』の直後（あるいは前後して）に版籍奉還（七月一四日）が発令されている。(4) これによって、形式的には藩制が解体されたものであるから御林も解体したといえる。『官林規則』は、明治五年六月大蔵省達第七六号によって「消滅」（法令全書）しているために、その効力は一年足らずであった。この『官林規則』の適用範囲についての明文の規定はないが、廃藩置県が行なわれた後においては原則として府県全体を拘束するものでなければならない。しかし、実際においては果たしてそうであったかは明らかではない。この時期における官林は、旧幕府直轄領・下臣領ならびに没収した藩領等が主体であった。これらについては大きな問題はなかったであろうが、廃藩置県後においては『官林規則』がそのままのかたちでただちに受け入れられる余裕はあまりなかったのではないであろうか。また、『官林規則』を受け入れても、その内容に問題があるわけでもないから混乱を生ずる余地はないものといえる。この『官林規則』を通達した民部省は同年七月に廃止され、官林は大蔵省の管轄となった。その直後の翌五年二月一三日に『御林帳差出方』（大蔵省達第一九号）を府県にたいして達している。その内容は、これまで民部省がたびたび「御林帳」の提出を命じているが、これをいまだに提出していない県もあるので、今回、新しい雛形をもって御林の調査をするので、これまでに提出した県であっても「新置府県」より提出せよ、というのである。調査の様式はきわめて簡単である。この達によると、調査は新しい府県、すなわち廃藩置県後の府県に命じていることは明らかである。これについて『大蔵省沿革誌』では「十三日府県ノ録上スル官林簿ノ例式ヲ改定ス」というように表現している。

天皇＝明治維新政府が徳川宗家ならびに幕臣等の領地を没収し領有することによって、ここに存在する御林を天皇家の直轄支配に置き換えた。この時点において天皇家は最大の領主として出現したのである。版籍奉還においては天皇家は領主の任命権を形式的に掌握したが、直轄地の拡大には直接的に結果しなかった。とはいえ、このことが廃藩置県へと直結するかぎり重要な問題を内包しており、これが官林の拡大へと移行する可能性をもったといえる。廃藩置県は、まさしく藩体制の解体であり、その意味において領主としての天皇家の側面もまた解体せざるを得ない。したがって、御林＝官林は明治政府の支配するところとなったことが明確になったといえる。にもかかわらず、全府県に存在する御林が明治政府の官林としてどのような位直づけを与えられているのか、ということについては明文の規定がない。いわば、行政上において民部省・大蔵省（明治六年には内務省）が管掌するだけである。このことが同時に初期官林支配の形態を示していることにもなる。

第二節　地租改正と国家的所有

明治五（一八七二）年二月、大蔵省（第二二号）より『地券渡方規則』[5]が布達され、地租改正は本格的な段階へと入る。つづいて九月四日には右規則に一五条以下第四〇条までが追加され、その第三四条・第三五条に「公有地」という名称があらわれる。ここで注目すべきことは、ここで国有林野も含む林野の土地所有の全面的な確認が行なわれる前提条件がつくり出されたことである。すなわち、山林原野官民有区別がそれである。ところで、右の公有地について大蔵省租税寮では一〇月に、「従来官山官原或ハ村持山林秣場等」であって地価の判別が困難であり、「且後来人民払下等ヲ出願スルニ非レハ持主定メ難キモノヲ云」と指示した（第二二号達）。この示達の内容は必ずしも明確ではない。官山・官原の内容が明らかではないからである。文面からみると官林（旧御林）が除外されているかのようにもみえる。この間、六月一五日には大蔵省より、「官林ト唱伐木差留有之候山林都テ御払下ニ」するという布達が出されている（第七六号）。ただし、この払下げは無制限ではなく、第五項では水源涵養・土砂扞止の山林についての注意事項がある。また、前文では入札等についてては大蔵省へ「可伺出」とあり、第六項では、官林であっても実際上立木のないところについては「荒蕪不毛地御払下規則」によって払下げるというのである。したがって、払下げといっても或程度の制約は存在する。旧御林が払下げ＝売却の対象になるということは、明治政府の土地政策の上からいって或意味では当然ともいえる。すでにこの時期においては旧幕府・領主体制は形式上において解体し、それらの「御林」は府県の管理するところとなっている。これを直接に支配するのは大蔵省（明治政府）であるが、地券規則上においてはこれを所有とする、という明文の規定はない。この土地の所有というのが、間接的ではあるが明確にあらわれるのは明治六年三月の太政官布告第二四号においてである。その表題は「今般地券発行ニ附地所ノ名称区別共左ノ通更正候条此旨相達候事」である。ここでは、地券上の表示についての指示であるために、名称じたいが所有者を決定するといえる。すなわち、土地は、皇宮地・神地・官庁地・官用地・官有地・公有地・私有地・除税地にわけられている。御林＝官林は右の区別のうちのどこに入るのか、ということである。この点について注目すべきことは、地所名称区別上において天朝料へ旧徳川宗家直轄領＝天領が皇宮地のなかには入っていない。すべて官有地ならびに公有地のなかに入ったものといえる。したがって、この時点において、天皇家「所有」の林野は解体したことを明確に示したことになる。各藩の御林もまた同じであろう。また、ここでは官林という名称はない。この布告において、のちに問題となるのは官有地と公有地である。官有地・公有地ともにその内容について若干の注釈がつけられているが、これは例示であって、この注釈が名称のすべてではないことは地租改正に開する往復文書（府県の伺とこれにたいする指令）によっても明らかである。(6) 公有地については、その内容について各県から疑義が出され、翌明治七年一一月七日太政官布告第一二〇号をもって消滅する。地所名称区別についても更正が行なわれ、官有地（四種）・民有地（三種）の二つに大別された。土地は、まさしく官有地か民有地かのいずれかに分属することになったのである。これによって、それまで独立の名称が与えられていた土地は、官有・民有のいずれかに編入されることになった。ただ、公有地については、その帰属は同日の太政官達第一四三号によって官有と民有とに分属することが指摘されたが、分属の判定にあたっては「取調ノ都合ニヨリ人民ノ幸不幸ヲ生シ候テハ不都合ニ付従来ノ景況篤ト検査ヲ加ヘ」という前提のもとに官有と民有とを区別し、判定ができないものについては内務省へ伺出るべきことと示されている。この地所名称区別改定においては天皇家の林野はもはやなく、官有地の中に包摂される。

それでは、この時点において官有山林はいかなる存在なのか。すなわち、その中核は、幕府ならびに領主の直轄地（御林等）である。このほかに寺社領の上知林がある。法制度上においては、旧公地が官有と民有とに区別されることによって、公有地における所有の質が問題となった。

公有地は、大きくわけて、官有地ならびに官有か民有かの判定が困難である土地と、地価の未決定な村持地、ならびに所有の未決定な入会地にわかれる。このうち、旧御林を含む官有地であって払下げを予定している土地も含んでいるために、公有地はきわめて広大な面積であった。

所有の確認ということになると、山林原野官民有区別は、まさしく地租改正のうちでも中心的な内容となったことを否定することはできない。このうち、「官林」であって払下げを大蔵省が認めた場合ないしは依然として払下げを予定している場所は除外される。とはいえ、林野官民有区別の終結は同時に地租改正の終了でもあるためにその作業は急がれた。この間、地租改正を管掌する官省は、大蔵省から内務省へ移り、さらに地租改正事務局へと移る。明治八年五月二四日達乙第一号では地租改正事務局の役目について郡村の境界、土地の広狭の丈量・所有の認定と名称の区別、地価の査定、地券の発行、が主たる内容であることを示している。そうして、この地租改正事務局が林野地租改正＝所有認定の作業を終了させるのである。この、地租改正にあたった機関において、林野官民有区別の認定の規準に重要な変化があったであろうか。地租改正事務局の設置以前に、すでに、所有認定の指令は数多く出されている。林野については、さきの公有地解体――実際上においては所有認定の促進――にともなって所有確認の作業が行なわれ、地租改正事務局はこれを引継ぐことになる。したがって、これまでの所有認定を否定するような指令を出すことは、法的矛盾であり、行政への不信となって混乱のもとになることは十分承知していたであろう。

地租改正事務局の発足と同時に府県にたいして出された達乙第三号（六月二二日）は、林野官民有区別に関するものであり、この達の重要性を示すものである。

各地方山林原野池溝等（有税無税ニ拘ハラス）官民有区別ノ儀ハ証拠トスヘキ書類有之者ハ勿論区別判然可致候得共従来数村入会又ハ一村持某々数人持等積年之慣行存在致シ比隣郡村ニ於テモ其所ニ限リ進退致来候ニ無相違旨保証致シ候地所ハ仮令簿冊ニ明記無之候共慣行ヲ以民有ノ確証ト視認シ是ヲ民有地ニ編入候儀ト可相心得尚疑似ニ渉候モノハ其事由ヲ詳記可伺出此旨相達候事

乙第三号は、所有の認定にあたって証拠となるべき書類がなくとも、「積年ノ慣行」が存在し「比隣郡村」においても「其所ニ限リ進退」してきたことを「保証」する場合には民有の確証に代えてもよいことを指示したものである。

これは、系譜的には太政官達第一四三号の「雛形」中の「事由」第三項目に接続する内容であり、これをより一層明確にしたものである。これらをうけて七月八日に地租改正事務局は議定『地所処分仮規則』を出して担当係官の準則とした。ここでは、所有の認定にあたって右の達を広く解釈したり、逆に狭く解釈したりするような点はみられない。第一章第四条では、「従前公有地」の所有区別について「人民名受ノ確証又ハ出金買得セシ証書」がない場合でも、「他ニ人民所有地ト看認ムヘキ成跡アルモノハ其事実ニヨリ民有地」とする。とあり、第三章第一条においても、「従来甲乙村入会等ノ証跡アルモノハ民有地トシ」とあり、成跡・証跡といったものがある場合には民有地として認定されることを指示している。これは、いかに林野所有の認定にあたって証書とすべきものが少ないかということと、事実関係が所有認定について重要な意味をもっていることを認識していたからにほかならない。問題は、この成跡・証跡についての具体的な基準がないことである。実際に林野官民有区別を行なうにあたって、所有判定の材料となる事実関係をどのように把握するか、ということは地方官ないしは派出官員の判断にかかっている。地租改正事務局へ経伺することが条件づけられていても、これを起案するのは官員である。そうして、さらに重要なことは、指令の原案文まで地方官が作成して地租改正事務局へ添付しているということである。このことから必然的に成跡・証跡についての内部準則が要求されるのは当然である。地租改正事務局からの伺・指令を集成した『日報』等は重要な役割をもつが、それでも官民有区別については十全でなかった。さきの第三章第一条にある入会地を所有として認定するにしても、いかなるかたちの入会をもって民有とするかが明確にされていない。こうしたことから、福島県が地租改正事務局にたいして乙第三号について出した疑義は、官有地の大量減少をまねくという理解（解釈）の上に立ったものであり、官有地の大量確保を前提としている点で注目すべきものである[7]。この福島県伺と意見について地租改正事務局では、「旧領主及地頭ヨリ其村又ハ其者ヘ進退セシメ或積年売買等ノ慣行又ハ多少ノ労費ヲ消シ樹木栽培ノ類モ不少然ルニ歳月ノ久シキ一ノ証状ナキヲ以テ積年進退ノ実蹟アルモ直チニ之ヲ官地トスルハ事実愍諒ノミナラス妥当ノ措置」ではない、と否定している。また、官有地の大量存在による殖産興業という国家経済政策上の見地から所有の判定にあたってはならないことを指示している。この指令のなかで注目すべき点は、「多少ノ労費」・「樹木栽培ノ類」という文言である。すなわち、成跡・証跡についての具体的な判断の例が明示されていることである。これがのちに乙第一一号（一二月二四日）ならびに翌九年一月二九日地租改正事務局議定の『派出官員心得書』に接続することになるからである。

まず、乙第一一号でかかわりのある条項を掲出する。

一乙第三号達之趣ハ従来之成跡上ニ於テ所有スヘキ道理アルモノヲ民有ト可定トノ儀ニテ啻ニ薪秣刈伐或ハ従前秣永山永下草銭冥加永等納来候習慣アルモノヲ概シテ民有ノ証トハ難見認ニ付如斯ノ類ハ原因慣行等篤ト取調経伺ノ上可処分致儀ト可相心得事

この派出官員への達では、「所有スヘキ道理」が民有地認定に要求された。そうして、ただたんに「薪秣刈伐」を行なっていたとか、「秣永山永下草冥加永等」を上納していただけでは民有地とは認められないということを明示している。ここでも、所有認定についての具体的内容が、所有認定がむづかしい例から説明されている。

これらの達ならびに地租改正事務局の伺・指令を経て、明治九年一月二九日に派出官員にたいして所有認定の準則が出された。以下は、そのうちの重要な点である。

第二条　従来村山村林ト唱ヘ樹木植付或ハ焼払等其村所有地ノ如ク進退シ他ノ普通其地ヲ所有シテ天生ノ草木等

伐刈シ来ルモノト異ナル類ハ従前租税ノ有無ト簿冊ノ記否トニ拘ラス前顕ノ成跡ヲ視認シ民有地ト定ムヘシ但一隅ヲ似テ全山ヲ併有スルコトヲ得ス

第三条　従前秣永山永下草銭冥加永等ヲ納ムルモ曽テ培養ノ労費ナク全ク自然生ノ草木ヲ採伐シ来タルノミナルモノハ其地盤ヲ所有セシモノニ非ス故ニ右等ハ官有地ト定ムヘシ

第四条　往年甲乙ノ争論ヲ生スルニ当リテ領主或ハ幕府ノ裁判ニ係リ原野ハ甲村ノ地盤ト裁許シ了リ而シテ乙丙之ニ入会採薪刈秣等ヲ為シ来ル者ト雖モ第三条ノ如キ地ニシテ外ニ民有ノ証トスヘキ者ナキハ第三条ニ準シ処分スヘシ

右の条項を貫徹するのは、事実上においていかなる土地利用（支配）が行なわれていたかが所有認定の規準となることを示していることである。すなわち、成跡・証跡の具体的内容であり、すでに福島県への指令にもみられる「労費」存在の有無である。したがって、天然自然に生育している樹木・草等を採取していたという事実のみでは所有とは認定できないことを派出官ならびに府県の担当官にたいして統一的に指示したものである。しかし、それでもなお官民有区別の作業においては問題を生じた。まず、官民有区別作業の第一段階である現地において、私有か否かを判定するのは地方官である。第二段階は県での討議においてこれを地租改正事務局へ経伺するか否かを決めるのも地方官である。そうして、第三段階において地租改正事務局への伺の条文を作成すること、およびその所有の判定についての原案を作成すること（太政官達第一四三号）も地方官の仕事であり裁量になる。山林原野の所有判定の基準も問題となるところであるが、この経伺原文の作成に当該府県の担当官、あるいは派出官の裁量が大きいために、ここに所有判定についての問題を生ずる原因がある。こうした経過を経るために、地方官によって裁量が異なる場合には府県の林野官民有区別の結果が異なることになるのはいうまでもない。太政官・大蔵省・内務省・地租改正事務局の達ならびに指令・内規に照らし、妥当でない判定がみられるのはこの裁量によるものである。

派出官員心得書は、所有の認定についてほぼ妥当な規準である。封建的な「所有」から近代的な所有への移行において、なにを基準とするかを指示するかにあたって、第二条は支配の具体的な内容を例示したものとして注目される。問題となるのは「樹木植付或ハ焼払等」という例示の内容を現実のケースにおいてどのように理解しあてはめるか、ということである。「等」という文字に力点をつける場合とそうでない場合とでは適用解釈に差をみることになる。中心点は、「其村所有地ノ如ク進退」しているという事実であろうから、所有地と同じようなかたちで排他的・独占的な支配（数村入会・複数者も含め）の存在がみられることが所有認定のポイントとなる。右の「等」においては、その内容についての一例を示したにすぎないものであるから表示された事例以外についても適用の対象となることは明らかである。とすると、第三条に「全ク自然生ノ草木ヲ採伐シ来タルノミナルモノ」（傍点筆者）という「全ク」・「ノミ」という用語の重要性は明らかである。もちろん、派出官員心得書は法律ではない。しかし、実際において所有を認定する官員はこれに拘束される。第三条もまた、支配＝利用の内容が所有にまでいたる程度を予定しているものといえる。ただたんに草木を伐採していただけであって、ここに排他的・独占的な支配が存在しない場合には私的所有を認めなかったといいえる。

第三節　国家的所有と私的所有

地租改正によって、旧領主的土地支配（領有）は解体し、土地所有は官有と民有とに大別された。林野においても例外ではない。私的所有が確認されない林野は、すべて官有となる。その私的所有の確認についての規準は、実際上において府県によって差異が生ずることもある。しかし、大蔵省・内務省・地租改正事務局においては、所有の規模が次第に明確になるということはあっても、変化するということはほとんどなかった、といってよい。すなわち、官有地の大量創出について意図した積極的な法的根拠というものがみられないからである。

林野における私的所有についての規準が、(イ)書証と(ロ)事実関係に置かれたということは近代的私的所有権の理論からみると或程度は適切な処置であった。ただ、事実関係において、その中心が「労費」であり植栽培養ということが要件とされたために、その内容については府県によっては必ずしも統一がとれていて明確な判断の規準のもとにおいて作業が行なわれたとはいい難い。例えば、火入れ一つをとってみても、地租改正事務局がこれを完全に理解したうえで支配＝私的所有を認定したことが少ないからである。火入れが組織的に行なわれるところでは、耕作の開始よりも火入れの方が一年中でも最大の行事となり全村民参加の重要事であり、それは同時にまさしく支配＝所有の強度を示し、「労費」や植栽培養に該当するからである。このこともまた、府県地方官の認識の問題である。総村民参加という点では個人が焼畑を行なうよりも重要なのである。

私的所有の否認は、これを裏返せば官有の創出である。官有地は、旧藩領等における「御林」のような確証のあるところを除けば、所有を立証できるものはない。「御林」は、廃藩置県以前においては、天皇・各藩の直轄的支配に属しており、藩制の解体とともに天皇直轄林も含めて個別的支配は消滅する。この後、「御林」は明治政府の管理下に置かれたが、この時点では所有を意味するものではない。「御林」が解放されるのも、一つにはこうした側面があったからではないか（なお、「御林」の払下げは明治中期まで続く）。こうしたのちに地租改正が開始され、林野所有の確定が二段階を経て行なわれる。その第一段階は公有地の出現であり、第二段階はこれの解体である。「御林」は第一段階では払下げの対象となっており、そのために所有名称上において官有であるとはいえ、まだ不安定な存在であった。公有地の解体（林野官民有区別）によって、民有地を確定する作業がなされ、これの終了によって、はじめて官有地の全体が明らかとなる。ただし、この後においても民有地への下戻しが申請され、さらに、地租改正の誤りを正すためには下戻法が制定施行されるが、これによって民有地が確定するのは少ない。

地租改正の終了によって、全国の土地は官有と民有とに区別された。山林原野の官有は、私的所有を確認されたもの以外によって成り立つ。もし、官有地を民有地の所有確認と同じ規準によって判定したならば、その範囲は「御林」等の領主直轄地内にとどまるであろう。(8) 民有地確認の規準は、近代的私的所有の概念に近いかたちで行なわれたために林野所有の確認は民有にとっては不利になったことを否定できない。しかし、その反面において、徳川時代においては領主支配の強度が「御林」等の直轄地にしかおよんでいなかったのにくらべると、明治政府は所有という法律的根拠を背景に旧領有地にたいして管理権から経営権までを完全に掌握するようになる。

それではいったい官有とはなにか。地租改正以前における官林は幕府直轄地を中心として形成され、領主「御林」を継承したものではあったが、それは所有を意味するものではない。他の官有地（たとえば、官用地）については実際に使用している土地であった。地租改正期において、官林は払下げを予定していたのであるから特別に独立して所有を与えることは重要な問題ではなかった。公有地の解体時においても、この点は考慮されている。私的所有の認定が進行するにしたがい、次第に官有山林原野が私的所有とは別の所有（国家的所有、厳密にいえば、国家的私的所有）として独立していく。それを決定づけたのは林野官民有区別である。地所名称区別の再度の改定によって、地所の名称は官有と民有とに大別される。地券の発行もこれによる。名称区別が地券と直結するかぎり、土地所有の区別を示す。地券を発行しない特別の土地が出現する特例が官有地に存在することが定着する。この所有の確証は官簿による。

林野所有と用益（入会等）とは別のものであり、これは地租改正にはかかわりがない。問題は所有の認定だけである。民有地＝私的所有であることが立証できない（もしくは、しない）林野は当然の措置として官有地に編入される。いわば、国有地の創設である。地租改正によって官有地の多くは官有地であることの立証を経ないまま所有を付与された。官有地と民有地との関係は所有という法的側面についてみるかぎり、対立的所有となったのである。官有地と人民との関係は、用益を媒介としてのみ存在する。旧徳川時代においては通例の形態であったが、私的所有の確認によって官有地もまた所有を付与され、これが国家的所有として独立のかたちをとるのは結果として近代的私所有の反射にほかならないが、それはあくまでも絶対主義的国家主導による国家的・官僚的林野政策の展開のなかから生じてきたものである。その功罪の両様は地租改正のなかから導き出される。

（1）古島敏雄編『日本林野制度の研究――共同体的林野所有を中心に――』一九五五年、東京大学出版会。
（2）福島正夫『地租改正の研究』五七二頁以下、一九七〇年、有斐閣。北條浩『林野法制の展開と村落共同体』一六頁以下、一九七九年、御茶の水書房。北條浩『明治初年・地租改正の研究』一九九二年、御茶の水書房。
（3）「大蔵省沿革志」（大蔵省『明治前期財政経済史料集成　第二巻』改造社）三二四頁によれば、「九日、民部省官林規則ヲ設定シテ之ヲ府県ニ頒示ス。」とある。この九日という日付けは法令全書には記載されていない。
（4）版籍奉還については、三上参次「版籍奉還に関する一問題」『史学雑誌』第一五編第六号。浅井清『明治維新と郡県思想』一九三九年、巌松堂。大久保利謙「版籍奉還の実施過程と華士族の生成」『国史学』一〇二号。新見吉治「版籍奉還と木曽福島・山村家」『信濃』八巻一一号。を参照されたい。
（5）布達は、「今般地所永代売買被差許候ニ付今後売買並譲渡ノ分地券渡方等別紙規則ノ通可相心得事」とあり、その別紙には

「地所売買譲渡ニ付地券渡方規則」という表題が付されている。

（6）『大蔵省沿革志』（租税寮）二年七月によれば、つぎの記載がある（『前掲書』二三七頁）。

七月九日、関東諸国各県ヲシテ官有山林及ヒ納地山林ヲ提理シ官林簿ヲ録上セシム。本省申達ニ曰ク、曩ニ組税司属官ヲ差発シ官有林及ヒ舊幕府臣僚ノ納地ニ係ル官有林ニハ往往ニ提理ノ不蕭ナル者有リトス、今後宜ク督戒ヲ加フヘク、且ツ官有林ノ地所ニシテ開墾ス可キ者等ハ、承買者ヲ精択シ、生材ヲ翦伐シテ之ヲ賣放シ、地価及ヒ鍬下免除年期等ヲ査定シテ以テ之ヲ稟候シ、其ノ舊ニ仍リテ官有林ト為ス可キ者ハ段畝及ヒ生材ノ実数ヲ點検シ官林簿ヲ作リテ上進ス可ク、若シ別ニ人民ノ申請スル所ノ者有ラハ各県知事意見ヲ副具シテ以テ之ヲ開申セヨ。

（7）地租改正資料刊行会編『明治初年地租改正基礎資料』（全巻）有斐閣。拙著『明治地方体制の展開と土地変革』一九八〇年、御茶の水書房。福島『前掲書』。北條浩『林野法制の展開と村落共同体』（前掲）。同『明治初年・地租改正の研究』（前掲）参照。

（8）「御林」について、派出官員心得の基準を厳密に適用するならば官有地は旧「御林」の範囲よりもきわめて少なくなることは明らかである。

第二章　近代的土地所有の確立

――明治初年の地券の法的性質――

はじめに

国を相手取って訴訟を起こした場合、裁判所は――とくに、最高裁判所は――例外なく、と言いたいくらい国に有利な判決を下す。お上を訴えるというのはとんでもないという徳川幕府体制下における権力者としてのイデオロギーが、明治絶対王制下の官僚国家的イデオロギーに結びついて、それがさらに今日までにいたっているからにほかならないからである。したがって、よほどの世論の盛り上がりや支持がないかぎり、国を相手としての訴訟や、国がからんでいる訴訟には勝つことがなかなかできないのである。

昭和六一年一二月一六日、最高裁判所第三小法廷（長野敦・伊藤正己・安岡満彦・坂上寿夫の裁判官）は、いわゆる田原湾干潟訴訟において、海面下――このことばもあいまいである――の土地の私的所有を否定する判決を行なった。これも裁判所が官僚制機構と同根であるとともに、政治体制側に弱いことを示したその一つである。訴えたのは、明治時代の地租改正以来、土地所有権を認められ、法務省管轄の地方事務所の土地台帳上において所有権者として登載されていた土地所有権者であり、相手は土地台帳を管理する法務省である。なお、長島敦裁判官は前歴が検事であり、その検事時代に田原湾干潟の登記抹消について関与した、とも言われている。

田原湾の干潟については、別件の第一審判決のときから、最高裁判決にいたるまでいくつかの判例評釈や論文が出されているが、その内容は、国側の者が書いたものを除くと、ほとんど第一審・第二審の判決——海面下の土地に私的所有権の存在を肯定——を支持し、最高裁の判決を否定していることが特徴的である。(1)

第一節　問題の所在

昭和六一（一九八六）年の最高裁の判決は、一定の留保つきではあるが、原則として海面下の土地の私的所有を否定した。この判決は、先例である東京湾の海面下の土地の私的所有を認めた昭和五二（一九七七）年の最高裁判所第一小法廷の判決(2)を否定するものである。もっとも昭和六一年の田原湾干潟訴訟の最高裁判決では、右の昭和五二年の最高裁判所の判決は事案を事にする、といっている。そうでも言わないと先例をくつがえすことになり、国にとって有利な判決をする法理がむつかしくなり、右のような判決をすることができなくなるからである。しかし、係争地がいわゆる海面下であったことに両者は変わりはなく、単純に事例を事にするというだけではすまされない。

ところで、昭和六一年の最高裁判決をとりあげたのは、最高裁判所が国家行政の利害に追従する体質を明らかにすることはさることながら、この判決が明治初年の『地券』の法的性質について判断しており、この判断が判決の重要部分を構成しているという点にある。かつて阿部泰隆氏は第一審判決について論じた際、被告（国）は「地券の下附が所有権の附与を意味するかという、法史学的観点からの掘り下げた学問的解明を基礎」として反論とするべきことを示唆し、最高裁判決の当否についても同じことを示唆している。(3)同氏は、第一審判決については被告（国）の『地券』と土地所有権の関係についての研究の不備を、また最高裁判決については、明治初年における土地所有権の前提的条件である『地券』が土地所有権の付与（設権）を示すものではなく、たんに証明力を有するにすぎない証明文書であると断定して判決したことにたいして、『地券』と土地所有権の関係についての解釈の当否を指摘したのである。この点は、たんに判決検討上の課題であるばかりでなく、法制史学および法社会学上においても明確にしなければならない重要な問題である。したがって、最高裁判所の判決についてこれらの諸学からの検討や研究をしないでこのまま放置することになると、不当な非学問的な判決であっても、結果としてこれを容認するかたちをとることになり、先例として確定してしまうことになる。したがって、今後、この種の紛争に与える影響は大きいばかりか、研究史上においても等閑に付したことの責も重く、実学上においても問題を生ずることは明らかであり、のちのちまでも研究者の責任は当然のことながら問われる。こうしたことから、『地券』と土地所有権について検討をこころみたのである。

なお、右の点に関する判旨はつぎのとおりである。

当時の地券発行の根拠法令である明治五年二月二四日大蔵省達第二五号、同年七月四日大蔵省達第八三号、同年九月四日大蔵省達第一二六号、明治六年三月二五日太政官布告第二七二号に照らすと、地券は、土地の所持（排他的総括支配権）関係を証明する証明文書であって、土地を払い下げるための文書とか、権利を設定する設権文書ではないことが明らかである（大審院大正七年(オ)第三九四号同年五月二四日判決・民録二四輯一五巻一〇一〇頁、同昭和八年(オ)第一九五九号同一二年五月一二日判決・民集一六巻一〇号五八五頁参照）。

そうすると、本件地券の下付があったからといって、それによって本件係争地が堀田に払い下げられ、堀田の所持するところとなったものということはできない。堀田は、徳川幕府から（中略）新田開発許可を得ただけで埋立てを行なっていない状態では、本件係争地の排他的総括支配権を所得するいわれはないのであって、本件地券は、実体関係に符合しないものであり、せいぜいが開発権を証明するものでしかないといわざるをえない。

右によっても明らかなように、『地券』は「土地の所持（排他的総括支配権）関係を証明する証明文書」であること。したがって、『地券』の交付があっても土地を所持したことにならない。また、本件土地は徳川時代において幕府から新田開発許可をえただけであり、開発が行なわれていない状態では排他的総括支配権をえたことにならないから、堀田（被上告人の被承継人）の『地券』は、「せいぜいが開発権を証明するものでしかない」（傍点、引用者）、というのである。ここで論じなければならないのは、『地券』が、果たして、最高裁判所の判決にいわれているような単純な証明文書であるのか、また、この『地券』は「せいぜいが開発権を証明するもの、」にしかすぎない文書なのであるのか、どうなのか、ということである。

第二節　地券制度における地券

地券制度の前駆をなすものは、明治四年一二月二七日に、東京府下に「一般地券」の発行を命じた太政官布告である。右の布告をうけて、翌五年正月に大蔵省は、府下の武家地町地の称を廃し、一般地券を発行する具体的手続といえる『地券発行地租収納規則』を布達した。ここでは、『地券』の性質についてとりたてて明記していないが「地券ヲ申受ケ所持致シ候上ハ其地所ノ持主ニテ向後其地御用ニ候トモ必ス持主承諾ノ上タルヘシ」（二二則）とあるように、地券を所持している者が土地所有者であって、政府といえども勝手に土地所有権を侵すことができないことを規定している。所有権の絶対性である。つづいて二月一〇日に地券発行の東京府達が出された。『地券申請地租納方規則』はその内容をなすもので、これはさきの大蔵省達をうけたものであり、骨子についてはほとんど変わりがない。ただ、東京府達においては、「売買ハ勿論代替譲渡分地其外質地流込等都テ地主相変候ハ其旨地券ノ裏ニ書式ノ通リ相認書替ノ儀可願出事」(第一五則)とあって、土地所有者に変更を生じたときには地券状の裏面に新所有者を表示しなければならないことが定められている。これは、地券の法的性質を補強するものである。この府下への地券発行には、地租改正にいたるまでの過程と地租改正そのものを貫流する中心的な重要事項がある。すなわち、『地券』そのものに法的効力を与えたこと、『地券』によらなければ土地所有の移動(売買・譲与等)は認められないこと、である。(4)

右の『規則』公布直後の二月一〇日に地所永代売買禁制を廃止する太政官布告第五〇号が出され、これをうけて同月二四日には大蔵省達第二五号によって『地所売買譲渡ニ付地券渡方規則』が制定された。この達は、土地を売買譲渡するに際して地券を発行するのであるが、この『規則』において地券は「地所持主タル確証ニ付」と規定し(第六則)、土地所有権は地券が唯一・絶対のものであることを明示した。ここにいう「確証」とは、証明するというようなものではなく、地券以外には土地所有権を示すものは他に存在しない。したがって、土地所有権そのものを『地券』によって体現させたのである。土地所有の移動は地券によるものとした。この規定を補強するために、『地券』なくして土地を売買することを「密売」とし、「其地所並代金共取揚」げるという、きわめて強い罰則規定を設けた(第一二則)。これによって、『地券』の法的効力を高めることを意図したためである。『地券』を「水火盗難」などによって紛失した場合には「二人以上ノ証人ヲ立村役人連印」のうえ新地券の交付を受けなければならない(第六則)、という規定は、地券がいかに大切なものであるかを示すだけではなく、『地券』の再発行については、本人の責任だけでは済むものとしないで、証人と村役人の連帯の責任としたのである。そうして、旧地券が発見されたならばすみやかにこれを府県庁へ提出する義務がある。この、紛失による新地券の申請について二名以上の保証人と村役人の連帯を必要とすることは、一つには『地券』の重要性を示すためであるが、二つには所有の権利が地券によってのみ表示され、他に権利を確認すべき手段が存在しなかったことによる。地券そのものの売買によって土地の売買が法律上効力を発生し土地所有権の移動が行なわれる。徳川時代においても、土地の権利を実証するものとして『検地帳』や『名寄帳』などがあったが、必ずしもこれらの公簿は完全なものではなかった。土地の現実的支配とこの支配を近隣の者や村の責任者達が確認することによって、所有の権利は保証されていたのである。これにたいして市街地においては沽券の発行や、これによる売買がみられるが、一般的ではなく、公権力による直接的な強制力はもたなかった。『地券』は土地の権利そのものであり公権力による法制的な・直接的な強制力をもつという点において画期的な制度であった。しかしながら、『地券』による土地所有権の表示といっても、この法令においては土地所有権の移動を前提とするものであり、移動がない場合においては、土地所有権は封建的・共同体的な手続ないしは実質的支配によってのみ確認されるという従来の方法を踏襲するのである。この意味における土地所有権と地券との関係の不備については明治政府も熟知していた。このことは、『地券渡方規則』の第一三則において「従来ノ持地ハ追テ地券渡シ方ノ儀可相達事」と定め、土地全体についての『地券』の発行を予告していることによっても示される。

近代的な土地所有権制度確立への過程として右のような法令の段階的公布をみるのであるが、これらの法令は、のちの地租改正法に基本的にひきつがれていく。とくに、地券制度はその骨子をなすものであり、近代的所有権制度への中心的な内容であった。租税寮地租改正局の事務章程第四章には「地券ハ地租改正ノ基本タレハ」とあるのもこのことを示すものである。

同年七月四日、『地券』の発行を全国一般に行なうことを大蔵省は達した。地租改正は、その準備段階から本格的実施段階に入ることになる。七月二五日の地券渡方規則増補ならびにその後における改正を経て、九月四日には『地券渡方規則』が一五条以下四〇条まで追加される。これによって地券制度の大綱は定まったといってよい。同時に、『地券渡方規則』を補強するものとして『租税寮改正局日報』が出され、地券発行規準の具体例を示して地方官が参照し準拠すべき指示ともした。

この時期には地券制度はすでに地方官においても、『地券』がそもそもいかなる性質のものであるかの論議や説明の段階をすぎていた。『地券』を発行するにあたり、その前提である土地所有確定の具体的作業を急いでいる時期であるだけに、『地券』そのものの法的性質についての租税寮にたいする伺はほとんどみられないが、租税寮の指令中には地券の性質について触れているものがあるので、以下にその若干を掲出する。

まず、租税頭・陸奥宗光が大蔵大輔に上申した「地券発行ノ手続並前途地租改正ノ目的」の文書では、「抑モ地券渡方ノ義ハ人民所有ノ権ヲ固定致[5]」しとあり、『地券』によって所有権を「固定」する、つまり、土地所有権は『地券』そのものによってのみあらわされ、その法的効力を有し、権利が保護されるというのである。[6]この基本方針はまた租税寮の方針でもある。

『租税寮改正局日報』掲載の指令中においては、[7]まず、浜田県への指令に「人民之所有ヲ固シ」とあり（第七号）、また、北条県への指令には一般地券の発行（五年七月四日）に関係して「券状人民相渡人民所有タル所以ヲ固クシ」とある（第一〇号）。このような表現は、以下、福岡県・長野県・新潟県への指令中にもみられるが、とくに新潟県への指令中には、「今般地所売買被差許地券相渡候義ハ人民之所有ヲ固シ其地所之為百年之鴻利ヲ謀リ子孫ニ至迄永ク幸福ヲ貽候様勉励可為致トノ主趣ニ付」とあり、土地所有権を地券によって固定することが人民の利益につながることを説示している。ここには、『地券』の本質的規定と、そのもとにおける所有権の絶対性を示しているのである。

以上によって明らかなように、『地券』の性質にたいする説明は東京府下にたいする地券制度の実施より、『地租改正法』の公布にいたるまで一貫していることが指摘される。土地所有権は地券に体現されるのであり、したがって『地券』をえて権利が確定し、土地所有権者となる。『地券』を所有しなければ土地所有者ではないのである。土地の売買譲与等は地券によって行なわれる。『地券』の移動をともなわない土地所有権の移転は法律上ありえない。

第三節　地租改正法と地券

明治六年七月二八日、上諭・太政官布告・大蔵省布達という異例の形式で『地租改正法』が公布された。この法律は、すでに施行されている地券制度の上に成り立ち、これを補強している点に特徴がある。したがって、『地租改正法』においては、地券についての定義も性質についての規定もない。太政官布告に、いきなり「地券調査相済次第土地ノ代価ニ随ヒ」とあるのがこのことを示す。『地券』による所有権の確定が地租改正の基底にあることは明らかであろう。『地租改正法』の公布以後において、租税寮の指示中には、さきのようなかたちで『地券』の性質に言及したものはみられない。既定の事実だからである。

地券の性質については、七年一〇月三日に太政官布告第一〇四号が地券をともなわない土地売買について罰則を規定したつぎのようなものがある。

地所売買致シ候節代金受取ノ証文有之トモ地券申受ケサレハ買主ニ其地所所有ノ権無之候條規則ノ通地券書換申請ヘシ若シ地券ヲ申受スシテ後日発覚スル時ハ罰金トシテ証印税地券書替ノ証印税壱倍ヲ科スヘク此旨布告候事

これによっても明らかなように、地券は土地所有権を示す唯一絶対的な存在なのであり、土地の売買＝移動についてはこの『地券』によって行なわれる。すなわち、『地券』の移動がないかぎり土地所有権を移転することはできない。『地券』を所有することのみが土地所有権者であり、その所有権の移転を可能とすることができるのである。しかも、土地の売買について、『地券』によらないものには罰則が適用される。これによって『地券』は、その法的効力を絶対的なものとしたといえる。土地所有権は、まさしく『地券』によってのみ発生する。

明治四年の東京府下にたいする地券の発行以来、地租改正を貫徹する地券制度は、所有権を地券に表示する作業の根幹であった。『地券』によってのみ土地所有権があらわされ、それゆえに、土地の売買・譲渡は地券によってのみ効力を発生する。したがって、土地の現実的支配による所有は所有権であることにはならず、村方や府県に存在する土地関係の公簿も所有についての権原とはならない。そのために、『地券』の移転をともなわない売買・譲渡等は認められず、これに違反した場合には罰則が適用される。土地所有権移転の法的効力発生の要件は『地券』の所有名義の書換による。このことは、所有権の絶対性がまさに『地券』によって体現され表示されたといえるのである。最高裁判所の判決が根拠法令としてあげた若干例――法令はこれにとどまるものではない――においてすら、『地券』に関する膨大な規定をみることとは、逆に『地券』が、最高裁判所が判示するような、権利について法律的効力をもたないたんなる証明文書ではないことを明確に示しているのである[8]。明治初年において、『地券』が権利を表象する唯一絶対的なものとして全国的な統一規準をもって土地所有権者に渡されたということは、他方において、『地券』が全国に共通する土地の価格を表示し、土地所有権は『地券』によっていつまでも流通過程に投じられることを意味する。事実、『地券』は土地に関する取引において、所有権の売買・譲渡はもとより担保に供することもできる。

以上の若干の例示によっても明らかなように、『地券』の存在は地券制度のなかに位置づけられ、したがって、最高裁判所の判決にいうように、証明文書とか、「せいぜいが開発権を証明するものでしかない」といった、法律的根拠ならびにその解釈不在の非法律的な意味不明のものではないのである。明治初年の段階において、『地券』が証明文書か設権文書かの用語上で処理されるべきものではなく、右の法令と、その実施の実体から明確に判断されるべきものである。これを認識することができなかった最高裁判所の裁判官は、無知であることもさることながら、きわめて政治性に富んでいた、といえる。そのうえでの誤判なのであり、裁判という権力の一側面において私権を消滅させた典型的な例である。

（1）この点に関しては、阿部泰隆『海面下に没する干潟の所有権の有無』（『法学セミナー』三八八号）の本文ならびに文献参照。幾代通『海面下の土地と所有権』（『ジュリスト』八八二号）参照。

（2）『判例事報』八七八号。

（3）阿部『前掲書』。

（4）地券制度・地租改正については、福島正夫『地租改正の研究』（増訂版、昭和四五年、有斐閣）。丹羽邦男『明治維新の土地変革』一九六二年、御茶の水書房。北條浩『明治初年地租改正の研究』（一九九二年、御茶の水書房）。北條『地券制度と地租改正』（一九九七年、御茶の水書房）を参照されたい。

（5）「地租改正関係書類彙纂」（大蔵省『明治前期財政経済史料集成第七巻』）三四一～二頁、昭和三八年、明治文献資料刊行会（復刻版））。

（6）租税寮の基本方針である「地券ヲ発スル益」（『前掲書』三一八～三二〇頁）において、この点が明示されている。

（7）『明治初年地租改正基礎資料　上巻』昭和四六年、有斐閣。

（8）川島武宜『所有権法の理論』二三三頁以下、昭和二四年、岩波書店。なお、川島武宜氏は地券について、地券渡方規則第六が「地主持主タル確証」と規定していることについて、確証とは、「現代民事訴訟法上の『証拠』という意味ではなく、所有権の要件の裁判規範的表現、と解せられるべきであろう」（『前掲書』、傍点、川島氏）と指摘しているが、今日の研究水準では、より以上に地券の法的性質は強調されるべきであろう。

第三章　幕末・明治期における土地所有権の私的構造
――排他的包括的土地所有権――

はじめに

かつて、徳川時代に土地の私的所有は存在したか、否か、ということについて、歴史学上における小商品経済の発展という、封建制経済より資本制経済へという歴史変革の起点を、ブルジョア経済＝市民社会の形成という点に求めた理論上の問題から提起され、研究されたことがある。ここでは、封建制下の土地所有の形態について、ヨーロッパの法制史学を援用して、同一の土地にたいして、封建領主的土地所有 Obereigentum と農民的土地所有 Untereigentum というように区別して表現し、近代に固有な土地の私的所有制度における近代的所有、すなわち、封建制解体後における近代国家＝市民社会の形成によって革新された社会＝国家の法制度のもとの所有と区別して使用している。所有という用語を徳川時代について使用するとなると、明治維新以後の法制度のもとで使用される近代的所有との関係で用語上の差異がなくなるということから、所有の区別を明確にしたものである。つまり、近代に特徴的な一般的・普遍的かつ制度的な所有ということばを封建制下の土地関係について使用するとなると、あたかも封建社会が近代社会と変わりがなくなるという概念上の問題からなのである。

この所有の問題は、学問上についての問題ばかりでなく、明治時代以来、今日にいたるまで、裁判所においてもとりあげられ判決をみている。裁判所の判決のうちいくつかは、所有権は、明治時代において土地所有権の確認作業を前提とした地券制度・地租改正においてはじめて行なわれたのであって、それ以前、すなわち、徳川時代には私的所有は存在しなかった、というのである。所有についてのこの解釈は、学問上の一定の成果をふまえてなされたものではなく、裁判官の無知識・無理解か、あるいは、きわめて政治的なものであった。すなわち、徳川時代において私的所有をみなかったという事実認定が、国有地を合法的に創出することにつながる重要な論拠となっているのである。つまり、土地の私的所有権は徳川時代に存在せず、地租改正によってはじめて創設されたものであるから、徳川時代に土地のすべては国有なのであるから、これにたいして私的所有の存在を主張して争うことはおかしい、というのである。したがって、国有地となった土地にたいして私的所有の存在を認めることはできない。この論旨は、学説や学問とはかかわりがない、むしろ、非学問的であり、政治的なきわめて現実的なものなのである。

大審院が徳川時代における土地国有を前提として土地私所有権不存在を判決したことにたいし、早くは中田薫氏が反論をしているが[1]、中田薫氏の説は、それ以前の梅謙次郎氏の説をうけていると思われて[2]いるとはいえ、必ずしも定説となって今日にまでいたっていない[3]。学説として、その後において、中田薫氏ほど明解に論断した説を多くみない。この、法律学者による徳川時代の私的所有の解明が少なかった、ということが、裁判所が徳川時代土地国有説を――とくに、国側に立った場合――安易に採用することができて法律論として構成している原因となっていることにもかかわりがあることを注意しなければならない。

また、所有論に関連して、領主的土地所有と農民的土地所有の二重構造論は、はたして適切なのであるのか。さらに、ゲベーレGewere論は必要なのであるのかも再検討されなければならない。

第一節　大審院判決における徳川時代土地国有説

大審院の徳川時代土地国有設にたいして、まず、中田薫氏が「全然誤謬」であると論断した、大正七年五月二四日の、大審院第一民事部判決（大正七年〔オ〕第三九四号、『不動産所有権確認並保存登記抵当権設定登記抹消ノ件』）の重要点は、つぎのごとくである[4]（傍点は原文のまま）。

然レトモ明治五年二月十四日太政官第五十號布告ヲ以テ地所ノ永代賣買所持ヲ許シタルハ是ヨリ以前土地ハ國ノ所有ニシテ人民ハ土地ノ所有權ヲ有セス唯其使用収益權ヲ有スルニ過キサリシヲ改メ人民ニ土地ノ所有權ヲ付與シ從來有シタル其使用収益權ヲ以テ所有權ト爲シタル趣旨ナリトス原院ノ認定シタル事實ニ依レハ僧侶玄斎ノ三世玄念ハ寛永三年自費ヲ投シテ上告寺ノ現今ノ境内地ヲ買入レ同寺ノ住職ヲ世襲スル同人ノ子孫ヲシテ之ヲ継承セシメ第十一世珠渓事玄耀ノ代ニ至リ明治維新トナリ私人ニ土地所有權ヲ認メラレタルモノトス故ニ玄念ノ右ノ土地ヲ買入レタル當時ハ私人ノ土地所有權ヲ認メラレサリシヲ以テ單ニ其使用収益權ヲ有スルニ過キスシテ其後裔タル玄耀ハ其權利ヲ承繼シタリシカ前示布告ノ施行セラレタル結果其權利ハ所有權トナリタルモノトス又明治五年二月二十四日大蔵省第二十五號達同年七月四日大蔵省第八十三號達ヲ以テ地券交付ノ規則ヲ定メ土地ノ所有權ヲ有スル私人ニ對シ地券ヲ交付シタルモ其地券ハ所有權ヲ證明スル書面ニシテ上告人所論ノ如キ設權證券ニアラス唯賣買譲渡ヲ爲スニハ地券ヲ書替フルヲ必要條件ト爲シタルノミ（明治八年太政官第百六號布告参照）故ニ

縦令一旦地券下付セラルルモ之ヲ受ケタル者眞正ノ所有者ニアラサルトキハ眞正ノ所有者ハ其誤謬ヲ證明シテ地券ノ更正ヲ請求スルコトヲ得ヘク之ヲ下付シタル官廳其誤謬ナリシコトヲ發見シタルトキハ何時ニテモ之ヲ更正シ眞正ナル所有者ニ對シ地券ヲ下付スルコトヲ得ヘキモノトス

論旨はきわめて簡単で、まず、徳川時代（あるいはそれ以前）においては、「土地ハ国ノ所有ニシテ人民ハ土地ノ所有権ヲ有セス唯其使用収益権ヲ有スルニ過キサリシ」ということで、人民は土地の所有権をもたなかったというのである。つぎに、地券制度における地券と所有権との関係については「地券ハ所有権ヲ証明スル書面」である、というのである。

論旨第一点については、中田薫氏の古典的名著があって、同氏は、まず、町屋敷について、「永代売買ヲ公許サレタル土地ノ顕著ナルモノナリ」（傍点等、原著者、以下同じ）といい、つぎに、拝領地については、「其譲渡ノ自由ヲ殆ント奪ハレタルノ土地ナリト雖徳川時代ノ法律確信ニテハ幕府ヨリノ拝借地ニモアラズ御預リ地ニモアラズ却テ彼ノ沽券地ト同様ニ拝領者ガ地主トシテ永代ニ所持スル土地即チ其永代所有地ナリシコト末毫ノ疑ヲ容レズ」と述べている。さらに、百姓地については、「永代売買ヲ禁止サレタル土地ナリト雖絶対ニ譲渡ノ自由ヲ奪ハレタルノ土地ニアラズ故ニ㈠年季売㈡本物返買戻付売買㈢質流等ノ方法ニ依テ之ヲ譲渡スルコトヲ許サレタルノミナラズ㈣相対替（交換）ヲナスコトヲ妨ゲズ」・「百姓ノ田畑ハ幕府ヨリノ預リ地ニアラズ其所持地ナリ百姓ハ幕府ノ小作人ニアラズ自身ニ土地ヲ所持スル地主ナリ沽券地拝領地ノ地主ト同ジク所持地ノ永代地主即其所有者ナリ」と述べるとともに、寺社の境内について「最モ普通ニ其所有地ナリシコト」と指摘している。このほか、田畑永代売買禁止について、徳川時代においては「何人モ之ヲ以テ土地国有主義ノ結果ナリト解シタルモノハアラズ」と論断し、水戸藩の事例では

「全然百姓地ノ売買ヲ公許セリ」と指摘している。なお、中田薫氏は別の論文において、山林についても私的所有を認めている。(5)

中田薫氏が右の論文を発表されたのは大正八（一九一九）年であるから、社会経済史学による徳川幕府体制の本質的な解明と規定、とりわけその基礎である土地制度についての研究がまだ本格的に展開していない。したがって、中田薫氏のように土地の所有問題についての法制史的研究に対応ないしは対立するような独自の理論――たとえば、金井昂氏の土地所有権論(6)――をみない。経済学・社会経済史学の発展によって、資本主義論争＝封建論争が生じるのも後年のことである。こうした学問的状況のもとにおいて提示された中田薫氏の研究水準の高さは、精度の高い比較法制史というかたちをとって研究が進められたことによるのであり、それゆえに今日においてもその価値を失なわない原因がある。とくに、ギールケ Gierke・プフタ Puchta・ヒューブナー Hübner・ブルンナー Brunner などの諸説が引用されており、この種の研究がいち早くとり入れられている点においても先駆的であり、ヨーロッパが到達した近代的学問の成果である所有についての基本概念を比較史的に広く検討しているからなのである。

学問的素養のない当時の多くの裁判官や弁護士が――あるいは、今日にいたるまでも――中田薫学説を援用することや理解することができないのも、中田薫氏の学問水準の高さに対して、あまりにもレベルが低いことにある。

大審院の判決にみられるように、明治維新以前においては、土地は国有であって私的所有は存在しない、という論拠が、学説上においても実態上においても、なんら説明も指摘もなされていないことについては中田薫氏が明解に指摘している。寛永二〇（一六四三）年に田畑永代売買禁止の法令をみ、下って、明治維新政府が明治五（一八七二）年に地所永代売買解禁の法令（太政官布告第五〇号）を出したことをもって明治以前の土地国有説の根拠とすることには一応の理由は成り立つようにみえるが、これは、法令の内容も検討しないで援用したとしか言いようがないものである。中田薫氏がいうように、この法令のタイトルだけから土地の売買が禁止されたのだと理解することはきわめて非科学的である。その意味と実態とをみなければならない。それならば、田畑永代売買の禁止令をみる宝永二〇年以前には田畑の売買は自由であり、したがって、ここに近代的な所有権が存在したというのであろうか。ただたんに法令のタイトルからだけでは所有について論ずることはできない。この法令がすべての土地が国有地であることを、幕府が形式的にも実質的にも宣言したというのであろうか。たとえそれでさえも、なお問題が残るからである。

中田薫氏は、田畑永代売買禁止と土地売買解禁の法令に関して、ヨーロッパの土地法制との対比のもとにおいて、つぎのように述べている。(7) 長文になるが、重要なので引用する。

近世諸國の法律は、個人の利益を尊重すると同時に、物の経濟的利用を充分ならしめんことを欲するが故に、所有權の譲渡を努めて自由にするの主義を執ると雖、尚且特定の場合には、之が譲渡を絶對に禁止することもあり。若夫れ過去の法に至ては、所謂不可譲的所有權（unveräusserliches Eigentum）を認むる場合、今日よりも一層多きを見る。羅馬法は最廣汎なる範圍に於て、所有權の自由を許せる法なれども、尚二三の場合に於て、これが譲渡を絶對に禁止せり。其中最顕著なるものは妻の持参不動産（fundus dotalis）なりとす。こは夫の所有に属すと雖、儒帝の立法にては、夫は之を譲渡し質入することを禁止され、之れに違反せる處分は無效なりき（Puchta, Institutionen II S. 166 A. hh. S. 408 ff.）。獨逸固有法の所有權は羅馬法に比して、更に多くの制限を受けたるものなるが（Hübner, Grundzüge des deutschen Privatrecht 5 Aufl. S. 277 ff.）、弗蘭克時代に國王より臣下に贈與せる土地所有權の如きは、通常解除條件付一代限若くは直系卑屬にて限て相續することを許されたる制限的所有權にして、而かも不可譲的所有權なることを原則とするものなり。従て豫め特許を受けたる場合の外、此種拝領地を恣に譲渡するときは、直ちに没収さるゝの制なりき（Brunner, Forschungen S. 1 ff. Gierke, Privatrecht II S. 352 Anm. 13.）。又同時代に於て所謂死後贈與（donatio post obitum）に依て不動産を他人に譲與せる者は、死亡の時迄其所有權を自己に保有すと雖、之を處分するの自由を失ふに至るものとす（Hübner, Die donationes post obitum S. 48 Anm. 1. Brunner, Grundzüge der deutschen Rechtsgeschichte 8 Aufl. S. 242.）。獨逸の近世法に於ける不可讓的所有權の最顯著なるものは、世襲財産（Familienfideikommisse）なり（Brunner, Forschungen S. 6. Hübner, Grundzüge S. 342.）。尚獨逸帝國の勲章は、受領者死亡するときは之を返上するの制なるが、Brunner 及び Gierke は其所有權を以て、近世法に於ける一代限不可讓的所有權の一に數へたり（Brunner. a. a. O. S. 6f. Gierke, II S. 363 Anm. 50.）。

不可讓的所有權の實例は、我日本の近代法に於ても亦之を見出し得べし、舊華族世襲財産法（明治十九年四月勅令第三四號）第十三條に依れば『世襲財産及ビ附屬物ハ之ヲ賣却讓與シ又ハ質入書入ト爲スコトヲ得ズ』而して一度世襲財産に編入せる財産は、所有者之を解除するの自由を有せざるものなるが故に（第十六條）、法定の原因に依て世襲財産たる效力を失はざる限り（第十五條）、所有者は絶對にこれが讓渡を爲することを得ざるものなり。大正五年九月十九日改正の華族世襲財産法に至ては、特定の場合に於て世襲財産の一部、又は全部を廢止することを許すと雖（第十九條）、所有者が其手續を了せざる間は『世襲財産及其ノ法定果實ヲ收得スル權利ハ之ヲ讓渡シ又ハ質權若ハ抵當權ノ目的ト爲スコトヲ得ズ』（第十六條）となせり。

右に列擧せる各個の場合は、何れも目的物の讓渡が法律上絶對に禁止されたる場合なれども、古今の法律は其物の上に、一私人の所有權が存立することを認めて怪しまず。以て讓渡の自由は所有權概念の常素なれども、之に缺く可らざるの要素にあらざることを知るべし。已に讓渡の自由は所有權概念の要素にあらずとせば、單に讓渡の一形式に過ぎざる永代賣買が禁止さる、とするも、之が爲めに所有權が所有權たる性質を失ふことなかるべきは多言を要せず。徳川時代に土地は永代賣買を禁止されたるが故に、其上に私有權の存立を認むることを能はずと論ずる者は、永代賣買なる權利讓渡の一形式・一方法を以て、所有權概念の要素なりと論ずる者にして、法理を解せざることを亦甚しと云ふべし。

中田薫氏は、田畑永代売買禁止令との関係においてドイツの制限的所有権等についての解釈の検討を含め、所有権は「譲渡ノ自由」が「常素」であるとしながらも、この原則は、必ずしも所有権によって「欠ク可ラザルノ要素」ではない、と論じている。もっとも、徳川時代の農業生産にとって不可欠な土地の売買譲渡の禁令をみるのは、そのタイトルにもあるように、田畑において一般的である。中田薫氏は水戸藩の例を具体的にあげて、田畑において売買が認められていることを指摘している。事実、徳川時代においては田畑の売買が実質的に行なわれているし、幕末期においては一般的実状であった。また、禁止令といっても、土地全般に関して売買が禁止されていたのではないことはいうまでもないことである。ここで問題となるのは、一般的原則として、売買・譲渡が幕府法令上において禁止されている田畑について、所有の存在をみるか、どうか、ということである。中田薫氏は、たとえ、制限付きであっても所有権は存在する、というのであり、ただ、自由に——近代国家社会のように——流通過程に投ずることができない、というだけである、と指摘している。そして、大審院の判決にたいしては、「永代売買ナル権利譲渡ノ一形式一方法ヲ以テ所有権概念ノ要素ナリト論ズル者ニシテ法理ヲ解セザルコト亦甚シ」と、きわめて手きびしく批判している。のちにみるように、この法令の根拠は幕府の小農維持政策からでたものであって、土地国有説からでたものではなく、また、土地の私的所有を禁止したものでもない。右の農業政策上から、土地を流通過程に投じることが禁止されたまでなのである。

このようにして、土地所有の概念は、比較史的な検討においても、徳川時代に関する研究上はもとより実態上においても所有として存在していることを明らかにしたのであるが、ここでの所有は、その形式上において売買・譲渡という自由、すなわち、商品流通（交換価値）を前提としていなくとも所有することには変わりはなく――そのかぎりでは使用価値的側面のみ――、これが、他のものにたいして独立性をもっていることを示したのである。この所有について、歴史上、あるいは法律上においてどのように表現し――ことば上の定義――概念規定をするか、ということはその後における所有論争で再び問題となるところである。いずれにしても、徳川時代において使用されたことばあるいは法律用語を、明治時代以後の近代的な法律制度のもとにおける法規範＝法律のように、法律用語ないし使用されたことばに一定の概念規定をして表示するというようなことはなかったのであるから、民法典で使用している創設用語である法律用語やことばを徳川時代に求めることじたいは意味がない。したがって、近代的な法概念も法体系もない幕府＝領主が、その裁決において、あるいは公文書において使用していることばや用語について民法典で規定され使用されている法律用語をあてはめて解釈することはできない。幕府法や領主法は封建法であり、その法構成と表現であるとともに、支配者としての立場が貫徹しているのである。したがって、裁決のなかで使用されている用語のなかにではなく、事実として私的所有がどのようにみられるのか、ということを探し出さなければならない。金銭関係を表示する「借用証文」が土地の売買なのである場合や、実際に土地が売買されて移動している多くの実例をみる。徳川時代に排他的総括的支配がみられる場合について私的所有を認めるとか、あるいは、地券制度・地租改正において発行された地券は、たんなる証明書であり設権文書ではない、とかいう用語や事実関係を無視し、つじつまの合わない論理にもとづく大審院や最高裁判所の判決がみられるのも、いかに徳川時代・明治初年の法制度・法体系、そうして法存在の実態について無知・無理解であるかを示す以外のなにものでもない。その意味において依然としてプロクルステスベットであって、浅薄な知識と理解ならびに学問的素養がない点において、大審院も最高裁判所も同じである。

第二節　徳川時代における領主的土地所有

昭和初年以来の社会経済史学の発達は、日本資本主義社会の発展にともなう、資本家と賃労働者との対立ならびに地主と小作との対立と、貧困層の拡大を背景にしながら、国家機構の本質的規定という問題に関して、その特殊的構造を解明するために、徳川幕藩体制の構造的特質、とりわけ、土地制度——領主の土地支配と地主・小作関係——についての研究が高まり、それが、戦後の「民主主義的改革」=近代化論にひきつがれ、現実的なものとなって、さらに研究を展開させる。この影響は今日までおよび[9]、日本資本主義論争のあとをひきずるかたちで、研究視点ならびに分析の結論の相異から講座派と労農派とに依然としてわかれるようなかたちをとっているほか、近代化論というかたちでの新しい研究視点からも論究されている。

ところで、土地をめぐる封建社会の所有関係について、社会経済史学での共通の理解は、基本的には同一の土地にたいして封建領主的土地所有と農民的土地所有の二重の所有が対抗したかたちで存在しているということをあげている。所有という点からみると、一つの土地にたいして二つの所有の存在をみるわけで、権利の重層的存在ということから、一物一価の原則の近代的規定から離れるために、これをゲヴェーレ Gewere というドイツの学説を適用することによって解明するこころみもみられる[10]。しかし、ゲヴェーレについて日本ではドイツと異なり確固たる定説をみない現状においては、人の物にたいする支配・占有・所有等の重層的関係を示す用語として、あるいは、川島武宜氏のいう「所有権と占有権との関係の前史としての・それと対蹠的の」と捉えられているゲヴェーレ。また、「『現実的所有権ないし物権』ともよばれるべき gewere」(11)（傍点、原文のまま）として観念され、少なくとも、近代的といわれる私的所有権の法的構成のもとにおいては成立しえない、したがって、封建的社会関係における物の支配＝所有をめぐる複雑な関係にたいする法解釈的な必要性から生まれるものである、と説明されてきた。

　このゲヴェーレという法律的な理論については、すでに戦前において民法学者によって紹介されたが、この理論は実際には適用されるにはいたらず、戦後にいたって川島武宜氏が、とくに入会関係について積極的に適用されたことにより、研究者に影響をあたえたし、裁判所も援用するようになった。それは、徳川時代の所有関係ならびに入会権について理論的に説明する場合、説得的な理論であったからにほかならない。しかし、それにもかかわらずゲヴェーレ理論は、いまだ一般化されていないし、まして、社会経済史学において正面からとり入れられていない。

　ところで、幕藩領主制下での封建社会における所有を論ずる際に、とくに社会経済史学においては農民的土地所有と領主的土地所有との対立・対抗関係が前提となる。ゲヴェーレ理論の日本への適用と、これの日本的展開ということになると、後者は現実的な所有権ということになるであろう。この二つの異なった所有が同一の土地において存在することはおかしくない。しかし、領主の支配権力による土地支配、つまり領有が、はたして所有に該当するのかどうかは、封建制下においても問題であろう。領主は、その支配の権力によって土地生産物や金銭を貢納させるからである。この二つの土地所有論を可能ならしめているものに、経済史学において用いられた地代の封建的形態――いわゆる封建地代――という理論が介在する。封建的貢租を、土地との関連のもとに捉え、これを地代範疇(12)で規定する場合、地代徴収の根拠となる権原が求められる。封建領主が直接生産者である農民から地代を徴収する形態は、ヨーロッパの歴史上において三つの形態、すなわち、労働地代＝賦役 Frondienst、生産物地代＝貢租 terrage、貨幣地代＝金納 geldzins というように措定する場合、当然のことながら、地代は土地所有を権原とし、これによって徴収することになる。領主的土地所有概念の成立である。これに対立するのは、事実上の土地支配である農民的土地所有の概念である。これは、近代的土地所有へとつながる。もっとも、地代徴収は権利を媒介[13]ないしは権原とすることによって封建地代としての特殊性をもつことになり、資本制社会＝近代における地代とは、その性質が基本的に異なることが特徴である。この論理が日本に適用される[14]。

しかし、領主的土地所有を前提とした地代の論理は適正なのであろうか、という問題が残る。つまり、領主は土地所有の論理の上において地代を徴収する権利を有するのであろうか、ということである。領主の論理は支配＝強制 Zwang にもとづくものだからなのである。これをことさら土地所有規範の論理でとらえ、二つの所有の対抗関係として論理を構成することは、法解釈もしくは法理論においていたずらに混乱を招くばかりである。決して有意義なものではない。領主支配のもとに緊縛されている土地所有を、支配と現実の対抗としてとらえるべきであろう。封建的貢租を農民・商人等との間において媒介するものは、領主強制にほかならない。

つぎに、土地の私有を前提とした田畑売買についての一例を掲出する。文言上においては、永久に田畑を売ることであるが、実態上においても田地を売却し所有権を失った――移転――例である。ここでは「長売渡」という表題のほかに、内容的にも「長代売渡申候」という文言がみられる。もはや、「質地」とか、金融というような文言はみられない（長野県下旧松代藩領）。こうした例は、他にも多くみられる。文書の形式はともかく、田畠の売却であることは明らかである。

長売渡申田地証文之事

中河原

一中田　九間四尺二寸
　　　　拾三間三尺六寸　四畝拾弐歩　御水帳

分米五斗七升弐合　實吉分

右者年々　御上様御年貢金差結候ニ付代金拾壱両也只今慥ニ請取長代売渡申候処実正ニ御座候然ル上者来戌十二月ヨリ御年貢諸御役等貴度方ニ而御勤可被成候尤此田地ニ付脇々ヨリ一切構子才無御座候若故障之者御座候ハ、加判之者共罷出急度埒明少茂貴殿御労相掛申間敷候為後日田地証文仍而如件

天保八酉年十二月

田売主　寅　吉㊞

受　人　吉　蔵㊞

治郎七殿

前書之通此田地ニ付故障無之趣御届奥書印形致申候　以上

名　主　寅　蔵

ところで、封建社会における所有は——しかも、領主支配＝強制 Zwang のきわめて強い例においては——、商品生産＝流通が領主によって直接に把握されるか、もしくは、領主支配と密接な関係を保つ前期的商業資本・地主等によって把握される。しかし、土地所有——その他の所有についても——が領主所有として具体的にあらわれるのは、

領主直営地においてである。その典型は、プロシャ＝ドイツにおける領主直営農場である。ここでは、その土地支配は領主所有とみてよいであろう。日本においても、この領主直営地＝直轄地は存在した。その多くは、林野地であり、鉱山であるが、田畠の例はきわめて少ない。林野地では具体的には、まず美林地帯と巣鷹山・鉱山、そうして、若干の放牧地と薬草園であり、その他では城郭、領主ならびに武士の屋敷地である。[15] もっとも、通常、「御林」といわれている領主直轄地のすべてが、右の領主所有として存在していたか、ということについては問題が残る。領主直轄地・直営地においては、一般的に管理が厳重であり、とくに、営林財産や巣鷹林・薬草園などの管理は他の領主所有地よりも、一層厳重をきわめた。このうち、巣鷹林については、鷹が巣をかけるところ一帯が直接の管理下に置かれている場合もあるが、保護・管理については村方にゆだねられている場合が多かった。鷹が巣をかけなくなり、鷹の存在をみなくなったところでは巣鷹林であることが解除され、村がこの場所に立入り使用・収益を行なう。したがって、巣鷹林の場合においては鷹の存在にたいする林地の管理なのであって、所有を権原とするものでないことが多い。村林であろうと、個人林であろうと、鷹の存在をみたり、巣をかけた場合には鷹巣林とされる。そこには領主の支配＝強制が権原とされる。さらに、御林等の直轄林野においては、必ずしも地元村々の用益権を全面的に否定して、領主の独占的所有を貫徹させたとは限らない。あるいは、領主的土地所有を権原として、村々にたいし用益権ではなく賃借権を設定したり立木等の地上産物を売却する、というようなことは一般的ではない。もっとも、商人資本にたいして「御林」の立木を売却することはあるが、それは、立木を領主的所有と観念していたからである。このほか、領主主導型での新田開発が行なわれる例においては、当初、領主の土地所有を権原とする場合があったであろうし、また、領主権力を背景として商業資本が土地所有を権原として行なう場合もあったであろう。しかし、領主主導型は、その後においては、耕地の所有は領主の手を離れる。領主が、依然として土地所有者として地代を徴収するという法的な関係を保つことはないし、まして、領主が新田を直営地として維持し、農業労働者あるいは同じことながら小作人として農民を雇用することも一般的にみられない。あったとしても、ごく少数の例にとどまるであろう。領主にとっては、直轄支配の土地を所有として、ここに労働者――その形態が賦役であるか、賃労働であるかにかかわりなく――を投入して生産物を収穫する、ということよりも、支配という強制力にもとづいて貢租という収益をうけることに重要な意味があったからである。

土地所有問題については、とくに社会経済史学・歴史学における学術用語や、その意味づけ＝概念規定にもかかわらず――社会経済史学・歴史学と、法制史学・法社会学との間に、学術用語の概念規定については、必ずしも一致をみていない場合がある――、農民のもつ田畑等は所有を示すものである。したがって幕府の政策上から法令化される田畑売買の禁止にもかかわらず、田畑の売買は様々のかたちで行なわれており、右の禁止令はほとんどその存在の効力はない。また、実際上において田畑が売買されていることを幕府・領主も認めているし、村役人は、この売買に直接のかかわりをもっているのである。本田畑の売買は、村方においては公然の事実であったし、それ以外の土地――たとえば、宅地・野地・山林――の売買はもともと自由であった。山林原野については売買にたいする禁令をみないこともあって売買・譲渡は自由であったところから、これらを総合的にみると、いったい、領主による土地所有が一般的にどの程度まで確実に存在していたのかは、これを明示することの方が困難であるともいえるであろう。

徳川幕藩制社会において、ことさら領主的土地所有を概念的に措定して、これに対抗する農民的土地所有を理論として対極に置くとき、所有という面においては同一の土地に所有の重層的存在をみることになるわけである。そうして、農民的土地所有が領主的土地所有を圧倒するところに、社会変革の要因を見出すことになる。これが、日本の歴史的現状において実際に存在したのであろうか、ということになると、多くの地方資料をみてきた者にとっては疑問とせざるをえない、と思われる。文書資料についての解釈の問題である、というようにいっても、文書資料上から右のような土地所有の対抗関係を検出することができない場合においては、理論そのものを検討しなければならないことになる。そもそも、法律上において幕府・藩が全領土にたいして、あるいは田畑にたいして明確に土地所有権を規定していたのであろうか、ということである。領主の土地・領民にたいする支配、あるいは領有とは、土地所有そのものではないからである。

そこで、川島武宜氏が『川島武宜著作集』第七巻の解題（一九八一年）において、旧著『所有権法の理論』（一九四九年、岩波書店）について「解題」した際に、つぎのような興味あるコメントをしている点に注目したい。

> 私にとっては、「社会過程における社会行為主体の間の社会関係」（soziale Beziehung）としての〝appropriieren〟ないし〝Appropriation〟という構成概念に立脚しつつ、その構成概念（「専属利益」或いは「専有利益」、〝Appropriation〟）を媒介として、専属利益（或いは専有利益）→財産（Eigentum）→所有権→私所有権という具体的な特殊ケースの構成概念を論理的に構成することによってはじめて、法＝権利ないしそれらの規範にかかわる現象としての所有制度ないし所有権にかかわる「一般理論」の構成の出発点が明らかになり、（後略）

右の意味する内容は、所有権制度の段階的規定のモデルであると捉えてよいであろう。もっとも、右のモデルは、一般論であって、所有がすべてこの段階を経なければならない、ということではない。しかし、所有については、さきに触れたように、わが国の裁判所が、私的所有でなければ国有地である、というきわめて単純な、しかも裁判官が乏しい知識をもって二者択一的な、いわゆる Entweder-Oder という論理概念で所有を捉えており、さらに、徳川時代においては土地の私的所有はありえない、という前提に立って判決をしているのがみられるからである。裁判官には、高度な学問的知識と判断力、あるいは、それを理解することの能力をもち、ジャッジ Judge としての適正な判断が責務なのであるにもかかわらず、裁判官であるという裁判官僚の特権と見識だけをもって学問上の成果については無視するとともに――一般的に言って、理解できないために――、エリート裁判官においては、つねに最高裁判所の意向――政治的・行政的――に忠実であろうとする。したがって、国家にたいする訴訟にたいしては、はじめから国家を勝たせる論理・つじつまに終始する、という傾向がみられる。今日のように発達した――その背景として高度資本主義社会――私的所有の段階の法体制をそのまま徳川時代に、数学でいう合同というかたちで適用する、という暴論は、科学的な法律学においては認められないにもかかわらず、裁判という現実においてしばしばみられるのはそのためである。このことは、やはり、裁判官が所有についての歴史規定性を度外視して判断していることであり、問題とすべきであろう。その原因の一つに、徳川時代における土地所有を経済学・社会経済史学において地代論で構成したところに難点があり、これを法律論のほかに適用したところに問題の生ずる原因があったとみるべきであろう。こうした点から、川島武宜氏の所有についての概念規定にもう一度立ち返ってその当否を、検討する必要があろう。

ところで、徳川時代における土地所有は、売買が自由であるといわれた山林原野においてさえ、明治政府成立後における、そうして民法制定後においての土地の私有制度とは、まったく同一のかたち、あるいは内容であるということにはならない。しかも、明治維新政府成立期においては徳川幕藩体制期と変わりはないが、田畑永代売買禁止令の廃棄後においてさえ、実態的には必ずしもさきに指摘した民法典制定以後の社会的・政治的状況とは異なるものである。社会経済史学ならびに法社会学における研究成果を援用するならば、本来での――というよりも、土地の私的所有の広汎な展開が自由となるのは――土地私的所有の一般的な貫徹は、戦後においてしかない、ということになる。

それゆえに、戦前において日本の国家機構＝社会の半封建的性格——ときには、封建的な——が指摘され、これをめぐって日本資本主義論争＝封建論争が生じたのである。そうした意味において、現在の社会構成・法構造のもとにおける土地私的所有の存在をもって、資本主義社会、すなわち、近代社会の基本的状況を示すものとして理論的に措定するならば、徳川時代においてはもとより戦前社会においてさえ、土地私的所有の完全な姿は一般的・全般的にはみられないことになる。こうした点を考慮に入れて、少なくとも幕末期における田畑も含む土地利用＝支配の実態についてみるならば、土地の私的所有を法認する地券制度に接続する以外のなにものでもない。それはまさに、土地の所有にほかならないことを示すものである。そこには、領主の土地所有と農民の土地所有といったかたちの土地の所有をめぐる対抗関係というものは一般的には存在しない。存在するのは、土地生産物をめぐる取り分について領主支配権力と農民との対抗である。もっとも、領主の直轄直営地においては領主の土地生産物の所有——ときには、土地所有——という構図も存在した。この土地生産物をめぐる対抗については、領主と農民と農民のほかに、徳川時代中期以降にいたっては地主の取り分が一般化されるにいたっている。地主の権原は土地所有である。また、ときには債権である。そうなると、この生産物をめぐる対抗は、(イ)領主—農民というケースと、(ロ)地主—農民というケース、そして(ハ)領主—地主というケース——ここでは、領主—農民というケースのなかに包摂されるが——にわかれる。地主は、その多くの場合、領主と同じように直営地の拡大、したがって、ここでは、地主経営地の拡大という方向ではなく、質地地主として、農民から金融のための担保として土地を取得するか、農民から土地所有を取得して土地所有者となり小作地として零細農民に土地を貸して小作料＝地代を受取るのである。前者においては、土地所有の移転を前提としての地主ということよりも、結果としての地主＝土地所有者である点に特徴がある。したがって、ここでは、質地としての土地において、土地所有者である農民が生産に従事する場合には、小作という形式をとる場合が多く、あたかも、土地所有が債権者に移転しているかのような形式をとっている。そうして、債務を弁済することができない場合においては、当然のことながら土地所有は失なわれる。しかし、それでも土地とのかかわりは小作人としての地位にとどまるかぎり続けられるが、それはもはや土地所有とのかかわりのもとにおける小作ではなく、たんに小作としての借地人となり、土地＝生産との関係において規定される小作としてのそれである。後者についても事情は似ているが、結果としての土地所有の移転が前提とされているかぎり、結論はともかくとして、質的には異なった事情にある、といえる。しかも、この例においては、土地所有が移転した後における生産関係については、小作としての質的側面が前者のようなかたちをとるか、あるいは異なったかたちの小作関係をとるかは、土地所有者＝地主の恣意による場合が多い。つまり、集積した土地において自らが経営にあたるか、あるいは、新しく小作関係を結ぶか、ということが、地主の裁量によることができるからである。

第三節　徳川時代後期における田畑地の私的所有

それではいったい、幕藩体制下において、幕府・領主による田畑についての土地所有は完全に確立されその法律上の根拠はみられたであろうか。この点については、すでに中田薫氏によって論証されているところである[16]。したがって、大審院判決（そうして、最高裁判所判決）が解釈しているように、宝永二（一六二五）年における田畑永代売買の禁令は、幕府・領主の土地所有を明確に法律上において位置づけたものではない。延享元（一七四四）年「田畑永代売買いたし候もの御仕置之事」（『科條類典』）、ならびに、安永八（一七七八）年「田畑売買之儀ニ付御勘定奉行様江問合」（三秘集）、年度不詳「永代売制禁之趣旨」（地方大成録）、同「永代売之事」（同前）、また、享保六（一七二一）年「質地裁許之格法」（大成令）、年度不詳「総て小作ニ付心得方之事」（『地方公裁録』）、同「小作名称之鮮」（『地方大成録』）、同「小作永小作之事」（同前）[16]等をみても、幕府・領主が田畑についての土地所有者となったことを示すものではないことは明らかである。かつ、田畑永代売買の禁令は、右の法例等によると、幕府が生産物を一定に確保するために百姓を土地に緊縛するために行なった措置であることを示すものであって、土地の国有化を法制度において明確にしたものではなく、したがって、土地所有そのものを権原とする法律関係でもない。

ところで、田畑永代売買することの禁止に違反した者にたいする刑罰は、「当人過料、加判之名主役儀取上、證人叱」・「同買候もの永代売之田畑取上」となっている。[18] しかし、それにもかかわらず、土地の売買が盛んに行なわれていたことは地方の資料が示すところである。

それではいったい田畑永代売買禁令の幕府の趣旨はどういうものなのか。『地方大成録』はつぎのように述べている。[19]

一田畑を永代売渡してハ百姓家督に放れ有徳成百姓ハ次第に田畑多く成、小百姓ハ段々潰れ役日一村之同地一両人にて致二所持一又ハ他村之百姓之物と成ニ付大猷院様御代寛永二年自今永代売厳重制禁被二仰出一若密に田畑永代に売渡者有レ之於レ及二露顕一ハ売主宰舎之上所払本人相果る時ハ子ニ同罪、買主田畑取上過料本人死する時ハ子同罪證人過料本人相果る時ハ子無レ構名主ハ役儀取二放之一御定法也

これをみても明らかなように、右の禁令は土地の国有説からでたものではなく、小農民の保護と大農の否定、ならびに一村の維持をはかるためにだされた農業政策によるものである。

このように、田畑永代売買禁止令の意図するものが、具体的には少数の者への土地集積を防止するものであったことは明らかであるにしても、事実において、幕末期には少数者のもとへの土地集積がみられる。それが、どのような形式をとるものであるにしても土地集積であることは土地を所有することに変わりはなく、その土地集積の実態が『年貢勘定帳』という公簿上においても表示されるほか、ときには、幕府・領主の土地基本台帳である『検地帳』にもみられるようになる。土地を集積した地主は、直営地を拡大するためではなく、地主取り分として、領主と直接生産者との間に介在する。田畑永代売買禁止令の趣旨からいえば、このようなかたちの生産物――それが生産物であるか貨幣であるかにかかわりなく――の収取は、幕府・領主にとっては許すべきものではない。にもかかわらず、実際には政策上においてこれを認めているのである。

地主による土地の集積は、手作地の拡大を意図する中農民の場合はともかくとして、富裕農民（地主）や質地地主は例外なく手作地の拡大を意図していない。土地集積の多くが、質地という法形式であるために、これだけで判断するかぎり、土地は金銭の借用にたいしての担保として提供されたものである、と解釈している。しかし、実態について検討すると土地所有権の移転である場合が多い。土地と経営とが一体となっている質地については、担保に供された土地は、そのまま債務者が特殊土地経営者として、すなわち、直小作という形式において新しい契約を結ぶ。この小作は法令上において認められているものであるが、地主―小作関係は隷属関係をともなう新しい身分関係の発生にもつながることが多い。したがって、このような例においては、形式上では、土地を担保に供して金融をうけたにもかかわらず、債務者は金銭上において債権者に元金と利息金とを返済する義務を有するばかりでなく、小作という契約を行なうことによって小作金の支払いの義務をも負うことになる。質入れした土地の耕作については自家経営でありながら自由ではなくなる。田畑ならびにその他の質地についてもまた、中田薫氏の詳細な分析がみられるが(18)、これらを総合して判断して、なお、つぎのように土地の所有権との関係について問題があると思われるので、これについてみることをする。

土地を担保に供して金銭を借用した場合（質地）、直小作については、担保に供した土地は一種の所有権売買にほかならない。契約の文言・形式のいかんによって、また、契約の実質的な内容によって法的な性質も異なるであろうが、このようなかたちをとる金融＝借金は、証文の文言や形式がだいたいにおいて解除条件付であっても実質上においては売買にほかならない。つまり、所有権の移転ということになる。借金ということになると、通常の商行為において質入れが成立する場合には、担保に供される質物が前提となる。金融においてもこの点には変わりはなく、借金の返済ができないときには、借用金に相当するものをもって返済しなければならない。田畑についてこれが質物として金融をうけるとともに小作契約が成立する場合には、さきに指摘したように、文書上において、あるいは実態上において請返しがみられるかどうかにかかわりなく、土地の所有権が移転したとみるべきであろう。このことによって、債権者は安定した金融を行なうことができるのであり、さらに、地主として成長していくことが可能となるのである。地方帳簿、それも、公簿上において土地の集積がみられ、やがて巨大地主——しかも、土地の拡大が農業経営の拡大として現われない、いわゆる寄生地主化する例では——へと成長する。しかも、借入金の返済ができないために解除条件が解消されることになると、土地所有権の移転は形式上も実質上も確定するわけである。この土地において、小作契約が存続するか否かは別の法律関係である。いずれにしても、このようなかたちでの土地の集積を幕府・藩がなんらかのかたちで法認しないかぎり、幕末期に広汎にみられるような寄生地主的土地所有は不可能なことである。もっとも、証文の文言や形式のいかんにかかわりなく、土地所有権の移転を前提とする質地や借金については問題の生ずる余地はない。

田畑の永代売買禁止令の公布によって、田畑の売買がそれまでのように容易にできなくなったことは明らかであるが、右にみるように、このことは、第一に、従来から有していた土地所有を否定するものではなく、これを基礎として成り立っている中・小農民経営の安定をはかるものであり、第二に、幕末期に事実上において田畑の売買は行なわれており、第三に、形式上において法的な効力を有するかたちで行なわれていたほか、第四に、右のような事実を考慮して幕府・藩においても田畑の所有権を法認するようになる。田畑が所有権の対象とならない場合には、担保価値がないことになる。したがって、質地において、結果的に債務不履行となった、いわゆる流質は、その時点において所有権の移転が法形式上において完全に行なわれたことを示すものであり、そうでなければ田畑を担保とした意味がなくなる。田畑の売買禁止令が、農業経営上の安定策から出されたものであって、田畑が売買されることによって農業経営が破綻したり、農民が土地から離れて生業を失い社会的不安が増大することを抑止することに重点が置かれた政策にほかならないのであるから、田畑の所有権の移動によっても、このような事態が生じないかぎり土地所有権の売買・譲渡は事実上の関係からその法的効力を失うにいたり、やがて、法的側面においても一定の留保ならびに条件をつけて解除されるようになる。このことによって、地主による土地集積はきわめて安定したものとなる。ついで、この土地所有権の移転を前提とした金融とセットになる小作契約も、小作料の滞納によって土地から分離されることにもなり、小作が直小作か別小作にかかわりなく、つねに、地主に有利にはたらくことになる。

田畑の永代売買禁止令は、いうまでもなく、また、さきにも若干指摘したように、土地所有権を否定するものではなく、田畑という土地所有権の移動＝売買を一定の条件下で禁止した政策上の措置である。そのかぎりにおいて、私的土地所有権といえども、封建的権力による拘束のもとに置かれていたということができるであろう。これをもって、幕藩体制下における封建的土地支配の形式的側面における強制的規範とみても差支えはないが、この拘束が領主の土地所有を権原とした法律というようには解釈することはできないし、田畑永代売買禁止令そのものからも領主所有の法的根拠を見いだすことはできない。かえって、田畑永代売買の禁令がだされたことによって、これまで田畑の売買・譲渡が自由に行なわれていることを反映しているものである、とみるべきであろう。領主が、その政策上においてて田畠地の売買を禁止したことは、領主権力を背景にすればできることであり、土地所有のいかんとはかかわりなく行なうことができる。田畑を抵当にして金融をうける、ということも、利息を支払うことができるほどの農業生産力ないしはそのほかの小商品生産の展開がみられなければならないし、まして、小作人として小作料を支払わなければならない場合においては、より一層、右の条件があったとみなければならない。しかし、田畑を始めから売却する目的であったならば、売買に関する形式は問題とならない。自己の所有する田畑を売却することについては禁令があるために、この禁令に違反しないかたちで売買を完結すればよいだけである。あとは、小作人となることによって、形式上・実際上において小作として小作料を支払うのか、あるいは、形式上は小作であるが実際上において地主に隷属する労働者となるのかは、そのときの条件によるだけである。

農民が所有する田畑が、形式上において領主の所有であったならば、いかなるかたちにせよ、これの売買は認められるはずがない。田畑永代売買の禁令もしくは、これに抵触する田畑の売買や質入れ・金融・抵当などの訴訟において、その内容について判断し、当事者間の紛争に決着をつけるまでもなく、幕府・領主の許可なくして売買等を行なうことはできないはずであるから、これらの行為は法律違反となるはずである。この土地国有については判決の前提において明確に示されるはずである。幕府・藩が土地・人民を支配するといっても、それをもってただちに所有と結びつけることはできないから、法令の意味やこれの運用ならびに法の適用を示す判決と、実態とをもって明らかにしなければならないわけであり、これらを総合すると、拝借地や明確に土地所有を示す領主直轄地はともかくとして、一般の農民・町民等の土地は注釈をつける必要がないまでに、まさしく所有権を示すものである。それゆえにこそ、田畑の永代売買の禁令という政策が幕府・藩によって維持されてきたにもかかわらず、田畑の売買は事実上行なわれていたし、幕府時代中期以降になると証書上においても公然と行なわれるようになっていた。これをもっとも実態的に知っており、かつ、土地所有権移転を行なっていたのはほかならぬ村方であるから、村においては田畑の所有が移動していることを十分に把握していた。田畑は、その土地が所有されている場合と、直小作、別小作ならびに借地とでは内容が異なっており、土地が私的所有されている例においては、土地の所有は確固たるものであるのにたいして、その土地の処分については比較的自由であった。ここで比較的というのは、土地を処分するにあたっては、田畑永代売買の禁令が存在し、かつ、土地を売買することは親族とのからみあいや村方・隣人などとの関係、ときには親方・子方との関係等もあって、必ずしも土地所有者自身が自由勝手に売買することができるとはかぎらないからである。そのかぎりにおいて、土地を所有しているとはいえ、処分ということになると、幕府・藩の法令や政策によって拘束されるし、さらに、社会的規範とのかかわりあいも自由な処分にとって阻止的な条件となっていたことは否定できない。これは、戦前においても多くみられた。流通という面で捉えるならば、これらの阻止的条件が土地が完全自由な独立の商品として存在していないこと、したがって、市場への流通の自由をもたらしていない、ということになる。しかし、そのことが、土地所有権の否定につながるものではない。まして、土地国有説の論拠となるものではない。いずれにしても、土地は商品として売買等が行なわれていたのである。

すでに、幕府の田畑の売買についての政策は、形式上において制限的ではあるが認めるかたちをとっており、幕末期には、質地等の形式をもって一般的に田畑の売買が展開するとともに売買が盛んに行なわれるようになった。これに並行して小作関係の新しい展開もみられるわけであるから、生産力の上昇にともなって、地主的土地所有の広汎な展開の基礎が与えられたといってよい。いわば、田畑永代売買の禁令の最重要な内容である富裕者への土地の集積が公然と行なわれる。地主的土地所有の法認である。本田畑の譲渡が一般化していくということは、それだけ、田畑——もしくは、土地一般——にたいする様々の規制が変化しつつあることを示すものであるが、依然として法形式上においては、たとえ、禁令が効力を失っていても法令は残っているのであるから、それだけからみると田畑は売買＝流通自由の原則のもとには置かれていない、ということになる。とくに、質地における小作とのからみあいは、土地所有権が小作という形式をとって、身分的・社会的に小作人を拘束する原因ともなっている。そうした意味において、土地所有権は領主の強権支配とは別の支配を、つまり、土地所有による支配を生みだしたものである。こうした土地所有については、のちに、明治政府が法認するところであり、歴史規定性との関連でいうならば、半封建的土地所有の基礎である。

徳川幕府下の封建法における田畑の土地所有は、いわゆる近代的私法法制が到達したブルジョア民法典における私的所有権そのものを示すものではなく、また、土地所有権一般でもない。幕末期においては、『検地帳』に登載されている土地についてはもとより、『年貢勘定帳』に登載されていたり、村方に記録されていたり、あるいは、売買・譲渡・質入れ等によって当事者になんらかのかたちで証拠が残されていた例や、文書・資料上において所有が確認されなくとも、村方においてこれを確認している事実等の場合も含めて、所有がなんらかのかたちで実証されるものを含めると、土地の所有は様々の方法で、その存在を立証することができる。そうして、土地の所有者は、その土地を所有するかぎり、他から所有の権利を奪われることなく、あるいは妨害されることなく、自分のものとしてもっていることができる。土地の所有者は、その土地を絶対的に確認することができるのであり、法律上においても所有を認められていたのである。これについては、土地所有についての紛争について幕府・領主が判決したものについても知ることができるが、ここでは、土地所有の移動の合法性が主たる内容である。それは、幕府が土地を国有としたり、領主が土地を所有するために、所有者の同意なくして土地を質入れしたり、売買・譲渡することはできない、という所有の基本原則にもとづいて土地所有の移動の違法性が判断されているのではない。しかし、問題となるのは、土地所有そのものの法律的な位置づけではなく、土地所有の移動がいかなるかたちで——つまり、合法性——行なわれているのか、ということであり、所有権の移動という土地そのものの商品化＝流通性についての法的判断なのである。この、土地の商品化＝流通性ということになると、土地というものの商品性、ここでは金銭に代えることができる価値というものは存在しても、土地を商品として取引の一般的対象とする自由は、決して、川島武宜氏が設定したと思われるかたちの——すなわち、市民社会＝資本主義経済の価値法則貫徹の前提——私的所有権の一般化とその法制的確認にまでいたるものではない。しかし、それにもかかわらず、私的所有権であることには変わりはない。田畑売買の禁令の存在——これが、村方・町方において広く一般的に認識されていたかは疑問であるし、土地を売買することが禁令に違反して処罰をうけることを認識して売買していたかは、ほとんどないであろう——にもかかわらず、田畑の売買等が行なわれており、領主がこれを処罰することができないことは、この禁令が実質的には効力をもたないことを示している。だが、この禁令があっても、土地の所有権の存在とはかかわりがないのである。むしろ、所有するというかぎりの、所有の権利の絶対性は禁令下に存在した。

しかし、そのことがただちに歴史規定性を無視して排他的総括的絶対的支配権というような意味不明の用語とか、これに類似することばに該当する——該当させる——ものではない。このことばのもつ、意味内容——裁判官には、その意味内容についての学問的知識はない——を幕藩体制下の田畑所有にあてはめて、そのことばのような事実と形式が一般的に存在するとすれば、それは国家社会体制として市民革命後のブルジョア社会においてのみ存在するのであり、そのもとにおける民法典の成立した段階と同じであるから、封建的幕藩体制＝領主法制のもとではない、ということになる。もっとも、高度資本主義化された社会の法制度では、この用語のもつ絶対性は制限されている。

土地所有の移動は、幕府・領主の法令上において、実際上、売買・質入れ等がなされても、当然のこととして公簿上における移転は、たかだか『年貢勘定帳』にでしか確認されない。つまり、土地所有権の流通には土地制度上において公簿に登載しなければならない一定の基準が設けられていないし、流通の自由は原則として公簿上では積極的に認められていないからである。にもかかわらず実際上において土地所有の移動があり、かつ、これを村方において認めるということが一般化されている。田畑売買の禁令は、この実態を解釈において認める方向で解決しなければならなくなり、その範囲において法形式上においても所有移転について公認せざるをえなくなる。しかし、このことが、法制度上における土地の流通自由化となってあらわれるのは明治初年をまたなければならない。幕藩体制下の法制度において、田畑売買の禁令の廃止はみられないからである。この事実だけをもって、土地が領主の所有するものであるというような結論をみちびくことはできないし、まして、土地が国有である、というような、およそ非科学的な解釈が成り立つようなものではないが、所有権というものを、資本主義社会＝市民社会成立以後の典型的なブルジョア民法に規定されている所有権概念にてらしてみると、所有の実態——土地の売買等による移動＝商品化——は存在しても、これを法制度上において認めた形式が整っていない、ということにおいて、明らかに異なる点がみいだされる。それは、政治・社会・経済構造の本質的な差異からくるからにほかならない。所有を、この点からのみで考察することはきわめて非科学的であることはいうまでもないが、土地所有は、歴史上における一定の段階——政治的・社会的・経済的な発展——によってさえ、その外枠が規制される。しかし、土地を所有するという現実ならびにこれの法的確認は幕末期において一般的に否定されていたのではない。所有することについての事実を認められていても、土地所有の移動については、とくに土地集積という面について農業＝貢租との関係で政策上形式の面において否定ないしは制限されており、そのために、土地所有を流通面において制限的に規制した法令が形式上において残存しているまでのことなのである。これがただちに私的土地所有そのものを否定したとして大審院・最高裁判所（その一部判決）が捉えたところに、学問的というよりは国家的土地所有を維持しようとする政策上の配慮があったからにほかならない。領有制とはなにか、という点で論ぜられ解釈されるならばともかく、国有地であることを前面的にもち出している点に裁判官として資質を疑わざるを得ないが、裁判官の理解力や知識力はこの程度のものであり、政治的であることが事実であるならば、この種の紛争にたいして法律論を展開しても意味のないことだと言わざるをえない。

幕末期において、土地所有権の移動は一般化し、この現実をふまえて土地所有が流通過程に入ることを制限つきではあるが幕府は公然と法認するようになる。それは同時に地主、とくに寄生地主の土地集積をも認めたことになり、幕府の基本政策が解体することを示している。しかし、そのことから、ただちに土地所有権の絶対自由、いうところの「排他的総括的支配権」が確立されている、という結果をもたらすものではない。土地所有権の絶対性は、幕藩支配体制のもとにおいて、かえって、土地所有関係の様々なかたちへと現象していく。それは、土地所有が、一定の社会＝政治関係において別の効力を支配のなかから生み出すことに転化されていくからである。徳川時代に土地所有が一般的でなければ、明治初年の地券制度・地租改正は成立しなかったのである。その一つが、寄生地主的土地所有であり、その社会的・政治関係であることを重ねて指摘しておく。

（1）中田薫「徳川時代ニ於ケル土地私有権」『法学協会雑誌』第三七巻第六号（のち、中田薫『法制史論集』第二巻、岩波書店。に所収）。

（2）梅謙次郎「維新後ノ不動産法」『法学協会雑誌』第二四巻第三号、明治三九年。

（3）石井紫郎「幕藩体制社会における土地所有の研究」『国家学会雑誌』第七七巻第一一・一二号。西川善介「入会林野と村落の法社会学的考察」『専修人文論集』一九七二年。これがいずれも学説上の整理をされている。

（4）民録第二四輯一〇一八頁以下。

（5）中田薫「徳川時代ニ於ケル寺社境内ノ私法的性質」『国家学会雑誌』第三〇巻第一〇号・第一一号、大正五（一九一六）年（のち、『法制史論集』第二巻所収）。

（6）金井昂「徳川時代に於ける土地所有権に就いて」『社会科学』第六巻第一号、昭和五（一九三〇）年。

（7）中田薫「徳川時代における土地私有権」『法学協会雑誌』第三七巻第六号、大正八年（のち、『法制史論集』第二巻所収）。

（8）この点については、北條浩『明治初年地租改正の研究』（一九九二年、御茶の水書房）を参照されたい。

（9）これについての研究は多方面にわたるので、その出典をいちいちあげないが、最近のアメリカにおいても日本資本主義論争をとりあげた著書をみる。たとえば、Germaine a. Hoston; Marxish and The Crisis of Development in Prewar Japan, Prinnceton University Press 1986. この著書の存在については、大阪市立大学の大島真理夫教授の教示をえた。

（10）わが国においてゲヴェーレ Gewere について、もっとも体系的・理論的に考察されたのは川島武宜氏である。川島武宜「所有権の『現実性』」（『川島武宜著作集　第七巻』）三三〇頁以下、一九八一年、岩波書店）。初出は、『法学協会雑誌』六〇巻一〇号、一九四二～四年。このほか、石井紫郎「ゲヴェーレの学説史に関する一試論」（『石井良助先生還暦祝賀　法制史論集』昭和五一年、創文社）参照。

（11）川島武宜『新版　所有権法の理論』三三八頁以下、一九八七年、岩波書店。

（12）高橋幸八郎『近代社会成立史論』一二三頁以下、昭和二二年、日本評論社（のち、御茶の水書房）。

(13) 高橋『前掲書』参照。マルクス『資本論』(岩波書店版)。
(14) たとえば、大石慎三郎『封建的土地所有の解体過程』昭和六〇年、御茶の水書房。
(15) もちろん、この例示はごく大雑把なものであり、かつ、呼称についても地方的な慣用語もある。
(16) 中田『前掲書』参照。
(17) 司法省調査課編『徳川時代民事慣例集　不動産ノ部(上)』昭和一一年、司法資料第二〇五号、所収。
(18) 司法省調査課『前掲書』二四頁。
(19) 司法省調査課『前掲書』三一頁。
(20) 中田薫『法制史論集　第二巻』(昭和四五年、岩波書店)所収、「徳川時代の不動産擔保法」(初出、大正七年)、「徳川時代の不動産擔保法続考」(初出、昭和六年)、「徳川時代の物権法雑考」(初出、昭和四年)。
(21) 小野武夫氏は田畑永代売買禁止令に関連して、「尤も一概に土地永代売買禁止と云っても、町地や新開地は概して売買自由であり、又、質流れと云ふような形で土地を譲渡することも暗黙の裡に許されてゐた」ことを指摘されているが、それはその通りであった事実はみられるにしても、少なくとも元文年間以降においては「質流れ」(流地)による土地所有権の移動は幕府の公認するところであった。前出『徳川民事慣例集不動産ノ部』参照。なお、一部藩領において、土地を藩所有として法構成をする動きがあったこともみられるが、これは明らかに藩による土地囲い込みへの始動であろう。
(22) わたしが直面した事例のなかで、宮崎県串間地方の林野庁管轄国有林にたいする土地返還請求(拙著『林野入会の史的研究上』一九七七年、御茶の水書房、所収)にたいする裁判所の判決。ならびに、愛知県田原湾の海面下の土地所有権に関する最高裁判所判決と、これをうけた名古屋地方裁判所判決の政治性についてみれば明らかである。この種の裁判においては、いくらすぐれた弁護士や研究者がついても駄目なのである。裁判官は、はじめから国有林存続や係争地の私権の否定の結論から出発しているからなのである。

前記の田原湾の土地所有権——明治初年に地券が下付され、のちに登記簿上に登載された——を海面下であることを理由として登記を抹消することを指導したのは法務省検事であり、この者が最高裁判所判事となって同じ事件の判決をした者である、と言われている。この点は考究を要する。

第四章　共同体的所有と私的権利
――総有における持分の法的構成の観念性と現実性――

はじめに

総有 Gesamteigentum という用語を使用し、これを入会権に適用してその権利の性質を説明することが講学上でも判決でもなされている。入会権は民法において二か条をもって規定されており法律用語であるのにもかかわらず、総有理論を必要とするのは、従来、多くの法律学者は入会権の内容を小柴・下草・萱・秣などの採取権と説明したり概念したりしていたからである。また、入会ということばは、地元の慣用語の内容と法律学者がいう用語との間においてへだたりがあるからである。入会権を所有権としてとらえることは、川島武宜氏が入会の形態を(イ)古典的利用、(ロ)分割的利用、(ハ)直轄的利用、(ニ)契約的利用という形態をもって論じていることをみても明らかである。(1)しかし、それでもなお、使用＝利用という形態をもって説明するということにおいて、なお、使用の一般的認識を払拭することはできないし、また、さらに無用な誤解もあたえる可能性がある。入会権が所有権であると概念規定されれば、入会を使用・収益の面からのみ見ていたことの誤りが正されるからであろう。いずれにしても入会権の質的側面の再検討である。しかし、入会権において持分 Anteil がいかなるかたちで存在するか、ということを説明するとなると問題はさらに複雑となる。民法の共有持分の概念が先行するからである。ここでは入会権を一応総有権と規定し、そのもとで総有の一形態である入会ならびに村持を具体例としてとりあげ、そこにおける持分を、質的側面（すなわち、持分の観念性）と量的側面（すなわち、持分の現実性）とにわけて明らかにすることを目的としている。[2]

封建的な「所有」から、近代的な私的所有が成立する過程のキイ・ポイントとして、共同体的「所有」ないしは利用権能の私的所有、あるいは私的関係への転化——したがって共同体的「所有」の解体——があげられ、その媒介契機をなすものとして、生産力の発展によって共同体的「所有」のなかに個別的・私的利用が発生し、これが、個別的・独占（排他）的な私的利用ないしは私的保有の階梯を経て私的所有へと発展し定着することが確認されている。[3] こうしたことから、個別的・私的利用ならびに個別的・独占的な私的利用＝保有に照応するものとして持分の性質が問題となり、法律的な検討を経て、その位置づけが明確にされることになるのである。

これまでの研究史上において、多くの場合、持分——すなわち私的支配＝占有——は、歴史的・段階的にみれば、近代的所有への過渡的現象であるとして捉えられ、ここに私的所有の存在（ないしは、その萌芽）をみた。[3]

他面、持分は法律上においては、所有の一形態として捉えられていた。持分を法解釈上の平面において論ずる場合、所有であるか、ないか Entweder-Oder が争われる。とくに、入会集団内部において、その構成員が入会地にたいして持分地を有する場合、そこに入会権存在の有無が研究上においても裁判上においても問題となったのである。もともとこの問題は、入会の権利が集団の団体的権利であり、入会地が入会集団という全体に帰属するとともに、入会集団の構成員は、入会集団に自立するなんらの権限を有しない、という古典的理論の問題からきている。その一例として、通常、民法概説書では、入会は、入会民全員が共同で土地生産物を採取する、という表現によってあらわされ、入会民全員が共同で——一緒に、同時に——土地生産物を採取しないような入会地の利用は入会ではない、とされた。

入会の慣習についての理解は、現実を知らない学説上の反射でもある。この点については、すでに川島武宜氏が、それは入会についての素朴な理解の仕方であることを指摘され、さらに入会の利用形態を分類した学説をだされたことは周知のことである。そうして、この入会の分類が、学説上においてはほぼ承認され、裁判上においても採用されて、入会権判断のキイ・ポイントとなっていることはいうまでもない。しかし、この入会の形態は、入会の権利がこれらの形態にそれぞれのかたちで独立して存在しているものではない、ということに注意すべきであろう。入会のかたちをみると、このような態様において捉えるということができるのであり、入会の行為をみるとこのような形態として捉えられるということなのである。一つの入会集団においては、入会の権利の形態において同時にそのかたち（行為）を行なうこともあるし、また、一つの形態しか行なっていない場合もある。それは、入会集団の入会地にたいする入会の対応の仕方なのである。一つの形態しか行なっていないということをもって、その入会集団の権利はその一つの形態にのみとどめられるというのではないのである。とくに、民法第二六三条の入会権の場合はそうである。

ところで、入会集団構成員（権利者）の有する持分の問題についてはどうか。この点については、いまだ一般的な共通の理解がないのが現状である。しかし、にもかかわらず、（その呼称は別として）持分地については、歴史的にも現実的にも存在し、現在、裁判上においても争われている。持分地は、現在のところ、通常、分け地・割り地・分割利用地、場合によっては割り替え地、などとよばれている。なお、地方の慣用語は必ずしも右のような名称でこれをよんでいないところがある。

割り地（持分地）は、だいたいにおいて他の入会地よりも個別的・排他的な利用に重点が置かれているのが特徴である。或る場合には、ほとんど私的所有（ないしは保有）と変りがないようなものさえも見受けられる。こうしたことからこの持分地の帰属をめぐり総有集団と構成員の間で紛争を生ずるようになったのである。[4]

戦後、「分け地」（割り地）と裁判所で通称される持分地については最高裁判所が相反する判決をだしたことで注目される。すなわち、その一つは、最高裁判所昭和三二年九月一三日『山林立木伐採確認請求事件』（昭和二九年（オ）七六九号）である。この判決は、「分け地」（持分地）について入会権の存在を否定し、「分け地」に私的所有の確立を判定したのである。他の一つは、最高裁判所昭和四〇年五月二〇日『山林所有権等確認請求事件』（昭和三八年（オ）一〇二九号）の判決は、「分け地」について入会権の存在を認め、「分け地」に私的所有が存在することを否定したのである。[5]

ところで、入会と総有との関係については、古くから一部研究者の間でその関連性が指摘されてきた。たとえば、法制史学においては古くは中田薫氏に、民法学においては平野義太郎氏・石田文次郎氏のアカデミズムの側から、民間では奈良正路氏などの実務家などによって言及されてきた。[6] しかし、なんといっても入会が総有との関係のもとに一般的に記述されるようになったのは戦後に属する。とくに、民法教科書に簡単な——しかも誤った——叙述をもって両者の関係が記載されているのである。[7] だが、それにもかかわらず、いったい総有権とはどのような権利内容なのであるのか、ということについて具体的に明らかにされてはいないのが特徴である。したがって、ここでは、まず、持分について論ずる前に、その前提的条件である総有権について明らかにしなければならないのであるが、総有における持分の問題を、具体的に入会という形態を中心にして考察する。

この場合、学説上において入会に持分が存在するという説はまったく一般的ではない、という点に、持分そのものを論ずることに難点がある。[8] いかなる理由によって入会に持分を認めないのか、ということについてさえこれを積極的に論じられたことがない。[9] しかし、現実には、入会を「分け地」・「割り地」というかたちで分割利用する慣習があって、これを持分というようによぶこともみられ、一般的に承認された入会の形態分類のなかでの、個別的利用に該当するものである。にもかかわらず、この「分け地」を持分とよんだり、よばなかったりすることもあり、決して一定していない。そのうえ、持分とよぶことについては入会権とは別の共有持分権に該当するということから批判もあり、さらに、比較的に排他的・独占的な「分け地」について入会権の持分とよぶことを認めるなど、入会権研究者の間でも「入会の持分」については一般的に明確な理論づけがなされていないのが現状である。

とりわけ、入会研究をする民法学者において、「分け地」利用を慣習的利用として認め、これを入会の利用型態の一つである「分割的利用」として認めていながら、持分ということになると、民法上の持分権の伝統的解釈をそのまま適用して、入会権には持分権はないと述べている。(10) 法律上の権原について、法社会学上の柔軟な解釈ないしは思考発想がないのである。もっとも、法社会学者の間でも持分の存在を認めていない者もいる。

団体的所有としての総有については、その具体的内容は必ずしも明解にされたわけではないし、その具体的内容をもとに法理論が展開されているわけでもない。総有ということばが先行していて、入会を総有というように表現しているのである。入会は法律用語であるのにもかかわらず、なぜ、総有という学術用語を使用するのか。歴史的・実態的にみると、徳川時代の村持地ならびに村所有であったものが、明治初年ならびに明治二一年の合村によって公法人としての村が消滅したために、旧村財産を新町村財産として編入しなかったところにおいては旧村の地域社会である部落＝村落共同体の財産として自動的に移行した。とくに、法制度上の所有者として確認されなければならない土地については、その土地所有の名義がいかなるものであっても、所有者は旧村である地域社会＝村落共同体なのである。これは、実態的に捉えなければならない。

旧村での多くは、村にある寺は村のものであり、村中のものであった。また、同じことながら、村＝村中のものであるのは墓地である。このほか、例外なく村中のものであるのは、公札場・野仏・馬捨場・道路・郷倉・集会場・神社・寺・祠・池・共同地等があり、そして村持林野地がある。これらの場所にある施設・立木・林野雑産物等もまた村中のものである。このうち、村持地林野地＝共同地と入会地は一般的には入会権のなかに包摂される。共同地と入会地とを区別したのは、多くの事例において、地元では共同地を入会地というようによんでいない。のちに、この共同地をところによっては共有地とよんで入会地とは区別している。入会ということばは本来――というよりも徳川時代においては一般的に――他村と共同で同じ地域において主として使用収益を行なうか、他村の土地において使用収益を行なうことについて使われているのである。村持地についてはほとんど使われていない。民法典制定のための法典調査会（明治二六年）において、はじめて、この入会が論議の対象となったのもそのためである。

入会ということばは、他村との法律関係において使用されたものであり、とくに、裁判によって法律用語として使用されたために、一般的には村と村との関係において地上産物の採取を内容とした権利関係としてあらわれる。したがって、地上産物の収益をともなわない使用ないし利用、あるいは存在は入会――ということばをともなわないことにおいて――ではないということになる。しかし、入会が団体的所有を権原とする法律的権利であるならば、そのほかのものもまた団体的所有の権利にほかならない。ことばのうえにおいて入会とよんでいないだけのことなのである。こうしてみると、入会というものは、まず、団体的所有における権利の一つの形態を示すものであるということができる。逆に、すべての団体的所有が入会ということばでよばれているものではないのである。

まず、入会における持分についての最高裁判所の判決についてみることにする。(11)

第一節　持分についての最高裁判所判決の検討

入会における持分について、最高裁判所が判決した二例について検討する。

㈠昭和三二年九月一三日の判決

最高裁判所昭和三二年九月一三日判決『山林立入および立木伐採権確認請求事件』において、「分け地」というのは、「土地の共有権者（当時は全部取上部落居住者であった）が相談して、開墾に適した部分を権利者に分配し（現在のものは三、四十年前分配された）、各人に独占的に使用収益させている土地」を指し示すもので、この土地が入会権の客体とならない理由については、「入会地のある部分を部落民のうちの特定の個人に分配し、その分配を受けた個人がこれを独占的に使用、収益し、しかも、その『分け地』の部分は自由に譲渡することが許されるというが如き慣行」が存在することをあげている。

この判決については、民法学者によるいくつかの批判がみられるが、[12] 本章の目的は判例評釈にあるのではないために、別の角度から事実関係とその認定について判断し、その法理論について検討する。ただ、断っておかなければならないのは、この判決は、最高裁判所が「分け地」一般について入会権を認めなかったというのではなく、当該事件における「分け地」の内容が入会権に該当しない、ということを判断したにすぎないのである。したがって、「分け地」一般にたいする最高裁判所の判決の先例性は存在しない。

ところで、この判決は、第二小法廷の小谷勝重（裁判長裁判官）・藤田八郎・池内克・河村大助・奥野健一の五裁判官によって行なわれたが、このうち、小谷勝重裁判官は少数意見として「分け地」にたいして入会権の存在を認めた。その理由は、「『分け地』の持分は自由に譲渡が認められ」その結果として「『分け地』に対する収益に不平等の結果が発生したとしても、それは入会権者たる取上部落民相互の間だけのことであって、他部落民たる譲受人は取上部落民とならない限りは何らの収益権をも取得しない慣習が行なわれて来たというのであるから、この『分け地』の部分のみが独立して、本件入会権の外に存在する権利であるとは到底解することはできないのである。」というのである。そうして、「けだし入会権の収益は入会権者平等であることが普通であるけれども、収益の平等は必ずしも入会権の発生存続の要件ではないのである。」と判旨した。

このように、判決は当該事件の「分け地」に入会権を認めない多数意見と、「分け地」に入会権を認めた少数意見とに分裂している。そうして、ここでは、「分け地」の性質について、独占的に使用・収益が行なわれ、かつ、自由に譲渡できることが認められるという点では両者の意見は一致している。だが、両者の「分け地」についての自由譲渡がもつ意味内容は、多数意見がそうした事実のうえに「自由に譲渡」することができるということに力点を置いているのにたいして、少数意見では、「自由に譲渡」ができる範囲を問題としているのであって、自由譲渡そのものでなく、その意味内容について問題にしているのである。すなわち、少数意見は、「分け地」の自由な譲渡は、当該「部落民相互の間だけのことで」あり、他村部落の者がこの「分け地」の譲渡をうけても「何らの収益権をも取得しない慣習が行なわれて来た」ことを指摘している。こうしたことからみると、少数意見は、「分け地」について当該部落の慣習＝規制が強固に存在していることを法的判断の重要な問題として、そのことによって入会権であることを認定している。なお、多数意見では、この「分け地」について持分という表現を使用していないが、判決文全体からみれば共有権の持分というように理解しているようである。少数意見は明確に持分と表現している。とすると、多数意見での持分とは、共有権にもとづく持分であり、少数意見では、この持分は入会権にもとづく持分ということになる。判決の当否はともかくとして、多数意見では民法の共有権を持ち出しているのであるが、民法の持分解釈上においては持分の概念に問題はない。問題となるのは、少数意見の持分についての認識である。

そこで、少数意見の判旨から、入会権における持分の意味内容について判断すると、およそつぎのように理解できるであろうと思われる。

すなわち、まず、原判決の認定にしたがって当該土地を「取上部落民の共有に属する」といって「共有」を呼称している点について問題がある。これは原判決にもとづくものであり、また、地元民の通称であるということでこの用語をそのまま使用することにしているとしても、つぎに、「共有権者たる取上部落民の協議」によって土地を分割して使用・収益、そうして自由譲渡を認めた、いわゆる「分け地」について「共有権者」の「持分」という用語を使用している点が問題となる。というのは、判旨中に「この『分け地』の持分は」とか、「右の如く持分の譲渡により『分け地』に対する収益に」とか、または「持分の譲渡をした場合その譲受人が他部落民であってもその使用収益権を認めた事実（がない——註）」とか、ないしは「その持分及び収益の割合」といったように、持分ということばを或一定の法的理解のもと使用しているのがみられる（後にみるように、事実はそうである）。そして、判旨文言では、持分と「分け地」とを分離しているのである。

それではいったい、少数意見では持分をどのように理解しているのであろうか。この点については持分の意味内容を示していないので明確に指摘することができないのであるが、「取上部落民の共有に属する」ところの「共有持分」を指し示すものとみてよいであろう。しかも、この「共有持分」とは、登記簿上の共有持分のことである。したがって、入会権という権利そのものに内在するところの持分ではないことになる。そこで、「分け地」という現実に使用・収益されている入会権の客体と、入会権とは別個の形式上の権利表示である登記簿上の「持分」とが対立することになるのである。それは、当該係争地全体を入会権の客体であると認定した場合、持分を当該部落民が取得していたときには、「分け地」は入会権——ここでいう入会権とは、判旨に沿って理解するならば、形式的にも実質的にも収益上の不平等を内包するもの——と相反するものではないが、持分を当該部落民以外の者が取得した場合には、それは、登記簿上の形式的な土地所有権者であるというにとどまり、土地での使用・収益等の利益をなんら取得することができない。このように、持分を所有ないしは取得した者が、当該の部落民であるか、または当該の都落民以外であるか、によって土地という権利の客体にたいする支配の内容に差が生ずることになる。この差は、まさしく、利益を享受することができるか、できないか、という実質的なものなのである。

ところで、先に指摘しているように、この共有権登記というのは実態上において純然たる民法の共有権なのであろうか、ということである。もともと入会財産――その多くは旧村持地――を保全するために止むをえず登記制度を利用しなければならなくなった場合に、登記名義をどのようにするかが問題となる。入会権利者が共有として登記する場合には、それは、その当時における権利者全員の共同の――共有ではないし――登記とみるべきであるから、共有名義での登記は仮装されたものにすぎないからである。したがって、これを共有権における持分としてみるべきではないであろう。この共同の法律学上の用語である総有と表現するならば、そのもとでの持分なのであるから、これを法形式上において私的に・個別的に売買・譲渡することはできないし、まして、独立の物権的権利として自由なものではない。

以上によって明らかなように、少数意見においては、持分は共有持分にほかならず、入会権を表示するものではないのにたいして「分け地」が入会権の実質的な客体であることが確認された。判決中の持分にたいする理解についてはこれ以上をでるものではない。

㈡昭和四〇年五月二〇日の判決

最高裁判所昭和四〇年五月二〇日『山林所有権確認等請求事件』判決は、「分け地」における入会権の存在を認めている。係争地は明治年間に当該部落構成員に「分け地」として配分され、大正六（一九一七）年当時、部落全構成員四六名の共有として保存登記が行なわれた。この共有持分は部落内での売員・譲渡のほかに、部落外の者にたいして売買された事例も認められる。しかし、売買されたものは登記簿上の共有持分であって、これをもって「分け地」の現実的利用に対抗することはできない。その理由は、「柴草の採取のためには分け地の制限はなく、毎年一定の禁止期間の終了をまって、部落民一同はどこでも自由に立入ることができたし、部落民が部落外に転出したときは分け地はもとより右共有林（部落共育林—引用者註）に対する一さいの権利を喪失し、反対に他から部落に転入し又は新たに分家して部落を構えたものは、組入りすることにより右共有林についての平等の権利を取得するならわしであったこと」をあげている。

右の判旨中で、若干の問題が残るのは、部落外に転住したために喪失した「分け地」の処理についてである。「分け地」が依然としてそのままの状態で残り、これを部落が新しい「分け地」の一希望者になんらかの方法で渡すのか、もしくは、旧「分け地」の権利者が部落内の者に売却することができるのか、という点についてである。ただし、この「分け地」が右のいずれかに帰着しても入会権を左右することにはならず、「分け地」が売買・譲渡することができるにしても部落内にとどまるのかそれともまったく自由なのであるのか、という売買・譲渡がどのような内容なのであるのかであって、その性質についての考察の対象となるまでのことであり、したがって、判決の当否についていささかの問題も生じない。

ところで、本判決もさきの判決と同じように、登記簿上の共有持分登記についてのみ持分という用語を使用している。この持分と「分け地」という現実の土地利用との法律関係が、持分が売買されたことによって持分の客体である「分け地」もこの売買によって——したがって持分とは本来一体のかたちで——移動するものであるのか、どうか、ということが問題となっている。判決は、この両者の関係を分離し、現実に、「分け地」にたいして全体的な共同の利用――いわゆる、古典的利用――が行なわれている事実と、「分け地」利用の受益権者であっても部落外へ転出したときには、「分け地」を利用することができなくなり、この受益権は自動的に失われるということをあげている。とすると、「分け地」利用の法律上の根拠は、持分にあるのではなく、入会権にあるのだ、ということになる。

入会と持分との関係については、入会学説上においても明確なかたちで解釈され、一般的な承認をうるまでにはいたっていない、というのが実状である。[12] 入会における持分については、これを否定するのが一般的な実状であった。この持分の否定には、共有における持分との対比ないしは関係が根底にあるものと思われる。たとえば、「入会権には共有持分権がなく、相互間には対立的関係を生ずることがない」[13]（宮川澄）とか、「入会の本質は民法にいう共有とは同一ではない。蓋し部落民は、共有におけるが如く持分を有せず、従って持分を前提とする共有の規定は適用なく」[14]（勝本正晃）とか、さらに、「(共有の性質を有する入会権――註）の場合においては、部落民各自は、持分権を有せず」[15]、（我妻栄）ないしは、「入会権に於ては、共有の如く其住民に独立した持分なく」[16]（今泉孝太郎）と指摘しているように、ここでいわれる持分（権）とは、共有持分と同等ないしはこれに準じた内容の持分を意味しているものといえる。また、「収益権能だけが各部落民に属」し「各部落民の個人的収益権を入会権とした」[17]（松坂佐一）という記述があるが、その収益権とはいったいいかなる性質のものなのであるのか。これを、たんに「入会権とした」とあるだけで入会権と収益権との内部関係ないしは法律関係については明らかにしていない。

右の問題について、或程度明確にしたのが川島武宜氏である。すなわち、「一般に、入会集団構成員の資格（したがって、またその反射たる入会収益権）は高度に特定個人的のものであり、実質上、処分できないのを原則とする。この点に関して、学者は入会権には持分がないと言うが、もし共同的権利への参加権を持分と呼ぶなら入会権にも持分はあり、ただ高度に特定個人的で処分ができない、と言うべきである」[18]と指摘し、「共同的権利への参加権」を持分として呼称することを明らかにした。ここでは、入会権の持分概念については積極的にその法律的な位置づけないしは構成をとっていない。だが、この後において同氏は、大審院明治三三年六月二九日判決、同四〇年一二月一八日の判決を検討し、さらに通説に対して批判を加えてつぎのように論じた。引用が若干長くなるが、重要な点なのであえて掲載する。[19]

入会権者の有する上のような権利は、彼らが、仲間的共同体という共同関係において有する権利であり、しかもその権利の客体は個々の権利者に分割されていないのであるから、これは一種の持分として概念構成されるべきものである（川島二六一）（ギールケはこれを Anteil と称する）。しかし、わが国のほとんどすべての学説には、個々の入会権者は持分を有しないこと、そうしてまさにその点に入会権の特質が存在するのだ、と説いてきた（川島二四五、松坂一五二、船橋四八八、川島・所有権二〇三〔ただし川島二六一で教説〕）。その言おうとする趣旨は、組合などの合有権にあっては、個々の合有権者が合有にあっては、個々の合有権者が合有関係から脱退した場合にはその持分について補償をうける権利を有するが、入会においてはそれと異なり、個々の入会権者が当該の村落共同体の地域から他へ転出してその構成員たる資格を失った場合には従来有していた入会権について補償を受ける権利を有しない、ということを説明するためであったように思われる。

右の『注釈』にかんするかぎり、もっとも重要な論点は、従来、入会権に持分を否定した学説の根拠が、入会の場合（合有などと異なり）、入会権者が当該の村落から転居して権利者資格を失ったとき、持分にたいする補償がみられない、というところにあることに着目して、入会権の場合でも補償が存在することを明らかにし、さらに、「入会地の産物等を販売した場合にその代金を分配するのを原則とする入会の集団」が多いことをあげ、このような事例が存在する以上、「入会権者の有する権利を持分として概念構成しないことは不当である。」というところに置かれているものと思われる。事例のうち、統一のとれた全国的な資料としてあげたものに『一九六〇年世界農林業センサス』と高須傲明編『入会林野近代化の指標』がある。両者はともに官庁文書であり、その調査方法と内容にはしばしば問題があるためにそのまま信頼して利用することはできず、一定の留保と注釈とを必要とするが、それでも、この官庁統計の表面的な記載についてみるかぎり、(イ)当該村落から退村するときになんらかのかたちで金銭を受けとっていること、(ロ)権利を売却していること、(ハ)退村後も「入会権」を保有していること、がみられる。すなわち、(ハ)についてはそれが果して「入会権」であるのかということについては問題が残る。しかし、(イ)と(ロ)についてはこのような事例が他にも存在することを確認できるので、事実としては誤りではない。問題なのは、いかなるいきさつないしはとりきめ（法的根拠）にもとづくものであるのか、それがはたして持分についての精算なのであるのかということである。この点については右の資料からでは明らかにすることはできない。入会権利者が離村失権したときに、その持分についての補償の権利にもとづくものであるのか――当然の法律上の行為――、餞別の意味を含むものであるのか、これまで植林・育林などをして価値物としたことにたいする或程度の対価やご苦労金なのであるのかを見きわめる必要がある。たんなる事実を抽出して、単純に、こうした事実があるからといって合有の権利あるいは共有の権利としてみるのは短絡的である。川島武宜氏が明確にした入会権における持分の概念は、明らかに共有ないしは合有における持分の概念とも異なるし、事実においても共有・合有の持分とも異なっている。

第二節　持分の質的側面の前提的条件と量的側面の実態

入会地における村落構成員の入会的利用は、原則的には入会権利者である、ということにもとづく。この権利者資格の認定についてはいろいろな方法がみられるが、権利そのものは基本的・一般的には一戸（家）一権を原則としている。入会地を利用できるか、できないか、ということは、戦前までの――戦後もしばらくの間は――村落居住者にとっては生活と密接なかかわりをもつ重大な問題であり、とくに、古い時代においては、まさに死活に直結していた。この、入会地を利用できる、ということを、今日では法律用語で「入会地利用の権利」ないしは「入会権」とよび、利用主体に視点を置いた場合は「入会権利者」とよぶ。この入会権利者の資格要件は、歴史上、必ずしも一定の内容をもって不変的に規定されていたものとはいえないが、一応、ここでは今日一般化している原則ともいえる、(イ)一戸を構え（基本原則は独立の家屋と土地とを所有している）、(ロ)村落共同体の義務を履行している、というのが最低の条件であって、これを入会集団（の総員）が入会権利者と認めた場合を前提とする。ただし、近時において(イ)の原則の内容が「独立して世帯をもつ」というように変更され、必ずしも家屋・土地を所有しなくともよい、というように変化したところもみられる。いわゆる慣習の変更である。

入会地を利用することができる、ということが、そのまま入会権利者であって入会集団の構成員であるということにはならないことは、歴史上においても、また、現在の入会地利用についてみても明らかである。すなわち、かつて、中田薫氏が『明治初年の入会権』(20)において徳川時代に入作者――他村の者が自村以外に土地を持ち（「所有」＝保有）、耕作する――が入会地を利用する例をあげておられたが、こうした例は、一般的な例であるかどうかは別として、かなり確認できる事例である。ただし、中田薫氏は、この入作者の入会地利用を入会権にもとづくものと理解された。

この点について筆者は、入作者の入会地利用なるものが入会権にもとづくものではないことを指摘したが、(21) つぎのことをつけ加えておく。

すなわち、入作者が入作地（他村）において、その村の住民ではないにもかかわらず入会地を利用することができるのは、封建的支配が村に貫徹していることを意味するのであり、それはとくに、封建的土地所有（保有）の効果として現象したものである。この場合、封建的支配は具体的には年貢徴収の手段となってあらわれる。村内の土地が村構成員だけによって利用され・支配されるという原則が破れ、他村の者がその村の構成員資格を得ることなくして土地を利用し・支配することができるというのは、経済的な問題が大きな要因である。封建制領主経済と、そのもとにおける村落経済との関係によるものである。これを支配という点からみるならば、領主経済を基本的に支える貢租は村に課せられ、村の責任において貢租を上納（徴収）しなければならないために、村民全体が共同で貢租を負担するかたちをとるために、なんらかの都合で土地の経営ができなくなると、これに代わって経営する者がでなくてはならない。そのために、村内・村外を問わず、この土地を経営して貢租の上納できる者が貢租地を所有することになる。村構成員でありながら、自らが利用し・支配する土地を他村の者に渡す――質地ならびに譲渡等、その形態を問わない――ということは、村のもつ共同体的な側面が封建的支配＝封建的土地所有制によって把握されたことを意味し、したがって、総村の共同体的連帯性もしくは共同体的支配、そうして、共同体的所有がこの面において封建的な村落として変化したことを示すのである。入作者が入作村の林野を利用することができるのは、まさしく右の反射でなければならない。入作地は、それが他国・他村の者によって支配され・利用されてはいても、村という地籍内に存在する土地にほかならない。こうしたことから、土地収穫物を基準とした貢租等は、入作地の村が責任をもって徴収し、これを「上納」するのが原則であり、入作地の耕作の状態は、それが天災等の不可抗力であるような例を除き、耕作者個人の事情によって収穫量が左右されるようなことはあっても、貢租の負担を免がれることはできない。その意味において、貢租の対象である田畑の施肥の中心である草肥が、耕作地にたいして十分に行なうことができないようなことにでもなれば収穫量に重大な影響をあたえることは明らかであり、それが貢租関係におよぶことも必然となる。村を基準単位とする封建的支配は、村への入作を認めたことによって、耕作に付随する施肥、すなわち、採草の問題をも貢租との関係において、入会にたいして逆に問題の解決を要求したともいえる。入会権にもとづくものではないのである。この貢租体系が崩れれば、入作者による村の林野ないしは入会地からの採取が認められなくなる。

ところで、入作には二つの形態がある。その一つは、入作者が直接に入作地の耕作を行なう場合。その二つは、入作者が入作地の者を小作にだして耕作を行なわせる場合である。後者については、小作者が居村において耕地を「所有」＝保有している場合と、いわゆる「水呑」の場合とでは問題の性質が若干異なるが、この点についての解明はさておいて、入作者が直接に入作地で耕作を行なう場合には、入作村に居住していない、ということのほかに、入作村で、通常、村構成員が行なう「諸役伝馬」＝義務をほとんど履行することができない、ということで、権利義務関係によって成り立っている村集団の連帯性を欠く。まして、入作村と出作村との間で入会紛争が生じたときには、入作者はいったいどのような立場に立たねばならないか、ということを考えれば、入作者の入作地における存在は明らかである。入作者が入作村の会合にもでられないのは当然のことであるし、発言権もない。入作者が、この村落構成員権利の重大な資格要件を欠くということは、入作者は入会村の構成員――したがって、当然の権利者――ではなく、入作者の入会地利用はあくまでも例外的な措置なのであり、それは、封建的貢租＝封建的支配の村方への貫徹を基調とするものなのであり、封建的支配に対応するものなのである。であるから、この体系が崩れれば、入作者の入会地利用にも変化が生じても不思議ではない。事実、封建領主制の解体をもたらした明治維新と、その後における村を単位とした封建的領主貢租体系の変化ともに、この入作者の入会地利用を解消した例は多い。

このような点からみれば、入作者の入会地利用、しかもその利用は入作地の入会集団＝村落構成員のような全般的なものではなく、きわめて限定されたものである、という現実によっても明らかなように、特定的なものであり、封建的貢租を媒介とした利用であるといえる。もし仮に、入作者が入会地を利用することを制限されたり、拒否された場合はどうか。入作者は入会集団にたいして抗議することはできても、入会集団の構成員ではないのであるから、会議に参加してこの問題を議題とすることもできないし、同じようなことながら、異議権をもたない、ということで問題の解決は当事者が行なえるものではなく、支配役所へ出訴するか、ないしは居村の有力者もしくは近村の有力者といったような第三者に依頼して解決するほかはないのである。つまり、入会集団構成員のように、当事者に解決にあたることができる権能を与えられていないから、それが封建的支配権力であるのか、隣村関係や有力者によるのかを問わず、とにかく第三者を通じてのみしかこれを解決することができないのである。入会地を利用することができるといっても、その「権利」は村落権利者集団の構成員が有する固有の権利（資格）ではない。いってみれば、貢租の賦課を中核とした封建的な領主的土地「領有」規範の属性のあらわれであって、耕作地のみに付随させた利用なのである。であるから、これを、普通一般の入会権と同一視することもできない。したがって、この入作者の入会地利用の「権利」は、封建的支配を媒介してのみ、入会集団に対抗することができただけである。

もっとも、入作者の入会地利用は必ずしも一般的なものではない。

ここにおいては、持分（という用語）は、その本質的側面である権利そのものを示すものとして使用ないしは理解する。持分は、総有における Appropriation の基本的概念をうけつぐものであり、[22] これの個別的な型態である。それは、あるときにはきわめて個人思考の内面に沈殿しているものであるが、あるときには権利主張というかたちで表面化し、現象として確認することができる。この持分という概念が存在してこそ、持分地が出現することができるのである。したがって、持分の対象＝客体の具体的あらわれは物であり、さきの最高裁判決の例では土地を示す。

持分がどうして質的側面ならびに量的側面を有するのか、ということを論ずる前に、一応、入会の例を提示してその類例から明らかにする。

まず、村持入会についてである。村持入会は、自村支配（「所有」）の土地に自村が入会う例である。この村持入会については、徳川時代では村方においては、通常、入会とはよんではいないが、明治以来の学術用語・裁判用語では権利の態様からみて入会としてよばれた。民法典の制定以後においては、地元は別として、裁判上においても研究上においても慣用語として定着しているので、以下においてもこうした入会を村持入会というようによぶ。なお、この村持入会は、民法第二六三条に該当する。村持入会にはさきに述べたように、自村の土地に入会う例と、特定の数村がその数村で共同「所有」する土地に入会う例をも包含する。

つぎに他村入会である。他村入会は、旧時においては他の村が「所有」する土地に、その村以外の村が入会う例であり、土地の「所有」者（村）と土地の利用者（村）とが異なる場合について使用される。したがって、土地の「所有」者は、たんに、村だけに限定されるのではなく、近時においては個人・私法人としての団体をはじめ、区・村・町・市・県等々の公共団体ないしは国なども含まれる、と解されている。この入会は、民法第二九四条に該当する。右によっても明らかなように、二つの入会を対比するとその特徴は、入会集団が土地を直接に「所有」しているか、いないかにある。(23)

持分は、村持入会・他村入会にかぎらず、入会である以上はともに存在するのであるが、一応、ここでは、持分と「所有」地との関係については別にし、入会という使用ないしは利用について考察する。したがって、ここでとりあげるのは、まず、入会についての量的側面である。つまり、入会の現実について、これを使用・収益の実際上の問題（すなわち量的把握）からみる。

いうまでもなく、入会は、いりあうという言葉によって示されるように、複数者の相互関係である。形態からみれば、特定の土地にたいして特定の個人が独占的な使用・収益を行なうような場合については「入会う」という言葉は使用されなかった。しかしながら、研究史上において——とくに法律上——この慣用的な用語使用の原則とは別に、入会の内容分析から、従来、慣用語として使用していた「入会」という用語は、きわめて広い内容をもつにいたったのである。(24) こうしたことの当否はともかくとして、入会の古典的型態ともいわれている、一定の土地を支配した入会集団の構成員が同時的に使用・収益を行なうという場合についてである。ここでは、入会の量的側面はどのように確認することができるのか、ということである。この古典的利用型態の場合には、入会う方法は、だいたいつぎのようなかたちで行なわれる。

まず、入会集団の構成員が、いっせいに・同時的に使用・収益（入会）を行なうというかたちである。この例では、入会の対象物（例えば、草とか薪材）が、(イ)全員によって採取され、それらは村落へ持ち帰られて——ときには現地で——、そこで家を一単位として均等に配分される場合と、(ロ)採取対象物の量がきめられていて、各構成員（家）はすでに採取以前において均等に採取することが義務づけられているために、規定の採取量の採取が終れば自分の周囲にいくら採取物が存在してもこれを採取することができない場合とにわけられる。また、一定の・共同での同時的な採取を終ったあと、残った採取物を自由に採取することができることもある。

右のうち、前者の場合、採取する量には若干の個人差があるが、個別的に採取された採取物は全体としてまとめられ、ここでは、採取物が直接的には採取者のものとはならない。したがって、労働主体の労働量は、そのままのかたちで直接に収穫物となって体現しない。しかし、採った採取物は、のちに、均等に配分され、それ以後においては自己の消費に任かされる。配分された採取物の量が、採取した量よりも多いか、少ないか、ということは問題にされない。いずれにしても、採取物は、なんらかのかたちで採取者のものとなるのである。ところで、配分をうけたこの採取物について、一定の制限、つまり、他へ譲渡してはならないといったような特別の制約がないかぎり、採取物の処分については、まさしく「自由」であるといえる。たとえ、制限があったにしても、自家消費については「自由」であるならば、採取物そのものは採取者の独占的・排他的な「所有」に属することは明らかである。構成員が入会地で使用・収益を行なう場合には、その多くの場合、自分自身（家）の再生産のために直接に使用＝消費するためである（このほか、入会集団＝村のために使用・収益を行なうことがあるが、この点についてはさしあたり問題としない）。この自家消費量が年々一定ならば、入会で得る収穫物はほぼ年々同じ量であるはずであり、また、構成員の採取量が入会集団によって一定量に限定されているならば、これも右の例と同じく収穫量に変りはない。前者の例は、構成員自体の再生産の範囲が入会地での収穫量を決定するが、後者の例では、入会集団の直接的な規範が収穫量を決定する。構成員にとって採取物を得る（収穫する）ということは、右の前者・後者を問わず絶対にして必要不可欠な条件（行為）なのであり、この収穫量がなんらかの人為的な外的要因によって阻害されてはならない。

そこで、入会の具体的な一例をあげてこの点を明らかにする。それは、採草を目的として構成員全員が同時的に入会う例についてである。ここでは、特殊の例外をのぞき、共同体のために採草を行なうといったことはない。したがって、その収穫物のほとんどは、構成員が自家消費を目的として採取するのであるから、当初から、自らが採取する範囲は経験的にきめるか、ないしは、入会集団が定める基準のもとで採取範囲が決定されるか、である。いずれにせよ、採取地の範囲がきめられたことによって、採取量はおのずからきまる。採取量が限定されていない場合においては、まさしく、採取者の労働能力（労働の質と力）によって量の多少が決定される。採草における労働過程の具体例をごく簡単にあげると、採草日と時間が決定されている例では、まず、採草日には、構成員がいっせいに採草地へ入り、同時に採草にあたるのであるが、このときに、各構成員は自らが採草する土地を占取する。採草地の占取については、特別に採草地の範囲を丈量して決定するというのではなく、自らが必要とする草の量、ないしは、定められた収穫の範囲を「目分量」、つまり経験的に視野に入れる。その範囲が採草地の範囲であって、同時に採草量がきまるわけである。採草者がその土地に採草する準備——採草の意志表示——をすれば、このあとに来た採草者は、すでに採草の準備にとりかかっている構成員の採草の範囲（と思われる）を侵さない程度の距離をあけて採草の準備をするわけである。つぎに、採取が終れば、収穫物は束にして持ち帰るが、量が多いときには、その束は放置され、翌日ないしは翌々日に持ち帰られる。放置された収穫物の束が当事者以外の者によって持ち去られる、という例はほとんどない。施肥として草を採取する場合には、自らが耕作する土地の広さによって採取量はだいたい決まる。耕地が必要とする施肥の量は、一般的には村内で経験的に決まっているものであり、この分量をはるかにこえた採取量は認められないのが原則であるところが多い。

右の採草のほか、他の採取物——たとえば、薪材・炭材・農業用材等——収穫物の決定は、自家消費のみに限定されている規範が存在するところでは、事情はまったく同じである。ただ、採取の時期、方法が異なるだけである。たとえば、薪についてみるならば、薪材採取のために全構成員が同時に入るような場合、ならびに採取量が一定されているような場合は別として、通常、「山の口明け」（入山の開始）——年間を通じてオープンの場合もある——後においては、採取にたいする一定の規範にしたがって、多くの場合、自家消費量を採取することができる。山梨県富士山北面や西面、長野県北部・志賀高原の入会地では、徳川時代より、自家消費ばかりでなく、商品として他村・他国へ売却するために薪材・木材などを採取・伐採していたというケースもみられる。採取物が、自家消費量と等量でなければならないということが規定されている場合では、その採取量は、家の大きさによって差異があるが、これも経験的に定まっているばかりでなく、その必要量は隣人や構成員によって絶えず確認されているのである。たとえば、薪材などは、家の周囲にその年の必要量を積み上げて確保する。この薪の量、そうして材質は、隠すことはできない。誰の目にもつくのである。薪を積み上げた量が極端に多い場合とか、または極端に少ない場合は、隣人はもとより、村落中で話題となり問題化することもある。したがって、こうした場合には、自家消費に必要とする量以上は採取することはできないといえる。自家消費といっても、養蚕・製糸等などのいわゆる「副業」(25)を営む場合において必要とする薪・炭材等の採取が認められているのならば、これに充当するだけの量は当然のことながら収穫物として、普通の日常生活で消費する量よりも、はるかに多くの量を家の周囲に積み上げることができる。いずれにしても、収穫物の量は自家消費という再生産に必要な量と同じであり、これをこえる量は不必要である。つまり、村持地・入会地で必要とする物を採取するということは、これの採取のための労働に従事することであり、それは、労働力の投下にほかならず、自家消費量をこえた余分な収穫物をうるということは意味をなさない。採取に費される労働力と時間は、再生産のために必要不可欠なものであるが、それは、余剰労働力をこの時間に充当するという性質のものではない。入会主体（その多くは農家という名称でよばれている）の再生産の一環として行なわれるのであって、生活に直結しており、余裕をもってこの種の労働を行なうという性質のものではない。構成員が、自家消費量をはるかにこえる収穫物を蓄積しても、それは財産にならないし、他へ譲渡することができるものならばともかく、そうでないときには余分な労働を投下したという意味においても再生産にとってマイナスとなる。それほどまでに、一般の構成員にとっては「余分な労働」を行なうだけのゆとりがほとんどなかったほど、他の仕事に追われていたのである。

しかし、自分が収穫して家へ持ち帰ったこれらの物は、多くの場合、私的所有物になるという特徴点がある。したがって、入会に費やされる労働もまた、私的労働だということになるのである。

以上の例は、ごく一例にすぎない。また、村持地・入会地での使用・収益にいたる過程には、まず、権利者集団（村・部落）が一定の手続（規範）を行なうということや、実際に使用・収益を行なう場合にも入会集団によってきめられた規範にしたがうという基本的な問題も存在する。これらは、使用・収益の内容によってそれぞれ異なるが、労働過程のうちでいちいち確認されなければならないといったようなものではなく、ごく日常的にスムーズに収益労働が行なわれており、外見的には規範が作用している、ないしは遵守されている、といったような現象はまったくみられないのが特徴である。すべてが経験的に運ばれているからである。

ところで、構成員がこれらの土地において使用・収益を行なうというのは、その土地に存在するもの――草・薪材等……――を自己の消費のために使用するためであり、そのかぎりにおいて直接的にそれらの物資を手に入れるためである。この使用・収益については、もう一つ別な方法がある。すなわち、はじめから利用地が区画されていて、構成員が与えられた土地を規範にしたがって利用するというかたちであり、俗に、「わけ地」といわれているものである。このわけ地の場合は、だいたいにおいて農耕が主体であるが、放牧等などもある。わけ地が一定の期間（たいていは年を単位）をもって割り替えられる条件であるか、ないしは比較的長い年月にわたり利用することができるか、ということを問わず、その土地で自分が農耕に従事し、その結果、農作物を収穫することができる。わけ地の目的が農作物の収穫にある場合には、農耕のはじめか、収穫にいたるまでは利用者の才覚によるものであり、自己の「腕」の労働が中心となる。したがって収穫物は、この労働の成果いかんによっては構成員（家）の再生産に充てられるほか、他への売買も行なわれる。手元に剰余として残すことができるのはもちろんであるが、この剰余を拡大再生産のために投下するということもできる。ここでは、収穫物は自己の所有物として、対象物がまだ見えない生産のはじめから予定されているのである。

こうした、明確に区画されたわけ地利用のほかに、個人の支配に属さない原野を「自由」に利用する「わけ地」的な利用の例もある。構成員がその労働にあたれる範囲内の土地をごく簡単に「開墾」（その多くは焼畑的利用）し、農作物（だいたいヒエ・蕎麦・野菜等）を収穫する方法である。この土地の利用について、入会集団が一定のとりきめを行なったならば、それは、土地利用の形式からいってわけ地であるが、構成員が土地を利用していることについて他の構成員が異議を主張しないし、したがって、入会集団も土地利用をそのまま見逃しているというかたちで「黙認」しているという場合では、その土地利用は、土地の占有ないしは支配という点からみればはなはだ不安定な状態に置かれている。たとえば、いつ、この土地利用が廃止の通告をうけるかもしれないし、作物にたいしても人為的な加害が行なわれるかもわからない。しかし、構成員全体が、いわば土地利用を知っていて「問題にしない」という状態であったならば、この土地利用のかたちは、一定のとりきめがなされた後に利用される場合とは次元が異っているとはいえ、わけ地的な利用である。この場合においても、土地利用の結果としてあらわれる農作物は、労働生産物として耕作者のもの（所有）となる。この土地利用の過程において別段の限害的条件が生じなければ、あらかじめ収穫物は機械的に確認することができるわけで、そこに投下された労働力と若干の、ほとんど問題とさえならないほどの僅かな資本は、やがて収穫物となってあらわれる。収穫物は、その数量が構成員の再生産のなかに耕作のはじめからくみ込まれ、再生産の重要な構成要素となっているのである。

こうして、基本的には構成員がその再生産に見合う採取対象物の種類と量とが存在してこそ、構成員にとって直接的な関係としての土地存在の意味があるわけである。近時における景観的存在や水源涵養林としてのこれらの土地の存在意義、ないしは地価上昇という外部的要因による財産的価値の増大などの要因を含む新しい共同所有地（総有地）や入会地存在の意義はともかくとして、入会地が直接に再生産のための物質を供給することができる基礎的存在であるからこそ、そうして、構成員がここに労働力を投下すれば、通常（耕作や植林などをのぞくと）、ごく僅かな時間のうちに――したがって、少ない労働力の投下――目的とする物を手に入れることができるという利点がある。

第三節　持分の質的側面の実態

入会地は、入会構成員がなによりも「入会う」という、実際上の使用・収益をするための客体であるといえる。そうしてそこでは、構成員が必要とするもの（物品）を単純な自己労働によって得る（採取等）ことができるのが一般的なかたちであった。

構成員が入会地で使用・収益を行なうことができるのは、構成員資格（menber-ship）という権利資格にもとづくものである。この構成員資格は家を一単位としており、その代表者は家長である。家長は、その家を継ぐ者であるが、長男とは限らない。この構成員資格を得るための手続等については、それぞれの入会集団では異なっているとはいえ、構成員資格は、権利と義務とが併存して内在する。この両者は、その必要に応じて、つねに顕在化するという特徴をもつ。したがって、入会地は、別の言い方をすれば権利の客体であると言うことができる。

まず、権利の場合についてである。権利には(イ)実際に物質となって顕在化する側面と、(ロ)物質的な利益享受の現象としては(イ)のように顕在化はしないが、しかし、絶えず身近に存在するような利用価値をもつ側面と、(ハ)自己の権利ないしはこれにもとづく利害関係をあらわす側面とにわけることができる。(イ)と(ロ)の例は、きわめて直接に物質的利害をともなうものであり、これにたいして(ハ)の場合には右のような直接的な面は少ない。

ところで、(イ)の例は、前節において具体的に考察したように客体にたいしては直接的であり、自らの再生産にとって必要とする物資を得ることができる、という内容の権利であって、権利そのものがただちに物となってあらわれる。当該土地に入会うことができ、ここにおいて自らが必要とする物を採取することができる、というのは、入会集団の一員として入会うことのできる権利資格をもっているからにほかならない。いいかえるならば、入会地における使用・収益、すなわち、入会地からの利益享受ができないならば、入会の権利はこれをもっていてもなんの意味もなさない。権利者資格を取得するには制限が存在していたり、また、資格を取得することが事実上できないような場合においては、入会財産のもつ価値がきわめて高いということと、財産が無限に存在するようなものではなく、きわめて限定をされているとみて差支えない。そうして、このことが反映して入会集団の内部構成が、外部にたいしては鞏固な、そうした意味で封鎖的なかたちをとるものといえる。

構成員資格＝入会の権利資格をもつ者が、入会地に立入り、ここにおいて使用・収益を行なうことができるのは当然のことである。この、当然なことをまったく無意識的に行なっていることのなかに、権利が(イ)採取の対象物というものと、(ロ)その量、との両者の合体となって体現されるわけである。入会集団——実際的には入会集団の最上層部役員。これを最近までは「御役前《おんやくまえ》」とか「元老《げんろう》」と尊称しているところもあった。それだけ指導・統制力があったのである——の管理の都合上、ときには入会う日時が変更されたり、採取物に若干の制限が行なわれるようなことはあっても、入会うことのできる権利がなくなるというようなことはまったく考えていない。入会管理上から制限をうけるようなことでも、それが規範にたいする違反行為によって罰せられたものならばともかく、そうでなければ、この制限も特定個人にたいしてではなく、全体が平等に制限をうけるものなのであるから、個別的な権利そのものにはなんらの関係もないことは明らかである。構成員が入会の権利者である、という事実と、意識——権利者というよりも、当然に入会うことができるということ——とによって、入会地における構成員の使用・収益が阻害されることなく行なわれるのである。この権利者資格をもつことによって、実際的に自分が必要とするものの採取ができ、入会地を利用することができる。こうして、権利者であるという資格そのものが入会地に存在する物資や、入会地を利用することによって取得できる物資にたいする直接的な利害関係となってあらわれる。

(ロ)の例としては、まず、入会についていえば、権利者であるということによって入会地に立入ることができる。入会地での使用・収益の有無はともかくとして、入会地に入ることは原則として権利者に限られるからである。つぎに、新しい入会地利用の資格をうる可能性がある。たとえば、わけ地などがそれである。わけ地を農耕用や採草・放牧地として利用することも可能である。それは、すべて集団の意志決定にもとづくが、こうしたことも身近な存在である。また、家屋の建築に必用とする木材の伐採をすることができる可能性も、八〇年・一〇〇年のサイクルをもって新築する場合、ないしは災害によって家屋が損失したり消滅したりした場合に、権利者であるということによって用材の配分をうけられることができるのである。右のような入会地の利用以外の利用については枚挙にいとまがない。

(ハ)の例としてあげられる代表的なものとして、権利者がもっとも利害関係を主張することのできる会議へ参加することができる権利がある。大きな集団の場合には組などの小集団単位で行なわれるが、普通、「総寄合」・「正月寄合」・「初寄合」・「総会」(以下、総会とよぶ)などともよばれている会合で、ここに参加し、なんらかのかたちで意志表示をすることができるということが、権利者であるということを意味するからである。総会では、その年の主要な行事を確認し、これを承認するということのほかに、入会の管理者を選任し、この者にたいして入会に関する管理・執行を定められた範囲内において委任するということをとりきめ、また、総会の会合を通じて権利者を確認し合い、かつ権利者同士の親睦をはかるということも行なう。この種の会合には、入会に関する重要な事項が生じたときに関かれる臨時の総会と、形式上は全員が集合する総会のかたちをとらないが、これに代るべきものとして、組単位の会合、ないしは組員の意見を徴し組長が結果を管理者のもとへ集めて協議するというかたちをとるものがある。いずれにしても、権利者全員の意志・意見が反映されるという点において変りはない。さらに、議決というかたち——全員の意志の一致——と同じような効力もある。総会への参加といい、右のような総会に代る意志決定の方法といい、ここでは、権利者の意志が反映され、時には効力を生ずるほかに、権利者の異議権が認められる。会議の内容が問題となり、権利者の意志決定が必用とされるときは、かならずといっていいほど、権利者の利害関係に大きく関与するときである。したがって、総会はもとより、入会に関する諸種の会合は、すべて権利者に多かれ少なかれ関係をもち、それは、権利と実益との両面にかかわることもある。

ところで、入会うことができる、つまり、入会地における使用・収益の実際は、入会地に存在する物を自己のものとして確保する（所有）ことにある。したがって、入会に際しては、特定量の採取対象物をはじめから自己のものとすることを目的として入会地に入るのである。入会地は、もともと構成員が個人として利用するその客体であるとは観念していない。入会地は入会集団構成員全体のもの——村のもの、村山といっても同じである——として観念されている。そのかぎりにおいて、権利関係ならびに私的消費＝所有は、全体のなかに観念的にも実質的にも埋没しているのである。入会地が全体のものであるということは、全体のものということをたて前とした規範が存在することによってても明らかであるし、また、この規範によって全体のものであるという共同所有の原則が支えられているのである。この全体というのは、構成員の集合体としての全体という意味であり、客観的には各構成員の個別的権利の客体であるという側面をもっていることに重要な内容がある。

このことは、つぎの事例によっても明らかにされる。すなわち、構成員が採草のために構成員全体と同時に採草地に入った際、他の構成員が、自分が採草しようとしている範囲内で採草作業をはじめようとしたならば、これにたいして抗議するし、また、採草した草を他の構成員が持ち去ろうとしても許すはずはない。入会地に入り、まず、採草範囲を確定したということは、すでにその範囲が自分の採草の権利下に入ったことを意味し、採草後の草は、権利の行使によって生じた所有の確定した収穫物だからである。ここでは、採取された草が労働生産物であるというためばかりではなく、はじめから権利の客体として存在していたということに重要な意味をもっているからである。もちろん、この権利の客体は、つねに数量的に意識され、入会地の或区画がその対象地として観念されているものではない。にもかかわらず、自分が必要とする収穫物の量の確保は、自らが当然の権利として意識しているばかりでなく、その意識を支えている入会集団構成員全体の意識なのでもある。このことは、自らが属する入会集団の入会地に、他の入会集団の者が入って使用・収益を行なっているといった例にもみられる。こうした場合には、全員が[26]侵害者に実力を行使して入会地から追い出すであろうし、時には、私的な制裁を加えることもある。それは、自分達の入会地に、他村の者という「よそ者」、つまり非構成員＝無権利者が入り込み、勝手に地上生産物を採草したからにほかならないからである。この点について、もう少し具体的にこの内容を掘りさげてみると、そこには二つの問題が存在することがわかる。その第一は、自分達のもの（ないしは、村・部落の山）といったように、複数の者——ここでは集団——の権利の総体である場所（入会地）を侵したという、権利を侵害した行為にたいする反発がみられる。権利という面からいうと、入会地には権利者全体の権利が一つとなって存在するのであり、それは、実際においても構成員の個別的な権利の対象がどこに存在するのかわからない、という事情の反映でもある。他村・他部落の者が入会集団という全体が「所有」する土地に無断で立入るということじたいが許せない行為であるうえに、そこで、集団構成員の採取対象物を無断で採取するということは、実質的には集団の財産にたいして損害をあたえたことになるばかりでなく、採取された分量だけ、集団の構成員の採取量が減ることであるから、構成員個人の財産にたいしても損害を与えたことになる。これを放任するようでは、いったい、権利をもっているという意味がなくなる。こうした点から、その第二として、個人の権利との関連性がでてくる。「村の山」・「部落の山」・「自分達の山」という表現、ないしは入会地という表現には、複数者の集合的な権利を認めていることが端的に示されているのである。構成員の個別的権利が総集して体現されていないような権利であったならば、こうした事態にたいして一人一人が反応し・対応することはないであろう。それは、今日の地方自治体が、まさしく純然たる公物として所有する土地について住民がどのような意識や反応を示すか、ということをみれば明らかである。

　もちろん、所有ないしは権利の意識といっても、当然のことながら、近代的な法制度下における個別的私的な所有意識とは異なり、また、近代法的な理論と規定に支えられているようなものではない。きわめて素朴に「自分達の山」・「村の山」と意識しているだけであり、また、古い以前から自分ないしは自分達の先祖がそこにおいて使用・収益、ないしは保護・管理してきたし、いまも同じように自分ないしは自分達が使用・収益をすることができるということ。すなわち、構成員が必要とする物をそこにおいて他村の者に妨害されることなく「自由」に採取することができるということを知っているということである。それは、行為の事実においてあらわれている。そうして、それゆえにこそ、入会財産にたいする他からの侵害にたいして単純に妨害排除をすることができるのである。この妨害排除には、時代を問わず、実力行為によるものと、訴訟によるものとがある。いずれにしても、ともに入会集団の意志決定を前提とする。入会地であるかぎり、これにたいする他からの侵害行為は、構成員全体にたいする侵害行為なのであるから、当然、構成員全体の組織であり表現である入会集団によって対処しなければならない。入会集団構成員が入会地にたいしてもつ個別的に有する権利は、採取の具体的な局面においてのみ他の構成員を排除することができる権利としてあらわれるが、入会地全体にたいしては、それが入会集団から独立した一個の権利として認められるものではなく、全体のなかに包摂されるものである。したがってまた、入会地そのものを使用・収益することにおいても、他の入会地と分離独立して対抗できる支配権をもつものではない。入会地において、構成員が目的とする物の採取が終れば、その場所はもはやそこを占取していた構成員の支配採取地では完全になくなる。採取という特殊な独占的・排他的な利用の型態は、あくまでも、入会集団によって認められたその採取という期間にとってのみ有効なものであり、まさしくそれゆえに土地にたいしては採取という限定された現実的な行為の終結までの一時的な支配にすぎないからである。こうした意味において、構成員の権利は、集団のなかに埋没している。だが、入会集団は、入会集団構成員の集合的存在があってこそ集団としての存在、そうして顕示が可能なのであり、それゆえ入会地は、入会集団構成員が利用するか、ないしは利用するという可能性があって、はじめてその存在意味があるわけである。それは、入会地にたいしてなんらかのかたちで直接的に作用するという利用の現実的・実際的な効力を前提とする。直接的な利用を行なわなくなった場合においては、入会の権利は現実的なものではなくなるが、それでも権利として保持されているかぎり、それは所有の観念性と同じになるだけである。将来において——近い将来か遠い将来を問わない——入会地をどのように利用するのかもわからないし、入会地を貸すことも、あるいは売ることになるかもわからない。しかし、権利者であるかぎり、なんらかの利益をうることができるである。さらに、権利者として会合にでたり、その他の方法で権利にたいする意志表示をすることができる。それは、入会地ないしは入会集団全体のためでも、公共的事業のためでもよいが、自分の私的利用にたいする私的権利ということでもよい。したがって、権利は、全体と個人との両方を含むのである。

第四節　入会における質と量

入会地は、旧時においては一般的に入会集団構成員全体の利用する、ないしは利用することができる土地であり、構成員のもつ権利の客体である。この権利の客体は、「全体のもの」（具体的には、自分達の山、部落のもの、共有地等々……）という表現によって示されるように団体的共同権利であり、自らの権利（持分権）は団体を前提としてのみ可能なのである。そこには、個人の個別・独立的な私的権利、ないしは公法人が所有する土地にたいする使用の権利とは異なった権利関係が存在する。それは、単一地域集団にとって固有な権利の態様を示し、ドイツ＝ゲルマン系法律用語において総有権　Gesamteigentum　とよばれているものと類似性をもつことが中田薫氏等によって指摘されている[27]。

この総有にもとづく林野（本節では考察の対象をこれに限定している）利用の関係で「入会」とよばれている型態をとりあげ、この内部の権利関係を質と量とにわけて分析することによって、入会集団構成員のもつ権利と他の権利者との関係、そうして集団との権利・義務関係を具体的にみたわけである。こうしたことから、つぎに、権利の質的側面と量的側面とをあわせて考察する。

まず、林野入会権（総有権といってもよい）は、なによりも権利の客体――この客体は具体的にいって、土地（地盤）と土地に付随する産物（固定・非固定を問わない）である――にたいする個人的な支配を内容としている、という側面をもっている。ただし、この支配は、入会という型態においては入会集団構成員が、個別的に入会地全体を直接に支配するといったものではなく、他の構成員とともに支配するのであるから、観念的には構成員が入会地にたいして同時的かつ重畳的に支配することを意味している。特定した地域・区域を一構成員が支配するというのは、きわめて現実的な関係においてであり、それは、(イ)地上産物等を採取したり、(ロ)わけ地のように一定の区域の土地利用を行なったりする場合においてみられる。すでに述べたように、地上生産物を採取しているときには、構成員は個別的にその時にかぎって採取する産物等にたいする独占的・排他的な権利をもっており、それは収穫物が採取者の所有に属するということを反映している。わけ地については、その独占的・排他的な権利の行使が(イ)の場合と異なり長期間にわたる。ここでは、わけ地にたいする他の構成員の現実的支配は、わけ地として利用されている期間だけ中断され、観念的支配にとどまる。つまり、わけ地利用の短期か長期かを問わずその土地は自分たちのものなのである。これにたいしてわけ地利用者は時間という入会地利用の側面を享受することができる。すなわち、「わけ地」において独占的・排他的な利用が長期にわたって認められるほど、この土地に産する物はそれだけ利用者に安定したかたちで多く帰属することができるわけである。立木の場合には、成育し伐期がきたときには、その全部を収益することができる。この「わけ地」利用は、割り替えによる土地利用の補助、ならびに「わけ地」の廃止、収穫物の採取後に一時的な休耕地となっている状態のときに他の構成員が土地に立入ったり生産物を採取する、などの行為がない場合には、ほとんど、占有ないしは私的所有に近い状態に位置するものといえる。しかし、それはあくまでも土地支配＝利用の状態からみた場合のことであって、利用者の意識という点になると必ずしも私的所有と同じ観念をもっているとは言われない場合がある。また、土地支配があくまでも私的所有と同じような形式をとれるか、ということについても問題が残る。最高裁判所の「わけ地」についての判決にしたがって表現するならば、「わけ地」を他国・他村の者にたいしてまで「自由に譲渡することが許される」というのであれば、あたえられた「わけ地」は、完全に私的所有に転化したものである。「わけ地」の譲渡について、構成員にたいしてならばよい。ないしは入会集団が承認しなければならない、といったような一定の条件が付されているような場合では、依然として「わけ地」には独立・自由な処分権はあたえられておらず、依然、入会集団の規制のもとに置かれている入会地だといえる。

入会地は、入会集団構成員が使用・収益を行なうところである、と言われているが、それは決して誤りではない。しかし、入会地は入会集団構成員の使用・収益——とくに、小柴・下草の採取やあるいは建築材の採取等——にのみ供されているわけではない。入会集団がかかわりをもつ部落のもの——具体的な例として、神社・橋・郷倉・学校・井戸等——に費やされることもある。自己消費のみが入会の目的ではないのである。入会集団は入会地を支配しこれを管理・運営するが、入会集団（部落）は、入会集団構成員の全体的な表現であり、それが結合されたものに（組の組織）であって、構成員と独立した、ないしは構成員の委任をうけてつくられたような別個の組織体ではない。これは、入会集団の構成をみれば明らかである。入会集団には、入会集団を指揮する「長」とこれを補佐する者がいるが、「長」と補佐役の者は総会によって選出され、総会で決定した事項もしくは総会で暗黙のうちに承認されている慣習についてのみ指揮にあたることができるのであって、それ以外の事項についてなんの権限もない。入会集団が同時的に入会うという現実をみた者ならば誰しも気がつくことであるが、入会集団の「長」は、入会いに際して種々の注意をし、入会の実際についても指揮・指導にあたっている。これを外部からみると、「長」は、入会について一切の権限をもち、独断的に事を運び、その支配下に構成員を置いて「自由」にしているような感をあたえている。これは、構成員が他の構成員の採取の範囲——したがって権利分——を侵したり、他の入会集団の財権を誤って採取したり等をしないような配慮をしているのであって、入会をなんの紛争もなくして行なわせるための技術なのである。この技術は、「長」となる者にとって不可欠の前提である。そのために「長」には慣習の熟知と経験、そうして指導力が要求される。入会の権利に関するすべての重要事項は、「長」の専断ならびに補佐との協議によって解決すべき決定権は原則として与えられていない。つねに、構成員全体の意志・合意を前提ないしは必要とするのである。こうしたことから、「長」ないしは補佐には、総会を技術的に運営するという能力も要求されるのである。総会の決定ないしはこれに準ずる承認がないものについて、「長」は入会集団としての意志表示をすることもできないし、入会集団の「長」としての立場からも意志表示をすることも認められない。つまり、無効なのである。入会集団の管理・運営は、まさしく、こうした意味において構成員が全体としてあたるわけである。

入会地にたいする入会構成員の入会的利用は直接的な型態を原則とする。構成員が、入会うことによって直接的に収穫物を必要とするときには、収穫物は構成員という資格（権利）の反映であり、それを権原としているわけである。この資格を有するということによって、構成員が必要とする物を採取することができるのであるが、この構成員資格は、徳川時代では入会訴訟の際に作成される諸種の文書――たとえば、連判状、訴訟費用帳など――や、貢租関係の帳簿ならびに村費用の帳簿によって確認されるが、明治維新以後においては、普通かつ平穏な入会集団においては特別に権利者名簿が作成されるということは少ない。構成員が確認されるのは、指導者達の記憶のなかにおいてと、隣人集団――たとえば、組など――の確認、そうして、これらがときには総会や集会という場所で互に確認し合い、構成員をチェックするという、きわめて素朴な方法がとられているのである。入会地にたいする構成員の直接的利用が少なくなれば、こうした機能も低下していく。つまり、入会地の直接的利用を行なわなくとも再生産が可能な状態にいたれば、入会うという実質的・実際的な行為がなくなるので、これに付属する権利者確認の手続上にも変化が生じるのである。

社会的な変化・生活上の変化によって入会うということの内容に変化が生じ、入会地にたいする直接的な依存度が減少すればするほど、採取量も減少する。だが、このことが、権利にたいして変化をあたえるものとはかぎらない。入会の現実的局面は入会地における使用・収益ないしは利用であり、対象物の採取にほかならない。しかし、入会集団の事情——たとえば、天災による入会地上の植物の減少。植林地の増大による採草地の減少。生活や生業の変化による対象物の変化や減少、わけ地によってそれ以外の入会地が狭くなる等——によって、従来からの収穫物が絶対的にも減少した場合には、それは、明らかに権利のもつ現実性に減少という変化が要求され、こうした意味において、権利そのものの効力が収穫という現象面において少なくなったといえる。もともと入会集団の構成員資格（権利）の現実的局面は、決して無限のものではない。そうして、この資格が権利として現実的な効果をみせるのは、きわめて特殊な例外——たとえば、金脈が存在したとか、ウラン鉱を発見したとか等——を除けば、その経済的価値には漠然とした内容ではあるが、或一定の上限が存在したとみて差支えない。入会地の利用がなんらかの外的な条件によってまったくできなくなるか、もしくは構成員の再生産という面からみて入会地での使用・収益の必要性がまったくなくなった、といったような実態をみた場合、この例だけに関していえば、構成員たる資格、すなわち入会の権利をもっていても、それは採取物という物質的な側面にたいする利益享受の意味はなくなるものといえる。同じことながら、採取対象物が減少した場合、ここにたいしても権利の量的側面はその価値を減少させることになる。そのかぎりにおいて、権利の内容の側面である現実的局面の縮少ということもありうるわけである。

ところが、問題は、構成員がその権利の対象とする客体に変化が生じ、使用価値の増減がみられるという現象が生じるような場合に、権利の内容について変化がみられるか、ということである。

このことは、時には、入会権の解体・消滅につながる問題をも含むのであるが、こうした問題には直接触れないでつぎのような点だけを指摘するにとどめる。すなわち、権利の客体にたいする依存度ないしは利用の実態が減少しても、それは権利を有することによって入会地を利用し、ここから得ることのできる収穫物が減少したという現実的局面に変化を生じたまでのことであって、権利の量的側面が変化しても、これによって権利という観念的側面にただちに変化を生ずるということはない。それは、客体にたいする支配が依然として存続している場合には、この客体にたいして権利者以外の者が立入り、自由に使用・収益することを認めないということによって実証される。構成員の入会地利用がまったくなくなった場合であっても、そこには依然として入会集団の支配が続き、当該入会集団以外の者の利用がまったくできないときであっても、事情は前と変わらない。ここでは、権利の量的側面は、それが一時的なものであるか、そうでないかにかかわらず、権利の観念的側面は存在するわけである。また、入会集団構成員の入会地にたいする利用が、かつて全員が同時的に入会っていた状態から次第に変化し、構成員の半数ないしは多くが直接的利用をやめて一部の者が使用・収益を行なっているような例もある。このようなかたちでの使用・収益を入会集団が認めているときには、ここで使用・収益をしない他の構成員は権利の放棄をしたのか、というとそうではない。当該入会地において、その入会地が現在置かれている状態では、自らの再生産とかかわりあいをもつ面がなく、したがって、入会地において物を採取する必要性がないということであり、いわば、量的側面についてその権利の行使を、当面、保留しているまでのことだけなのである。それゆえ、現実に使用・収益を行なっている他の構成員は、放棄された分量についてはこれを自己の所有とすることができるのは言うまでもない。現実に使用・収益を行なっている——入会っている——者のみが権利者であるのではなく、使用・収益を行なっているという事実を示すまでのことだけなのである。したがって、この入会地に関する問題は、現実に使用・収益を行なっている構成員が、その使用・収益の現実に関するかぎり責任（義務）を負わなければならないが、入会地そのものの問題となると、右の問題も含めて入会集団の構成員全員が対処しなければならないのである。それは、入会集団の構成員資格（権利者）に固有な権利と義務とが存在するからにほかならない。であるから、右のような入会地利用の状態のときに他村等の構成員以外の他の者に使用・収益が妨害されたり、もしくは、入会地に勝手に立入られ、使用・収益を行なわれるようなことがあれば、この問題の解決は、現在、入会地で使用・収益を行なっている構成員だけがこれらの者を排除し、披害をうけたときには単独で加害者にたいし損害賠償を請求すべき性質のものではない。入会地以外の場所において入会収穫物を盗られたというケースにおいては入会の問題とは関係なく処理されるのが通常である。ところが、入会地における産物等が他村の者に無断で採取されたり、土地利用がされたり、さらに土地の所有が侵された場合においては、明らかに、入会地に関する問題となって構成員全体の権利にたいする侵害というかたちで捉えられ、被害者が構成員一個人であるか、被害をうけた物が多いか少ないかにかかわらず入会集団が当事者となって解決にあたるわけである。さきに例示した、入会収穫物を入会地以外の場所で盗られても入会集団の問題とならないというのは、その収穫物は、すでに採取者の私的所有となっているからにほかならない。入会地において収穫物が盗られた場合に入会集団の問題となるのは、なるほど、ここでも収穫物は採取者の所有に属するという意味において同じではあるが、まず、構成員以外の他の者が入会地に立入るということじたい入会集団の権利を侵していることになるのである。すなわち、入会集団構成員の権利の客体である土地は、その使用・収益の実際のいかんにかかわりなく権利者全体のものであり支配するところである。そこにたいして入会権利者以外の者が自由に立入ることは、たとえ、入会権利者の多くの者が入会地において使用・収益を行なっていなくとも権利が侵されたということになる。こうしたことから、権利者全体の権利に関する問題となる。

つぎに、入会地において収穫物が盗られるということは、さらにすすめて、入会地上の産物を盗んだのと同じ理由となる。たしかに、収穫物はこれを採取した者の所有になったことは明らかである。入会地内において他の入会権者が採取者（権利者）のものを持っていくことはできない。そこには、労働によってえた物を、労働することなくうることはできない規範があるからである。だが、収穫物が入会地内に存在しているということは、まだ、入会地との関係においては完全な意味で採取者の所有とはなっていない。入会地は入会集団の独自の規範のもとに置かれているからなのである。たとえば、採取者が収穫物を入会地に置いておき、持ち帰る意志——すなわち消費する——がなかったならば、その収穫物は当然のことながら入会集団のものとして処分されるか、あるいは他の入会権者がうることができる。こうした意味で、収穫物は採取者に帰属し、その所有することは認められているが、入会地は、あくまでも構成員全体の権利の客体であるかぎり、ここにいる構成員は権利の一分肢であり、また、その収穫物は入会地内に存在するかぎり入会集団の権利の客体であり保護の対象となるわけである。

　入会地においては、入会集団の構成員がそこで使用・収益ができる、という現実の利益享受の面と、これを可能とする権利の面とが存在する。そうして、現実の利益享受、つまり、使用・収益については、構成員は平等に権利行使ができるのである。ということは、入会権利者の権利は入会集団が支配するすべての客体にたいして、基本的・原則的にはすべて平等に権利をもつ、ということであり、したがって、平等にその権利を行使して収益をうることができるのである。利用の局面において不平等を生ずることもあるが、それは、権利そのものにかかわりがない。

第五節　総有と持分

　入会における持分とは、入会という権利関係において、入会の主体である構成員（入会権利者）が、入会の客体にたいして有する権利にほかならない。権利そのものは観念性であるが、その権利の行使によって具体性ないしは現実性をもつ。この権利は、権利者集団において、構成員として一つの権利を付与される。この権利は入会集団構成員（権利者）の数が多いか少ないかによって現実的な利益享受にも多少の差となってあらわれる。しかし、権利は、入会集団のなかにおいて一戸を単位とした持分として存在する。したがって、権利資格としての持分は平等である。この持分（権利）の具体性を物質的側面からみるかぎり、使用・収益の実際となってあらわれる。そこで具体的にあらわれる権利の内容とは、持分権者（権利者）である入会集団の構成員が(イ)共同で・同時的に使用・収益を行なう（入会う）という型態と、(ロ)個別的に使用・収益を行なうという型態と、(ハ)「わけ地」利用のように土地そのものを区画して与えられた場所を排他的・独占的に利用させる型態とがある。

このうち、「わけ地」においては、明瞭に土地占取というかたちで、入会地利用の独占が認められ、わけ地利用中は、別段の規定ないしは入会集団による利用の変更が行なわれないかぎり、外見的には普通一般の土地の私的所有の状態とは変わりがない。とくに、わけ地について譲渡が認められていれば、その「譲渡」の内容によっては私的所有に転化したものとして認定することさえできるものがある。このかたちはもはやわけ地ではない。「譲渡」の範囲が部落内に限られているような場合については、このわけ地は依然として私的所有を獲得するにいたっていない。わけ地が、入会の型態の一つとして認定される場合も含めて、入会集団の構成員は物質的な側面において全員が平等に入会地で使用・収益することができる。この使用・収益が全員で共同で同時的に行なわれるか、個別的に行なわれるかには権利の抽象性ないしは観念性の性質にかかわりがない。入会という現実の使用・収益がある。そうして、その効果として、また、それが目的である産物の採取を行ない、収穫物を自己の所有とするのである。ここでは私的労働が投下され、採取物は明らかに私的所有となる。

持分を、観念的な側面からみた場合、右の私的所有を可能ならしめる権利の存在をみるわけであるが、とくにわけ地のような型態の利用に関するように、私的な利用＝占取が独占的・排他的なかたちをとる場合には、持分はまさに土地占取として現象し、それはあたかも土地所有のようにみえる場合もある。わけ地は持分地として入会集団がこれを決定したものであって、構成員が勝手に入会地のうちの一部を占取して土地利用を行ない、わけ地と称して独占的・排他的な権利をここに主張できるようなものではない。わけ地は、入会地を分割して構成員に与え、そこで固定した利用を行なわせることを目的とする。それは、入会地の特定部分の時間的な連続的利用を内容とするのであって、他の入会的利用にくらべれば、利用の実際上において土地所有に近い支配の状態となる。土地における収穫物――立木・草・小柴・石等――を私的に所有できるという点においてはいずれの場合においても同じである。村落共同体のための入会をのぞく他の入会地利用では、採取という実際的な労働行為の場所においては、採取終了までのわずかな時間が採取者の独占的・排他的な土地利用の範囲に属するだけであり、それ以外においては土地の占取は認められない。いずれにしても、土地を占取することができる、ということにおいては、利用型態のいかんにかかわりなく同じである。しかし、土地を一定期間あるいは長期にわたって独占することができ、この土地に自らの手で生産物を期待し、これを所有できるということになると、わけ地利用はたんなる入会の収益行為とは内容が異なってくる。

入会集団の構成員が、このような土地利用ができる、ないしは（同じことではあるが）土地の占取による産物の採取ができる、ということは、利用することのできる権利資格をもっているからにほかならない。そうして、それらの土地利用等が権利にもとづくものであるかぎり、収穫された物は権利の反映にほかならないからこれを他の者達が侵すことは権利を犯すことになるからできないのは当然である。

しかしながら、この権利は、単独に・独立した権利として自由なものではない。入会集団という特定の組織＝団体を前提としてのみ可能なのである。このことは、入会集団を構成する全構成員の入会地利用に関する権利が、入会地全体に存在するからにほかならない。こうしたことから、入会地での収益という観点からこの権利をみる場合、構成員の権利客体にたいするとり分は、まず、全構成員に平等であることから、単純に全構成員分の一であると観念してよいであろう。ただし、このとり分は、これまでに指摘したように、他の構成員にたいして独立の自由な存在であるというわけではない（共有との相違）。構成員の権利が互に牽制しあっているという点で制限されているのである。こうした基本原則のうえに権利の行使――入会地における使用・収益――は成り立っている。であるから、或構成員が使用・収益の量を少なくしたり、もしくは、まったく行なわなくなったような事実がみられれば、それは、入会という使用・収益を中断したか、もしくは放棄したか、ということであって、他の構成員が、それだけ使用・収益の範囲、したがって量を拡大することはあっても、その事実が、直接に権利の本質を変えるまでにはいたらない。入会地にたいする権利は、観念的には全構成員に平等に帰属しているものであり、これを別の表現でいえば、全構成員分だけの権利が入会集団に存在するということである。これを持分というように理解してもよい。これがほかならぬ入会権の持分なのだからである。こうしたときの権利は、入会権にかかわる問題――そのなかには使用・収益の方法も含まれる――について、協議・会合に参加する資格があり、権利者として発言し、時によっては異議権をも行使することができることを具体的な内容とする。つまり、構成員は権利資格を他の構成員と同様にもつということによって入会の会合等へも参加することができるのであり、自らの権利をも保全することができるのである。

ところで、権利の実質的な現象形態を入会うという行為について法律上の概念構成をして、ここに入会権という権利の態様をみた場合に、そうでない権利の態様は入会ということばでは表現されないために、あたかも入会という権利の本質に包含されないような感じをもつにいたる。

入会集団という共同体的な権利者集団が所有する財産を、すべて入会ということばでよぶことには異和感がある。

地元において入会ということばを使用するのは数村入会か、あるいは例外的に他村入会だからであるから、自村持の土地にたいしては入会ということばは使用しない。入会と言い、あるいは他のことばで表現しようとも法の本質にはなんら変わりはないものであっても、とくに林野財産以外においては、やはり地元においても、また、法律用語としてもためらわれる。旧慣使用権と言っても、この用語のあいまいさでは本質を適確にあらわすことができない。

入会の本質的規定をあらわす用語として総有ということばを用いても他村入会については、なお問題の残るところである。しかし、いずれにしても、入会の概念規定を所有という面から捉えるならば、総有ということばを使用しても誤りではないし、異和感も少なくなる。

徳川時代において、土地を含めて神社・寺・祠が村持であるという例はかなり一般的であった。明治以降において町村合併により村がなくなり、旧村が部落と呼ばれるようになったが、この旧村を部落とよぶのはもっぱら行政上か学術上かであって、地元では一般的には旧村を部落とよんでいない。しかし、その旧村である部落の氏神ないしは産土神は部落のものであるから総有財産にほかならない。もちろん、神社の什器・備品等も総有財産にほかならない。法律上の形態や本質が入会と同じであることによって神社を入会とよぶことには地元では異和感があるし、入会研究者の間でも異和感があるであろう。したがって、とくに地元にたいして法律上は同じことであると説得しても入会ということばを神社等に使用することには地元では納得しない。入会の法の本質からいえば林野も神社も変わることがない部落のものであるが、用語と実際との間にはその適用にずれがあるのである。

入会の主体は権利者集団としての部落であり、それは学術上ならびに法律用語上において総有ということばによってあらわされてもおかしくないし、より適切である。つまり、総有集団であり総有財産であり、総有関係であり、総称して総有である。これによって、すべての部落のものは共通性をもつことになる。もっとも、入会関係や部落財産についての判決は、[28]その内容において右のことを具体的に判示していないのであるが、内容——法の本質——についてはおなじである。神社の山林が入会であり、神社財産が入会集団の所有であるという判決は卑近な例として京都府と山梨県にあるが、神社や寺が宗教法人によって独立の形式をもつために、旧村持であり、部落が所有する実質的内容がこの形式のために見失われることが多い。とくに、神社に宮司が常駐していたり、寺に坊主がいるときには、宮司等の私利私欲のためにその傾向が強くなる。宮司の専横による例として前記の京都府があるが、氏子の一部が結託して入会——入会権利者総体としての部落有——を否定した例は山梨県にある。[29]

　旧村持地の神社（もしくは寺・郷倉）は、その所有形式（表示）のいかんにかかわりなく、例外なく部落のものであり所有である。所有名義が異なり、所有の形式的表示が異なるから法の適用が異なるというのはあまりにも形式的であり、皮相かつ浅薄である。入会権の規定を形式的に適用するならば、民法第二九四条の地役の性質を有する入会権ということになるであろう。しかし、名称そのものはなんら実態を示すものではなく、権利主体も実質的に形式をあらわすものではない。所有の表示が「部落」という文字を使用していなかった場合には部落有でないと判断されたり、入会という文字を試用していなかったならば入会ではないし、入会集団ではない、という理屈は通らないであろう裁判例もある。[30]民法第二九四条は、異なった法形式と法主体の所有地にたいして適用するものであり、ただたんに法主体（ここでは部落）が便宜上つけた名簿や、これと同じ内容のものについて規定したものではない。したがって、利用・支配——すなわち、所有——がその内容において総有であり、部落（入会集団）所有であるかぎり第二九四条を適用する余地はないのである。

　民法第二六三条の入会が私有であるならば、神社・寺・郷倉・墓地等が総有であるのであるから、両者の財産はともに総有財産となる。これをあえて入会財産とよぶ必要性はない。一般的な実情（実態）においては、共有の性質を有する「入会」とよぶことに異和感があり抵抗がある。まして、神社や寺・郷倉・墓地などを入会といっても地元では納得するはずはないし、裁判上や学術上において入会の本質を説明して入会とよぶことにしてもなかなか納得するものではないであろう。入会をもって「小柴・下草の採取」と思っている無知・無理解な法律家や実務家が多いことであるから、入会権の本質を説明するのでさえ容易なことではないので、やはり総有権、同じことながら総有財産であることを説明してその本質を明らかにするのが、より説得的であり妥当性をもつ。

神社等は、入会権の本質的規定である総有と同じ法的関係である。神社は、総有主体にとって入会の現象形態と同じようなものではないが、神社の存在と神社へ行くこと（利用）をもって類似の形態としてみることもできる。しかし、なんといっても、神社を所有することにおいて基本的に共通するのである。

かって富井政章氏は入会権について、「要スルニ入会権ハ所有権、地上権又ハ地役権ト言フ如キ特種ノ物権ニ非スシテ一ノ包括名称ノ下ニ一定ノ性質、要件ヲ具ヘタル種多ノ財産権ヲ総称スルモノト謂フヘシ」と述べ、さらに共有の性質を有する入会権について、「其本質タルヤ畢竟森林、原野ノ共有権ノ行使ニ外ナラス之ニ入会権ナル特別ノ名称ヲ附スル所以ハ唯其共有者タル人、共有ノ目的、共有権行使ノ方法等カ普通ノ場合ト趣ヲ異ニスル所アルニ因ルノミ毫モ其所有権タル性質ニ差異アルニアラサルナリ」と述べている。[31] また、末弘厳太郎氏も、「入会地が入会権者自らの共有に属するときは、其権利は他物権ではない。従って対地主の法律問題を生ずるの余地なく、唯入会権者相互の持分・収益の程度・其他入会地の分割・処分等に関して、問題が起り得るにすぎない。」と述べ、「其権利は部落民全体の総有 Gesamteigentum に属するものと解すべきである。」と述べ、地役の性質を有する入会権（第二九四条）について、「入会権者たる部落の内部に於ける部落民相互間の共同収益関係は、『共有ノ性質ヲ有スル入会権』の場合と全く同様に、総有関係を有するものと解せねばならぬ。」と述べている。[32]

入会権は、「種多ノ財産権ヲ総称スルモノ」（富井政章氏）といい、「総有に属するもの」（末弘厳太郎氏）といい、いずれも所有であることを前提としている。所有といっても私的個別的な所有ではなく、団体的な、特殊な所有であることは「種多ノ財産権」ならびに「総有 Gesamteigentum 」と規定していることによっても明らかである。[33] したがって、入会権は所有権を基軸として法的概念構成をしなければならないし、それは、共同体所有にほかならないことは右の論旨からでも妥当である。もっとも、実態的には、旧時では村所有であり、[34] 明治政府下の町村合併後では部落有なのであり、村落共同体所有として把握される。つまり総有である。総有財産については、どのように利用されようと処分されようと、それが総有権利者の合意にもとづくものであるならば自由である。

入会の慣習は、その権利主体である部落＝入会集団の存在なくしては行なうことはできない。また、入会権が総有にもとづくものであっても、部落が所有するものを入会というようによぶことには異和感もあり抵抗もあってできないから、部落所有のものを総有とよぶことが適切であろう。入会は、部落集団員が総有財産にたいする権利行使の態様であるかぎり、神社や郷倉等の総有財産を利用するのも入会にほかならない。だが、さきに述べたように、入会とは、もともと他村との重畳的な権利関係について多く使用されていたことばであったのを、これを普遍化して一部落におけるその内部の重畳的な権利関係について使用したものである。しかし、その内容は総有という権利関係なのであるから、神社やそのほかの部落財産にたいして、あえて入会ということばを使用する必要はない。

以上みたように、部落有地（総有）において使用・収益を行うことができるのは、部落集団構成員としての資格をもっているためであって、それはほかならぬ権利としての持分Anteil（nechmäßiger Anteil）を有しているからにほかならない。もちろん、持分といっても、民法に規定する共有持分とは異なり、制限された持分であって、原則的には売買・譲与することはできない。一戸一権である。つまり、権利は当該部落集団の地域内で、家を単位として付与されているために、家の存在をみない権利というものはない。あるいは、家に付与された権利がないかぎり、そこに家屋があり、これに居住をしていても、権利を付与されることはない。したがって、部落の土地を利用することも、収益の配分をうけることもできないし、部落（権利者集団としての）の会議にも参加ができないし、発言権や異議権もない。これらの利益を享受することとができるのは、権利者資格をもったものであって、この権利者資格は、ほかならぬ「持分」というものにほかならない。

「持分」は原則的に平等であるから、土地の利用ならびに収穫物、利益の分配は平等にもとづく。仮に、権利者（家）が一〇〇戸の部落集団であるならば、土地・財産は一〇〇戸の共同財産にほかならないから、それぞれ権利として一〇〇分の一の持分を有することになる。この権利の総体が総有を構成する。持分は、質（権利）と量（使用ならびに利益の享受）とに分属される。質は形状的にも実質的にも平等であり、具体的には一戸一権の原則の上にたつ。その内容は、会議への参加ならびに発言、異議権によってあらわされる。責任もまた平等である。量は、質の具体的な反映であるが、必ずしも実質的には平等でない場合もある。たとえば、割り地利用の場合、抽せんにもれたり、あるいは、同じ割り地といっても土地の悪い場所が与えられたり、産物の採取にしても自らが必要としないものがあったり、また、能力の差によって採取量が異なったりすることがある。このような例においても、権利者総員の同意によるものなのであるから、この量的な差は、権利者総員の同意がなされている原則が貫徹しているかぎり、質の平等のうえに成り立ち、問題の生ずる余地はない。

持分は総有集団にとって固有の権利そのものであるから、持分を勝手に売買・譲与したり、持分の精算ならびに請求をすることはできない。これは、入会＝総有の一般的基本原則である。

（1）川島武宜・潮見俊隆・渡辺洋三編『入会権の解体Ⅰ・Ⅱ・Ⅲ』（岩波書店）。『川島武宜著作集』第八巻・第九巻、一九八三年、岩波書店。入会が総有権を権原とすることについては、学界では異論がないと思われる。たとえば、宗宮信次・池田浩『物権法論』一九五〇年、有斐閣。勝本正晃『物権法』一九五二年、創文社。今泉孝太郎『新物権法論』一九五三年、帝国判例法規出版社。松坂佐一『民法提要』一九五五年、有斐閣。船橋諄一『物権法』一九六〇年、有斐閣。

（2）持分を、このように質と量とにわけて把握することができるということについては、北條浩「林野利用における慣習」（『林野法制の展開と村落共同体』所収、一九七九年、御茶の水書房。初出、徳川林政史研究所『紀要』一九七七年）で行なった。これにたいして、福島正夫・川島武宜両先生も、持分のこのような把握について理論的に構成することの必要性を御指示された。

（3）こうした理論の代表例として、渡辺洋三『入会と法』（一九七二年、東京大学出版会）をあげておく。

（4）戦後の紛争のうち、入会判決（下級審・上級審を問わず）の特徴点はこうした内部紛争が多いことを中尾英俊氏は指摘されている（同氏『戦後入会判例集』一九六六年、宗文館書店）。

（5）『山林立入および立木伐採権確認請求事件』（民集一一巻九号一五一八頁）・（川島武宜監修・北條浩編『大審院・最高裁判所入会判決集』（以下、『入会判決集』と略称する）第二巻六七四頁）。「山林所有権等確認請求事件」（民集一九巻四号八二二頁）・（『入会判決集』同、九九三頁）。なお、両者の判決については、川島武宜氏と中尾英俊氏の判例評釈を参照されたい。

（6）中田薫『法制史論集』第二巻第一二ならびに附録第四、一九七〇年、岩波書店。平野義太郎『民法に於けるローマ思想とゲルマン思想』大正一三年、有斐閣。石田文次郎『土地総有権史論』一九二七年、岩波書店。奈良正路『入会権論』一九三一年、萬里閣。

（7）北條浩『林野入会の史的研究』第五章参照。一九七七年、御茶の水書房。同『林野法制の展開と村落共同体』第一三章、一九七七年、御茶の水書房。

（8）中尾英俊「入会集団の団体的性格」（西南学院大学『法学論集』第二七巻第四号、一九九五年）、同「入会権と総有」（同『前出書』第三〇巻第二・三合併号、一九九八年）を参照されたい。

（9）岩井萬亀氏は「入会権と持分」（『甲南法学』第一一巻第一号）で、「入会権は持分のないものから持分のあるものへと変質し移行しつつある」と指摘している。入会権には持分はないが、それが近代化の過程で持分化へと進行する、という実質抜きの推論をしている。これは、持分を民法上の持分を措定し前提としたものであって、あくまでも民法の持分概念にとらわれ、近代化論のなかで解釈したものであり、持分そのものの存在の科学的位置づけについて理解されていない。

（10）黒木三郎他編『昭和四九年全国山林原野入会慣行調査』昭和五〇年。この調査は、持分という視点ないしは概念規定を欠いて（否定して）調査が行なわれたという欠陥がある。調査書としては問題が残るところである。これはやはり、その当時の入会研究者の入会権についての一般的傾向＝水準をあらわしているものであろう。ギールケは、すでに一八六八年の『ドイツ団体法論』Otto Gierke : Das deutsche Genossenschaftrecht において、いわゆる「権利能力なき社団」の持分について明確に指摘している。

（11）中尾英俊「入会権と総有」（『西南学院大学法学論集』第三〇巻第二・三合併号、一九九八年）、そのほか。

（12）たとえば、川島武宜『注釈民法』入会権、一九六八年、有斐閣。石井良助『山梨県山中部落の入会権』（『法学協会雑誌』第八六巻第一号）一九六九年、法学協会。福島正夫・北條浩編著『民法成立過程と入会権』一九六八年、宗文館書店。

（13）宮川澄『民法学講義』八五頁、昭和二六年、新興出版社。

（14）勝本正晃『物権法』二五八頁、昭和二七年、創文社。

(15) 我妻栄『物権法』二九七頁、昭和二七年、岩波書店。
(16) 今泉孝太郎『新物権法論』一二九頁、昭和二八年、帝国判例法規出版社。
(17) 松坂佐一『民法提要（物権法）』一五二頁、昭和三〇年、有斐閣。こうした法律論は一般的特徴である。たとえば、我妻栄氏は「その権利自体の管理は部落団体に属し、それに基く収益権能だけが各部落民に属する関係である」（我妻『前掲書』二九八頁）といっている。
(18) 川島武宜『民法』（総論・物権）二六一頁、一九六〇年、有斐閣。
(19) 川島武宜「判例評釈」（『法学協会雑誌』一九七六年）。引用中、川島とあるのは前掲『民法』である。
(20) 中田薫『法制史論集』第二巻（前掲書）所収。
(21) 北條浩「共同体的『慣習』の一側面」（潮見俊隆・渡辺洋三編『法社会学の現代的課題』一九六九年、岩波書店）。
(22) 川島武宜「『ゲルマン的共同体』における『形式的平等性』の原理について」（『川島武宜著作集　第八巻』一九八三年、岩波書店）。
(23) この点については、法典調査会の論議について分析したなかに詳述してある（北條浩『入会の法社会学　上』二〇〇〇年、御茶の水書房）。ならびに富井政章『民法講義』（前掲）。
(24) 前掲『注釈民法』参照。
(25) 副業という用語ないしは概念はきわめて曖昧である。この点については、北條浩『山間部村落における経済と入会』一九六四年、宗文館書店。同『近世における林野入会の諸形態』一九七八年、御茶の水書房。を参照されたい。
(26) この場合の全員という意味は、必ずしも一人残らずという意味で使用しているのではない。権利者全員としての部落なのである。

(27) 中田薫『前掲書』、川島武宜『前掲書』参照。

(28) 入会判決については、川島武宜監修・北條浩編『大審院・最高裁判所入会判決集』(全一二巻) 一九七八年、御茶の水書房。同『原本版・大審院・最高裁判所入会判決集』(全二〇巻) 一九八一年、御茶の水書房。中尾英俊氏の前掲書および諸論文を参照されたい。

(29) この裁判の具体的内容については、石井良助・川島武宜・渡辺洋三『山梨県山中部落の入会権』(『法学協会雑誌』第八六巻一号) に詳しい。川島武宜氏の執筆部分については、『川島武宜著作集　第九巻』(一九八三年、岩波書店) に収載された。

(30) このようなことについては、川島武宜監修・北條浩編『前掲書』の、川島武宜「解説」に触れられている。また、川島「前掲」論文にもみられる。

(31) 富井政章『民法原論　第二巻物権』二八四～二八六頁、明治三九年、有斐閣。

(32) 末弘厳太郎『物権法』(下巻第一分冊)、六九二～六九八頁、大正一一年、日本評論社。

(33) 在野法曹の奈良正路は、入会権についてドイツの総有と類似していることを認めながら、なお、合同ではないことを指摘している。総有の原典解釈はともかくとして、総有ということばを使用して共同体的所有ないしは入会権の法的本質を説明するのは適切であろう。

(34) この村所有というのは単純に徳川幕藩体制下の行政村としての村として捉えるべきでないことは歴史的に明らかである。これについては、中田薫「徳川時代の村の人格」(『法制史論集第二巻』昭和四五年、岩波書店) の指摘を参照されたい。

第五章　所有権の現実性
――水路の所有権と水利権――

第一節　水路の土地所有権

水路敷地の土地所有権を確認する方法は、現在行なわれている土地登記簿の確認という通常の形式的方法のほか、とくに官有地（国有地）であるならば官有地台帳に登録されている。また、係争の内容によっては明治初頭の地券制度・地租改正関係の検討にまでさかのぼらなければならないものがある。水路敷地の所有でも前者の場合についてはまったく問題がないとはいえないが、ほぼ、この書類によって水路敷地の所有権を確認することができる。もっとも、戦前においては、水路――とくに小川――の所有が形式上において明確でないところがあった。

明治初年における土地所有の状況を法律上において明確に示すことができるものとして『地券』があげられる。『地券』は、全国一般と同じ基準をもって発行をみるわけで、したがって、例外的な規準や措置はみられない。「地券」は土地所有権そのものを示すわけであるから、これによって当該土地が誰のものであったかを法律的に明らかにできる。たとえば、千葉県成田空港菱田地区で問題となっているのは、水路地が民有地であったのか、国有地であったのか、ということであるので、『地券』上において、このことがわかる。『地券』上において係争地が民有地として明記されていれば、民有地にほかならない。国有（地券発行時での名称は官有）地を民有地として記載することはできないからである。大きな川の場合には実測上において若干の誤差を生ずることもあるが、小川以下の場合において、その川幅を誤測することはありえない。小川ないしは水路において、地租の対象とならない、あるいは除税地と明確にされたところにおいては、川を実測するということはなかった。川を地籍図において青く表示するということも行なわれたが、これは道路ではなく、水路であることを示しただけのことである。したがって、青色は土地の所有をあらわしたものではない。ただし、すでに考察したように、川そのものを耕地のなかにとり込むという例がある。

ところで、すべての川や水の流れについて、「河川」というように、今日的なことばで水の流れをあらわしても、それがただちに水の流れの状態を示すものではない、ということを認識すべきである。小川ということば一つとってみても、水の流れの状況については種々異なる。川幅・深さ・流れの早さにも関係するからである。そうして、地元において、この水の流れを日常見たり利用・使用したりしている者にとっては、なおさら、用語と実態との乖離が抜きさしならぬかたちでみられる。[1]

たとえば、明治一八（一八八五）年三月に千葉県武射郡戸田村の地主総代人が津辺村外一〇か村の戸長に出した「畦畔改正義ニ付御伺」中に、「当村用悪水路川縁ノ義ハ、弐尺或ハ四五尺位ノ分ハ、何川通堤塘ト称スル義ニ無之水路ニ付附添候田畑ノ部分ニ取調可然哉」とあり、「四五尺位」の水の流れについては「川」ということばを用いていないのがこの地方の慣例であることがわかる。河川ということばのなかに、すべての水流や水路を含めることはこの事例によっても誤りであることは明らかである。少なくとも、当時の状況を正しく伝えるものではない。

『地券』において表示された土地は地券名義人の所有であることはいうまでもない。すでに考察したように（三章）、民有地にたいする地券発行については、土地が川であっても、池であっても土地所有の対象となるのであるから、この点については議論の余地はない。つまり、川であり池であるということによって国有地と認定するという法令もなければ、そのような認定規準や作業もなかったからである。また、地券発行については、現況主義が基本原則であったことは、すでに考察したとおりである。したがって、徳川時代の諸帳簿のうち公簿上において、現況の土地「所有」の明確な記載がある場合においてはこれを採用するが、それは、あくまでも所有権についての確認のためであり、土地面積を確定するものではない。面積の確定には実測をともなったのである。(2)

明治初年の地券制度・地租改正において土地所有権を法律上において明確に示すのは『地券』以外にはない。だが『地券』には『地券大帳』というコピーが存在しているために、直接的な資料ではないが、この『地券大帳』も『地券』そのままを反映しており、かつ、国費において作製されるのであるから、所有権ならびに所有権の内容を知ることができる、という意味において公簿に準ずる価値を有する。ただし、『地券大帳』によって権利が確定されるものでもなければ、これによって権利証が発行されるものではない。

これまでに、しばしば指摘したように、土地所有権の確認という点においては、『地券』がもっとも直接的なものである。「地券」は所有権そのものを示すからである。しかし、この「地券」を欠く場合には『地券大帳』によって所有権の確認をしなければならない。『地券』は総じて民有地に発行されることが原則である。しかしながら、官有地に属する土地でも『地券』を発行するものがみられるが、これについては地券制度が適用され、そうでないものについては帳簿の作製が行なわれる。すなわち官簿である。「地所名称区別」(明治六年三月)においては、皇宮地・神地・官有地については『地券』を発行しないで坪数を「地方官ノ帳簿」に記載することを要件としている。官庁地・官用地については『地券』を発行するが、坪数を「本庁ノ帳簿ニ記載」することが義務づけられている。この、いわゆる官簿に登載された土地が原則として官有地(のちの国有地)にほかならない。法律上はきわめて簡単な事実なのであり、証拠なのである。官有・民有の区別が明らかでない土地ならびに官有地を払い下げる予定がある土地については公有地とし、公有地券を発行する。[3] よって、地券発行規則にしたがって『地券大帳』に記載される。この『地所名称区別』による名称の規定は、公有地の解体・再編を契機として官有地と民有地に大別され『地所名称区別』改定(明治七年一一月)として布告される。名称の変化であるが、内容には大きな変わりはない。ただ、官有地第三種についいては帳簿の記載について欠くが、これは、『地所名称区別』において『地券』を発行しない土地についてはは地方庁の帳簿に記載を義務づけた条項はそのまま適用されているほか、本庁への届出義務が課せられ、「地籍編纂」により官有地の書式も明確に規定されているので(明治七年一二月、内務省乙第八四号。同一六年四月、内務省乙第一六号)官有の土地財産については、これによってわかる。ちなみに、千葉県においては、明治一六年一〇月二四日に県甲第七九号布達において、「官有ノ畦畔及ヒ溝渠地沼沢湖河道路堤塘反別」の取調べが県令・船越衛によって出されており、この布達には「取調帳雛型」も添付されている。したがって、官有の水路敷については、これによって明らかとなり、それ以外の土地は当時の現況において民有地もしくは未定地ということになる。したがって、当時作成された官有地台帳をみれば土地の所有がきわめて簡単にわかるのであるかち、民有地を調査して、その結果から官有地を割り出し判断する必要はまったくない。この点についてはさて置くとして、いずれにしても、民有地所有権の確認は、『地券』が唯一絶対であるが、これを欠く場合においては『地券大帳』と村方の控(『野帳』等)とが拠りどころとなる。これにたいして官有地所有権の確認は、『地券』の発行が伴わない場合には府県の官簿において確認することができる。この官有地土地台帳に官有地として記載がない土地は原則として官有地として認定するだけの証拠がない土地であり、したがって多くの場合民有地である、ということができる。

つぎに、右の『地券大帳』ならびに「地方庁の帳簿」、国の帳簿である、いわゆる官簿に準ずる資料として『一筆限帳』があげられる。『一筆限帳』は『地引絵図』との照合によって、資料的にはかなり精度の高い価値を有するものとなる。これらはいずれも法令上において作製を指示された帳簿だからである。もとより、府県の検印を必要とする。これらによって、土地の区画ならびに状況は完全に把握することができる。土地面積についても不完全ながらわかる。

村内において、もっとも確実に所有者ならびに所有の範囲がわかるのは、田地・畑地および宅地である。これらは、すべて区画が視認でき、その範囲は長い年月にわたって固定されているからである。とくに、田地・畑地――このうち、田地については水を流入し排水しなければならない関係上、とくに区画は厳重である――については、区画が歴史的に固定化されており、長年月にわたって現実にこの区画内で農作業を行なっていたために、水路・畦を含めて、区画の範囲は絶えず視認することができた。したがって、他の区画とは一寸《いっすん》といえどもこれを侵すことができないが、この定まった区画がどのくらいの面積であるのか、正確にはわからない、というのが実情であった。

旧幕藩領主制下においては、収穫が貢租関係の重要な問題であったために、区画における面積表示はきわめて形式的であった。これにたいして、明治政府にとっては、旧幕藩制下の貢租内容はもはや問題ではなく、土地に課する租税が土地面積を基礎とするために、土地測量による新しい土地面積の算定が重要課題となる。だが、それにもかかわらず、土地面積の算出が、すべての土地にたいして一分一厘の誤りもなく行なわれたか、というと、必ずしもこれを肯定することはできない。田地については、いささかの誤りもなく土地測量が行なわれたところもあったことは確かであるが、いわゆる伝統的な村里においては、「縄延び」というものがあり、実測によって算出され地税改正関係帳簿、ひいては『地券』と、その後に土地台帳に登載された面積が現実の面積よりも少ないということがあって、今日にいたるまで地方においてはこの「縄延び」が問題となっている。とくに、山林原野において台帳面積と実測面積との差がいちじるしいところが多い。

この事実は、当時における測量技術の未発達によるものというよりも、測量そのものの方法によるものであったことに多くの原因がある。測量は行なったが、その際、現況と実測との間に余裕をもたせる——実測の範囲を若干狭くする——という方法をとったのである。これは、徳川時代の検地に際してもとられたことがあった。地方によっては、「のりしろ」という部分を測量のなかに加えないというような措置がとられた。このことによって、課税を少しでも免れることができるわけである。田畑の現況では区画が明確になっているので、その面積が現況と若干異なっていても売買等において問題は生じない。田畑のように、生産に直結しない山林原野では、精粗の差がはなはだしいし、かつ、地価というかたちで租税を算定することができないから、きわめて大雑把な地価の算定となる。したがって、地元村々では概測で貢租面積を少なく見積り、これを府県では了承していたのである。山梨県のように、官有地に編入して入会権を認め、地租をまぬがれるという方法をとったところもあった。

しかし、いずれにしても一筆の土地の区画ないしは他人の土地との境界は現況のみならず、公簿上においても手控帳においても明確にされる。土地（とくに田畑）の権利ないしは売買については地租改正において決定をみた面積によるが、これは、あくまでも権利の形式上の表示であって、現況との確認のうえにおいて行なわれるのを通例とし、このことはまた慣習であった。公簿上において表示された土地面積のみが実測されて売買の対象となるのではない。むしろ、『地券』表示上の土地面積で区画された土地の現況が売買の対象となった、ということである。そうして、この区画の背景には、旧幕藩制下の村において明確になった土地の現況があり、さらに、地券制度・地租改正によって、実測をともなったかたちで現況の区画が作期されたということもあって、区画については確定的となった。その意味において、売買・譲渡についての誤りはなくなる。

千葉県における地租改正は、地券制度・地租改正の諸法令ならびにこれにもとづく指令に拘束され、一般的規定のもとに作業が行なわれる。明治六年一〇月四日『租税寮改正局日報』第四四号の『千葉県伺大意』に『地租改正ニ付人民心得書』（以下、『人民心得書』と略称）によって、その基本方針が公表された(4)。この『人民心得書』が『租税寮改正局日報』に全文掲載されたことは、他の府県にたいしてこれを規準とするように、という意味が含まれている。したがって、その内容において、地租改正の諸法令に反するものではないことは明らかである。その『人民心得書』第一四条に、水利関係地に適用される条項がある。

第十四條

一　番號之儀ハ從來の本田畑宅地尻付新田を始社寺の上知反高大縄場等ハ勿論試作地或ハ社寺境内地墓所地堤外不定地其他池沼持山秣場野地海岸空地諸物干場官林等の類に至迄一郍進退の地ハ悉く地所の順序を以持主に拘らす一筆限更ニ新規押番を付可申事

右の条文は、一筆限の土地については、官林等にいたるまですべて番号を付せ、というのである。つまり、「官林等の類に至迄」という例示によって明らかなように官有地であっても例外ではない。ただし、第一六条によって、「秣場野地域ハ池沼等の数村入会候公有地」については第一四条が適用されない、という例外規定がある。公有地には、村方の所有地・入会地であっても地価の決定をみない土地と、官有地のうち払下げを予定している土地を含むのであるから、一時的な存在であるということからであろう。しかしながら、さきに指摘したように、官有地については地番が付される。面積については記載されるものと、記載されないものがある。「人民心得書」には、「地価取調帳」

の詳細な雛型が添付されているほか、「字一筆限地図帳」が掲載されている。このうち、「地価取調帳」の公有地についての記載例のあとで、かっこ付で、「村内の地と雖とも官林又は利潤もなき池沼の類荒蕪之原野海岸空地等無税にして且郁方公有せさる地は官有地と唱へ候地所に付此廉へハ不顕合計之外書へ而已大凡之反別を可書出譯に付公有官有之区別混同」しないように、という指示がつけ加えられている。これによって明らかなことは、千葉県においては、「一筆限絵図」はもとより、「地価取調帳」においても官有地が登載されなければならないことになる。(5) また、「除税地」も登載しなければならない。

『人民心得書』は、千葉県の地租改正についての基本的指導書であり、県下の地租改正の実情は、これに拘束される。かつ、租税寮によってこれを認められたほか『日報』に掲載されて府県が参考すべきものとなった点において法令に準ずる重要な位置を占める。したがって、明治八年一〇月に出された『地租改正ニ付実地調査心得書』も『人民心得書』に拘束されていることは、その内容をみても明らかである。

ところで、千葉県では、地租改正の調査方法のうち、さきに「人民心得書」に添付した「字一筆限地図帳」の記載内容を変更するために「地引帳」を作成することを上申して認められている。『地租改正事務局別報』第六号の九月二七日の伺がこれである。(6)

地租改正ニ付地圖雛型兼テ租税寮エ相伺候上管下エ致布達既ニ房州之儀者右雛形ヲ以調査相濟居候得共現地一筆之廣狭ニヨリ地圖上區域モ又廣狭有之其狭少之區内エ番號并ニ縦横間敷反畝歩ヲ記載候儀者容易之事ニ無之處實地検査之際纔ニ繩之紳縮有之時者調直シ申付其都度々地圖製シ替甚タ手數相掛加之計算上不便之儀モ有之候ニ付一層簡便ヲ要シ圖面上ヘハ其地之番號而已ヲ記載シ別ニ地引帳ト唱ヒ縦横間敷反畝歩等爲書出候積リ別紙之通

雛形相添へ管下之内安房國并ニ下總國之内元新治縣ヨリ請取候郡村ヲ除キ其他一般へ致布達候間此段上申候旨別紙略之

【右指令】

上申之趣聞置候事

この伺は、「字一筆限地図帳」そのものを否定するものではない。「字一筆限地図帳」に番号と「縦横間数反畝歩ヲ記載」することは、実地検査にあたって「細之紳縮有之時」に再調査して訂正するなどが重なることがあれば、空間の少ないなかへ書き込むことは容易なことではないし、絵図そのものを新しく作り直すということになれば費用と時間がかかり、これもまた大変なことなので、絵図には地番を記し、「別ニ地引帳」というものを作ってこれに「縦横間数反畝歩等」を記載するようにする、というのである。したがって、『字一筆限地図帳』には地番のみが付され、ここに記載されるべき「縦横間数反畝歩等」は『地引帳』に記載されることになる。この千葉県案が、どの府県において採用されたのか明らかではない。千葉県下でも、一部地域においては実施をみていない。いずれにしても、『地引帳』は「字一筆限帳」を補充するものとして地租改正事務局によってその存在を認められたのである。ただし、この『地引帳』は、独立したかたちで法的効力を与えられたものではない。地租改正事務局によって、千葉県下の地租改正の準備（調査）段階を容易に促進するために『地引帳』が採用されたが、一〇月に「地租改正ニ付実地調査心得書」（以下、「調査心得書」と略称）がだされた。ただし、この「調査心得書」が地租改正事務局の認可をうけたかどうかは明らかではないが、調査の方法として表題のとおり、地租改正の作業にあたる者にたいする調査方法の指針である。これによると、『地引帳』の下帳として『地引野帳』というものがあり、実際に測量したものを「地引野帳」

に書き込み、これにもとづいて『地引帳』を作成することが指示されている。『地引帳』には、「縦横間数及字番号持主名前等」が記され「検査」をうけたのち反別が記入される（第一二条）。

「調査心得書」において、水利関係地に直接かかわりをもつのは、つぎの第一五条と第一八条である。

第十五條

道路河川堤塘等ハ実測スルニ不及ト雖トモ耕宅地其外接続スル地所トノ経界ヲ判然調査シ従前道敷堤敷溝幅等ノ定リアル分ハ其幅員ヲ地図へ記スヘシ

但民有ノ用悪水路堤敷及井溝敷地等ハ本條ノ例ニアラス

第十八條

一耕地ノ内へ井戸ヲ掘リ或ハ水路ヲ設クルモノハ一筆ニ調込腹書ニ其歩数ト名称ヲ記注スヘシ

右のうち、第一五条は「地図」に記載する例示である。ただし、民有の「用悪水路堤敷及井溝敷地等」については第一五条を適用しない、とあるので、「幅員」を地図上に記入する必要はない。この民有地にたいしては、明治九年一月一四日の改正（県達丙第一八号）においても変わりはない。第一八条は、「耕地」のうちに「井戸ヲ掘リ或ハ水路ヲ設クル」場合についてである。この例では、「一筆ニ調込腹書ニ其ノ歩数ト名称ヲ記注スヘシ」とある。なにを「記注」すべきなのかについての指示がないが、おそらく『地引帳』であろう。第一五条との関連において、この第一八条にいう「水路」は、第一五条にいう「民有ノ用悪水路堤敷及井溝敷地等」と、どう異なるのか、あるいは同じなのかは明らかにすることはできない。しかし、「井戸」にせよ「水路」にせよ、この部分については一筆の耕地から除外されるわけであるから、地租の対象地とならないことは明らかである。これらを一筆内に入れる場合については、当然のことながら地租の対象となる。第一八条についての伺と指令がないので具体的に判断することはできないが、あるいは、この水路というのは「井戸」に接続するものともみられる。そうでないと、第一五条の「民有ノ用悪水路堤敷及井溝敷地等」との関連がつかなくなるからである。

つぎに、畑地と水路とのかかわりあいを、水田を若干つくる場合についての調査の方法と帳簿の記載例とが第二〇条にみられる。

第二十條
畑地等ニテ水抜等ノ爲メニ方或ハ三方ヲ掘上ケ僅ニ田畑ヲ仕付ル分ハ二筆ニ分割スルニ不及内何程ハ田作仕付ト明記スヘシ

右の例では、畑地における「水抜」という水路を水稲作に利用することについて、これを二筆に分離しないで、一筆の耕地のなかに「田作仕付」がどのくらいあるというかたちの書き方をするというのである。すなわち、水抜水路の部分を水稲作地として利用する場合には、これを水路として独立させずに水田のなかにくみ込むというのである。

千葉県菱田村では、明治九年一〇月九日に『地引帳』が作成された記録をみる。『地引帳』だけでは地租改正の要件を満たすことにはならないが、八年一〇月の『地引帳』に関する調査方法が指示されてから一年間において『地引帳』の作成が終わっている。千葉県における耕地・宅地の地租改正の終了については、明治一一年九月一二日に千葉県の上申書ならびに地租改正事務局の出張官員の復命書が出されている。これによると、地租改正事業は二、四九五か村のうち、二、四八四か村の調査が完成をみたとある。なお、「山林原野塩田」の地租改正についてはひき続き行なうことが記されている。

第二節　水利権について

つぎに、農業水利権についてである。水利権が問題となるのは、(イ) 水の使用量の配分についてと、(ロ) 土地所有権の水の所有権ないしは利用権についてである。このうち、水の量が豊富であったところにおいては紛争が生じていないために、水量についてのとりきめやこれについての明文化された慣習や慣習の記録などは多くの場合存在しないのである。後者についても水利関係地が民有地であり、土地の所有が水利についてなんらの制約的条件下にある場合にも同じことが指摘できる。もっとも、前者の規定をうけるが、紛争がないために水利権は定着している。

水利関係地(川・小川・用水路等)が官簿に記載されている場合は官有河川である、ということであったならば、すべての官用水利関係地は官簿に記載されているはずであるから、官簿に記載されていない川については――とくに小川――、その多くが民有ということになる。もっとも、官有・民有が未定であるということがあるが、この場合は官簿に記載されないであろう。官簿に記載のない川については、民有であるか、もしくは、きわめて強固な水の支配ないしは水路の支配が存在しているためである。とくに、小川については官有地であるということを立証するような地租改正当時の記録をみてもないし、さらに、地租改正以降において国や県の支配や行政措置がなく、現況についても国有としての実態――管理・支配――もないのであるから国有を前提として論ずる余地はないが、官有河川と水利権との関係について法律上どのように規定されるか、ということについて千葉県の例で明らかにする。

菱田地区を流れる小川は、徳川時代より戦後の今日にいたるまで——水路敷の所有をめぐり国と地元の間で紛争が発生するまで——きわめて長い年月にわたり主として農業用水ならびに排水路、そうして肥料用の採藻その他として使用されてきた。これまで旧幕期の領主ならびに、明治以降の政府・県は、この水使用について、なんらの規則を行なったことも介入したことも、調査をしたこともないし、また、水使用についての許可も一切あたえていない。つまり、外見上においては長い間にわたり放任しているのである。このことは、水路が水田であり民有であり、かつ、水路が増水して近隣に被害を与えるたということがないからである。水ならびに水路についての料金の徴収も行なっていない（もっとも、形式的な許可については法律上関係はない）。まったく自由に水使用を行なっていたのであるから、なによりも慣行水利権が存在することは疑う余地はない。まして、民有地に水の存在をみるのであるから、民有地については新しい問題が生じないかぎり、法律上において慣行水利権を立証する必要はないであろう。

ところで、水路敷地の所有の帰属についてであるが、まず第一に指摘しなければならないことは、すでに考察したように、官有地については——のちに国有地と称される土地——その帳簿が県もしくは国に存在しているということである。したがって、県帳簿ならびに国帳簿に掲載されていない土地については、民有地か、もしくは、官有地と民有地の判定ができない土地である。この判定ができない土地については（きわめて小面積であろう）、その「原由」が記載されているはずである。明治初年の官林・官有地編入と地租改正において、官有地は決定されており、その後において官有地（国有地）として認定もしくは編入すべき土地であるのならば、その理由を公開して関係者に同意を求めるか、もしくは法律によって正式に編入しているはずであるので、水利権者を含む利害関係人がまったく官有地編入を知らない状態で土地所有権が消滅するはずはない。

第二に、これらの水利関係地は、少なくとも徳川時代以来、地元民が利用してきており、領主ならびに明治以来政府によって領主所有地・国有地であるという指摘をうけたこともないし、土地や水の使用料も徴収されていない。また、地租改正において、そのような法律的処理が行なわれたということもみない、という事実を指摘できる。村方に残されている絵図や地図上において、川が記されていたり、いなかったりしたということが水利地の所有の判定にとって重要なきめ手となることは地租改正ではありえない。川が水色で記されているのは、それが川であるという現況を示したにすぎないのであって、所有を明確にしたためではない。

水利関係地が官有地であるということを「官簿」上において明確に示されない以上は、国ならびに府県は国有（官有）地であることを積極的に主張することはできない。その土地が民有地としての証拠もなく、また、何人も所有を主張したり、もしくは利用もしていないのであるならば、国は所定の手続を経て、国有地とすることは可能である。そして、国有地であることが、いわゆる「官簿」に登載され、その所有が明確となる。

水利関係地が国有地であるのにもかかわらず、民有地として主張しているのであるのならばともかく、そうでない場合には民有地であるということを積極的に立証する必要はないであろう。しかし、国が国有か民有か判然としないので、国有地であることを主張するための根拠として推論を適用するという、きわめて特徴のある方法がとられているので、この点に触れて民有地であることを明らかにする。

まず、地租改正において、水利関係地が除税地としての「河川」であれば、当然のことながらこれを明確に示す公簿の存在がなければならない。また、官有地（国有地）であれば官簿にその旨の記載があるはずである。右両様の公簿・官簿の記載の事実がないものとすれば、除税地ではない「河川」としての無税の民有地か、それ以外の民有地か、ということになる。千葉県菱田地区のような水利関係地は、「河川」ということばのなかで強いて表現すれば小川である。地租改正の諸法令に照らしてみるならば、「用悪水路溜池敷堤及井溝敷地」のなかに入るのであろう。右に該当しないようなささやかな水の流れについては問題とされず、人民の自由となる。こうした小川は、人民が地租を免れるために官有として申請したのならばともかく、治山治水上においても、また、国益上もしくは利益上においてもなんら価値がない、地租も賦課されない小川にたいして政府が積極的に官有とする意義はまったくない。しかし、きわめて積極的な意味において官有地として編入することはある。すなわち、この土地にたいして人民が土地所有を主張せず、その支配や利用についても、その事実がみられない場合がある。ただし、この場合においても国に編入する手続きがあり公示は行なわれる。

千葉県における地租改正は、すでに考察したように、明治一一（一八七八）年に有租地である田地・畑地・宅地についてその大部分を終了し、これに付属する土地についてもかなり終了した。ひきつづき山林原野について調査が行なわれた。畦畔については明治一六年に再調査が行なわれている。菱田地区では明治一八年である。

菱田地区も含む付近の土地が、水田として存在するのはいつ頃からかはこれを明確に指摘することはできないが、この地方においては、すでに寛文期には水田であることが『検地帳』に登載されており、菱田地区の土地は地租改正期においては水田であることが確認されている。したがって、少なくとも幕末期には田地であったことは明らかであり、これを疑う余地はまったくない。とすると、稲作にとって絶対不可欠な水をどのようにして田地に供給するか、ということが問題となる。伝統的な水利用の方法に従えば、一般的には上流に位置する（高い場所にある）田地から漸次下の田地へと水を流す方法か、ないしは、一枚の田に直接水を流す方法がある。水路から田地というかたちでなく、田地から田地へと水を流す方法では水路は田地ということになると、別に水路を必要としない。畦畔に水を切落すところがあればよい。あとは最末端において水抜きの流路を必要とするだけである。もっとも、田地にたいして一定量の水を供給したあとの水は、必要な時以外には他へ流すために、これの流路を必要とする。そのためには、田地の周囲のどこかに、この放水流路がなければならないことになる。

菱田地区の場合では、つぎのような事実が確認される。

すなわち、第一に、水路地（小川）付近の土地は「深んぼ」・「ふかんぼう」と伝統的なことばによってよばれており、さらに、「かま」とよばれる特殊な場所の存在をみる。湿田というかたちをとる水稲作に特徴的なことばである。ここでは、水流からみれば最末端の田もしくは湿地そのものが田地となり、ここで水稲に必要な水が十分に使用されたあとは、水抜きが行なわれ、水稲作は完成する。完成された特定の灌漑用水路水系をもたない水稲作の典型である。これに接続している場所の上部に位置する、あるいは隣接する水田においては、通常の方法による水利用がみられる。

菱田地区の土地が、かつて湿地帯であり、現在みられるような水路敷が存在しなかったことは、私がこれまで行なった調査（ヒヤリング）によっても明らかであるが、このことは訴訟記録上においてもみられる。たとえば、一九九一年二月二五日（第三回）に証人・鈴木幸司氏は、同氏の記憶上において古い時代の稲作についてつぎのように述べている[7]。


「二〇年代前後は、水田というのはだれが見ても水があって水田だという観点から、冬でも、あるいは収穫したあとでも、田圃はほとんどの田圃が、全部といっていいくらいですが、それぞれ水が一〇センチや二〇センチたまっている田圃が非常に多かったです。（中略）昔の稲の作り方は一年中水田には水がなければ水稲はとれないのだという感覚から、（以下、略）」（一九九一年二月一五日鈴木幸司原告本人調書五丁裏）

「先程から堰の状況とかも含めて、非常にこの間は水が豊富であったということから、現在の水路地帯が非常に

湿地帯であったということは、親父からも聞いているし、（以下、略）」（同一二丁裏）

まず、指摘しなければならない重要な点は、この地域においては、少なくとも、昭和三〇（一九五五）年以前における稲作は、水稲作とよばれているように、長期間にわたって水を必要としていたということである。したがって、菱田地区の土地が湿地帯であったということ、しかも、若干の流れがあることになれば（小川のようにではなく、もっと緩い）古いかたちの稲作にとっては、大規模な水路敷をつくり、これを維持・管理するための、いわゆる灌漑工事のための資金も労働もいらない、きわめて効果的な稲作の水利状態ということになる。水路と田地とを区別するのは堰の造成だけでよいということになる。こうした天然自然の現象に依存していたのが、徳川時代から昭和戦前期（戦後の若干期までも含めて）の稲作農業であり、これに依存していたことを示すものである。

この、地域付近が湿地帯であることについては、小川洋氏が一九八六年一〇月六日の法廷での証言において、「ですから、こういうものがないと水田にできないですよね」といっている。[8] また、一九八九年二月一三日の小川総一郎氏も、宇西之内の用水路（公図記載の青道）部分について稲を植えていたことを「ほとんどの部分に植えてあったというふうに記憶しております」とあり、この土地一帯が、かつて、湿地帯であり、かつ稲作地帯であったことを裏付けるものである。

こうしたことからみて明らかなように、菱田地区の土地は地租改正当時において湿地帯を形成しているために、その地帯が水田であるのか、水路であるのか、また湿地帯＝沼であるのかの判定があいまいになったのであるが、実際的には稲作を行なっているところから、耕地としてくみ込まれ、耕地としての地券状が発行されたことになる。ところが、水稲作のすべてが終了し、稲の存在をみない時期になると、この湿地帯は、流路のような様相をみる。こうしたことから、この時期においては、地図上において、この流路を示してもおかしくはない。ただし、この流路が地図上（あるいは絵図）において画かれたからといって、このことが地租改正における土地所有を示すものでないことはいうまでもない。まして国有であることを示すものではない。つまり、この絵図上の表示は土地所有権の帰属（確認）に関する法律上の手続きとは異なるからである。

ところで、湿地の田は、ときによっては水旱に見まわれるが、菱田地区の地域においては水旱はあまりない。水抜路は自然な場合が多いため、固定され特定した流路をもたないこともある。また、流路をもったにしても、それは水稲作において水の必要がなくなったときであるために、通常の川の流れのような現象をとらない。このような田地では、地租改正においてはたんに田地というかたちでのみ記される。川ないしは用水路から、一筆の、あるいは一枚の田地と田地の間に水路が設けられ、ここからそれぞれの田に直接に水を引くというかたちをとる場合には、水路は畦・堤（その名称はさまざまである）によって明確に田地とわけられて存在し、この水路は固定的に存在するであろう。この地域のふかんぼうのような湿田形式をとる水稲作の場合、こうした特定の水路をもたない。時には、田が乾く場合には、湿田の最末端にある水たまりの水を汲み出して使用すること（水をかける）もあったといわれている。

この地域の特定された耕作地にたいして、「深んぼ」・「ふかんぼう」という特別な名称が今日まで持続されてきていることは、田の実態を具体的に示すものであり、地租改正上においてはこのような田地での水抜けについては田地のなかで解消されても問題はなかったのである。このことが、民有地上において水路敷があらわれてこない重要な原因である。水路敷が地租改正上の諸帳簿にあらわれてこないことを資料や実地調査によらないで、そうして、現在、かなり川そのものが手をつけられ変化している現況によってのみ判断するならば、『地引帳』に記載されている土地には、当然のことながら右の湿田が含まれると解釈される。もし仮に、湿田最末端において水路をみるならば、それは、水抜けのための排水路とみるべきであり、通常の水路ではない。このように田地に接続し、用水路と排水路の両様の役割をはたしているささやかな水の流れにたいして、地租改正においては、明治政府が積極的に官有地として編入するという例をみない。一定の川幅をもつところならばともかく、田地の役割りを現実にみるところであるから、官有地としなかったのは当然であり、村方においても官有地としては書上げなかったのである。

しかし、いずれにしても資料上においても、伝承上ならびに経験上においても水路をみないのであるから——とくに官簿上において水路の存在をみない——、これらに水路があったにしても、国はもとより、利害関係のない他の人々にとってもとるに足らりない存在であったといえる。つまり、田養水とした流末にある最末端のごく僅かな湿田は、本田とは異なり、稲作経営としてはつねに不安定な場所である。以来、一世紀にわたって——稲作の歴史が始まってからそれ以上の年月が——、国・県はこの水路についてなんらの干渉もせず、国有地台帳にも登載しないで平穏かつ無事に伝統的な稲作慣行を持続してきていて、租税も支払ってきていたのである。

第二に、現況が小川となっている場所が、地租改正当時とまったく同じであったとすれば、この「小川」は、田養水ならびに排水路としての機能をもつ水田耕作農民にとって密接な関係をもつ。したがって、これを地租改正諸法令により除税地とすることは当然であり、「民有の用悪水路溜池敷堤及井溝敷地」に該当する。地租改正は、基本的には収益のある土地そのものを課税の対象とするのであるから、免税地が多くなればそれだけ課税が少なくなる。縄延びも一つの方法であるが、慣習の域をこえるときには隠田となり法に触れる。現況が法令で認められる除税地に該当するのであるならば、その手続きをとることが当然である。にもかかわらず、地租改正関係の下調帳にはその記載がみられない。その理由は、湿田であったがために民有地としたからなのである。ここには、「小川」を誤って脱落したという「推論」の成り立つ余地はまったくない。

第三に、菱田地区の稲作地が官有地としての河川であるならば、地租改正時において作成された県・国の官簿に登載されているはずであり、それの反映である地相改正関係の下調帳にもなんらかのかたちで官有であることが記載されているはずである。水が流れている、小川であるということだけによって官有地であるというように認定するような曖昧な所有権の確定は、地租改正においては行なっていない。これは、すでにみたように、地租改正における所有についての伺・指令についてみるとおりである。しかも、明治一六（一八八三）年において実施をみる「畦畔反別調査」（県達甲第五七号）において官有河川の存在が公式的に確認され、これが帳簿上において再確認されるか、もしくは新しく作成ないしは記録にあらわれてこなければならない。

以上のように、菱田地区の「ふかんぼう」は民有地であることは明らかである。したがって、この水路敷の所有権は、これに接続する各水田所有者に帰属することは当然のことなのである。これを国が一方的に国有であることを主張して私的権利——土地所有権もしくは水利権——を否定するがごときは、明治絶対主義国家体制の官僚的国家権力行使の強権による私権の剥奪にほかならないし、これに従った裁判官は、民主主義体制下における裁判官としての資質を完全に失っている。あるいは、法律学の基礎的知識、もしくは判断力に乏しいのであろうか。

ちなみに、右の用水路を国有地として主張するのは、成田空港の排水路として利用するためであり、ここに私権が存在するのでは補償料等の問題も含めて、国はいくつかのハードルをこえなければならないからである。身勝手にほかならない。これらの事実と権利関係を無視して判決上において国の主張を許容した裁判官（裁判長裁判官・岩井俊、裁判官・浜本文夫、裁判官・大西達夫）は、もともと水利地の所有権や水利権を判断してこれを裁定する意志がなく、裁判官僚として国の政策に忠実であったとしか言いようがない。また、事実そのとおりであったのであろう。

（1）水の利用と使用とを区別したのはつぎの理由からである。すなわち、水車・舟航のように、水を消費しない場合については利用という用語を使い、山・畑のように水を消費することによって作物が成長したり、地中に水が浸透したりする場合、もしくは、水を煮物等に使う場合には、使用という用語を使ったのである。
（2）地租改正資料刊行会『明治初年地租改正基礎資料』一九二一〜三〇三頁、地図共、昭和四六年、有斐閣。
（3）公有地については、中田薫「公有地の沿革」（『村及び入会の研究』昭和二四年、岩波書店）のほか、福島正夫『地租改正の研究』六〇〇頁以下、昭和四五年、有斐閣。北條浩『明治初年地租改正の研究』一九九二年、お茶の水書房、等参照。
（4）『基礎資料』五四六〜五四七頁。
（5）千葉県史編纂委員会『千葉県議会史』第一巻、二四九頁（昭和四〇年一〇月、千葉県議会）において、この伺が、あたかも「字一筆限地図帳」の作成が中止され、『地引帳』がこれに代ったかのような記述をしているが、そうだとすると誤りであることを指摘しておく。
（6）『基礎資料』一一九九〜一二〇六頁。
（7）一九九一年二月二五日、千葉地方裁判所における鈴木幸司氏の証言。「証人調書」一〇丁裏。
（8）一九八六年一〇月六日、千葉地方裁判所における小川洋氏の証言。「証人調書」一九丁裏。

第六章　慣習法上の権利と所有
――水利関係地の所有権――

はじめに

農業における田養水は、目的とする田地への水の引用について、必ず一定の流路をともなうものである。それには、田地に接続して地下水の汲み上げによる灌漑用水の利用をみるが、ここでも、隣接する田地への用水の流入と排水とをともなう。田養水の流入は、河川からのものであると、沼地（湖沼など）からの流入であるとにかかわらず、水系（流路）によって養水が田地へと導入される。

この水路敷地の土地所有については、田地所有者も田養水使用者も、そのことについてはほとんど感心をもっていないのが実情である。流路はきまっていて、水が田地に流入することは慣習的に定まっていたからである。

この田養水を引く権利（水利権）が、土地の所有とは別個の独立の権利として存在していることは、事実上においてはもとより、大審院の創設以来、これまでの判決上において適確に認められているとおりである。しかし、水利権は、一般的に灌漑水利にたいする慣習法上の権利として捉えられており、それは、およそ具体的には田地にたいする養水が主である。しかし、水利権の内容は、それにつきるものではない。たとえば、飲料水としての水の利用もあるし、これには、当然のことながら慣習上の権利や、ときには、村々間・部落間のとりきめ——契約による権利の設定——もみられる。また、排水というかたちでの同じような権利もみられる。稲作にとっては、水が存在することは絶対不可欠の条件であるが、田地に流入する水のすべてが、当該の田地において消費されるものではない。田地には流路が存在し、不必要となった余水は、流路によって田地以外の場所に流される。この流路がなければ、田地はつねに湿地帯であり、稲作の生育は不可能となる。稲の生育期に、田地に水を湛えていても、この時期ですら流路は存在するのである。そうして、稲の生育に必要とする水の補給が終わったときには、もはや田地には水の流入は絶たれる。だが、ときには台風などの被害から稲を守るために、稲の倒れるのを防ぐために田地に水を湛えることもある。いずれにしても、稲の収穫が終った時には、もはや田地には水の存在をみない。排水流路が存在するからである。

ほとんどの例では、水利については水が滞留する場所（湖・沼・池・溝等）や流路をともなう。稲作の場合、流路は、水を必要とする目的の田地にいたるまでは、流路や水にいささかの変更も生じてはならないのである。流入を終わった流路についても変更を生じてはならない。田養水が田地を離れて、もはや田地とかかわりがなくなったところから下流については、水は田地との直接のかかわりあいや権利関係は消滅するが、流路については、通常の状態において慣習的に流れていく水の量をうけ入れて、これを流末に送らなければならない義務がある。したがって、いかなるかたちでも流水を妨害することはできない。この流路については、流水を放水する権利が慣習的に確立されているからにほかならない。こうして、流路は、上流においては、慣習的にきめられた水を下流の田地に流すためのものであり、下流においては、余水を排水するためのものとして存在する。上流における流路の工事等によって、流路ならびに流水に変化——水量・水質・温度・速度——などを生ずることになれば、実際上においても、また、慣習上の権利にたいする損害をあたえことになるし、慣習上の権利を否定することにもつながる。下流においては、流水が支障なく流れることを妨害することはできない。水の飲用水利用についても同じことである。

ところで、水利権については、明治期以来、行政庁によって半ば公然と、あるいは隠然と、その権利が侵されてきた。水は公水である、というのが行政庁の解釈――というよりも主張――であるが、このような水について公水（国有、ないしはお上《かみ》の水）という法律上の規定はない。行政庁によって水の支配が行なわれるようになったのは、経済の発展にともなって、水の利用が、農業用ばかりでなく、発電や工業用水をはじめ各種の面において利用されるようになったからである。こうしたことから、行政庁は水の私的権利を制限して、水を行政庁が自由にすることを意図して、いろいろな手段で長い間にわたり、法律によらない行政という力によって、あたかもその行政が法律によるものであるかのように主張して私権を侵害してきたのである。近年、その傾向はいちじるしくなった。その一つに、河川の等級化と河川敷の国有地化があげられる。ここでは、国は、河川敷等の敷地に等級をつけて、河川敷の国有を主張して、所有権の反射的効力として水の所有を主張する。もともと、水路敷の多くは、国有地ではない。とくに、流路については国有ではないのである。にもかかわらず、行政庁は登記簿上において水路敷の未登記という事実を利用して、道・府・県等の国有地台帳なるものを作成して、これに河川敷地等を記載し、これをもって国有地であることを主張する。このときに、道・府・県の担当者を納得させるのに、「青道」ということばを使用する。青道とは、明治初期に、水路を青色にして他の道路と区別したのであるが、当該官庁は、初めはこの青道を消極的に国有の証拠と主張していたが、現在では、成田裁判水利関係にみられるように、かなり積極的に国有であることの証拠として主張するようになった。青道が国有であることを示す法的根拠はない。もし、仮に、水路敷が国有地であるにしても、慣習上の権利である水利権は物権なのであるから、それだけの事実をもって土地所有権に対抗することができる。また、国との間において水利用の契約があったにしても、国有地というだけの理由で、この利用関係を変更できるものではない。とくに、国有地である場合には、こうした事実関係が存住する場合には、一方的に変更はできないはずである。行政庁には、明治以来、国有地というものにたいするイデオロギーがあって、それは、歴史的・伝統的に権力的な至上命令をともなうものであった。「お上《かみ》の発想」は、官僚政府を中核にかたちづくられた明治国家の成立以来、形式的にも実質的にも存在していたが、敗戦後の諸改革にもかかわらず、これに関して依然として今日にいたるまでいささかの再検討が加えられていないし、さらに、強化されている、ということにもとづく。

このようにして、残念なことに、次第に私的権利としての水利権は、行政権力という法によらない圧力の前に、次第にその権利としての性質がゆがめられてきている。私権を解消するのには、それなりの合意や対価を必要としなければならないにもかかわらず、つねに一方的に剥奪がまかり通っているのである。それは、一つには権利者の意識や対応にも問題がある。

農業集落として定住し、農業を中心として発展し、いまなおその形態を保ってきている「村里」においては、水の問題は農業と生活との両様においてかかわりをもつ。つまり、水と人とのかかわりあいは集落の形成とともに古いのであるから、当然のことながら、水の権利関係についても集落とともに古い、といわなければならない。したがって、水利関係の権利内容については、この歴史という時間の流れのなかにおいて、行政を行なう公的機関が、それぞれの法律的根拠にもとづいて法律関係を明確にしていなければならない。中世以来の歴史上において、この時期における問題は三つあった。その一つは、旧幕藩時代において幕府＝領主によって水利関係地ならびに水が領主のものと法律上において規定されていたか、どうか。その二つは、明治維新という幕府＝領主制の解体という政治的ならびに法体系の根本的変革に際して、これにとって代わった明治政府による新らしい法体系において、水利関係地ならびに水がいかなる法律によって国家的所有を位置づけられたか、どうか。その三つは、日本の敗戦による政治体制ならびにその法体系の解体から、新しい民主的な政治体制とそのもとにおける法体系の確立期において、水利関係地ならびに水が国家的所有として法律上において規定されたのか、どうか、である。

右のうち、第二・第三、については、成田空港関係の訴訟記録によっても明らかなように、この地域を対象として空港が建設される以前までは、この地域一帯の「水路」による水の利用について、明治維新以来、国・県のなんらの管理統制も行なわれてなかったし、その所有についてもまた明治維新以来、国・県から主張もまったくなされていなかったことは明らかである。さらに重要なことは、国・県において、その所有を確認することができる公簿としての帳簿も存在せず、これを公示する等の手続きもなされていなかった。したがって、この事実だけをもってしても、国・県は水路における法律上の所有を主張することはできないはずである。つまり、国有ではないからである。

にもかかわらず、国・県が水路敷ならびに水の所有を国有として主張するようになったのは、成田空港の拡張工事によって、排水路の確保が必要となったからである。そのためには、徳川時代以来の水利・水路敷の私的（部落的）権利を否定することが、この工事を簡単かつ安く行なうためにはもっとも簡単な方法と思われたからにほかならない。官僚的発想の方法である。

水路敷地の所有関係、そうして水の権利関係について明らかにすることができるのは、まず、明治政府による所有権制度確立の第一段階である地券制度・地租改正による所有権の確認である。現在、法務省所管となっている土地登記簿台帳や市・町・村の土地台帳でさえ、この地租改正の延長上に位置づけられ、今日にいたったものである。したがって、現実に水路敷の所有権確認の確証がないといわれている水利関係地のようなところでの所有をめぐる紛争については、地券制度・地租改正によって所有を判断するしか方法がない場合が多いのであり、これまで、こうした類似の事件については、つねに地券制度・地租改正において所有がどう判断されたかが問題を解明することにつながることになるものとして、学説上はもとより裁判所も判断していた。地租改正にかかわる判決がきわめて多数にのぼるのもそのためである。

地租改正以後において、水路敷に利害（権利）関係をもつ者の同意と立合いなくして水路敷が国有となるようなことがあれば違法行為にほかならない。

いうまでもなく、農業においては水が必要であるが、とくに水田耕作では一定期間にわたり恒常的に多くの水の存在を前提とする。この水は多くの場合、私的権利（所有）なのであるから無料であることはいうまでもないが、このことは、米穀の生産コストを低くおさえることを意味する。水は、稲作の成立より部落・水利集団を前提とした私的権利として伝統に確立され今日までいたったという歴史性によるものとして理解した方が、より適確であろう。水源は、井戸・湧出・流水・溜水などいろいろなかたちで存在し、水の利用方法（引水）もさまざまな名称によってよばれている。水そのものの利用者も個人が単独で利用する場合もあるし、複数の者が利用する場合、部落（旧村）あるいは複数者が水利団体として利用主体となる場合もある。水が水田に利用されるといっても、それは、水田のみについてみた場合であって、同一の水が飲料水などの家庭用水や、古くは水車などの工業的用水、防火用水、漁業、ならびに舟航にも利用されることがある。このように水の利用は、ときには多目的であることが多い。

ところで、水はその自然的状態からみると当然のことながら土地と合体している場合が多い。水田に水を利用する場合も土地となんらかのかたちでかかわりがある。つまり、土地上あるいは土地下を特定の流路としているからである。とはいっても、土地にたいする支配ないしは「所有」と、水にたいする支配ないしは「所有」とは、つねに同一のものであるとは限らない。旧幕時代で大きな河川や湖を管理していた領主が、そこに存在する水の所有者であるとはかぎらないし、また、それらの河川や湖について領主が管理権や支配権を行使していないところもあり、強大な領主権力をもって農業用水等の水の私的利用＝私的権利を中断させ、自己の所有として勝手に使用することもなかった。同時に、水を利用ないし「所有」、さらには支配しているものであっても、水が存在する土地そのものを「所有」していたり支配していたとも限らない。流路についても書証上においてその所有が明確でない場合もみられる。だからといって、この流路を無主物とみることはできない。いずれにしても、水と土地との関係については全国的に同一のかたちをとっていたのではなかったのである。水は水田耕作の利用に供されるかぎり――水田耕作以外の水利用については触れない――、つねに補充されなければならない。流水・湧水・天水のいかんにかかわらず、水田には水稲作を可能とするだけの水量がなければならない。一回の利用のみで水がなくなれば、その年はもちろんのこと次年度においては、もはや耕作は不可能となる。流水・湧水の場合、水がどこからか来るということにおいて条件が同じであり、水の流れが目に見えるということにおいて、水を誰がどのようにしてどのくらい引水をしているか、ということもわかるわけである。湧水の場合、経験的に水の量はわかるが、この水がどこから来るのかは目で確認することができない。目の前に存在する水が量的にも質的にも確認することができるだけである。いずれにしても、水田耕作の歴史が古ければ、水田――一枚の田に――に流入する水の絶対量を確保することがすでに慣習的に定まっていたことは明らかである。

こうして、水の利用（実際は使用・消費）は古くから慣習的に行なわれ、領主はもとより村、村々間においてもこの権利を確認してきた。水が流れる水路は、それが河川であり、小川であり井溝であっても、土地そのものは水の属性というように観念されてきた。もともと、このような水利関係地においては、その土地所有が水利関係を規定するというようなことはなかったのである。したがって、土地の所有や支配を楯にして水の権利を主張することはできなかった。にもかかわらず、水と土地との関係は一体であり、ほとんどの例においては土地を離れて水の存在はなかった。耕地に引水する場合には、土地に定着して生育する生物にたいして水を与えるのであるから当然のことながら水と土地との関係が生ずる。しかし、一定の耕作にたいする水の需要はほぼ一定しており、それ以外の水は余水として排出ないしは流入が阻止される。水はまた、多くの場合、流出路（流路）を必要とする。水が生活用水として使用される場合についても、使用した水以外の余水、もしくは使用した水の流路も不可欠である。いずれにしても、この流路も、多くは慣習的にきめられており、旧幕期の領主でさえも、この慣習を無視して流路を阻止したり変更したりすることはできなかったのである。裁判が生じたときも、領主はこの慣習について判断するだけである。

水は、下流において、一切、この水を利用しない場合、最終的に水を利用する者（個人・集団）が自由に利用するが、そうでない場合においては、この水を自由にすることはできない。下流における流路の変更でさえ、上流の水利用者にとって支障をきたすような変更は許されないし、まして、上流においてはいっそうこのことが指摘される。つまり、下流では余水の流路であり、この流路を変更することによって上流に水による被害をあたえる可能性があるからである。上流の流路変更は、水の量と質に変化を生じたり水害の生じる可能性がある。それは、下流の流路変更よりも、より一層の影響がある、と経験則上からも指摘することができるからである。

現在、古くから——明治期以前からはもとより、それ以後においても——水を利用してきたところにおいては、例外なく慣行水利権の存在をみる。水の利用が慣習的にきめられているために、この内容は全国一律のものではなく、また、地域によっても同じようなものでない場合が多い。一つの水の存在、一つの流路によって慣習が異なるからである。慣習は自然の状態において決められたのではなく、人を主体とするものであるために、水利用者が存在しなければならない。また、水の利用について、人と水とのかかわりのもとに慣習が形成されたり、変更されたりすることもある。つまり、水は、個人的所有であると同時に社会的所有でもある。

第一節　地券制度における土地所有権と水利関係地

天皇制明治絶対主義体制における所有権制度確立の第一段階は地券制度である。[1]土地所有権を『地券』によって表示することにより、『地券』そのものが土地所有権の絶対的確証となり、土地の売買取引においても贈与・譲渡においても『地券』が所有権移転の絶対的条件となる。『地券』の移動――地券状における名義人の変更――なくして所有権の移動はない。土地の売買譲渡は『地券』の売買譲渡にほかならず、手続上においては『地券』所有名義の変更によって完了する。この『地券』発行までにいたる前段階には、所有権者の確認と土地の丈量、ならびに地価の決定をみる。しかし、その過程において作成された資料も、『地券』にかわって所有権を証明する公簿とはならない。

地券の制度的実施は、東京府下の武家地町地にたいして地券発行を命じた明治四年一二月二七日太政官布告があり、この『地券』発行の太政官布告をうけた大蔵省では、翌明治五年正月に『地券発行地租収納規則』を出して地券発行の具体的実施に入る。

明治五（一八七二）年二月一五日、太政官は徳川幕府の地所永代売買の禁令を撤廃した（第五〇号布告）。禁令はすでに事実上においても効力を失っているとともに、一部においては『地券』もだしていた。ところで、この布告をうけて大蔵省は『地券渡方規則』（第二五号達）をだした。『地券渡方規則』では、地券発行は地所の売買譲渡にかぎられている。『地券』は本紙と控とが発行され、本紙は土地の所有者に渡され、控は「地券ノ大帳」として保管される。所有権の効力は『地券』本紙にあり、控にはない。土地所有権の移動は、『地券』が人から人へと移動することによって成立するものではなく、『地券』上に新所有者の名前が一定の手続きを経て記載されることにより完成する。

土地は、この地券制度によって、土地を直接的に支配するという、明治維新以前に特徴的な事実である支配の現実性から離れて、観念性を付与され、その意味において所有権の近代的側面である観念的性格の第一段階が確立されたのである。『地券』上での移動という手続を経ることなく土地が売買されることは、『地券渡方規則』第一二条に規定されているように「密売」とみなされ、地所ならびに売買代金はともに没収される、というきわめてきびしい刑罰の適用をうける。地券制度の確立のために、その初期の段階においては、このような罰則規定を設けなければならなかったのである。

『地券渡方規則』は、土地が売買・譲渡等されたときにその効力を発生する。すなわち、限定的な土地所有権制度である。したがって、土地所有権の確認ということになると、一般的な法律ということはできない。ここでは、すべての土地にたいして地券制度が適用されるのではないからである。だが、『地券渡方規則』第一三条に示されているように、「従来ノ持地」についても『地券』を交付することが約束されている。これによっても明らかなように、土地所有権を地券制度のもとにおいて全国的に確立することは、すでに地券発行の当初において明治政府の方針のなかに入っていたのである。『地券』は「人民所有ノ権ヲ固定」、あるいは「固保」するものであり、しかもあらゆる土地について丈量を行ない、地種をわけ、地価を決定するのである。したがって、これを全国的に実施するということになると、その範囲・規模・質・量等において徳川時代における検地の比ではなくなる。藩制を廃絶し、中央集権的国家体制のもとにおける地方体制の確立によって初めてこれを行なうことができたのであり、地方統治という意味において明治政府の存亡をかけた大事業である。それだけに、『地券』によって土地所有権をあらわし、土地所有権の売買・譲渡が明治政府＝地方庁発行の『地券』によってのみ可能であるという法的効力を絶対的なものにするためにも、地券発行までにいたる過程において作成されたいかなる文書・証書にも『地券』と同一の効力を与えなかったのである。九月四日の大蔵省第一二六号達では、さきの『地券渡方規則』が一四条でとどまっていたのを増補し第四〇条までとした。これによって、所有権の確認ならびに地券交付の実際上の手続がさらに具体化され一般化されたことになる。これと同時に、地券発行に関する八月一七日の群馬県伺大意と租税寮の指令を頭初とした『大蔵省租税寮改正局日報』（のち、地租改正事務局の発行となる）が刊行された。地券発行について地方庁から大蔵省に伺＝疑義（問合せ）が出され、これについて大蔵省が指令（回答）するという内容であって、地方庁の地租改正担当者にたいする地券発行の規準を示したものである。

『地租改正法』の公布は明治六年七月であるが、これに先立ち、三月二五日に太政官より『地所名称区別』（第一一四号布告）がだされた。土地所有の区別である。この『地所名称区別』も含めて、『地租改正法』による地租改正の実施までに、農業用水と土地との問題について、大蔵省はどのような規準をもって、その所有を確定していたのか、という点を明らかにする。

明治政府による所有権制度確立の法制的根拠は地券制度にはじまるが、このうち、いわゆる郡村地券の発行については、当然のことながら田地と水との関係が所有確認の新しい問題を提起することにもなる。徳川時代においては、水の利用については、そのほとんどが慣習のもとに置かれており、水路や池沼・湖等の土地そのものの「所有」ないしは支配と水の利用——支配ないし「所有」——とが対抗するということはほとんどなかった。水が地中から湧出したり、池沼・湖のように水を湛えていることや水路を持つことは当然のことであるから、それらの土地は水の存在にとって不可欠の前提であり水の属性であると考えられていたために、その土地所有が水の存在を規制することはありえなかったし、それらの土地の所有が水を規制するということはなかった。まして、水利地の一部が売買されても、そのことによって水にたいするなんらかの権利関係を生じることはなかったのである。大河川ならばともかく、そうでない水利底地は水利用集団、あるいは村落の支配に属し、所有するところと観念されていたのである。しかし、地券発行の過程においては、すべての土地にたいして所有を確認するということによって水と土地との関係を処理しなければならなくなったのである。

土地所有権確認の根本法令である『地券渡方規則』についてみると、ここには、水に関する所有確認の問題についてなんら具体的な規定はない。『地券渡方規則』追加（第九四号）ならびに同「改正」（一一五号・一三二号）についても同じである。貢租を確定するための手段として土地所有権の確定が重要な課題であったからである。水利関係の土地所有については、『地券渡方規則』追加第二九条が「堰料堤敷川床敷等之類潰地高内永引ノ分ハ自今無税地ニ相定メ可申事」と規定しているのが該当するともいえるが、この規定は「潰地高内永引」となっている土地については無税地とするということについてのものであって、直接に水と土地との関係にかかわるものではない。しかし、無税地するというのであるから、これらの土地は私的所有を前提としていることは明らかである。また、第三四条但書には池沼についての規定の例示がみられる（「但池沼ノ種類モ同断之事」）が、これは、本文が村持についてのものであり、地価について早急に定めることができない分については『地券』に反別のみ記して、かつ、従前の貢租を記し公有地とするという規定である。これについても直接には関係がない。もっとも、第二九条の規定を逆に読めば、「潰地高内永引」でない土地については有税ということになり、『地券』に有税地であることが記されて村持の地券状ないしは私的所有の地券状が発行される、ということになる。この解釈は現実の地券発行作業にたいして法的拘束力を与えることになるので、地方庁でもそのような作業にあたったといえる。にもかかわらず、それだけでは水と土地との問題を解決することはできない。

第二節　『地券渡方規則』の実施と水利関係地

「地券渡方規則」追加が出された直後までにおいて、『租税寮改正局日報』（以下、『日報』と略称する）ではこの点についてどう判断していたのかについてみる。

明治五年『日報』第一二号所載の宮城県伺大意にたいする指令では[2]、用水路を設けるために農民の間において協議のうえ田畑地を水路にしたが、この分については収穫した米で支払っていた。このような例のうち、用水路分についての補償をしていたときには無税地の地券ではなく、耕地としての地券状が渡され、有税地となる。つまり、農民が耕地を用水路として、その用水路分の収穫に見合う収穫を領主にたいして上納している場合には、用水路としては認めずに、耕地としての土地所有権を認め、『地券』もそのようにして発行するというものである。用水路というものは、領主が用水路として認め無高（無税地）の措置をとっていた場合について租税寮はこれを踏襲して無税地として認めることにしたわけである。農民達が、勝手に耕地を潰し用水路として利用しても、地券発行上においては耕地にほかならないと判断した。

右の例では、現実に存在する水路敷ならびにここに流れている水が、用水路として『地券』上に表示されない。このことを地図上においてどう反映させるのか。村方において、現実の耕地状況を把握するために作成された絵図もしくは耕地図では、この土地は水路敷かもしくは湿地のようなかたちであらわされるであろう。地図上においては、『地券』をそのまま反映させれば水路敷は耕地である。しかし、村方においては、『地券』の表示とは別に現実を反映させなければならないために水路か湿地というかたちで、別の図面上に簡単にこれを表示する。そうしないと、のちにおいて、水路と耕地との関係において紛争を生ずるおそれがあるからである。公簿上においては耕地であるから、水路であることを否定することができるからである。水路についての土地所有権が認められなかったのであるから、水路敷の所有者が、水路敷となっている旧耕地の所有者と別の者である場合、これを『地券』ならびに『地券大帳』上にどのように記載するのか。この耕地を水路敷所有者全員が所有者（共有者）として所有名義人となるのであろうか。いずれにしても問題が残る。さらに、現況は水路敷でありながら、水路敷である図面と、そうでない図面とが残されることにもなり、この点についても問題となる。

新川県では同じことを伺いでているが、これにたいして租税寮では、『地券渡方規則』第二九条は、「田方用水」が不足しているために田・畑を潰して「田用水堰或ハ溜池等」にし、地主が「貢米并作徳米」を負担してきている場合には、これは貢租地として従来の通りとする、である。[3] 用水堰等の新設のために田・畑を潰すが、この土地は依然として田・畑として公租を負担してきているという例である。これについては「先以従前之通」とあり、私有地券は潰地となる以前の田・畑の状態において貢租が算定され記載される。現実の形状をどのように把握するのかは明らかではないが、このような例においては土地が私有地であることから、水利関係の土地であっても田・畑としての貢租地であり租税を負担しなければならないことになる。

第二九条に関する伺と指令について、『日報』第二八号の木更津県（現千葉県）伺がある。[4]

木更津県の伺は、さきの新川県伺と同じケースである。領主の許可をえないで貢租地を潰地としたために、「高内永引」という無税措置はなく、貢租を上納してきた。このことについて木更津県では、無願で行なったために免税の措置はなかったが、耕作のための潰地であって、隠田などというように、秘かに耕地をつくり収益をあげて貢租を納めないといった性質のものではない。したがって、潰地とした部分からは収益がないのであるから、ここに収益をみて貢租を上納させるのは「不条理」であるから「高内引」として免租地にし、無税地として扱う、というのである。これにたいする租税寮の指令は、さきの新川県への指令と同じであり、「先ス夫迄ハ」と当面の措置として旧幕期の貢租地のままとして無税地の『地券』は渡さないというのである。その理由のなかに、「道敷溜池用水路等」を勝手に設けたことによって便利となり「水旱損之患」もなくなるということから多少の収益はあったはずである。それにもかかわらず貢租が増加したというのでは従前のままであってもおかしくはない、とある。しかし、この件については考慮するところがあると思われたのであろう。「原由相糺可申立」というように原因について調査し報告することを命じ、さらに、その調査報告がなされ判断がだされるまでは従来通りとするというように、指令そのものは変わらないが、新川県に出した指令よりも、指令の内容がゆるやかになっている。

しかし、いずれにしても旧幕時代に無願で高内の田・畠を潰し用水路・悪水路等にした場合、すでにこの田・畠（実際には用悪水路等）にたいする貢租を納めてきているということで、現況はともかく、貢租体系上においては田・畠であり貢租地である。このことが除税地とならず耕地として扱われる原因となることが確定した。ただ、これらの土地については現況をどう処理するかは後のことになったのである。

これまでに租税寮が出した指令からみると、地方官は田畑を潰地とした用水路・悪水路は現況をもって優先させたが、租税寮では、無願の「用悪水路」については法律手続上においては依然として田畠であるという解釈をとっている。したがって、このような例の「用悪水路」は貢租地と同じなのであるから、所有ということになるであろう。ということになると、所有には変りはないが、現況は「用悪水路」であり、水路であっても、土地は田・畠ということになる。

派出官の伺（一一月一七日「香川県出張所詰之者伺大意」(5)）は、村中が相談して田地を潰し、溜池としたのであるが、この潰地となり溜池にかたちを変えた土地についての貢租等については、溜池から引水した者が納めるということでこれまできている。『地券』については、現在溜池となっていても、それ以前の田地と同じ扱いとして「反別貢額」を記載するとともに「溜池潰地」であることを記して、『地券』は地主に渡す、というのである。ここにいう地主とは、溜池になっている、元の田地の所有者のことを示す。したがって、溜池となっている土地の所有者が三人であれば、三人にたいしてそれぞれの田地としての『地券』を渡すとともに、現在溜池であることも記しておくのである。ここでは、土地所有権の確認が第一であり、『地券』の発行が重要な課題であったために、現況についてはのちに指示することになっても事務処理上の不都合は生じなかったからである。潟地であっても田地を潰した場合には依然として無税地としない方針がみられる。しかし、溜池であっても、その底地（土地）の所有は私有であることが認められているのである。したがって、地券状は私有地地券である。この土地所有のいかんにかかわりなく、用水の所有者は「村中」ということになるであろう。

この例での『地券』は、かつてあった田畑によって、それぞれの所持者に渡す、ということである。池敷であろうと、水路敷であろうと、とにかく、その土地にたいする所有者が明らかであれば『地券』を渡すというのが租税寮の方針である。水路の無税地の場合、所有者が明らかであっても『地券』を申請しない場合は、そのままとした。

地券発行を担当する大蔵省租税寮の水利関係地のうち田畑を潰地とした例においては、領主の許可を得ないで田畑を水路敷等にした場合、除税地の扱いをうけることができないことが確定している。水冠・水没しても田畑として有税地となるということである。水利関係地がもともと除税地の場合には無税地として私有地となる。

租税寮の方針で重要な点は、『地券』の「腹書」に潰地であるという現況を記載することを指示していることである。『地券』に、潰地とする以前における耕地を記載するとともに、潰地であることの現況を『地券』上に表記して両者の関係を明らかにする。このことによって、これまでに現況の記載を否定した点を更めたことで意義がある。しかし、現況の反別・図面についての記載がみられないことで、まだ、公簿と現況との異なった局面の整理はついていない。『地券』に、「潰地」ということが記載されたことによって、公簿上の記載と現況との関連が明らかになったことだけは、一歩前進したといえる。これによっても、旧幕藩制下において作成され貢租が課せられる基本台帳としての公簿が、いかに、地券制度に大きな影響をあたえているかがわかる。地券制度は、依然としてその延長上に置かれているのである。

旧幕藩制下において、帳簿上が田畑として登載されている場合、現況が水利関係地もしくは水冠・水没地であっても、右の帳簿によって『地券』を発行するという方針が適用されている。こうした場合、土地の丈量について困難を生ずるが、このような土地で、かつ丈量ができないか、もしくは、これに手数がかかる場合においては、旧時における面積や線引きによる区画が利用される。地引絵図上では耕地となっていても、なんらかのかたちで、この耕地が水冠地・水没地であることを図面上において記録しなければならない。

明治六年に入り、これまでにみた土地についての地券渡方にたいする伺がだされた。(6) 一月二七日の神奈川県伺(『日報』第五号)がこれである。

「溜井敷用悪水路等無願潰地」(伺第四条)については、すでに租税寮の方針は確定しており、その解釈は地方官にも徹底したものといえる。しかし、伺は、『地券』をどのような形式で渡すか、ということで、高反別のみ記した「地券」に「何々敷村中弁納地」と腹書して地主に渡し、税については税法が改正されたときに処置する、というのである。また、高内地を潰地とした領主が行なった政策で、甲村のための用水路とするために乙村の土地を「潰地」

としたが、領主は、帳簿上においてはそのままとして置き、租税は免除するという措置をとった。これが調査のうえ正確であるならば無税地として「地券」は渡さずに置く、というのである。除税地は『地券大帳』に記載されるだけである。このことは、のちに『地所名称区別』改定（明治七年一一月七日、太政官第一二〇号布告）によっても明確にされている。

右によっても明らかなように、旧領主の政策は、そのまま『地券』にも反映されている。この場合、旧領主が「無税地」として認めたことを租税寮ではそのまま踏襲しているわけであり、公簿上においては耕地反別。現況は用水路であるが潰地としての扱い。そうして、除税地というように、きわめて複雑なかたちをとるようになった。旧領主政策を踏襲したためである。

「地券渡方規則」第二九条に関して、「高内永引」であって貢租が免除されている土地については「無税地」とし『地券』は渡さなくともよいということであったが、若松県伺（『日報』第七号）にたいする指令では『地券』を渡すとあり、印旛県伺にたいする指令では『地券』は渡さずに『大帳』に記載するということで、指令がまちまちであったので、租税寮ではこれを統一して、「水草之利潤等」があったり、のちに「起返」の計画がある土地については地主が依然として所有することをのぞむ場合には『地券』を渡し、その後において土地の状態をみて地租を納めさせる。また、無願で土地を潰地としても、これによって他の場所で作物により利益を受けられることができるときには『地券』を渡す、というのである。

「池溝敷」ならびに「細流之溝敷等」であって「高内永引」に関するものについての租税寮の判断は度会県の伺(7)（『日報』第二六号）についてみられる。

「池溝敷」に関する判断は四つある。その一つは、田畑を溝敷とした土地で「高引」となっていない場合には人民が都合によって勝手につくったものであるために、現在の田畑と同じような『地券』を渡すことは当然であるが、その書式はつぎのごとくとする、というもので、かつての田畑反別を記載し、但書に「池敷」というように記すことにしたものである。その二つは（伺の第四条）、右とほぼ同じであるが、「池溝敷」となったところが、一反歩のうちの七、八歩という面積であるために、『地券』への記載は「内何歩溝敷」というようにする、というのである。その三つは（伺の第五条）、「池溝敷」で「高内永引」となっている土地について『地券』を渡し、その「腹」に「元高」を記すとともに「村持」と記載するのか、または「公有地」と記載するのか、ということである。この例では、「池溝敷」が旧藩時代には村持であったためである。これにたいする租税寮の指令は「券状」を渡さずに「大帳之末」に記載するだけでよい。だが、持主がある土地については『地券』を渡す、というのである。その四つは（伺の第六条）、「高内引」の土地についてであるが、現状が「数十町細流之溝敷」というかたちであり、細く長い流れとなっているということであろう。この土地については、「大帳之末」に記載するだけでよいのか、ということである。これにたいする租税寮の指令は前条の指令と同じである。ここでいう「持主」というのは、個人持主という意味であろう。『地券』を渡さない分については「大帳」に記載しなければならないことは明白である。

以上によって、租税寮の「井溝」・「川敷堀敷溜井敷」・「用悪水路」・「掘割」・「池沼」等の、明治六年三月の「地所名称区別」までの水利関係についての指令の内容が明らかになったものと思われる。

領主法制のもとにおいて水利関係として認められ除税地となった土地や、潰地として認められ除税地となった土地は、明治政府による地券発行の際にはそのままひきつがれ除税地となる。これにたいして、旧幕期に検地を行ない田地として確定された土地（検地帳に登載されたか、これ準じた扱いをされた土地）を、領主の正式な許可なくして水利関係の土地として利用してきており、それまでにこの田畑に賦課されていた貢租等を引続いて納めていたという例においては、租税寮は除税地とは認めず、いわゆる公簿上の名称である田畑をそのまま付するとともに実地測量（反別確定）を行なって『地券』を渡すことに決定している。したがって、現況が水路や水溜りであり、ここからの収穫は期待することができないのにもかかわらず田畑として扱われ、地租の対象地とされるわけである。その理由は、農民が自分達の利得のために勝手に水利関係地とし、かつ、ここを水路等とすることにより、他の土地で収穫をあげることができるか、もしくは、ここを放水路としたことによって冠水から免れるということにより、同じような利益をうることができたからである、ということにある。しかし、この理由は、無税地とのかかわりのもとにおいて判断されたものであり、田畑――とくに田地――を中心とした主穀生産を中心にして考え、課税を第一義とした発想である。旧田畑地を水没させることは、土地にたいして課税する地租方針からみると、減収にほかならない。旧幕藩時代にまでさかのぼって田畑地を水利関係地としても、それが幕藩公認の除税地でないかぎり、この田畑の公簿上の存在は効力をもつ、という理由づけを行なって課税地としたのである。ここでは、現況が否定されている。現況（実際上）は水利関係地であっても、『地券』交付の表記上においては――そうして、『大帳』上においても――田畑であるというところが全国に相当みられたことは、右の伺が示している通りである。この例における水利関係地の形式は個人所有である。

第三節　『地所名称区別』の実施と水利関係地

明治六年三月二五日、太政官第一一四号布告をもって『地所名称区別』がだされた。

ここにおける土地の所有名称は皇宮地・神地・官庁地・官用地・官有地・公有地・私有地の八つにわけられてい

る。その内容についてはそれぞれの名称の下に若干の例示があるが、これだけではあまりにも簡単であって、この名称によって『地券』を渡すことにとまどった地方庁が多かった。

ところで、ここで、私有地のかかわりで、後年にいたるまでもっとも多く紛争のもとになったのは、官有地・公有地・除税地である。

まず、官有地からみてみる。土地が官有地として確定する規準は、「無税ノ地ニシテ官簿ニ記載セル地ヲ云」とあるように、官有地となる条件は、第一に無税地であること。第二に、『官簿』に記載されていること。この二点である。したがって、右の二つの要件が具備されていなければ官有地とすることはできないのであり、無税地であるというだけの理由からでは官有地とすることはできない。そうして、さらに、『官簿』に記載されていなければならない、ということであるから、官有地とするためには、きわめてきびしい条件がつけられていた。しかし、この条件を『地所名称区別』の太政官布告以前の租税寮の水利関係地の判定に適用されており、新しい規定とはいえない。土地の種類・形状のいかんにかかわりなく、人民の所有の確証がある土地で、人民がその土地の所有を放棄したならばともかく、『地券』を請求したならばこれを渡す。また、人民の所有が認められる土地であっても『地券』の請求がない場合には『大帳』に記載して置く、という措置がとられていることによっても、地券制度は通常いわれているように官有化を積極的に進めたものではないことは明らかである。また、官有地の説明の内容に、「公園地山林野沢湖沼ノ類」とあるが、もちろん、土地の名称・内容はこれに尽きるものではない。その一部を例示したまでであって、「ノ類」ということがこれを示している。ところで、ここにあげられた「公園地山林野沢湖沼」という例示されたものが、すべて官有地であるというように解釈することはできない。驚くべきことに、ときには——行政庁においても、さらに裁判所においても——、例示されたもの（名称）はすべて官有地であるという解釈が行なわれており、とくに、湖沼という文字が官有地の例示のなかにあるところから、湖沼は官有地である、という主張がなされた。明治絶対主義国家の中央集権的官僚に系譜を引く現在の官僚であるから、官僚支配の行政に都合のよい解釈をするのは伝統であることからも、同じ組織と密接な関係のある裁判官僚が国家という政治にかかわりがあっても不思議ではない。したがって、裁判官（地方裁判所・高等裁判所・最高裁判所、同調査官）がこの種の事件にたいして当然のことながら無知・無理解であったということもあるが、より以上に、裁判官官僚としての地位が国の行政にたいしておもねているとみるべきであろう。ところで、例示された「公園地山林野沢湖沼」といえども、さきにあげた二つの要件を満たしていないかぎりは官有地として編入することはできないことは当然のことである。

つぎに、公有地となった水利関係地である。[8] 例示に、「野方秣場ノ類郡村市坊一般公有の税地又ハ無税地ヲ云」とあり、これだけからでは公有の内容がわからない。とくにこの例示中には、山林や池沼・用水路・川などが記載されていないが、これらについては公有地についての規定の、「一般公有ノ税地又ハ無税地」というなかに一括して入っていると解釈される。それでも府県では公有の具体的な内容や地券との関係がわからないために租税寮（のちに、地租改正事務局）にたいして伺が多くだされた。しかし、この布告がでるまでにだされた租税寮の指令では、山林・池沼・用水路・川などが入っているのであるから、例示はたんなる例示にしかすぎず、ここに記載された種類だけが『地券』の対象となるものでないことは明らかである。『地券』を渡すにあたり、「郡村市」において公有地の『地券』を求めたり、「村方」が費用を出して買入れた土地については、これを売買するのは「村方一統ノ自由」であるという但書や、同じく、「村方」において異義がなければ管轄庁において「其得失」を調査して公有地相当の土地を私有地としてもよい、というのであって、公有地については村の意向が大きく左右する。この布告がだされた時点に関するかぎり、公有地とは村持地を示しているものといえる。ただし、払下げを見込んでいる土地にたいしては、村支配といった性格のものである、と考えても誤りではない。

それでは、私有地についてはどうか。ここでは問題となるような個所がみられない。例示として「其他各種ノ土地ヲ云」というように、この規定のなかには、すべての土地を包含することが示されていると解釈されるからである。したがって、とりわけ、土地の種類について補足的説明を行なうこともない。当然、『地券』は渡される。

除税地は、例示にある種類が除税のすべてではないことは、これまでに租税寮がだした指令によっても明らかである。例示には「ノ類当分此部ニ入ル」ということからみても、例示された種類も当分の間は除税地のなかに入れるということを指示したとみる方が正当であろう。除税地については『地券』がだされず、『大帳』に記載される。

『地所名称区別』は、『地券渡方規則』を補足するものである。この後において、『地所名称区別』改定（明治七年一一月）がだされるが、この間、租税寮はどのような指令をだしたかについて検討する。

公有地のうち、「村持池沼之種類」の水利関係地については租税寮の判断[9]（『日報』第三八号、明治六年七月）がある。

すなわち、『地券渡方規則』第三四条の池沼で、無税地に属する池が一村中にも数多くある場合には、村に関係するものについては公有地地券を渡し、村の都合によって池を「合併」して記載するというのである。『地券渡方規則』第三四条では、従前の貢額を記載した公有地地券を渡すことになっている。

租税寮の所有認定についてみると、地価を記載するというのは、正式に地価を決定するまでの一時的な措置である、ということが示されていて、無代価というのはそのまま無税地ということではない。田畑を潰して池沼・用水路等とすることによって、そこから直接の利益をうることができるか、もしくは間接的にも利益をうることができるか、ということは地租を決定するうえでも大きな問題である。旧時の田畑と同じ地租であるならば、地租算定についての面倒な計算をする必要がない。旧田畑を人民が勝手に潰地としたところでは、旧田畑にかかっていた貢租をそのまま納めていた。したがって、田畑を潰したことについての問題が生じなかったのである。旧幕藩制下においては、田畑を潰地とし、これを免租地とすることについては、領主はこれをなかなか認めなかったのである。そのために、村方においては相談のうえで貢租地である田畑を潰して、ここを水利関係地とし、貢租はこれまで通り納めるということとした。各県伺のなかに、この潰地の問題が多くでたのもそのためである。租税寮もまた、領主が右のような潰地にたいしてとった方策を基本的に踏襲している。

第四節　『地租改正法』の実施と水利関係地についての伺・指令

明治六年七月二八日、『地租改正法』が公布される。この法律は、予定されたものであるが、「上諭」をともなう点において他の法律とは異なる。それだけに、いかに地租改正が明治政府の命運をかけたものであるかがわかる。(10)『地租改正条例』は全七章で、ここには、水利関係を直接に規定する条文はない。『地租改正施行規則』は全一七則である。以下に、関連する条文を掲出する。

第四則　山間海岸其他ノ宅地他ノ比較無之地価難定分ハ一反ニ付十銭ヨリ不少税額ヲ定其趣ヲ券面ニ可記載事

第五則　郷蔵其外学校貧院ノ類是迄無税ノ地トイヘトモ人民ノ共有スル者ハ宅地同様可相心得事

第六則　一村又ハ数村総持ノ山林株場等ノ公有地ハ総テ相当ノ地租収入ノ積相心得仮ニ地価ヲ定メ規則ノ通収税可致事

第七則　従前一村又ハ数村ニテ貢租弁納致シ来候堤敷道敷共有墓地等ノ類有之候ハ、自今無税ニ相定候条其反別ノミ可申立事

但従前持主有之分作徳米一村ヨリ償ヒ来候類ハ是迄ノ通据置候トモ又ハ一村ニテ右地所買受候トモ相対次第タルヘキ事

第八則　海川ノ附洲湖水縁等ノ不定地或ハ試作ノ地所等反別確定無之分ハ何不定地凡反別何程ト相記シ地価相定規則ノ通収税可致事

第九則　総テ旧来大縄受ノ地所ハ現歩調査ノ上地価相定規則ノ通収税可致事

但旧来大縄受ノ地所トイヘトモ不定地ノ分ハ第八則ノ通タルヘキ事

第十一則　池沼等ニテ持主有之水草共他ノ利潤アルモノハ相当ノ池沼代価ヲ定メ規則ノ通収税可致事

第十二則　新開場鍬下年季中ノ分ハ其年季中無税ノ積相心得新開試作地反別何程ト相記無代価ノ券状可相渡事

『地租改正施行規則』では、水利について具体的に規定した内容をもつものはみられない。所有権の確定に関するものとしては、第六則・第七則・第八則・第九則・第一一則・第一二則であるが、このうち、田畑を潰して用水路としたような例では、そのまま耕地として『地券』が渡されるか、第一一則の「池沼等」を適用するのか、あるいは、村が潰地とした場合には第六則の公有地か第七則の村持地が適用されるかのいずれかであろう。しかし、『施行規則』だけでは所有権の帰属の判断ができないケースも多い。したがって、これらの点について依然として伺が多くだされたのである。

『地租改正法』の公布後に田畑を潰地として水路敷等にした土地について、租税寮が栃木県が潰地にした水利関係

地にたいして判断したのがある[11]（『日報』第四七号）。

栃木県下においては、「堤下タ水下タ」となっている土地があり、これらはいずれも「生地之券証」つまり、「堤下タ」等になる以前の貢租地のままの『地券』が渡されることになっている。しかし、地券取調については、従来の貢租には関係が多いということなので、現実の状況によって『地券』を渡し、その書式は、潰地分だけを除く、というのである。また、「水下タ」（水面下）等になっている土地であっても、旧地主が『地券』を求めたときには神奈川県伺にたいする指令によって『地券』を渡す、というのである。

この栃木県伺にある旧宇都宮県の例では、堤敷・水敷となっている土地の面積がかなり広いものなのであろう。したがって、この土地について従前の貢租地を基準にして地租を算定することは決して得策ではない、と判断したものと思われる。もっとも、こうした土地については養水の利潤ということが算定の基礎となっているので、水による利益がのぞめない場合については地租は関係がない。『地券』はあくまでも所有権の確定が前提条件であり、このような例については、堤敷・水敷についての所有権をどのようにするか、が地方官の重要な作業である。租税寮の方針は、堤敷・水敷等になっている土地についてはこれを現況のまま調査してその面積を出し、耕地からこの分だけを差し引いて独立させるというのであり、堤敷・水敷等になっている土地を、もとの、つまり耕地として所有していた者が『地券』を請求したならば渡す、というものである。たしかに、旧耕地であっても、堤敷となっている広い面積の土地が旧耕地として扱われ、ここに地租を課せられるというのでは、他の水利関係地との比較においてバランスを失し不合理である。だが、水敷の場合については、ここから利益があがっている場合においては地価が算定され地租が課せられる。

第五節　『地所名称区別』改定の実施と水利関係

明治七年一一月七日、『地所名称区別』改定が太政官第一二〇号布告としてだされ、土地の所有は官有と民有とに大別された。このうち、水利に関係があるものはつぎの項目である（傍点は原文のまま）。

官有地

第三種　地券ヲ發セス地租ヲ課セス區入費ヲ賦セサルヲ法トス

但人民ノ願ニヨリ右地所ヲ貸渡ス時ハ其間借地料及ヒ區入費ヲ賦スヘシ

一山岳丘陵林藪原野河海湖沼沼池澤溝渠堤塘道路田畑屋敷等其他民有地ニアラサルモノ

民有地

第一種　地券ヲ發シ地租ヲ課シ區入費ヲ賦スルヲ法トス

一人民各自所有ノ確證アル耕地宅地山林等ヲ云

但此地賣買ハ人民各自ノ自由ニ任スト雖モ潰シ地開墾等ノ如キ大ニ地形ヲ變換スルハ官ノ許可ヲ乞フヲ法トス

第二種

一人民數人或ハ一村或ハ數村所有ノ確證アル學校病院郷倉牧場秣場社寺等官有地ニアラサル土地ヲ云

但此地賣買ハ某所有者一般ノ自由ニ任スト雖モ潰地域ハ開墾等ノ如キ大ニ地形ヲ變換スルハ官ノ許可ヲ乞

フヲ法トス
第三種　地券ヲ發シテ地租區入費ヲ賦セサルヲ法トス

『地所名称区別』改定では、官有地は四種まで、民有地は三種までにわかれた。種別についてはのちに民有地は二種となる。地券発行の基本は依然としてそのまま受け継がれており、つねに民有地であることの確認が先行している。例えぱ、官有地第一種神地において、「及ヒ民有ニアラサル社地ヲ云」というように、民有ということがみえており、また、第三種第一項の「山岳丘陵」以下においても「其他民有地ニアラサルモノ」とあり、第五項においても「……公園等民有地ニアラサルモノ」とある。第六項は「人民所有ノ権理ヲ失セシ土地」とあるがこれである。また、第七項は「民有地ニアラサル堂宇敷地及ヒ墳墓地」とあるように、ここでも民有地が先行する。さらに第四種においても、「寺院」以下の項目の下に「民有地ニアラサルモノ」とある。官有地であるという所有の確定については、まず第一に、公簿に記載されていることが要件である。第二に、民有地ではない、ということが明確でなければならない。これは、ただたんに公簿上において民有であることが確証されたり、または、売買によって土地等を取得したことが証明された、ということだけが要件ではない。所有の事実関係もまた、所有権の証明にもなるのである。『地所名称区別』は、土地の名称を統一的に規定するものであるが、それは地租の前提条件である。

『地所名称区別改定』においては、土地の所有そのものは官有地と民有地に二大別された。そうして、その種別によって地租の賦課や区入費の賦課の有無が決定された。

ところで、各種別ごとに羅列された事例は、まさしく事例であってすべてを網羅したものではないことは、租税寮ならびに地租改正事務局への伺・指令が示す通りである。たとえば、官有地第三種第一項目に記載されている例示で、

「一山岳丘陵林藪原野河海湖沼地池沢溝渠堤塘道路田畑屋敷等」とあるが、これは、このような種類のものであっても官有地となる事例を示したものであって、ここに例示したものすべてが官有地第三種に属するものと解釈するのは常軌を逸している。この例示が官有地であることを示したものであるならば、全国の土地はすべて官有地となることになるからである。「田畑屋敷」が官有地であるならば、地租改正において、田畑屋敷の所有権を確証し、地租を賦課していることの意味がまったくなくなる。この例示は、あくまで第三種というものの内容を示すために掲出されたものであって、例示されたもの――そうして、これらに類似するもの――で民有地に属さないものの種別を指示したものである。

地所の名称区別は、地租等の賦課の対象を決定するために官有地と民有地にわけることがまず大きな課題であり、さらに、それを種別して、地券・地租・区入費との関係を明確にしたものなのである。同じ山林・山岳・丘陵・池沼であっても官有地は地券の発行は行なわず、地租も賦課されることなく、区入費も課せられないが、民有地では『地券』が発行され、地租が賦課され、区入費が課せられる。また、官有地内においても、第三種はすべて免除されるが、第四種では区入費は課せられる。このように種別による差異があるために、種別への編入の目安となる例示が或程度必要となったからである。その具体的な詳細については伺にたいする指令によって明らかとなる。

租税寮改正局では水利関係地について、つぎの第六号達をだした[12]（『日報』明治七年八月二三日）。

池沼敷用悪水敷等利潤無之分ハ従前持主有之候共券状相渡スニ不及大帳ヘ段別記載致シ置ヘキ旨及指令候向モ有之候處右ハ詮議之次第有之更ニ持主之請願ニ依リ無代償之券状相渡不苦尤耕地一筆ノ内ヘ孕リ候瑣々タル分ハ本地段別内ニ調込券状及ヒ大帳共段別之腹書ニ内何歩何々ト其譯記載シ置可申此旨相達候事

但券状相渡候分ハ一枚ニ付印税五銭宛収入可致事

この達は、これまでの指令にもみられたものであるが、より明確にするためにだされたものである。すなわち、「池沼敷用悪水敷等」であって、利益がないものについては、持主があっても『地券』を発行しないで『大帳』にその段別を記載するだけでよかったが、持主が『地券』の下付を申請する場合においては、「無代価之券状」を渡してもよい。また、耕地一筆のうちに存在する水利関係地については耕地のなかに入れ、『地券』ならびに『大帳』ともにその内訳を記載する、というのである。したがって、水利関係の土地が広い場合においては、それだけの『地券』を渡し、水利関係の土地が少ない場合には耕地一筆のなかに入れて、耕地の『地券』として渡すことになる。なお、この場合、『地券』ならびに『大帳』にはこの水利関係地の面積を記載することになる。ただ、この面積の規準については明記していないので、どの程度が限界なのかは、伺で決定されるであろう。達中には「内何歩」という例示があるところから、上限については「何歩」ということが基準となるともいえる。ただし、一筆の耕地の段別についての例示がない。

旧貢租地を潰地として水利関係地とした場合には私的所有は決定しているが、残った問題はこの水利関係地にたいして租税（地租）を課すが、どうかということである。この点につてはすでに指令をみているが、明治八年二月には租税寮は、有税地を潰して「溜池用水路等」にした、もしくは、私的所有の「田畑ヲ掘割用悪水路」にしたが、貢租については現況の変化にかかわらずこれを負担してきたことについては、これまで一般の潰地とはみなさず、従前の貢租はそのまま記載して置くとしたが、この措置は新税が確定するまでのことであり、したがって、このたびは「地租改正施行規則」第七則により無税地とする、というのである。(13)

水利関係地の所有が単数であるのか複数であるのかにかかわりなく、この土地に水が存在していることは明らかである。また、水の態様のいかなるかたち――流水か溜水か等――をとっていようとも水利関係の土地についてはその所有権者であることには変わりはない。ただし、土地の所有者がこの土地上の水についての所有者であるか、どうかまでは積極的に判断していない。地租改正においては水が存在している土地についての所有が問題となっているからである。水の所有については、判断の外に置かれている。

明治八年三月に、地租改正に関する一切の権限をもつ地租改正事務局が設立され、大蔵省租税寮の手を離れる。府・県からの伺と、これにたいする指令は地租改正事務局が管掌するところとなる。この伺・指令の代表例として『地租改正事務局別報』が発行される。所有ならびに地租の基準となるものである。

「池沼」というかたちでの水の存在がみられる場所については、地租改正事務局が所有の判定を行なった水沢県の例についてみることができる(14)。

ここでの「池沼」とは、官民有区別にかかわる所有確認についてである。耕地もしくは貢租地を人民が勝手に水利関係地とした場合には所有についての問題はないが、有租地とすべきか無税地とすべきかの判定についてである。伺の「池沼」では、まず、旧高成地ではないことから民有地としての所有について疑義が生じたのであろう。村ないし村々がこの「池沼」について「脩築等」というかたちで手を加え、水を利用しているばかりでなく保護管理にあたっているということから、このような場合には民有地第三種とするということで決定をみている。「池沼」であっても天然自然のままの状態で、人民の支配がまったくみられない人民の需要もない状態にある場合については官有地第三種とする。

耕地を潰して水利関係地とした場合や、村所有・個人所有が明確である土地についてならば所有権の帰属について問題を生ずる余地はなく、民有地である。このケースでは、「地所名称区別改定」による公有地の消滅のために、公有地とした「池沼」の官民有区別が内容であろう。伺によれば、土地所有権が明確でない「池沼」については、「脩築」の有無、ということを民有地としての所有権確認の決め手としたわけである。この対極にあるものが、天然の状態のままで置かれ、かつ、人民の利用ならびに支配がみられない、という土地であり、これは官有地となる。

明治七年一一月に地所名称区別の改正が行なわれ公有地の名称が消滅する。これにともない、公有地を官有か民有かに区別する作業が行なわれた。いわゆる官民有区別である。官民有区別の判定基準として指示されたのは、つぎの、地租改正事務局達乙第三号（六月二二日）である。

各地方山林原野池溝等（有税無税ニ拘ハラス）官民有區別之儀ハ證據トスヘキ書類有之者ハ勿論區別判然可致候得共従來數村入会又ハ一村持某々數人持等積年慣行存在致シ比隣郡村ニ於テモ其所ニ限リ進退致來候ハ無相違旨保證致シ候地所ハ假令簿冊ニ明記無之共其慣行ヲ以民有之確證ト視認シ是ヲ民有地ニ編入候儀ト可相心得尚疑似ニ渉候モノハ其事由ヲ詳記可伺出此旨相達候事

右の達は、民有地として所有権の確認を「證據トスヘキ書類」がある場合以外に、どのような要件を満たすことができればよいか、ということの規準を示したものである。それによれば、「積年慣行」が存在し、これを「比隣郡村ニ於テモ」当該土地を「進退」してきたことを「保証」することができる場合には、その「進退」の慣行をもって「民有之確証」とする、というのである。所有確認の第一の拠りどころは旧幕期における公簿である。具体的に例示するならば、まず第一に『検地帳』である。しかし、検地は徳川時代を通じてしばしば行なわれたものではないから、土地所持者の移動が行なわれても明らかではない。とくに、山林・原野ならびに水利についてははじめから明確な記載を欠く。つぎに、土地所持の移動を示す証文である。しかし、これでさえも必ず残されているとはかぎらない。すべては名主＝庄屋等の村役人が記録として残しているか、もしくは記憶していたり、利害関係者が、誰が土地を事実上支配しているかということを捉えているかによっても確認されるからである。こうした点を補足するものとして『名寄帳』があげられる。ここでは、個人持の土地の状況はわかるにしても村持地については記載がないので明らかにすることはできない。領主による判決にしても、紛争当事者問の和解書にしても、それらはいずれも紛争を前提とするのであるから、数少ない事例であり、村によってはまったく存在しないこともある。慣行の証明という方法が所有確認の一つの手段として指令されたことは当をえている。まして、これらについては「比隣郡村」の証明が必要であるために、他村の所有までを主張することができないから、確実な方法といえる。

水利関係の土地はこれまでにすでにほとんど利用されていたたっところである。これにたいして、新しく築造しようとする（小倉県）[15]場合についてはつぎのように認定している。

伺では、村費をもって村内に新しく溜池をつくることを出願したところ、潰地については七年第一二〇号公布（『地所名称区別改定』）による官有地第三種へ組み入れること、という指令をうけた。しかし、溜池敷となる土地は田であり、各自の所有の確証がある耕地であって、本来ならば民有地第一種となるところである。このたびは村の者達が申合わせて田地の用水とするために自費で溜池をつくり、しかも、溜池敷とる田地は潰地となることになる。にもかかわらず、敷地については潰地ということだけの理由で官有地となることには、土地所有者も納得しない。溜池敷が個人所有であっても、この土地から利益があがるわけではないし、また、土地が官有地となったからといって困るというわけのものではない。しかし、将来において、溜池の利用を廃止し、この土地を開墾しないとはいえない。

もともと田地であったところを潰したために、田地の持主が損をしないように年々の作徳米に相当するものを村中から償っていることもあり、それゆえ、所有権を失なったとはいえない。ところで、潰地といっても荒地と同じであるので、『地券』には「溜池敷」という名義にし、この土地を所有するかしないかは土地所有者の自由にまかせ、民有地第三種として組み入れる、というのである。つまり、『地券』を発行するが、地租ならびに入費は賦課しないことになる。これにたいする地租改正事務局の指令はこれを認めている。

溜池の土地を村とのかかわりとの関係において、個人的私的所有とは別の所有――例えば、部落有・区有・組有――にしなかったのか、ということが指摘できるが、伺にもあるように、将来、この溜池を廃止して耕地にする、ということも考えられるからであろう。そうしてまた、溜池の土地が官有地ということにでもなれば、溜池そのものが自分達のものではなくなるような意識もあったかに思われる。

いずれにしても、こうしたケースでは、水利関係地の所有を私有としても官有としても、それについては水利関係者――とくに土地所有者――の都合によるものである。水利関係地が官有地であるという前提はないし、また、地租改正事務局においても内務省においても強硬に官有地とするという方針はなかったのである。

このような、土地と水との問題について、そのかかわりを明確にする太政官達（第一四六号）が八月二六日にだされた。この種について、あまりにも多くの問題があったために、特にこのような達を出さなければならなくなったのであろう。

明治七年十一月第百二十號布告ヲ以地所名稱區別改定民有地ニアラサル池澤溝渠等ハ官有地第三種ニ編入候ニ付テハ耕地ノ養水溜池及ヒ井溝等ノ儀ハ従前ノ通水掛リ地民ニ所用セシメ耕作一途ニ相用候分ニ限リ別ニ借地料區

入費等賦課ニ不及候尤右地内ニ生スル水草魚鼈等取入利益トナスモノ其場所故障無之差許候節ハ相當借地料等収入候儀ト相心得内務省へ可申出此旨相違候事

この達は、『地所名称区別』改定によって、旧来の公有地が消滅し、官有地かもしくは民有地かのいずれかに帰属させなければならなくなったことから生じたものである。また、『地所名称区別』改定以前に官有地となったところも含めて、官有地に編入された水利関係地で、水の所有をどうするか、が問題となった。水利関係地においては、水が土地所有によって左右されるものなのか、ということである。官有地になれば地租等は納めなくともよいが、水の使用料を支払わねばならないのか、ということで紛争も生じた。こうした点を明確にするために官有地となった水利関係についてだされたのが、この達である。

達は、「池沢溝渠等」が官有地となっても「耕地ノ養水溜池及ヒ井溝等」については「従前ノ通リ」であることを明らかにし、「借地料区入費等」は賦課しないとした。ただし、この水関係から「水草魚鼈等」の収入があり、これを利益とするものについては、問題がなければ借地料をとる、というのである。

右の達によっても明らかなように、太政官は、水の権利と土地の権利とを明確に分離した。土地が官有地となっても、水については「従前ノ通リ」であり、水をどのようなかたちで分配したり利用したりするのかは、すべて慣習にまかせたわけである。池沼等の水利関係であって水草・魚類等の収益が多大にある場合には借地料をとる、というのであるが、この場合、すべての官有地にたいして適用されるのではないことは、その後において明らかになった通りである。水草・魚類等を捕獲する場合でも、慣習という権利にもとづくことが多く、したがって、この慣習にたいしては料金を徴収することができないからである。慣行水利権についての明確な法的規定とみてよい。

なお、ここにいう借地料というのは、土地所有を権原とするものではなく、これまで、生産物にたいする貢租という概念をもとにするものである。すでにみたように、潰地については、ここを潰地として水利関係地とすることは、この水によって利益をあげることができるのであるから、底地についての生産性を見積もって租税を課スという発想と同じなのである。水草・藻類等の収益をもって生産物とみ、ここに生産性を措定したからにほかならない。水草・藻類等の生産物の収益をみなければ「借地料」とよんでいる租税を課税しない、というのはこれにもとづくものである。土地所有にたいする水の対価ではない。

おわりに

地券制度のもとにおいて、所有権を「確証」することができるものは『地券』をおいて他にない。『地券』は中央集権的統一国家＝明治政府の命をうけて公的機関である府・県が発行するものであって、一地一権の原則の上に立っている。したがって、土地所有権の移動は『地券』によってのみ行なわれる。『地券』の絶対性を確保するために、『地券』上の移動（名義書換）なくして土地の移動が行なわれた場合には、きわめてきびしい罰則が適用される（『地券渡方規則』第二二条）。『地券』の発行にあたり、『地券』と同一の表示内容のものが副本として県に置かれる。これが『地券大帳』といわれるものであるが、この『地券大帳』を権利保全の基本として、これにもとづいて諸種の証明文書が発行されることはない。

土地所有権を『地券』によって確証する、という法体系の確立によって明治時代に特徴的な所有権の基礎があたえられ、全国の土地にたいする所有権の確認が行なわれた。地租改正は、さらに、土地所有権の確認作業を進めるなかで土地の等級を決定し地租を決定するという作業を同時的に行なうことになったのである。しかし、ここでも中心となるのは『地券』の発行であった。

地巻制度・地租改正の諸法令、ならびに租税寮・地租改正事務局の指令によっても明らかなように、地券制度・地租改正という土地所有権確認の作業においては、まずなによりも、民有地の確証がある土地については民有地としての権利の唯一絶対の確証である『地券』を渡すことが目的であった。このことは同時に、地租徴収の安定ということにもつながるからである。したがって、これまでに検討してきたように、水利関係地においては、人民にとって関係が深く民有（私有）の確証があるものについては問題なく民有地として確認し『地券』が発行された。そうでない場合でも、人民にとって関係が深いところにおいては、公有地としての『地券』が発行された。官有地となった水利関係地は、土地所有という点からみて、官有地となったのであるが、その例は、そう多いものではない。しかもそこでは、水の権利については別個のものと概念されている。こうして、民有地となった水利関係地においては、問題となったのは、有税にするか無税にするか、ということだけである。伺の多くは、個人持田畑を領主の許可をえないで湛水地とした例である。田畑は、領主にとって租税徴収のもっとも重要な対象であり、領内に田畑の存在なくしては領主の存続はありえなかった。したがって、この租税対象地を潰すということは、とりもなおさず租税が減少することである。田畑を潰すことによって、より多くの租税をうることができれば、領主はこれを認めるであろう。しかし、領主がこの増収を確認するまでには、煩雑な手続きと日数を要する。そのために、一つの方法として潰す田畑については農民ないしは村が租税を負担し、あたかも、恒常的に収穫を得ているようにする。租税は従来と同じように納めるのであるから、この土地が潰地となっても領主の収益にはまったく関係がないことになる。そればかりでなく、水利関係諸設備の完備によって増収をみた場合、領主は、この増収分にたいして課税することも可能である。全国いたるところで、形式上は無許可のまま田畑が潰され水利関係地となったのは、実益という実質のためにこうした農民や村の行為を領主が黙認したためである。黙認という形式をとった合法的手段である、といってよい。

水利関係地は、「地所名称区別」の時期においては、皇宮地・神地・官有地・公有地・徐税地にも存在する。のち、「地所名称区別」改定の時期では、土地所有は官有地・民有地にわかれて存在するようになる。民有地という所有を内容的にみると、個人持・共有・代表者（名義）・組有・区有・部落有・数村有等と『地券』の形式上は表示されるが、これは、土地所有という形式上からみた場合で、実質的には部落有が多い。水そのものの権利についても同じように指摘されるが、水の所有については表示がないので、実質的に把握しなければならない。これらは、いわゆる慣習によるものであり、現実的支配が中心となる。その意味において、およそ水が存在し、人がこれにかかわるところにおいては、例外なく慣習的権利がある。旧幕時代においては、この権利は領主も公認し判例上としても確立されている。明治政府によって土地の所有が官有地として決定されたところであっても、水が存在し、これを人が恒常的に利用してきているところでは、土地の所有とは関係なく水にたいする慣習上の権利が存在しており、土地所有者は、土地所有権を楯にして水の権利を否定することはできない。私有地についても同じことが指摘できる。明治初年においては、明治維新政府の法令ならびに行政庁の指令も、さらに、裁判所の判決も、この慣習の法律的効力を認めているのである。

地券制度・地租改正において決定した土地所有権の帰属は、水の権利について、なんらの法律的効力をもつものではなく、また、その帰属を決定することができるものではない。水利関係地における土地所有権の問題の重要な点は、水の深さや広さ、水からの収益の多少にかかわりなく、底地の所有権について私的所有を排除するものではなく、むしろ、積極的に私的土地を認めていたという事実である。もちろん、土地所有の確認にあたっては、人民や村等が土地所有を申請しても土地所有権が与えられるものではない。さきに述べたように、私的所有を立証することができなければならないのである。この点、官有地についても同じことが適用される。まず第一に官有地であることのためには、公簿上において官有地であることが確認されなければならない。第二に、民有地であることの確証がなく、かつ、土地そのものについて人民に深いかかわりがない場合に官有地となる。この場合、水の権利については土地所有の規定性をうけることがない、別個独立の権利とされる。第三に、人民にまったくかかわりがない土地であること。第四に、人民が所有権を放棄した土地であること。これは、すべての土地にたいしてあてはまる。(16)

（1）地券制度については、北條浩「地租改正における地券の法的性質」一九八九年（『法律時報』）日本評論社。同『地券制度と地租改正』御茶の水書房。丹羽邦男『明治維新の土地変革』一九六二年、御茶の水書房。福島正夫『地租改正の研究』（増訂版）一九七一年、有斐閣。宮川澄『日本における近代的所有権の形成』一九七八年、御茶の水書房、参照。北條『明治初年地租改正の研究』一九九二年、お茶の水書房。

（2）地租改正資料刊行会編『明治初年地租改正基礎資料　上巻』（改訂版）（以下、『基礎資料』と略称する）二四頁、昭和四六年、有斐閣。

（3）『基礎資料』四五〜四六頁。

（4）『基礎資料』六九頁。

（5）『基礎資料』一〇七〜一〇八頁。

（6）『基礎資料』一四一〜一四二頁。

（7）『基礎資料』一六三〜一六四頁。

（8）詳細については、中田薫『公有地の沿革』（『村及び入会の研究』昭和二四年、岩波書店）、ならびに北條『林野入会の史的研究　上』一九七七年、御茶の水書房。福島『前掲書』参照。

（9）『基礎資料』二六一頁。

（10）福島『前掲書』、北條『前掲書』参照。

（11）『基礎資料』三一六頁。

（12）『基礎資料』四二四頁。

（13）『基礎資料』五一三頁。

（14）『基礎資料』五四一頁。

（15）『基礎資料』五四四頁。

（16）池沼の所有権については、山中永之佑『池敷所有権の帰属について』（『阪大法学』第四九巻第三・四号、平成一一年、を参照されたい。

第七章　国家的所有の論理と私権
――海底の土地所有権と登記――

はじめに

海底に私的所有権は存在するのか。これにたいする最高裁判所の法的判断は二つにわかれている。その一つ、昭和五二年一二月一三日、第一小法廷では海底の土地所有権を認めている。他の一つ、昭和六一年一二月一六日、第三小法廷「土地滅失登記処分取消請求事件」では、海底に私的所有権は存在しないと判決している。最高裁判所は、明らかに片方の判決では私的権利を抹殺しているのである。

海も含む水底の土地所有権には、具体的に、海のほかに河川・湖・沼・池・溜池・湿地・冠水地・干潟などがあるが、そもそも、水底に所有権は存在しない、という法制的規定はない。それどころか、明治初年における地租改正の際に所有権を認定した地券制度、ならびに、これにひき続く土地台帳制度においても、海底の所有権は認められているのである。

海といい海底というと、一般的には漠然とした広大な海原《うなばら》を思い、深海の底を思うであろう。しかし、これらは漁業や航路の対象である海であって、土地所有権と密接するような海ではないし、海底ではない。広漠とした海であっても、一定の区画をかぎって、まず、入会権が存在しているし、したがって、その海に存在するものは、入会権にもとづいて収益の対象である。徳川時代における海の入会については、多くの紛争があり記録が残されている。ごく簡単な資料として、司法省『徳川民事慣例集』ならびに『裁許留』をあげることができる。この海の入会紛争の実例では、かなり広い海域に入会権がみられる。たとえば、旧幕期に現在の東京湾の海の入会権をめぐり、現在の東京都側と千葉県側で紛争を生じたこともある。

この入会権と重複するのであるが、魚類以外の海産物――貝類・藻類（海苔・昆布・肥料用のものなど）――を海底の土地との直接的な関係において――養殖や保護・管理――所有していることがある。これらは、海底の土地の産物と認識されているのであって、海底はまさに田畠と同じ内容をもつ土地にほかならない。これらの海底は、潜水して直接に対象物を採取することができるか、あるいは、簡単な手道具によって採取することができる。海底を支配もしくは所有する合理的な意義はここにある。干潮時において干潟となるような海底においては支配はさらに所有となることは明らかである。ここでは、海産物の多くは地上のように直接にとることができる。

海底と同じように水の底ということになると、湖・池・沼・川なども同じことである。直接的に水底を利用することができない水深のところであっても、地租改正の際に底地の所有権を申請しているところもあり、大河川の底地から湧出する温泉について、その湧出口の土地を私的所有として認定され、登記簿上においても搭載されていたところもある。まして、常に利用することができる海岸や干潟が私的土地所有とならないわけはないし、事実、徳川時代においてはこれらの土地は所有として意識されていたし、所有として支配され、その権利行使が行なわれていたのである。

明治初年の地租改正において、右のような海底は私的所有として認定されたし、池・溜池などの水底も私的所有――

—そのほとんどは一村＝部落所有——として認定され、明治時代以来、土地登記簿上に搭載されて所有権を確保されたのである。当然、この土地は売買されて登記簿上においても名義人の変更が確認される。

今日、海底の土地所有権や河川の土地所有権が地方自治体や行政庁によって否定されるようになるのは、例外なく、この土地に大型開発によりここに重大な経済的な利益をもたらすために、中央官僚や地方、あるいは政治家とのかかわりを生じたときである。海底ならびに河川等の土地所有権に法律論が先行するのではなく、利害関係によってこれらの土地所有権を否定することが行政や開発関係業者・政治家との大きな利益につながるために、行政を先行させて、その後から法律解釈論でカヴァーするのである。したがって、その法律解釈論は合理性・論理性をともなわないから、きわめて稚拙である。裁判官僚の法律判断の非独立性を示すものである。紛争が訴訟に発展すると、行政機関が前面にでたり背後にある訴訟においては、だいたい裁判所は行政側について、その行政機関の政治的利害関係の重大さを衡量して裁量するという傾向がある。とくに最高裁判所では、地方裁判所もしくは高等裁判所において、事実関係について判断し適法な判決を行なっても、これをくつがえす、ということがしばしばみられる。

つぎの愛知県田原湾干潟事件といわれている干潟の所有権をめぐる紛争では、大型プロジェクトによる干潟の開発を前提として、市と法務局出張所がその利害を一致させたところから起った事件だと地元紙は伝え、これに法務省の検事（のち、最高裁判事）が指導したものだと指摘している。なんらかの政治的あるいは経済的利害がからまないかぎり、明治以来、なにごともなく平穏で干潟の所有権をえていたところが、突然としてこれを否定されるような事態を生じるわけがないのである。

海面下の土地所有権については、東京都・羽田空港地先海面下の土地所有権について、東京地方裁判所が判断したように、明治四年八月大蔵省達第三九号の荒蕪不毛地払下げによって取得した所有権は、海面下であっても「所有権と全く同一実質を備える排他的総括支配権であり」これは、「明治三一年七月民法（明治二九年法律第八九号）が施行されるとともに民法上の土地所有権に当然推移したもの」である（昭和三八年三月三〇日判決。『下級裁判所民事裁判判例集　第一四巻第三号』）と判旨した。もっとも、この裁判では国が空港建設にともない、旧所有者から土地を買収したことについての適法性が問題となっているのであるから、これを政治的あるいは行政という角度においてみるならば、国は取得した土地の合法性を主張するかぎり、その土地がすでに私的所有として存在していたことを前提としなければならず、したがって、海面下であるといえども、これを明治五年に合法的に取得し、その後においても登記簿上において所有として登記されていたことの合法性を認めなければならないことになる。一審の東京地方裁判所の裁判官がそこまで考慮したかどうかはともかくとしても、とにかく、この羽田沖の海面下の土地所有権は明らかな事実であり、かつ、法制度上においてもなんらの不備も誤認もないのである。

第一節　海面下の土地所有権紛争

愛知県田原湾干潟の紛争は、そのもともとがこの地域の巨大開発に端を発しているといわれている。この開発を前提として、干潟に土地所有権を有することが法律上誤っている、ということを理由として、市の要請という形式をとって法務省の出先機関が登記簿登記の抹消を行なったのである。その法的理由は、海は国有であり、海面下の土地には私的所有は存在しない、というのである。

これにたいして、そのような法律的根拠はないために、土地所有権者がこの行政処分を不当として訴えた。第一審は名古屋地方裁判所、第二審は名古屋高等裁判所で、ともに原告の勝訴であったが、最高裁判所で原告が敗れた（以下、第一次訴訟といい、新たな訴訟を別件と称する)。原告では、さらに別件として同じ地域での土地所有権を主張して名古屋地方裁判所に訴訟を提起したが、名古屋地方裁判所の判決は最高裁判所の判決と同じであって原告の敗訴となり、さらに、名古屋高等裁判所へ控訴した(以下、第二次訴訟といい、本件と称する)。

すなわち、このようにして田原湾干潟事件は、同じ地域・同じ内容をもって、二度も争われているのである。原告の判断はもとより、この事件について触れた法律学者は一様に最高裁判所判決にたいして疑問をもったからにほかならない。

ところで、第一次訴訟(別件)ならびに第二次訴訟(本件)ともに、原告である土地所有者が相手としたのは、法務省名古屋法務局田原出張所登記官ならびに同豊橋支局登記官であって、いわば法務省である(単純に、一地方の出先機関というように考えてはならない。法務省の指揮をうけているからである)。第一次訴訟・第二次訴訟において、訴訟の対象となっているところの池沼とは一般的呼称ではなく法律上の土地表示であるので、念のために付言する。

池沼の土地が私的所有の対象となるケースは別にめずらしいものではなく、一般的な実情である。池沼は、徳川時代の支配・所有の状況を判断して明治初年の地券制度・地租改正において、私的所有として認められたことが法的確認のはじめである。その後、土地登記制度の制定によって今日までいたるのであり、これまでに、この種の問題について土地所有権が否定されるという例をみない。ところが、別件の最高裁判所判決・本件の判決においては、いずれも土地益記簿登載の土地所有権を否定したのである。もっとも、本件の名古屋地方裁判所の判決は第一次訴訟の最高裁判所の判決をそのまま踏襲したのであるから、判決としても法律論としても問題とするに足りない。きわめて政治的であるからである。

そもそも、この事件の発生は、名古屋法務局所属の当時の登記官が、係争地の現況が海であると判断し、係争地所在の地方自治体の長と相談のうえ、職権をもって土地の滅失登記を行なったことにあると言われている。当時、この係争地について、大規模な開発問題が生じていた、ということであるから――事実、この干潟の一部を埋立てて多くの企業が工場等を建設している――、この滅失登記がきわめて政治的なものであることを指摘している者もいる。そうでなければ、突然として干潟の土地所有権の登記が誤ったものである、とことさら登記官が主張するのはおかしいから、開発にからんだ上からの指示や饗応や贈賄がなければつじつまが合わない。

田原湾干潟の土地は、明治初年以来、土地は法律上において私的所有となっており、しかも、土地の所有権が売買・相続・譲与等によって移動していたという事実が多くみられる。土地所有の権利を法的手続上において確実にするために、ほとんどの者は登記簿上において権利移転の法的手続きをしていたのであるから、明治初年の地券制度、あるいは明治中期の登記制度の開始以来今日にいたるまで、登記簿上の名義が変ることなく、いわば放置されていたような状態にあったというものではない。しばしば登記所において所有権移転の登記が行なわれていたのであるから、登記官はこの干潟に私的所有があることを確認して長い間にわたり登記手続を行なってきていたのである。したがって、ある日突然に一出張所の登記官が本件土地が海であることを知って驚き、その独断的判断をもって滅失登記という法的措置を行なうということは常識では考えられない。おそらく、滅失登記の指示が、上級機関ないしは上級官吏から当該登記官にあり、出先機関の担当者としてもこれを実行せざるをえなかった、という、いわゆる、なんらかの強制があったと推測してもおかしくはない。しかも、土地の所有者は一〇人や二〇人にとどまらない多数者である。当然のことながら、土地所有権が失われることを土地所有者が黙っているはずがないことは予想されたであろう。紛争が裁判にまで発展する可能性も考えられることである。もし、その可能性を予想することなく、海は国有であり海底も国有である、という法務省名古屋法務局官吏のひと声によって、干潟の土地所有者は、この「お上《かみ》」の権威・権力に服するであろうと思ったならば、その権力体質に問題があるのか、この地方一帯の住民意識に問題があるのか、いずれにしても民主主義的意識が欠如していることはいうまでもない。こうした中央官省とその末端の機構と官吏の権力的体質を法の解釈においては、より深く考察しなければならない。それは、アジア的中央集権官僚体制と体質（イデオロギー）の問題だからである。しかし、それ以上に問題となるのは、この登記抹消行為が、なんらかの利権——たとえば干潟の大規模開発にからむ利権——にからんでいるものであれば、法律上で所有権を争う、というようなことの法律問題以前の政治的・社会的な点において責任を追求しなければならないし、また、この措置にたいして法律上においても別の角度から責任が問われなければならない。いずれにせよ、こうした問題点が指摘されるということは、いかに、この登記抹消の措置が不明朗・違法なかたちで行なわれたかを示すものである。

ところで、第一次訴訟第二審の名古屋高等裁判所判決では、一審原告（被控訴人）の請求を容れて、海の所有権についての中心的な論点を、理論的につぎのように判示している。

先ず、こゝで問題とされる所有権の客体としての「土地」とは、飽くまで法律上の概念であって、自然的・物理的な概念ではないから、土地の定義について格別の規定がない現行法の下では、法律上所有権の客体となりうる性質を備える物であるかどうかが土地の概念を決定する要素として捉えられなければならない。そうすると、右の意味における土地であることの要件としては、人による事実的支配が可能であってかつ経済的価値を有する地表面であることを以て足りると解すべきであって、海面下の地盤であっても右の要件を充たす限り、これを法律上所有権の客体となりうる「土地」と認めて妨げないと解するのが相当である。（中略）

したがって、民法上の土地が陸地に限る旨の控訴人らの主張は現行法制上もこれを認めることができない。民法上の土地は陸地と同一でなければならないものでもなく、陸地は常に公有水面と接していなければならないものでもない。海面下の土地も、単に海面下にあることの故に私権の対象とならないということはできない。それは、常時自然公物たる海水によって覆われることにより一種の公用負担を負う土地であり、あるいは、海岸法により海岸管理上の規制を受ける場合もある土地であるにしても、支配可能性と経済的価値とを備える限り、私権の客体となりうるものと解すべきである。海と陸との境界を春分又は秋分の日の満潮位の線を以て画し、この基準時に、海面下に没する土地については私人の所有権は認められないとする控訴人らの主張はこれを採ることができない。土地が海没によって、滅失したと見るべきか否かは、そのような基準によるべきではなく、当該土地が海面下になった経緯、現状、当事者の意図、科学的技術水準などを勘案して、その支配可能性及び経済的価値の有無を判断することによってきめなければならないものである。

最高裁判所判決のあとをうけてなされた地方裁判所の判決では、当然のことながら原告によって最高裁判所の判決の批判が行なわれ、これの克服というかたちで訴訟が進行しているので、第一次訴訟一審・二審の判決と最高裁判所判決との比較、つまり、両者の法的検討は十分になされているはずであり、また、なされなければならないのはいうまでもない。そうしてさらに原告側にしても、一審・二審とは別の角度で、最高裁判所判決にたいする批判の法理論を展開しているのである。また、この種のケースの先例として、すでに最高裁判所は海面下の土地の私的所有について、その存在を法律的に認めた判断をした判決をしており（最高裁判所昭和五一年(オ)第一一八三号、五二年一二月一二日第一小法廷判決。裁判集民事一二二号三二三頁）、この判決との法的判断を欠いて判決したさきの最高裁判所判決との検討も裁判官として重要な責務の一つとされる。にもかかわらず、名古屋地方裁判所の判決は、すべてにわたり最高裁判所判決のコピーとして登場し、さきに指摘したように、このような大きな問題をかかえながら、これらの問題になにひとつとして答えることなくコピーという判決で終ったのである。このことは、地方裁判所では、最高裁判所判決——誤判ないしは政治的判決——にたいする自浄作用がなにもみられないということであり、そのかぎりにおいて裁判官の資質と裁判所機構の体質があらわれているということができる。こうしたことを考慮に入れて、いったい、最高裁判所が判決した通り、あるいは、最高裁判所の訴訟指揮——実態的なものとして——の通りに判決をしたらよい、というのでは、地方裁判所裁判官という特殊職業専門家としての存在の意味がなくなる。その意味において、訴訟について独自の研究も検討もする必要がないからきわめて楽な職業ということになる。誤判であっても、現在の法律制度では、裁判官はその責任を追求されることはない。

なお、裁判官は裁判長裁判官・瀬戸正成、裁判官・杉原則彦、同・後藤博（以上、民事第九部）である。なお、前任者は、裁判長裁判官浦野雄幸、裁判官・杉原則彦、同・佐藤信弘である。

第二節　海面下の土地所有紛争判決の問題点

名古屋地方裁判所の判決（本件）は、最高裁判所の判決（第一次訴訟）のコピーであるから、すでに別件判決について指摘された問題点を出るものではないが、判決にしたがって若干の問題点を明らかにしておく。

第一は、本件係争地が所有権の客体である土地に該当するかどうか、ということについて、裁判所はつぎのように判旨している。すなわち、「海は、古来より自然の状態のままで一般公衆の共同使用に供されてきたところの公共用物であって、国の直接の公法的支配管理に服し、特定人による排他的支配の許されないものであるから、そのままの状態においては、所有権の客体的なる土地に当ならない」というのである。これが、判決における海についての理解であり、判決の前提条件である。私は、寡聞にして、このような海にたいする法制史上の、あるいは法律上の定義があることを知らないし、学術的にも存在していることも知らない。もっとも、広漠とした、いわゆる外海については、徳川幕府評定所の判決では今日でいう公海というように捉えている。[2] したがって、本件判決のいうように、「海は」ということで、海水があるところをすべて右の規定のもとに入れて、「古来より」・「公共用物であって、国の公法的支配管理に服し」ていたというように、単純に概念規定することは科学的でない。徳川幕府評定所の多くの裁決（判決）をみてもわかるように、海には広大な入会海域があって私権の対象であり、さらに、海苔や州立てのように、一定の海域を限って絶対的排他的な私的権利——同じことながら入会権——が存在している。漠然とした「一般公衆」などが利用するところではない。また、本件判決がいう意味不明の「社会通念上」という概念なるものも存在しない。もともと、専門学者による学術論文を読んだこともなく、法についての哲学的・思想的、あるいは論理的な学問について十分な知識をもたない裁判官が少なくないことでもあるから、判決の合理性や正当性を、事実関係や法理論で示すことができないために、このような方法＝ことばで回避することも行なうのであろう。

海にたいしては、これが前提であり、「本件係争地は古くから、満潮時には海水下に没する干潟の一部で……昔から海のままの状態」であった、と指摘する。しかし、干潮時においては、係争地である干潟がいかなる形状を示すのか具体的に明らかにしていない。満潮時において土地が海水に覆われれば海という、きわめて乱暴な前提条件を満たすことになるからである。それにしても、東京・羽田空港沖と同じ現象の海でありながら、羽田空港沖では私的所有を認め、田原湾では私的所有を認めないのである。そればかりではない、羽田空港沖は、その先が広漠たる東京湾であるのにたいして、田原湾では目の前が陸地によって区画されているのである。これ一事をもっても、田原湾干潟にたいする判決が、裁判官の無知によるものでないとするならば、いかに政治性を帯びているかがわかる。

ところで、内湾であり、かつ、長時間にわたり干潟を現出する場所を、人々は魚貝類海藻等を簡単にうることをしていたし、また、この干潟を人々は古くから外海と区別し、ここを比較的簡単に陸地とすることができることを考えていた。そのために通常の海とは概念していなかったのである。この事実を、裁判官は知ろうとしなかったのである。否、そうした事実を知ってはならなかったし、また、知っていても触れることはできなかったのであろう。このことを認めては、田原湾干潟が、行政庁や第一次訴訟の最高裁判所の判決が概念規定した海のなかに包摂することができなくなるからである。すなわち、この事実は、人の支配を容易に行なえる条件を海はもつことになるからにほかならない。

係争地が「地券の下付等により所有権の客体たる土地になったか否か」について、最高裁判所ならびに第二次訴訟の地方裁判所の判決はつぎのように判定する。すなわち、「海も、およそ人の支配の及ばない深海を除き、その性質上当然に私法上の所有権の客体となり得ないというものではない」。そうして、その理由として、「過去において、国が海の一定範囲を区画してこれを私人の所有に帰属させたことがあったなら」、現行法が海の私的所有を認めていないからといっても、私的所有は存在する、というのである。ここでは、一般論として海底の私的所有を認めている。ところが、この私的所有を立証する明治初年の『地券』について、つぎのように判旨をしている。すなわち、「地券は、土地の所持（排他的総括支配権）関係を証明する証明文書であって、土地を払い下げるための文書あるいは権利を設定するための文書ではない」。したがって、『地券』の下付があっても「所有権の客体なる土地としての性格を取得したもの」ではない、というのである。驚くべき認識である。

さきに、海について定義した判旨と、この海の私的所有権との関連性について、判旨の矛盾を追求することはたやすいことであるが、もともと、判決じたいがおかしなものであるので、もっと重要な点について、その非論理性を指摘しておく。それは、『地券』の法的性質についてである。最高裁判所判決では、一審・二審の判決を覆す法的判断の一つとして『地券』の性質について触れ、『地券』は「せいぜいが開発権を証明するものではない」という副詞つきの判定という表現で『地券』の法的性質を否定したのであるが、これにくらべると、本件判決では、この「せいぜい」という副詞がないだけ、まだましといえるかも知れない。しかし、いずれにしても『地券』の法的性質を全面的に否定したことに変りはない。その『地券』が証明文書であるという根拠法令を、最高裁判所判決が「明治五年二月二四日大蔵省達第二五号、同年七月四日大蔵省達第八三号、同年九月四日大蔵省達第一二六号、明治六年三月二五日太政官布告第一一四号及び同年七月二八日太政官布告第二七二号」と指摘しているので、これにしたがって掲出する。なお、この指摘は、最高裁判所判決で示したものと一言一句も違わない。これらの法令について第二次訴訟の裁判官達が十分に検討したことがないのは明らかであると思われるので——もっとも、この法律の条文を見たことがないことも想定されるし、見ても内容がわからなかったことも考えられる——、この法令を判決の掲出順にしたがって以下に掲出し、これらの法令について若干のコメントをする。

まず、明治五年二月二四日大蔵省達第二五号である。この達は、『地所売買譲渡ニ付地券渡方規則』（以下、『地券渡方規則』と略称する）と表題されたものである。

○第二十五號（二月二十四日）

今般地所永代賣買被差許候ニ付今後賣買並譲渡ノ分地券渡方等別紙規則ノ通可相心得事

（別紙）

地所賣買譲渡ニ付地券渡方規則

第一

一　地所賣買譲渡ノ節地券相渡候ニ付テハ於府縣元張ヲ製シ地券申受ノ儀願出候節ハ別紙雛形ノ通地券本紙並扣共二枚ヲ書シ押切印ノ上本紙ハ地主へ與へ扣ハ右元張へ綴込置可申事

第二

一　右元張ヲ以地券ノ大帳ト定メ以後ノ分綴込置一箇年分取纏寫壹通リ大藏省へ差出置可申事

第三

一　地券申受ノ儀ハ別紙願面書式ノ通リ相認爲願出可申事

第四

一　右願出有之節ハ雙方情實篤ト相糺相違無之候ハヽ地券相渡可申事

第五

一　一筆ノ地所ヲ裂キ賣買致度旨願出候分ハ實地ニ於テ總歩數ヲ改檢地帳へ照合シ引分ケ方偏頗無之様篤ト検査ノ上願ノ趣聞届地券相渡可申事

第六

一　右地券ハ地所持主タル確證ニ付大切ニ可致所持旨兼テ相論置可申候万一水火盗難ニテ地券ヲ失ヒ候節ハ二人以上ノ證人ヲ立村役人連印ヲ以書替ノ儀爲願出可申事

但盗難等ニテ失ヒ候分後日相知レ候ハヽ早速可差出旨請書取置可事

第七

一　初年度地券相渡候以後賣買讓渡シ並代替リ其外質地流込等ニテ持主相替リ候節ハ地券ノ裏ヘ雛形ノ通相認地券書替ノ儀爲願出可申事

第八

一　右書替願出候節ハ其情實ヲ吟味シテ後新地券ヲ渡シ舊券ヲ取消スヘシ尤大帳ヘモ地主相替リ候趣並地代金増減ノ有無年月日共詳記シ置一箇年分取纏メ大藏省ヘ可届出事

第九

一　山林原野其他ノ地所共賣買讓渡ニ付地券相渡候分總テ同様可相心得事

第十

一　願ニヨリ荒蕪ノ地所拂下ケ候節ハ同様地券可相渡事

第十一

一　新規書替共地券申受候節證印税トシテ左ノ通リ上納可爲致事

證印税

地券ニ記セシ

千分ノ五

金高	百圓以下	即十圓ニ付五錢
同	百圓以上	
同	二百圓迄	五十錢

同　同　二百圓以上　五百圓迄　一圓

同　同　五百圓以上　千圓迄　一圓二十五銭

同　同　千圓以上　二千圓迄　一圓五十銭

同　同　二千圓以上　五千圓迄　二圓五十銭

同　同　五千圓以上　三圓七十五銭

第十二

一　爾後地券ヲ不申請密賣致シ候者ハ其地所並代金共取揚可申事

但致連印候村役人ハ地代金ノ三分通罰金可申事

第十三

一　従来ノ持地ハ追テ地券渡シ方ノ儀可相達事

第十四

一　東京府下ヲ始沽券税法御達ノ土地ハ此規則ノ例ニアラサル事右之通相定候事

奉願候田畑地賣買之事

某國何郡何村ノ内

字何　何番　　同郡同村（何郡何村）

一田畑何段何畝何歩　　持主　何之誰

此高何石何斗何升何合
此地代金何拾何兩也　　同郡同村（何郡何村）

買請人　何之誰

但是迄ノ質入證文添

右地所今般相對ノ上賣渡且買請可申積相談相整候間賣買ノ儀御聞濟地券御渡シ被下置度依之村役人奥印ヲ以此段
奉願候以上

右

年號干支月　　賣渡人　何之誰　印

右

買請人　何之誰　印

前書願ノ趣雙方相糺候處情實相違無御座候依之私共連印ヲ以此段申上候以上

年號干支月

某國何郡何村組頭　何之誰　印

同　名主　何之誰　印

年號干支月

何府縣廳

地券之證

某國某郡某村之内
何番

一　田何町何反何畝何歩
此高何拾何石何斗何升何合
此地代金何百何拾何兩也

某郡某村

持主　何之誰

押　切　印

押

切　一　田何町何反何畝何歩
此高何拾何石何斗何升何合
此地代金何百何拾何兩也
同　人

印

右檢查之上授與之

何府縣知事令苗字名　□

大少屬苗字名　□　受付

林竝原野ノ類モ此雛形ニ準スヘシ

年號干支月

地　券　之　證

某國某郡某村之内

字何々　險阻平地

押

切　一　山反別何拾何町何反何畝何歩

某郡某村

持　主　　何　之　誰

立木有無
此地代金何拾何兩也

印

右檢查之上授與之

何府知事
　縣令　苗字名　□

大少屬苗字名　□　受付

一　地券願請候以後再ヒ他之者江賣渡候歟或ハ親族江讓渡候節ハ地券之裏江左之案文ノ如ク相認爲願出可申事

讓渡證印願裏書雛形

表書之地所今度某國何郡何村何之誰江地代金何拾何兩ヲ以賣渡申度奉存候御聞濟之上ハ同人名前之御證券ト御引換被成下度依之村役人連印ヲ以此段奉願候以上

年號干支月

賣渡人　何之誰　印

買請人　何之誰　印

名主　何之誰　印

組頭　何之誰　印

親族江譲渡候節證印願裏書雛形

表書之地所今度親族兄弟其他續合ヲ書スヘシ何郡何村何之誰江相譲申度奉存候御聞濟之上ハ同人名前之御證券ト御引換被成下度依之親類或ハ組合歟朋友之中證人相立村役人連印ヲ以此段奉願候以上

年號干支月

譲渡人　何之誰　印

譲受人　何之誰　印

證人　何々何之誰　印

同　同何之誰　印

名主　何之誰　印

組頭　何之誰　印

（註）以下に掲出したものは、『法令全書』に掲出されたものの上部に註として表記されているものである。「　」内がこれの原文である。(イ)　本法律は、「第九十四號ヲ以テ増補六年太政官第二百七十二號十九年法律第一號二十年大蔵省令第一號ニ依リ規則消滅第百十五號ヲ以テ改正」。(ロ)　第二は、「第百十五號ヲ以テ改正」。(ハ)　第七は、「八年地租改正局甲第一號布達ヲ以テ廢止」。(ニ)　第一一は、「六年太政官第三百九十六號八年地租改正局乙第九號達九年同甲第一號布達乙第九號達（五月二十三日）ヲ以テ更正十四年第三十號布告ヲ以テ廢止」。(ホ)　第十二は、「七年太政官第百三十三號達ヲ以テ廢止」。(ヘ)　第一三は、「第八十三號參看」。(ト)　第一四は、「第百二十六號ヲ以テ第十五條以下増補」。(チ)　地券状については、「八年地租改正局

甲第一號布達ヲ以テ廢止」。および、地券状の裏について、「八年地租改正局甲第一號布達ヲ以テ廢止」。

判決では、この『地券渡方規則』は、『地券』という「証明文書」を発行する手続規定である、とみる。しかし、この条文中に、『地券』を「証明文書」であると規定したものはない。文言上において、証明という言葉を使用した条文はないが、これに近い言葉をみつけるならば、第六則の「右地券ハ地所持主タル確証ニ付」とあるのがこれであろう。「確証」という言葉を確かな証明というように勝手に解釈すれば、この言葉から証明がみちびきだされ、『地券』が文書として発行されるのであるから、証明文書ということになる。きわめて短絡的なこじつけである。かつて、川島武宜氏は、この『地券』について、「地券書換は所有権移転の効力発生要件とされるに至り、地券における物権法的私法的要素が前面に出ることとなった」（傍点、筆者。以下同じ）。あるいは、「近代的な永久的売買の器なる地券は」・「証書は観念的な所有権移転を証明する所のものではなく、この証書なくしては所有権移転はない、という意味においての所有権移転の要件である[3]」というように定義づけているほか、さらに、「地券渡方規則第六は、地券が『地主持主タル確証』であると規定している。訴訟法と実体法との近代的分化なき訴法的構成においては、権利の要件はしばしば証拠として構成されるのであり、ここに『確証』というのはおそらくは、現代民事訴訟法上の『証拠』という意味ではなく、所有権の要件の裁判規範的表現、と解されるべきであろう。[4]」と指摘している。『地券』にたいする川島武宜氏のこのような指摘は、必ずしも完全なものとはいえないが、しかし、川島武宜氏が、一九四八年の時点において、『地券』についてこのようなかたちで法的構成をしている点で注目される。

川島武宜氏の『地券』にたいするこのような理解＝解釈と、最高裁判所判決ならびに本件判決との差はどのような理由によるものであろうか。一九四八年以降、『地券』に関する研究は地租改正の研究のなかに包摂されて行なわれており、川島武宜氏の説の延長上において捉えられている。にもかかわらず、裁判所の判決とのへだたりは、基本的には所有権についての理論的・制度的把握＝知識が、少なくとも、最高裁判所裁判官・調査官ならびに第二次訴訟・名古屋地方裁判所の裁判官にほとんど欠除しているということである。[5] そうしてまた、最高裁判所の裁判官・調査官のうちには、かつて大審院判決において、土地の私的所有を内容的に表現した「排他的総括支配権」を、そのまま無批判的にとり入れ、これを徳川末期・明治初年の土地の私的支配状況にあてはめていることにも重要なかかわりがある。戦後における所有権研究の成果についてなんら顧慮することなく、漫然とこの学術的慣用語にみられない「排他的総括支配権」という言葉用語を使用していることじたいには問題がある。したがって、裁判官は、学問的進歩と無関係な存在、つまり法的認識や意義において、一九四五年以前の死滅した言葉用語――大審院判決では概念規定であったが、最高裁判所ならびに本件名古屋地方裁判所においては、概念規定すら関係がない――によって、実体＝社会関係ならびに法律関係を判断しているのである。法解釈がその科学性を放棄した好個の例である。[6]

ところで、川島武宜氏は、『地券』について、これを「旧幕府時代以来の慣行的方法たる公証」と、「近代的な登記制度（旧登記法）」とのなかにおいて、つぎのように地券を位置づけている。すなわち、「要するに公証制度および地券制度は、売買証書または地券の占有という現実的支配の上にある所有権によって基礎づけられているのである。[7]」というのである。ここでは、『地券』を占有するという現実的支配が所有そのものを示すことを指摘しているわけで、法制度ないしは法理論からみて、このことじたいが近代的であるのか前近代的であるのかを論ずることの妥当性はともかくとして、明らかに、『地券』を所有権の性質を「たかだか」証明する文書としては捉えていない。[8]『地券』が、所有権そのものであることを示し、それゆえにこそ、地券制度においては所有権の観念性が貫徹していないことを指摘しているのである。[9] 川島武宜氏は、少なくともこの後における論文上において、『地券』にたいする法的判断を撤回していない。徳川封建制下においては、土地にたいする現実的支配がみられることをもって所有権の観念性について否定し、『地券』では、土地所有権が地券状所有に体現化され、しかも、所有権が『地券』を唯一・絶対的な拠りどころとしていたからであろう。

『地券渡方規則』における地券を法解釈学上において、このように理解することによって『地券』の法的性質は明らかとなる。したがって、最高裁判所ならびに第二次訴訟の名古屋地方裁判所の判決には、『地券』にたいするなんらの法的解釈もなく、ただたんに『地券』をもって証明文書とするだけである。したがって、その法的根拠はいっさい存在しない。法令をいたずらに並べることによって済むものではない。

つぎに、明治五年七月四日の大蔵省達第八三号である。この法令は、『地券渡方規則』第一三則に関するものである。

○第八十三號（七月四日）

地所賣買規則第十三則ニ從来持地ハ追テ地券渡方ノ儀可相達旨掲載布告ニ及置候所即今已ニ賣買ノ者へ地券相渡從来所持ノ者へハ不相渡候ハテハ不都合ニ付管下人民地所所持ノ者へ最前相達候規則ニ準シ都テ地券相渡候様可致尤其代價ノ儀ハ田畑ノ位付ニ不拘方今適當ノ代價爲申出地券面へ書載可致候

但本文地券相渡候儀ハ可成丈至急ニ取計總テ當十月中ニ渡濟相成候様可取計若事實無據次第有之延引可相成見込候ハ、其旨前以租税寮へ可申出事

この法令は、『地券渡方規則』が土地売買に際して適用されていたのを、広く、土地所有者すべてにたいして『地

券』を渡す、というものである。「人民地所所持」ということが地券を渡す絶対的要件であるから、少なくとも、『地券』が渡される当時において土地の所有者でなければならない。なお、ここでいう「所持」というのは所有のことである。

第二次訴訟の名古屋地方裁判所の判決が、この法令じたいのなかにどのようにして『地券』が証明文書であることの法律上の証拠を見出したのであろうか。判決では、この法令と『地券』とのかかわりあいについての法的解釈がないのであり、判決では、ただたんにこの法令を羅列しただけのことであり、しかも、最高裁判所判決そのままであるところから、内容について検討したものでもなければ、あるいは、この法令を見ていないのではないかと思われる。いずれにしても、この法令は一般地券公布を内容とするものであって、判決がいう設権文書か証明文書かなどという、直接に『地券』の法的性質を示したものではない。

つぎは、明治五年九月四日、大蔵省達第一二六号である。この法令は、『地券渡方規則』の追加であり、第一五則から第四〇則までのものである。以下に、その全文を掲載する。

○第百二十六號（九月四日）

当壬申二月地券渡方規則第十四ケ條相達置候處今般十五條以下ノ條々相達候間前後照考處置可致事

地券渡方規則

第十五條

一　從前田畑ノ稱呼ヲ廢止總テ耕地ト可唱事

第十六條

一　石高之稱ヲ廢シ反別相用可申尤諸掛リ等ハ地券金高ヲ以テ可致割賦事
　但從來反別無之場所ハ檢地竿入ニ不及候得共所持主ヨリ檢査ノ上爲申出候儀ト可相心得事
　第十七條
一　右二則ハ追テ税法改定ノ節ニ至リ可相改ニ付夫迄ハ貢租ニ屬シ候書類ハ總テ從前之通可相心得事
　第十八條
一　屋敷地之外切歩ノ儀ハ百坪以下ハ難相成事
　但是迄一筆限リ右以下ノ坪數ヲ所持有之分ハ此限ニ非ス
　第十九條
一　地券合筆一紙ヲ渡方相願候モノハ別冊一筆限之代金ヘ賣買規則第十一則ノ割合ヲ以テ證印税取立可申事
　第二十條
一　總テ人民所持ノ地後來御用之節ハ地券ニ記セル代價ヲ以テ御買上可相成事
　第二十一條
一　從前切添切開並高外地ヘ試作致シ候歟或ハ除地見捨地等ヘ家屋取立候歟林數之類開業致シ候種類其他隠田タリトモ此度限リ一切差許候間有體可書出旨可申渡事
　第二十二條
一　地券相渡候後ニ於テ隠田等有之候節ハ此規則第十二條密賣買ノ例ヲ以テ所置可致事
　但隠田ハ賣買ノ代金無之候ニ付地所ノミ取上可申且其地所ハ入札拂取計右代價ノ三分通リ村役人ヨリ可取立事
　第二十三條

一　従前切畝歩致シ検地帳名寄帳小拾帳等ニ突合サルトモ現地ノ景況ニ随ヒ總テ地引絵圖可差出旨説示可致事

第二十四條

一　段別等持主申立ヲ以テ検地帳ヘ引合セ相違無之分ハ据置ノ積相心得検地竿入等取計不及候得共地所境界紛雑取調差支候向ハ一筆限リ畝杭ヲ打地引繪圖爲差出落地無之様實地検査可致事
但餘歩有之地所検地帳ニ比較増歩相成候分ハ人民申立ノ通据置右ニ相反シ検地帳ヨリ減歩相成候地所竿入検昨ノ上減歩可致事

第二十五條

一　従前高内外ニ不拘社寺郷藏之類或ハ埋葬地等地主定リ無之分ハ地引繪圖中ニ其譯可記置事

第二十六條

一　村持之小物成場山林ノ類ハ地引繪圖中色分致シ可申事

第二十七條

一　堤外附寄洲又ハ流作場等不定地ノ類大繩場ニ相成居持主有之候ハヽ格別確定ノ持主無之地所ハ入札拂ニ致シ持主相定メ可申若シ持主ニ難相定分ハ拝借地ノ積可相心得事

第二十八條

一　従前高内外ニ不拘郷藏敷村圍穀積藏敷之類人民ニ關係ノ分ハ地券ヲ定メ一村總持ト可致事

第二十九條

一　堰料堤敷道敷川床敷等之類潰地高内永引ノ分ハ自今無税地ニ相定メ可申事

第三十條

一　墓所地ハ従前ノ通無税地ト可致事

第三十一條

一　本田畑ト雖モ村民退轉致シ持主無之荒地ハ其段別ヲ點検致シ入札拂ノ積相心得管内普ク布告可致事

第三十二條

一　持主有之荒地ハ反別坪數等綿密ニ遂檢査起返ノ手數勘辯ノ上至當ノ年期ヲ定メ代價ヲ記セサル券狀ヲ其持主ニ相渡年期中無税ト可相定事

但荒地券狀證印税ハ反別ノ多少ニ拘ラス一筆ノ地所ヨリ五銭ノ印税ヲ収入スヘシ

第三十三條

一　持主無之荒地並持主有之荒地共一郡限反別仕譯繪圖面相添可届出事

第三十四條

一　村持ノ山林郊原其地價難定土地ハ字反別而已記セル券狀ヘ従前ノ貢額ヲ記シ肩ニ何村公有地ト記シ其村方ヘ可相渡置事

但池沼ノ種類モ同斷之事

第三十五條

一　兩村以上數村入合之山野ハ其村々ヲ組合トシ前同様ノ仕方ヲ以テ何村何村之公有地ト認メ券狀可渡置尤其券狀ハ組合村方年番持等適宜ニ可相定事

第三十六條

一　總テ山林原野ノ類反別難相分ハ先以テ無反別ニ致シ漸次點検ノ積可相心得事

第三十七條

一　總テ右種類ハ地界ヲ券状ニ記載ス可シ譬ヘハ東耕地西字何山南某川北某村字何原ト如斯詳カニ記注ス可キ事

第三十八條

一　従前無税地ニ住民有之候得共地位下等ニシテ他ヨリ望人ナキヲ以テ地價ノ目的難相立節ハ一反歩則三百歩ノ地ナリニ付一圓以上ノ地價ニ定ムヘキ事

第三十九條

一　地所引合相濟候ハ、落地無之旨地主一同調印之上戸長以下ノ誓文請書可申付事

第四十條

一　右種類地有税無税ノ區界ヲ仕譯村限リ地券臺帳ノ末ニ記載可致事

右之通相達候事

この条文のどこから、『地券』が証明文書である、という法解釈がみちびきだされるのであろうか。法令は、土地所有を確定するための手続規準であって、むしろ、このなかに『地券』に集中する土地所有の道程が示される点において注目すべき規定であるといえる。これもまた、さきに掲出した『地券渡方規則』とともに、裁判官がほとんど内容について検討することはおろか、知らなかったのであろう。もっとも、裁判官には法制史上の学問的素養がないといってしまえばそれだけだが、人の権利について判断を下すのであるから、無知ですまされるべきものではない。

つぎに、明治六年三月二五日太政官布告第四号である。この布告は、通称『地所名称区別』とよばれるもので、土地の名称を八種類にわけ、それぞれの土地が、この名称のいずれかに属することを示したものである。以下に、その

全文を掲出する。

○第百十四號（三月二十五日）（布）

府縣へ

今般地券發行ニ附地所ノ名称区別共左ノ通更正候條此旨相達候事

皇宮地　皇居及ヒ各所ノ離宮
　　　　皇族ノ邸宅等ヲ云

神　地　宗廟山稜及ヒ官國弊社
　　　　府縣社ノ在ル所ヲ云

以上ノ地所ハ地券ヲ發スルニ及ハス唯其坪数ノ廣狭ヲ検シ地方官ノ帳簿ニ記載シ置クヘシ

官廳地　官省使寮司府縣ノ本廳及ヒ確定セル
　　　　支廳裁判所海陸軍本営分営等ヲ云

右地所ハ地券ヲ其地方官ヨリ其省使ヘ渡シ府縣廳ノ分ハ其坪数ヲ本廳ノ帳簿ニ記載スル地租ハ出スニ及ハスト雖モ区入費ハ各地方適宜出金ノ方法ヲ設クヘシ

官用地　官省使寮司府縣一時
　　　　ノ用ニ供スル地ヲ云

右地所ハ其本廳ヨリ所轄ノ官省使寮司ヘ地券ヲ渡シ府縣ニ属スルハ其坪数ヲ本廳ノ帳簿ニ記載シ地租区入費ハ總テ法ノ如ク出スヘシ若シ地租ヲ免サヽル可カラサルモノハ官廳地ノ部ヘ加フヘシ

官有地　各所公園地山林野澤湖沼ノ類舊來無
　　　　税ノ地ニシテ官簿ニ記載セル地ヲ云

右地所ハ政府ノ都合或ハ人民ノ願ニヨリ之レヲ賣買スル等總テ大蔵省成規ニ従フ可シ尤地券ヲ發スルニ及ハ

スト雖歟其坪数地方官ノ帳簿ニ書載シ置ヘシ

公有地　野方秣場ノ類郡村市坊一般
　　　　公有ノ税地又ハ無税地ヲ云

右地所ハ本廳ヨリ其公有セル郡村市ノ戸長ヘ公有地ノ證トシテ地券ヲ渡シ地租区入費ハ該地ノ景況ニ仍リ収入セシムヘシ尤開墾牧場等ノ為メ私有地トナサント欲スルトキハ管轄廳ニテ其得失ヲ詳明シ村方故障ナケレハ成規ニ随テ拂下可シ

但公有地ノ内自然村方ニ出金致シ買入レタル地所ハ賣買トモ村方一統ノ自由ニ任ス可シ

私有地　人民所有ノ田畑屋敷
　　　　其他各種ノ土地ヲ云

右地所ハ地券ヲ法ノ如ク授與シ地租区入費トモ成規ノ通リ収入スヘシ

除税地　市街郡村ニ属スル埋葬地制札場行刑場道
　　　　路堤塘及ヒ郷社寺院ノ類當分此部ニ入ル

右地所ハ地券ヲ發セサルモノトナシ其地方廳ニ於テ坪数ヲ検シ其帳簿ニ記載スルノミトス

（註）七年第百二十號布告ヲ以テ改定

右の布告において、とくに注目すべき点は、『地券』を発行する土地と、そうでない土地とにわかれ、私有地に関係する土地については、除税地を除いてすべて『地券』が発行される、ということである。この布告においても、『地券』を証明文書であることを規定した文言は存在しない。

八種類にわけた土地について、それぞれ若干の注釈が付されている。たとえば、官有地については、「名所公園地山林野沢湖沼ノ類旧来無税ノ地ニシテ官簿ニ記載セル地ヲ云」とあるのがそれである。つまり、官有地とはどういうものかを例示したものである。この記載においては海が存在しない。また、河川・池・湿地も存在しない。とすると、これらはすべて官有地ではないことになる。しかし、このような解釈ないしは理解は誤りで、ここに示された「公園地山林」等という地種については例示にすぎない。所有についての判定を行なった大蔵省租税寮（のち、地租改正事務局）の公式文書によると、[10] 河川・池等についても、その土地所有については官有地もあるし、民有地もある。海が民有地として土地所有が確認され、地券が発行された例もみる。かつて、公有地・私有地の例示中に山林という文字がなく、その文字が官有地に存在したことから、山林はすべて官有地であるということを主張した者もいたが——これに近い判決は、大審院判決にもみられる——、少なくとも、地租改正の研究にたずさわっている者には、さすがに、この種の無智・無理解や暴論はみられない。

つぎに、明治六年七月二八日、太政官布告第二七二号である。この布告は、別紙の『地租改正条例』をともなうものであり、この布告に先立って、上諭としての『地租改正法』をうけてだされたものである。内容的には、『地方官心得書』・『検査条例』が併記されている。長文にわたるが、裁判官はこの法令を見なければならないのであるから、その全文を掲出する。なお、『検査条例』は、直接関係しないので掲出しない。いずれも『法令全書』からの引用である。

表　紙

地　租　改　正　法

上諭

（上諭以下百四十三字朱書）

朕惟フニ租税ハ國ノ大事人民休戚ノ係ル所ナリ従前其法一ナラス寛苛輕重率ネ其平ヲ得ス仍テ之ヲ改正セント欲シ乃チ所司ノ群議ヲ採リ地方官ノ衆論ヲ盡シ更ニ内閣諸臣ト辯論裁定シ之ヲ公平畫一ニ歸セシメ地租改正法ヲ頒布ス庶幾クハ賦ニ厚薄ノ幣ナク民ニ勞逸ノ偏ナカラシメン主者奉行セヨ

明治六年七月廿八日

○第二百七十二號（七月二十八日）（布）

今般地租改正ニ付旧来貢納ノ法ハ悉皆相廃シ更ニ地券調査相済次第土地ノ代価ニ随ヒ百分ノ三ヲ以テ地租ト可相定旨　被仰出候条改正ノ旨趣別紙ノ通可相心得且従前官庁並郡村入費等地所ニ課シ取立来候分ハ総テ地価ニ賦課可致尤其金高ハ本税金ノ三ケ一ヨリ超過スヘカラス候此旨布告候事

（別紙）

地租改正条例

第一章　今般地租改正ノ儀ハ不容易事業ニ付実際ニ於テ反覆審按ノ上調査可致尤土地ニ寄リ緩急難易ノ差別有之各地方共一時改正難出来ハ勿論ニ付必シモ成功ノ速ナルヲ要セス詳密整理ノ見据相立候上ハ大蔵省ヘ申立允許ヲ得ルノ後旧税法相廃シ新法施行イタシ候儀ト可相心得事

但一管内悉皆整理無之候共一郡一区調査済ノ部分ヨリ施行イタシ不苦候事

第二章　地租改正施行相成候上ハ土地ノ原価ニ随ヒ賦税致シ候ニ付以後仮令豊熟ノ年ト雖モ増税不申付ハ勿論違作ノ年柄有之候トモ減租ノ儀一切不相成候事

第三章　天災ニ因リ地所変換致シ候節ハ実地点検ノ上損

ノ厚薄ニヨリ其年限リ免税又ハ起返ノ年限ヲ定メ年季

中無税タルヘキ事
第四章　地租改正ノ上ハ田畑ノ称ヲ廃シ総テ耕地ト相唱其余牧場山林原野等ノ種類ハ其名目ニ寄リ何地ト可称事
第五章　家作有之一区ノ地ハ自今総テ宅地ト可相唱事
第六章　従前地租ノ儀ハ自ラ物品ノ税家屋ノ税等混淆致シ居候ニ付改正ニ当テハ判然区分シ地租ハ則地価ノ百分ノ一ニモ可相定ノ処未タ物品等ノ諸税目興ラサルニヨリ先ツ以テ地価百分ノ三ヲ税額ニ相定候得共向後茶煙草材木其他ノ物品税追々発行相成歳入相増其収入ノ額二百万円以上ニ至リ候節ハ地租改正相成候土地ニ限リ其地租ニ右新税ノ増額ヲ割合地租ハ終ニ百分ノ一ニ相成候迄漸次減少可致事
第七章　地租改正相成候迄ハ固ヨリ旧法据置ノ筈ニ付従前租税ノ甘苦ニ因リ苦情等申立候トモ格別偏重偏軽ノ者ニ無之分ハ一切取上無之候条其旨可相心得尤検見ノ地ヲ定免ト成シ定免ノ地無余義願ニ因リ破免等ノ儀ハ総テ旧慣ノ通タルヘキ事
右之通相定候条猶詳細ノ儀ハ大蔵省ヨリ可相達事

明治六年七月

地租改正施行規則

第一則　今般地租改正被仰出候ニ付テハ兼テ相渡置候券面地価ノ儀旧来石盛ノ不同ト貢租ノ甘苦ニ寄リ高低有之儀ニ付更ニ土地一歳収獲ノ作益ヲ見積各地ノ慣行ニ因リ何分ノ利ヲ以テ地価何程ト見込相立更ニ持主銘々ヨリ為申立当否検査ノ上適当可相定事
第二則　最前地券渡済ノ地ハ地所ノ廉落等無之筈ニ候得共自然廉落又ハ残歩等ノ懸念有之候分強テ旧帳簿ニ拠ル時ハ地ノ広狭其実ヲ失ヒ陰ニ地価ノ昂低ヲ為シ其当否ヲ検スルノ準拠無之候ニ付更ニ精覈ノ反別為申立候様

可致事
第三則　郡村宅地等地価難定場所ハ其村耕地ノ平均又ハ隣村宅地ノ比較ヲ以テ相定候筈可相心得事
第四則　山間海岸其他ノ宅地他ノ比較無之地価難定分ハ一反ニ付十銭ヨリ不少税額ヲ定其趣ヲ券面ニ可記載事
第五則　郷蔵其外学校貧院ノ類是迄無税ノ地トイヘトモ人民ノ共有スル者ハ宅地同様可相心得事
第六則　一村又ハ数村総持ノ山林株場等ノ公有地ハ総テ相当ノ地租収入ノ積相心得仮ニ地価ヲ定メ規則ノ通収税可致事
第七則　従前一村又ハ数村ニテ貢租弁納致シ来候堤敷道敷共有墓地等ノ類有之候ハヽ自今無税ニ相定候条其反別ノミ可申立事
但従前持主有之分作徳米一村ヨリ償ヒ来候類ハ是迄ノ通据置候トモ又ハ一村ニテ右地所買受候トモ相対次第タルヘキ事
第八則　海川ノ附洲湖水縁等ノ不定地或ハ試作ノ地所等反別確定無之分ハ何不定地凡反別何程ト相記シ地価相定規則ノ通収税可致事
第九則　総テ旧来大縄受ノ地所ハ現歩調査ノ上地価相定規則ノ通収税可致事
但旧来大縄受ノ地所トイヘトモ不定地ノ分ハ第八則ノ通タルヘキ事
第十則　渾テ年季ヲ定メ無税ノ積聞届置候荒地ノ儀ハ損害ノ厚薄ニ寄リ更ニ起返スヘキ難易ヲ量リ年季ノ長短ヲ定メ年季中無代価ノ地券可相渡事
第十一則　池沼等ニテ持主有之水草共他ノ利潤アルモノハ相当ノ池沼代価ヲ定メ規則ノ通収税可致事
第十二則　新開場鍬下年季中ノ分ハ其年季中無税ノ積相心得新開試作地反別何程ト相記無代価ノ券状可相渡事

第十三則　地価調査ノ儀ハ各庁ニ於テ適宜人員相定実地ヘ派出致シ可取調事
第十四則　官員派出ノ上実地点検可致就テハ持主銘々所持ノ地所一筆毎ニ反別並番号持主姓名相記シ畝杭可建置事
第十五則　村方ヨリ差出候一筆限地価相当ナルトキハ兼テ相渡置候券状為差出更正ノ反別並地価ヲ券状ノ裏ニ相記可下渡事
但券状裏書ノ上相渡候ニ村テハ別段手数料等収入ニ不及候事
第十六則　村方ヨリ差出候地価不相当ナルトキハ調直ノ儀申渡若心得違ノ者有之及理解候上尚不服ノ節ハ入札法ヲ以テ地価相定候カ又ハ中立ノ代価ニテ可買上事
第十七則　地券調査相済候ハ別紙雛形ノ通地税表ヲ製シ施行以前租税寮ヘ可差出事雛形ハ追テ違スヘシ
右ノ通相達候事

明治六年七月　　大蔵省事務総裁
参議　大隈重信

別冊地方官心得書相達候条右之内人民ヘ告知スヘキ条件ハ地租改正着手ノ順序緩急ヲ計リ実際不都合無之条可取計事

明治六年七月二八日　　大蔵省事務総裁
参議　大隈重信

（別冊）

地方官心得書

第一章　今般地租ノ改正ハ至大至重ノ事業タル固ヨリ論ヲ竢タス其調査ヨロシキヲ得サレハ従前ノ偏輕偏重ヲ平均スル能ハス故ニ調査ノ間最モ詳覈考按スルヲ要ス

第二章　調査ノ難キ地價ヲ定ムルヲ第一難事トシ土地ノ廣狭ヲ量ルト落地或ハ重複ノ地ナキヲ檢スル亦之レニ亞ケリ故ニ調査ノ間最モ此兩件ニ注意スヘシ

第三章　地價ヲ定ムルハ賦税民益ノ因テ分ル所ニシテ若シ其毫釐ヲ謬ルトキハ民ノ幸不幸ヲ生ス故ニ下條ニ示ス檢査例ヲ熟記シ土地ノ景況ヲ審按シ然ル後處分スルヲ要ス

第四章　今調査ノ方法ヲ分ッテ二節ト定ム第一ハ人民ヨリ差出セル書上ニ就キ其當否ヲ檢シ第二ハ實地ニ臨ミ人民言フ所ノ實否ヲ檢スルニアリ

第五章　地所一筆限地價ヲ調査シテ村々ヨリ差出ス時ハ先合計上ニテ第十二章以下ノ檢査例ニ據リ合計ノ地價目的ノ準據ニ合スルヤ否ヲ準據ニ合スル者ハ假ニ之ヲ可ト定メ算者一筆限ノ算計ヲ檢ス可シ

第六章　人民申立ノ地價ヲ準據ト照合シ準據ノ價ヨリ低下スル一割迄ノ分ハ假ニ之ヲ可トスヘシ

第七章　若シ準據ノ價ニ合セサル一割以上ナル時ハ其人民地價商量ノ方ヲ糾シ其言フ所證據アラハ先假ニ之ヲ可トスヘシ

第八章　若シ準據ヨリ低下シテ之ヲ推問スルニ其證據ナキモノハ其調査ニ誤失アルモノトナシ其事柄ヲ厚ク教諭シ再ヒ調査ヲ遂ケシムヘシ

第九章　若シ一村又ハ數村申合收獲米ヲ詐ル時ハ定免村ハ近傍檢見村ノ坪苅籾ノ歩合ヲ參酌シ其當否ヲ檢シ彌不

相當ト察スルトキハ先一人一戸耕ヤス所ノ畝歩ヲ推問シ從前一段ノ貢額ト村費諸掛ヲ尋問シ其餘ス所若干ヲ問ハ、其數必ス尠カルヘシ其數尠ナキトキハ何ヲ以テ生活スルヤト推究シ猶厚ク説諭シ其眞ノ収獲ヲ言ハシムヘシ

第十章　第十二章以下檢査ノ法ハ只道理上ニテ地價ノ生スル所以ノモノヲ以テ説明シ之ヲ算定セルモノナレハ所謂理窟ツメノ者ニシテ活法ニ非ラス如何トナレハ元來土地ノ眞價ハ都鄙ノ便否人民ノ好悪耕鋤ノ難易營業ノ殊異等相須テ生スルモノニシテ強チ作益ノ多少ノミニ關セサルハ論ヲ待タス而シテ其好悪ト便否トノ如キハ各人ノ胸間ニ含蓄スル所ノ者ニシテ其形ノ露出セルモノナシ故ニ臆度ヲ以テ其價ヲ算知ス可カラス是ヲ以テ幾回モ賣買シテ各人相競ヒ相羅ルニ非レハ其實ヲ得難シトス故ニ今其露出セル実益ニ就キ檢査ノ法ヲ設ク則此法ハ地價ヲ定ムル要領ト知ルヘシ若シ衆人相競ヒ相欲スルノ地ハ此算則ヨリモ其價ヲ增スハ必然ノ理アルヲ以テ必シモ此法ニ拘泥ス可ラス

第十一章　此檢査ノ法タル耕鋤其他ノ諸費ヲ除去シ全ク所得ノ實益上ヨリ算ヲ起シ來ルヲ以テ此準據ヨリ減スルモノハ決シテ無シト言ヒ難シト雖トモ多クハ減スヘキノ理ナシ故ニ若シ減スル者アラハ人民不好不便ノ地乎或ハ違算不調等ノ事アルカ殊ニ能ク其所由ニ注意スヘシ

第十二章　檢査例　（・印ハ朱書）

第一則

一田一段歩

此収獲米一石六斗　一石二付

代金四圓八十銭　但代金三圓

内

金七十二銭

残金四圓八銭　種籾肥代一割五分引

内

△金四拾銭八厘　△地租三分ノ一村入費引

△金一圓二十二銭四厘　△地租

△小以金一圓六十三銭二厘

残金二圓四十四銭八厘　但假ニ六分ノ利ト見做ス

此地價四十圓八十銭

此百分ノ三　一圓二十二銭四厘

第二則

一田一段歩

此収獲米一石六斗

此小作米一石八升八合

代金三圓二十六銭四厘　但一石ニ付代金三圓

内

△金四十銭八厘　　△地租三分ノ一村入費引

△金一圓二十二銭四厘　　△地租

△小以金一圓六十三銭二厘

残金一圓六十三銭二厘　　但假ニ四分ノ利ト見做ス

此地價四十圓八十銭

此百分ノ三　　一圓二十二銭四厘

△地租算法

△収獲米代ノ内種肥代ヲ引去タル残數ヲ甲ト名ツケ第二則ハ小作米代金ヲ直ニ甲トス之ヲ實トシ二年間金利ノ歩合ヘ百ヲ乘シ税率三ト村費ノ一トヲ加ヘ法トス譬ヘハ六歩利ナルトキハ之ニ四ヲ加ヘ十トナルカコトシ法ヲ以テ實ヲ除キ得ル所ノ數ヲ村入費トシ之ニ三ヲ乘シテ地租トス

第十三章　自作ノ地ヲ檢スルハ第一則ヲ以テシ小作ノ地ハ第二則ニ以テス之ヲ正例ト定ム然レトモ各地ノ習價(ママ)區別アレハ尚別紙變例ヲモ參酌シ此方法ノ行レ難キ地ハ別段ノ方法ヲ設ケ稟議スヘシ

第十四章　小作米ハ地主ト小作人ト相競ルノ間ヨリ出ルモノナレハ収獲ノ多寡ヲ推知スヘキ確證ニシテ人民互ニ歎隠スル能ハサル者タルヲ以テ第二則ヲ適實ノ者トス故ニ自作地ノ分ハ合計上ニ於テ小作地反別ノ比例ヲ以テ自作地小作米ノ假標ヲ設ケ第二則ニ據リ調査シ其當否ヲ見ルノ參考ニ供スヘシ

第十五章　土地ヲ人ニ預ケ小作セシムルハ自ラ耕作スルト其勞費殊異アルハ勿論随テ収益モ亦多寡無カル可ラス

故ニ小作地ヲ以テ自作地ニ比スレハ其利自ラ少キノ理アリ譬ヘハ収益ノ利分自作地六分ノ利ナレハ小作地ハ四分ニテ相當ナルヘシ檢査ノ際尤注意スヘシ

第十六章　小作米ハ地價ヲ求ムルノ標的ナリト雖トモ古來ノ名田小作永小作ノ類地主ノ其地ヲ自由スルノ権利アラサル者及ヒ小作人ニテ貢米諸役ヲ出スノ類ハ此標的ト爲ス可ラス

第十七章　今収獲ヲ量ルニ一郡一村中ニ古檢新檢其他間竿ニ長短アリ區々入交リタル地ハ一歩ノ収獲ニ多少ノ差アルヲ以テ右様ノ地ヲ檢査スルノ際彼此混同セサル様注意スヘシ

第十八章　地價ヲ檢査スルノ際種子肥糞ノ歩合ハ一定ノ標的ヲ設ケサレハ比例ノ計算スヘキナシ故ニ第十二章ニ掲クル所ノ収獲米代ノ一割五分ヲ以テ定率トス且土地ニ課スル村入費ハ從前一定ノ規則ナシト雖トモ今後地租ノ三分一ヨリ超過スヘカラサルヲ以テ檢査ノ際必之ヲ以テ村費ノ定率トスヘシ

第十九章　土地ヲ賣買スルヤ各人ノ好悪ニ因リ其利分低昂アリト雖トモ其差等ノ如キハ概略三分利ヨリ六分利マテヲ以テ普通トス故ニ今地價ヲ檢スルノ際自作地ハ七分利小作地ハ五分利ヲ以テ其極度トスヘシ

第二十章　米價ハ從來其地ニテ用ヒ來レル各所ノ相場ヲ推問シ中立ノ米價ト照合シ其當否ヲ檢スヘシ

第二十一章　畑方ハ小作米金ヲ以テ地價ヲ算スルヲ本則トス可シ時トシテハ第二十四章ニ照準其價ヲ定ムヘシ

第二十二章　鹽田ハ竈元諸器機モ其地ニ屬セサレハ營業ノ成リ難キヲ以テ地價ヲ定ムル甚難シ故ニ賣買ノ代價ヲ以テ定ムヘシ

第二十三章　人民所有ノ山林藪澤ノ類其價ヲ定ムル亦難シ其一歳ノ収入ト賣買代價ノ照應ヲ以テ定ムヘシ

第二十四章　總テ収獲ノ利益詳カナラス價ノ當否決シカタキモノハ鑒定人ヲ設ケ實地上ニ於テ其價ヲ言ハシメ變例中第一則ノ意ニ基キ競羅セシメ鑒定人ノ言ト參酌シテ其價ヲ定ムルモ亦可ナリ

第二十五章　席上ノ調査相整ヒ地價ノ概略見込相立ツ時ハ左ノ略表ヲ制シ實地調査ノ目的トスヘシ

新舊税額比較表（略）

第二十六章　派出ノ人員ハ適宜ニ定ムヘシト雖モ主事タル者ハ權大屬以上タルヘシ

第二十七章　實地派出ノ節ハ兼テ地券掛ヲ命シタル郡村附屬又ハ地理ニ明ナル者ヲ撰ミ随行セシメ顧問ニ備フヘシ

第二十八章　實地ニ臨ムニ二タ手又ハ三手ニ分レ派出セハ其始メ一同集合シ先ツ一村ヲ檢査シ着手ノ方法ヲ試ミ各員異様ノ處分ナキヲ要スヘシ

第二十九章　耕地巡視ノ時ハ一筆毎ノ畝杭ヲ改メ落地ノ有無ヲ點檢シ廣狭ノ當否ヲ視察シ三四ケ所竿入様歩イタシ書上ノ歩數ト増減アルトキハ再調ヲ命スヘシ

第三十章　様歩ノ上調査整ヒタルモノハ其近傍便宜ノ場所ニ於テ地價ヲ調査スヘシ

第三十一章　前以テ差出セル帳簿ノ代價至當ナルハ實地ト照考シ格別昂低ヲ生スヘカラスト雖モ第七章ノ如キ低價ニ申立タル地ハ殊更注意シ其言ノ實否ヲ檢査スヘシ

第三十二章　若シ人民書上ノ地價不相當ト察スルトキハ篤ト説諭シ猶承伏セサルトキハ一村ノ中チ上中下數筆ノ地ヲ撰ミ戸長地主一同立會セ變例第一則又ハ第二則ノ手續ヲ以テ入札セシムヘシ

第三十三章　自然入札法ヲ以テ處シカタキ時ハ其者申立ノ價ヒヲ以テ官ニ買上ケルモ申分ナキ歟ヲ推問シ申分ナキ旨申立ルトキハ承諾ノ請書ヲ申付ヘシ

第三十四章　請書ヲ申付ケ價ヒヲ增サヽルハ先適當ノモノト看倣シ置派出ノ人員一同僉義ヲ盡シ猶隣村同位ノ地價トヲ照考シ其當否ヲ定ムヘシ

第三十五章　買上ノ請書ヲ命スルニ至リ請書差出スニ於テハ其申立ノ價ヒ的當ナルニ近キヲ以テ眞ニ買上クル手順ニ至ルハ稀ナルヘシト雖モ實ニ許偽アルト察スル時ハ買上ノ處分ニ及フヘシ

第三十六章　地價ノ參考ニ供センタメ前々ノ割賦帳皆濟帳檢見歩刈帳最前ノ地券大帳地引繪圖等ノ類ハ必ラス携ヘ行クヘシ

第三十七章　當ニ水旱ノ憂アル地ハ其地價モ亦普通ヨリ減少ナルノ理アリ宜シク前々貢額ノ高下ヲ參考シ至當ノ價ヲ定ムヘシ徒ニ人民ノ申分ニ據リ格外ノ低價ニ定ムヘカラス

第三十八章　數村ノ調査畢ラハ最前渡シタル地券ヲ一村每ニ取纏メ差出サセ地價ノ調書ト共ニ其本廳ニ送達スヘシ

第三十九章　本廳ニ於テハ各所ヨリ送達セル調書ヲ再檢シ其総計ヲ算シ前々貢租ノ額ト新税額トノ增減當否ヲ點檢シ大帳ヲ整理シテ後地券ノ裏ニ更正ノ反別地價ヲ記載シテ下渡スヘシ

但大帳ハ最前調査セル帳簿ヘ朱字ニテ更正ノ反別地價税額ヲ記スカ又ハ新ニ製スルトモ便宜タルヘシ

裏書式

一 耕地 宅地 何反歩　　　但何尺竿

代價何呈

此百分ノ三

金何程　　地租

右明治何年何月何日更正受與之

何府縣知事令　苗字名印

検査人

某官　苗字名印

第四十章　税法改正ニ因リ地價ヲ調理スルハ都テ舊來ノ貢額ニ拘ハラス銘々實際賣買スヘキ見込ノ價左ノ雛形ノ如ク書載シテ進達スヘキ旨村々ヘ布達スヘシ

雛形

何番
字何

一田何反歩　何之某印

此収獲米何程　但種肥其外諸費ヲモ引去ラス一作又ハ両毛作トモ總テ其地一歳ノ収獲ヲ擧ク可シ

地價何程

何番
字何

一畑何反歩　右同人印

小作人某印

此収獲品何程　但畑ハ麥桑茶藍ノ類總テ其品ノ數量判然タルモノハ悉ク記載スヘク其品柄ニヨリ其量ヲ記シ難キモノハ収利ノ代金ヲ記スヘシ

地價何程

但小作米金何程

何番字何

一屋敷何反歩　　右同人印

地價何程

如此一人別ニ相認一村ノ合計左ノコトク仕譯スヘシ

合何拾何町何反何畝何歩　但一歩何尺竿

地價何萬何千何百何拾何圓何拾何銭何厘

内

一田何反歩

地價何程

内

反別何程

此収獲米何程　　自作

地價何程

反別何程

此収獲米何程　小作
地價何程
小作米何程
一畑何反歩
地價何程
内
反別何程
此収獲品何程　自作
地價何程
反別何程
此収獲品何程　小作
地價何程
小作金何程
一屋敷何反歩
地價何程
外
一持山何反歩
如此種類ハ持主仕譯
帳別段ニ仕立ヘキ事

地價何程
一林何反歩
地價何程
右ハ今般税法御改正ニ付私共村方銘々持地反別代價等可申上旨御達シニ付私共立會從前隱田切開繩伸ノ類マテ地毎ニ取調箇所落ハ勿論隱歩等一切無御座且取揚米並小作米等聊詐欺ノ儀不奉申上候若心得違ノ儀有之後日相顯ハル、ニ於テハ如何様ノ御處分有之候トモ毛頭申分無御座候依之地主一同調印ヲ以奉申上候以上

何國何郡何村
百姓総代　何　某　印
戸長　何　某　印

年號月日

何府知事縣令　何某殿

第四十一章　右雛形ヲ作爲スルニ當リテ左ニ記スル第四十二章ヨリ第四十四章ニ至ル箇條ヲ管内ヘ布達シ調理ノ際矛楯アラシムル事勿レ

第四十二章　一村中古檢新檢入交リ竿繩長短アルモノハ合計ノ内何反歩ハ何尺竿何町歩ハ何尺竿ト記載セシムヘシ

第四十三章　地代金ハ一ケ年収獲ノ内種肥代其外諸費ヲ引去全ク地主所得トナルヘキ米金ヲ其村從前賣買仕來ノ

利息割合ヲ以テ現今互ニ賣買スヘキ者ト看做シ見込ノ代價ヲ記載セシムヘシ

第四十四章　雛形ニ記セル收獲米ハ是迄年々其地ヨリ登量ノ總數ヲ擧クヘシ尤モ其年々豊凶ニ依テ一定ナラスト雖モ平年作柄ヲ正實ニ書出サシムヘシ

檢査變例

第一則

一　一村申立ノ收獲米及ヒ小作米ノ員數不相當ナルカ又ハ諸入費等多分ナル事ヲ唱ヘ檢査ノ算當ニ當ラス一村申合セテ低價ニ書出セルト察スル時ハ臨機左ノ入札法ヲ施スヘシ

一　一村ノ耕地ヲ上中下三等又ハ五六等其品位限リ區分シ雛形ノ如ク調査セシムヘシ

雛形

耕地品位

上ノ部
何番ヨリ何番マテ　何番　何番

中ノ部
何番　何番ヨリ何番マテ

下ノ部
何番　何番

上ノ部何反歩

申立代價何程
合計中ノ部何反歩
代價何程
下ノ部何反歩
代價何程
一　右品位ノ内容一二ケ所ツヽ戸長小前一同立會ハセ面前ニテ鬮取ヲ以テ羅地ヲ定ムヘシ
一　右羅地定マラハ村内及ヒ近傍村々ノ者ヲシテ各自賣買スヘキ見込ノ價ヲ入札セシメ高札人ニ買取ラシムヘシ
一　落札ノ代價最前持主ノ申立ヨリ高價ナルトキ地主コレヲ賣渡ス事ヲ欲セサレハ五圓ヨリ少カラス二十五圓ヨリ多カラサル謝金ヲ其村ヨリ落札人ニ渡サシムヘシ
一　若シ又舊地主持續ク事ヲ欲セサルトキハ其者申立ノ代價ヲ以官ニ買上ケ更ニ入札ノ代價ヲ以テ高札人ヘ賣渡スヘシ若シ落札人即金ニ納メ能ハサルトキハ舊地主申立ノ代價タケ即金ニ納サセ其餘ノ間金ハ年賦ニ申付ヘシ
一　若シ落札直段持主申立ノ代價ヨリ低價ナルトキハ持主賣拂フ事ヲ欲セサルハ必然ナレハ入札ノ代價其當ヲ得サルモノト見做シ地主申立ノ代價ヲ以テ地價ト定ムヘシ尤其申立ノ價不當ト察スルトキハ時トシテ買上ノ處分スヘシ
一　落札代價ノ當否ヲ檢スルニ第十二章ノ例ヲ以テシ粗適當スルトキハ其當ヲ得ルモノト見做シ其比類ヲ推シテ一村上中下ノ地價ヲ定ムヘシ
一　一人持地ノ上ニテ代價不相當ト察シ規則第十六則ノ手續ヲ以テ入札法ヲ施スニ至ラハ先ツ持主申立ノ代價ヲ公示シテ入札セシメ其高札最前申立ノ代價ヨリ一割以上ニアラサレハ落札セシメス持主申立ヲ相當ト見做スヘ

シ

一　右地所落札ノ代價最前持主ノ申立ヨリ一割以上ナルトキ持主之ヲ賣渡ス事ヲ欲セサレハ一圓ヨリ七圓迄ノ謝金ヲ落札人へ渡サシムヘシ

一　假令ハ甲所有ノ地ヲ乙落札ニ成ルト雖モ其地所ニ甲ノ作物アルトキハ之ヲ其儘乙ニ賣渡ストモ又ハ乙ノ小作人トナルトモ都テ甲乙相封タルヘシ

第二則

一　小作入付米ハ小作人種肥手間料等ヲ引去リ其残數ヲ地主へ差出スヘキモノニテ申立ノ員數欺隠スヘキモノニ非スト云トモ土地ノ慣習ニヨリ強テ檢査例ニ據リ難キ事情アルトキハ臨機小作米ノ入札ヲ施行スヘシ此法ヲ施行セント欲セハ第一則ノ如ク上中下ノ品位ヲ取調サセ鬮取ニテ羅田ヲ定メ一村ノ中地所持主五六人此地ノ地主ハ必ス此撰ニ入ルヘシ小作人五六人此地ノ小作人ハ必ス此員ニ入ルヘシ相集メ向後銘々此地ヲ小作セン歟又ハ人ニ小作セシメント欲セハ何程ノ小作米ヲ出スヘキ乎ヲ入札セシメ其高札人ヲ以テ以來其地ノ小作人ト定ムヘシ

一　若落札ノ小作米從前ヨリ相増ストキ是迄ノ小作人引續キ小作セン事ヲ欲セハ元小作人ヲ以テ其地ノ小作ト定メ五十銭ヨリ五圓マテノ謝金ヲ元小作人ヨリ取立落札人へ相渡スヘシ

一　上中下各等ノ小作米其類ヲ推シテ通算シ先一村合計上ニテ第十一章ノ第二則ニ随ヒ其村ノ地價ヲ算出スヘシ

△地主ハ毎ニ小作米ノ多カランヲ欲シ小作人ハ毎ニ其少キヲ欲スル通情ナレハ小作米ヲ入札シテ地主ノ申立タルヨリモ多カラシムルハ最難シトス故ニ此法ハ地主ノ立タル小作米ノ高分外ニ少クシテ之ニ幾分ヲ増スモ尚小作ノ利益アルヘキヲ確乎見据タルトキ及ヒ耕地少ク人民多ク手ヲ虚フシテ毎ニ耕スニ地ナキヲ憂ル地ニノミ行

フヘキモノトス若シ深ク此時ト地トニ注意スル事ナク此法ヲ妄用スルトキハ平地上ニ風波ヲ起ス事アルヲ以テ最深思熟慮スルヲ要ス

第三則

地主所得ト舊貢米トヲ以テ地價ノ當否ヲ檢スルノ例

一田壹反歩

此舊貢米五斗

此代金壹圓五十錢

一地主全所得米九斗

此代金二圓七十錢

外二斗　諸費見込除之

合四圓二十錢

内

△壹圓四十錢　△新税引

殘二圓八十錢　六分利

此原價四十六圓六十六錢七釐

此百分ノ三一圓四十錢

第四則

最前渡シタル地券ノ代價ト舊貢額トヲ根據トシ今度書出セル地價ノ當否ヲ檢査スルノ例

一田一反歩

舊地券ノ地價三十八圓五十七錢舊税額存在セル地券代價ナリ

舊貢米五斗

此代金壹圓五十錢　　六分利

此原價二十五圓

二口合六十三圓五十七錢

内

△壹圓二十七錢壹釐　　△新　税

△此原價二十壹圓十八錢三釐

残四十二圓三十八錢七釐

此百分ノ三壹圓二十七錢壹釐

(註)　一　地租改正条例

(イ)第二七二号は、「十年第一號第二號布告參看十七年第七號布告ヲ以テ廢止。」、(ロ)第四章は、「十年第七十號布告ヲ以テ田畑ノ稱ヲ併用セシム。」、(ハ)第七章は、「八年第百五十二號布告ヲ以テ但書追加。」、(ニ)第七章のあとに、「七年第五十三號布告ヲ以テ第八章追加。

二　地租改正施行規則

(イ)第一六則は、「九年地租改正局甲第二號布達ヲ以テ十六則ヲ廢シ十七則ヲ十六則ニ改ム」。(ロ)

第一七則は、「大藏省第百八十二號達ヲ以テ雛形ヲ頒ツ」。

以上が、判決によって指摘された法令である。これらが裁判所によって判断された「地券発行の根拠法令」であり、最高裁判所ならびに第二次訴訟の名古屋地方裁判所は、この法令によって、『地券』が「土地の所持（排他的総括支配権）関係を証明する証明文書」であるにすぎないことが示されている、と判示した。『地券』の権利の性質について明確にするには、これだけをもって判断することはできない。しかし、それでも、いったい裁判所が判決で摘示して、この根拠法令のなかに、『地券』をもって、たんなる「証明文書」にすぎないということがどうして立証することができるのであろうか。裁判官が判決にあたり法制史的学問の素養も理解力もなく、かつ、学説を無視するのは必ずしも自由ではないが、しかし、法令について検討をすることもなく、もしくは、その能力がないままに、勝手に自己の考えを法令にあてはめてよいというものではない。指摘した法令については厳密に――科学的に――解釈すべきである。もともと、戦前期の地租改正についての学問も未発達な段階において政治的に判決したもののなかから、都合のいい部分だけを抜き出して適用させるということは、現在の裁判官の質が低いというだけの問題ですまされるものではない。明らかに、土地登記台帳に記載されている干潟の土地所有権をどのようにしてでも否定しなければならない、という命題――それじたいが政治的意図をもつ――のためにつじつまを合わせるために、地租改正における『地券』の法的性質までねじまげる判決をしなければならなかったのである。このような判決が今日にでるということば、かつて末弘厳太郎氏が、そうして、戦後において川島武宜氏が法律解釈学の科学性において判決を捉えたことに、明らかに逆行し、判決をもって法とみる理論に科学的な根拠を失わせる結果となる。あるいは、それ以前の問題である。われわれは、過去において裁判が政治権力に迎合したり、従ったりして冤罪の判決を生む暗黒の部分をもっているから、恐ろしさを感じた。したがって、それじたいが、判決への不信、裁判への不信につながるわけである。われわれは、判決が摘示した根拠法令と他の法令ならびに資料を検討し研究した結果、地券の法的性質を決定づけているのである。政治性、あるいは官僚性のために、学説もしくは、これらの研究論文、判決批判の学術論文を無視し、そうして法令の解釈や位置づけもなく、誤判といわれる大審院や最高裁判所の判決をそのまま無批判的に使用して判決を行なうことは、少なくとも、地方裁判所・高等裁判所のレヴェルにおいては許されるべきことではない。それをあえて行うことは裁判官による犯罪である。判例というかたちでは、『地券』の法的性質については、少なくとも学術的研究に耐えるだけの確定した判例がこれまでに定着していないからである。すでに、最高裁判所が、海の土地所有を判決した先例として、本件ならびに別件とは異なり、海の所有権を肯定したものがある（前掲『裁判集』）。その意味において、最高裁判所の判決には異なった解釈がみられる。そうして、明らかに、第一次裁判での最高裁判所の判決は、先例を否定したものである。もっとも、この最高裁判所判決では「事案を異に」していると釈明しているが、これが詭弁であることは詳細に指摘するまでもないことである。

第三節　海底の土地所有

海の土地（海底の土地）は、私的所有の客体となるか。この点については、すでに戦前においても裁判所の判決をみ、戦後においても裁判所の判決がでていることであるから、最高裁判所の判決ならびに第二次訴訟の名古屋地方裁判所の判決は、誤判の典型としても、法律解釈学としても論議されるべき大きな問題である。[11] まして、干潟の土地所有権については徳川時代の藩においても開発を認め、さらに、明治初年の土地所有権制度において土地の私的所有が確定し、それ以後においても土地登記簿上で所有権を登記されて今日にまでいたっているのである。

海とはいったいどのような形状のものを指すのか。一般的にいって、海とはどのような状態で存在しているのを人々は通常概念しているのか。そもそも、このことも問題である。海、という言葉・文字はどのように一般の人々にとってイメージされているのか。まず、このことを明確にする必要がある。というのは、裁判所の判決にいう海と、一般的にイメージされている海との間に大きな差異がみられるからである。同時に、自然科学でいう海の定義との間にも差異がある。自然科学における海とは、一般的に社会でイメージする海とはへだたりがあってもよい。しかし、裁判所においては、社会との関係を離れて、純粋なかたちで自然科学という学問体系における海についての規定を適用することはできない。自然科学上において規定していることをもって、ただちに社会関係に適用し、これをもって人々を規律することはできないからである。通常という言い方はごまかしである。

ところで、海について裁判所が概念規定を行なうとき、裁判所は、海を或一定の規準のもとに判断しようとする、いわゆるProkrustes-bettにほかならない。その判断に根拠をあたえたのが行政庁の海についての解釈なのである。海については、実定法上においては規定をみない。したがって、行政庁は、一定の政策を推進させるために便宜上において海を都合のよいように解釈しているのである。つまり、行政庁が水を公水として規定し、ここに私的権利を排除して、行政庁が自由に水をコントロールすることができるように意図したことにもとづく。水が公水ということになると、この下にある土地には当然のことながら国有地となり私的所有の権利は成立しない、という解釈をみちびきだすことになる。行政庁ならびに第一次訴訟の最高裁判所ならびに第二次訴訟の名古屋地方裁判所の論理はこのような発想によるものである。この発想は、流水の経済的価値の増大によって生まれ、発展させられた、現在の官僚的解釈によるものであり、少なくとも、明治初年の地租改正の時点においてはみられない。

地租改正当時においては、沿岸から遠く離れた海であっても、この海域には入会権が存在したが、水深の深い、魚貝類が直接に捕獲することができない深海の底地（土地）については、ここに私的所有がみられない。しかし、沿岸に近い海底もしくは干拓することができる海底については、人々は海底というようなことばで示され（イメージ）る海の底といったような現実感のない感覚では捉えていない。内湾で、干潮時には干上り、満潮時には海水で覆われる土地を、海の水が入ってきたからといって、そこが海であると観念はしていないのである。したがって、徳川時代においても、領主はこれらの土地にたいして、政策上から有償・無償を問わず払下げを行なったり、開拓を許可している。仮りに海という名称でよばれているところであっても、右のような土地については、私的所有権が成立することを前提としていることが明らかである。海苔の養殖場もその一例であろう。

　海、という言葉で、いつ頃から行政庁が海面下の土地所有権を否定するようになったのかは明らかではない。海の入会権については、明治二六年当時の法典調査会における入会権の規定をめぐる論議のなかで、行政法学者や裁判官の間にこれを認めている発言があったくらいであるから、それほど早い時期からではないことは明らかである。もっとも、地租改正時においては、「湖海之渺乎無涯際ものに」（傍点、著者）まで地券を発行し、海の土地所有権を確認することはない、という大蔵省の指令をみるから、[12] 海における土地所有の範囲は限定され、常識的にみて海というように概念規定ができる広さと深さをもつところが海であり、潮が引いて広い土地があらわれるようなところは干潟などともよんで、通常、絶えず海水に覆われていて水深の深い沿岸より遠く離れているような海域とは区別していた。干潟は、干潟としての効用がなければならないのである。つまり、干潟となることによって、ここに存在するものの採取ができるからである。また、常時、海水で覆われているところであっても、その地形のいかんによっては、魚貝類・海藻の養殖や保護を厳重に行なっていることもあって、海面下の土地を排他的・絶対的に確保しなければならない。ここでは、たんに土地ばかりでなく、土地上にある海水をも一定の条件——たとえば、鮮度・流れ、これらのものに供する動物・微生物の等の存在——のもとで維持しなければならないために、海水と土地とは一体のかたちで存在することを要する。このバランスが破れ、海水の必要性がなくなって別の土地利用の経済的効果が有用視されることによって干拓を認める。このことはすでに徳川時代にみられた事実である。領主は、干潟であることの経済的効果よりも、干拓による経済的効果が大きいことによって干拓政策を推進した。ここでは海水の必要性はまったくなくなったのである。当時においては、干満の自然現象を利用して、海の絶対的支配が可能であった。

いずれにしても、海とは海水に覆われていて人の支配のおよばないところである、と行政庁が法律的根拠・法制によらないで概念規定しても、それはことばの問題であって、古くから海や海底を利用しているところにおいては意味をなさない規定であり、実体に反しているのはいうまでもない。したがって、行政庁のように海を無差別的に公的規則のもとに置き、これを支配することを目的として意図的に海について政治的・政策的意図から概念規定をした場合についてはともかく、この行政庁の規定をそのまま採用しようとする裁判官について好意的に——実際は、きわめて政治的である——理解するならば、およそ、海を知らない——海で泳いだり遊んだりしたことのない、そして、その幼児経験すらもっていない、たかだか、広漠たる海を車窓からみたにすぎない——、海の利用・支配の現実を知らない社会から完全に遊離した者であって、実体にそくしないかたちで勝手につくりあげた概念規定であることを指摘することができる。それゆえにこそ、海をもってただ漠然と公物であり、私的権利が存在しない、などという論理をつくりあげることができたのであるし、さらに、海を知らない者によって法を適用する根拠とすることができたのである。ちなみに、このような概念規定をした行政庁の役人や裁判官が、海によってしか生きることができない漁村の出身者であり、海を実際上において生活の場として体験した者であったであろうか。たかだか、海を陸から遠望したり、海を実際的に経験したとしても、せいぜい裁判官以前に漠然として海水浴に一度くらいは行ったことがあるだけのことではなかろうか。とすると、ここにも大きな問題がある。つまり裁判官は実際上の事実関係を、実態的にも経験的にも適確に知ることなくして、ただたんに言葉用語として、「社会通念上」の、あるいは「通常」、ということばのかたちで表現し、あたかも実態に熟知しているかのように仮想して判断しているからにほかならない、ということだからである。この種の裁判官がますます多くなっている現実は重大である。

裁判官が、海についてこのようなかたちで概念規定をし、海にたいして私権を否定するときには、その拠りどころとしたのは行政庁の行政指導という形式でだされた通達であり、しかも、この通達は、孫引きというかたちで引用されている程度のことである。行政庁の通達が、あるいは解釈が、法としてそのまま判決のなかに無批判的にとり入れられるようでは、判決の「科学性」[13]というものは存在しなくなる。私権をいちじるしく制限するか、もしくは私権を否定することができるような通達は法律違反であるから、もともとこうした内容のものについては法制定ができない。したがって、この私権を制限ないしは否定するために、このような間接的なかたちで海の支配を行政庁が通達というかたちで下部機関へ指示し、法制定ができないことを通達という行政指導によって推進することを目的としたものであって、それじたいもきわめて違法性の高いものである。こうした場合、裁判官は、通達そのものを無視するか、あるいは参照する程度にとどめて、独自の法理論を展開すべきである。かつて、末弘厳太郎氏は科学的法解釈学を構想された際に、「法律解釈の理論は裁判官其他法律的判断者の良心の問題である。」ことを指摘しているが[14]、このようなことは、当時の裁判官が行政に従属するような法律解釈を行なうことの危険さを警告したものとして注目された。しかし、今日でも、なお、この末弘厳太郎氏の指摘が効力をもっていることは、裁判官に「良心」がないことを物語っている。裁判官が、今日でいう法理論、かつての、そうしていまもなお裁判官を拘束している「条理」[15]にもとづくことなく、さらに、裁判官が右のように各省庁の通達に左右されるということは、明治八年太政官布告第一〇三号『裁判事務心得書』第五条の「諸官省随時事ニ就テノ指令ハ将来裁判所ノ準拠スヘキ一般ノ定規トスル事ヲ得ス」という規定にも反する。第五条は、裁判官が準拠すべきものは法律にほかならないことを示しているからである。しかし、裁判における現実はどうであろうか。右に規定された条理の適用はほとんどみられない。そうして、法学理論上における法理論も展開をみることが少ない。

海という言葉のもつ意味ではなく、海といわれている場所の実態によって、まず、認識すべきである。干潟は干潟なのであり、一般的に認識されているような海ではないのである。現地について実際に知ることなく、ただたんに一定の時間になると海水が干潟を覆う、というだけで海として規定することは、地租改正において所有を認定する際に一応の基準とした「渺乎無涯際」の海には土地所有権はない、と規定したことに反する。しかも、田原湾は外海とは一本の流路によってのみ接続しているだけなのである。或一定時間に海水が流入し、それをもって海ということで、海が公法に属するか、私法に属するか、という単純な方法で判断することはできないはずである。[16] 地元関係者が、係争地にたいして海という言葉を使用しないことも社会実態上において、ここを通常の海——いわゆる、海原《うなばら》・大海・外海という海底においては土地とともに絶対的な支配権がおよばないところ——とは認識していないことを示している。それは、明治以降の問題としてではなく、少なくとも徳川時代において、土地と海水とが同時に支配することができる自然現象を示している場所として、人々の生活と密着していたからにほかならない。徳川時代において、新田開発が企図されたのも、当時における技術の未発達ならびに資本の不足にもかかわらず、比較的簡単に目的を達成することができると判断されたからにほかならない。したがって、この土地はいうところの海底ではないのである。

本件土地は、国による明治初年の土地所有権の確認と権利の保全当時において一日のうち或一定の時間を限り海面下にあることは、すべての者の知るところであり、県・政府もまた本件の土地がこうした状況下に置かれている海面下であることを前提として『地券』を交付した。のちに、この土地の表示は池沼というように変わるが、それは、地形上あるいは性質上からいって、土地所有からみるかぎり池沼の部類に入れるのが当然と思われたからにほかならない。しかし、いずれにしても水底であることに変わりはない。池沼の多くは、明治初年の地租改正の際に、その底地所有が民有として確認され、土地登記簿台帳においても私的所有として今日にいたっているのである。田原湾干潟も、のちに、土地登記制度の確定によって、土地は海面下——といってもプールの深さほどの水深が大部分であり、干潮時には陸地部もある——であるにもかかわらず、私的所有を公簿上に表示されたのである。この事実は、当時の登記役場・町村役場といえども知らないものはなく、長い間にわたって土地の売買・譲渡等が行なわれ所有権が登記簿上において転々としたのである。したがって、もともと海面下において土地所有権の存在をみて、昭和四四年の今日にいたったものを、突然、土地が海面下であるために私的所有が滅失した、というのは理屈にもならないし論理的でないばかりか、事実関係においてもきわめて不可解な解釈といわなければならない。土地が、なんらかの理由によって海没し、もはや土地そのものについていかなる科学技術をもってしてもこれを支配＝利用することはできない、というものであるならば、その根拠を明確に示すべきである。徳川時代＝明治初年において、本件土地は、一般的にいう海ではなく、いつでも干拓することができるものとして認識されたことによって土地所有権が確認されたのであって、まして、今日の高度技術水準下におけるこの種の干潟などは、干拓の名に値しないものである。一定時間において海水が流入する場所を、土地支配の対象とすることはできない、ということは詭弁にしかほかならない。

ちなみに、本件土地は、一般的に干潟とよばれており、海というようによんでいない。土地——あるいは、干潟——の形態上からいって、人々が海とよぶことができるものではないことを、この附近に住んでいる者ならば誰れでも知っているし、そうでなくとも、まったく本件土地の紛争についてなんらの知識をもたない者が、潮の引いた時にこの土地を見た場合に、海である、と思うことができるか、というと、常識的にいって、海ということを断言するのは不可能である。それゆえに、徳川時代において、この土地が大規模な新田開発地として領主の施策の対象となっていたのである。

徳川時代において、海水をもって覆われている部分（判決にいう海面）について、そのすべてが領主支配下にあり——判決では所有というように概念しており、これもまた誤判の大審院判決（その例として大正七年五月二四日第一民事部、「不動産所有権確認並保存登記及び抵当権設定登記抹消請求ノ件」）そのままである——、村や村民が、そこになんらの権利もなく、また、「所有」もない、ということはありえない。もっとも、この領主支配を領有というかたちで捉えるならば、すべての土地にたいして領主が領有権をもっていたことは明らかであるので、学術用語として肯定しなければならないが、これは、所有権とはその法的構造がまったく異なっているといわなければならない。したがって、この領有権をもって、用語において領主的所有権というように規定し、この用語をもって、明治初年の地券制度下における所有権と同一の法的性質をもつものと転用することはできない。領主支配権は、あくまでも領主の強権支配にもとづく——その意味で封建的な政治的支配——徴税権がその中心的内容であって、土地の直接的支配、すなわち独占的・排他的権利にもとづく、所有概念に拠るものではない。したがって、領主と農民との間における土地を媒介とした関係は、地主—小作関係でもなければ、貸借関係でもないのはそのためである。

かつて、幕府評定所において、外海について公海という発言があったことをみるが[17]、これは、当該の海に接続する領有地の領主の支配権が広漠たる外海におよばないという意味であり、この外海については幕府の直接的支配にあると理解すべきである。当然、私人の個別的支配はみられない。しかし、外海をどこで区別するかについては明確ではない。外海においては、たとえ、海底にたいする土地の村による直接的支配、あるいは所有がみられなくとも、沿岸から相当程度の範囲の海域においては、村ないしは村々の支配が存在している場合が多く、この支配区域をめぐって、しばしば紛争が生じている。いわゆる入会権であり、村支配である。また、この紛争について幕府評定所が判決をした例も多くみられる。海と海底（底地＝土地）との関係で支配関係を法律上明らかにするならば、人が潜水して魚貝類・海草等を採取することができる場所、ならびに干潟となるような場所、干潟とまではいかないにしても、人が比較的簡単に海底の産物等を採取することができる場所には、村ないしは人の支配の絶対性が存在している。満潮時において、これらの土地がいかなるかたちの自然現象をともなうものであっても、この干潟にたいする支配にはいささかの変りはない。この海底の支配は、海水と表裏一体となっているのであって、たとえ、干潟による海産物等の採取が主目的である場合であっても、一定の時間海水に覆われていることは海産物類の生育に不可欠であることから、こうした例においては海水は海産物等採取の前提条件となる。この海・海底の支配領域は、ほぼ慣習的に決定しているのであり、領主法制ならびに幕府法制下においても法律的にも認められていた。右のようなかたちで、海底が直接に人の支配が及ばないところであっても、海底と海水とのかかわりは決して分断されているものではない。魚貝類等の存在は、海底とのかかわりをもつからである。しかし、海だけの支配ということになると、必ずしも海底と海とが合体して存在し、支配の対象となっている場合と法理を異にする。これらの海域は、徳川時代にそうであったように、明治時代においても入会権というように法律上は概念規定されている。

　ところで、領有地における領主支配は、すべての土地がそうであったように、領主の支配対象である。したがって、田・畠・荒蕪地において、農民が勝手（自由）に主穀生産を開始することは認められない。荒蕪地の開墾についても領主の許可を必要とする。さらに、畠作を他の商品作物に変更することも領主の許可を必要とする。干潟の開拓についても領主の許可を必要とする。この許可は、領主権によるものであり、まさしく支配そのものから当然に行なわれる、いわば行政上のものである。したがって、土地を「所有」することのいかんにかかわりがない。荒蕪地・干潟を農民もしくは村が支配ないしは「所有」していないにしても、この現況を変えるためには領主にたいして許可を申請しなければならない。この、領主にたいして許可を申請する、ということじたいが、当該土地を領主が所有しているという、土地所有の規定性によるものであるということを、今日では学説上において主張する者はいないであろう。何人も顧りみない干潟を干拓して田・畠に変換することの前提には、干拓後において収穫する作物を期待してのことである。領主は、この土地から収益にたいして課税をするのであるから、村民が勝手に干拓地を干拓することは認められないのは当然のことである。そのために領主の許可を必要とする。これは、政策上の問題であり、土地所有権の反射ではない。しかし、ここに、なんらかのかたちで人々や村の権益・権利が存在する場合には、干拓によってうける権益・権利の消滅のために、これらの人々や村にたいしての同意を必要とすることはいうまでもない。ここには海や海底を利用することによって海産物をうる私的権利が存在するからである。この海と土地の利用のもっともその代表例が採藻であり、魚貝類の捕獲である。これらについては、干潟であることが前提条件となっている。その権利の性質は入会であるから、入会を廃止するための手続を必要とした。つまり、権利者全員が入会権を放棄することに同意することである。この手続きがなされて、はじめて所有権は空白となり、干拓を希望した者に所有権が転化することになる。もとより、この所有権を許可するのは領主にほかならないが、幕府の許可も必要とする。干潟の干拓を申請したからといって、ただちに幕府（領主）がその許可を与えるものではない。さきに示したように権利者の同意を必要とすることはもとよりであるが、収益にたいする採算性――とくに、領主の取り分――、治水上の問題等が当然の前提となる。幕府（領主）によるこの種類許可は、土地所有権によるものではなく、封建的支配によるものである。

或意味では（今日の言葉では）一種の行政的許認可権とでもいうべきものであろう。

干潟の施行主の下には多くの土地（所有）予定者をみる。これらは工事資金の調達者でもある。施行主とこの者達との関係は契約によって結ばれているが、その法律関係は賃借人でなければ小作人でもない。土地「所有」者としてなのである。したがって、或区画をかぎってその者に土地が帰属することになる。施行主が一人で資金を調達し、他の者達との間においてなんらの関係がない場合には、当然、土地は施行主のもの（「所有」）となる。資金調達において、他に資金を出資した者がいれば、それは施行主との間に債権関係の存在をみるだけである。直接に、土地の所有とはかかわりがない。

ところで、本件土地は・領主制的支配が解体したのちにおいて、明治政府によって私的所有の『地券』を発行され、のちの、登記上において「池沼」という名称が付されている。池沼への土地表示の変化は、重要な意味をもつ。すなわち、登記上における池沼表示は、県もしくは町役場や登記官によって指示されたのであって、海の土地の所有権者が進んで行なったものではない。池沼の私的所有が、わが国でもっとも多い県に属するのに愛知県があり、私的所有がみられる。、池沼のような形状を示す本件土地が——別称上では湾であるが、直接には外海とつながっていない。川のような水路によって外海につながっているだけである——、池沼一般と同じく、名称を変更して登記されたことは、本件土地が他の一般の池沼と同じく、名称上においても事実上においても土地の私的所有が公然と認められたことを意味する。いわば、池沼となったのであり、干潟でもなければ干拓地でも海の土地でもない、ということになる。ここには、法務省出先機関や判決でいうような土地滅失登記を行なうべきなんらの原因が存在しない。むしろ、こうした事態を防止する意味においても池沼という（原野も一部存在する）名称にして実態にあわせたものである。当時の登記官ならびに関係役場の判断には誤りはないのは当然である。ところが、きわめて長い年月を経て、この登記が錯誤であることを土地所有者に申請させることを指導・指示し、これにたいして金円を与えることを行なった昭和四〇年代の登記官や市・町に問題があることを示すものである。本件土地の開発が大企業の工場進出にともなうことから端を発したことは、新聞紙上においてきわめて詳細に長い間にわたり報道されていたことを思えば、この登記の抹消の意味するところは、まさしく、法律上のものではなく——法律上においては不可能であり——、政治上・政策上・利権上のものであることは明らかである。これを、どう法律形式上において、つじつまをあわせるかが、法務省名古屋法務局に課せられた仕事であった。出先の出張所登記官にできるような問題ではないからである。これを指導したのが法務省の長島敦検事である、ともいわれている。それが本当であるとしたならきわめて重大である。

いずれにしても、本件係争地は、旧幕期における干拓工事が幕府によって認められたことと、土地「所有」が施行者に認められたこと。ついで、明治初年の地券制度によって、土地の私的所有が認められ、地券状が発行されたこと。土地所有権が移転していること。そうして、登記上における表示が池沼というように変更され、土地所有権は登記簿に登記されたこと。ひきつづいて土地所有権の移動があり、土地所有権者の名義変更が行なわれたこと。これらの事実は一連のものであって、土地の私的所有にもとづくものである。旧幕期においては幕府が、この土地にたいして、干拓の許可を与えたことに付随して、土地の「排他的総括支配権」(判決でいうところの)、つまり、所有権を認めていたことは明らかであり、この事実によって、明治政府が地券を発行したのであり、土地の名称や形状のいかんにかかわりなく、土地の私的所有は帳簿上において問題がないばかりか、土地登記制度上においても私的所有権は保存されている。これらの事実ならびに法形式を否定する法律の存在をみないし、否定されたという手続もみない。

海の土地が私的所有の対象となるか、というような問題の提出の仕方は科学的ではない。形状の具体的な内容によって、海水が流入する場所、もしくは海水がみられる場所が私的所有の対象となるか、しかも、そこになんらかのかたちで私的権利が存在する場合とでは、それぞれ判断の基準が異なるからであり、一般に、あるかないかということを規定することはできない。日本に多く存在する、愛知県田原湾のような海――海といえるかどうかはともかくとして――の土地の場合、私的支配がきわめて容易にできるのであり――干拓を行ない、農業用地として転換した例に秋田県八郎潟があり、そのほか、東京・羽田空港、東京湾埋立事業、関西国際空港、東京湾埋工業用団地、住宅団地等にした例は多くある――、この点に関しては問題の生ずる余地はない。いずれにしても、本件土地のような例では、海の土地について私的所有の有無について、実態的にも法律上においても論ずるまでもない。とくに、実態を無視して、海という言葉を大海と同じように位置づけ、反転して本件土地のような例に適用するというのはあまりにも暴論すぎる。海、というよりも、海水で覆われる土地についての実態的な認識と、法律上の関係について、正しくあるいは科学的に検討すべきである。

おわりに

本件の第二次訴訟の名古屋地方裁判所判決は、最高裁判所の判決とともに、その政治性や裁判所官僚性も含めて、今後、より多角的に検討されなければならない。この検討には、判決に政治性が含まれていると思われるからなのである。

たしかに、名古屋地方裁判所の判決にたいして、原告は控訴を断念して、一応、本件裁判は終結した。それは、まずなによりも裁判の長期化によって原告側は老年化し「疲れた」ことをあげている。以下は、その理由である。すなわち、(イ)裁判所への出頭。法廷は休日に開廷するのではないので、どうしても仕事を休まなければならないから苦痛である。(ロ)弁護士との打合せの時間と費用。(ハ)資料の収集。(ニ)原告側の打合せ。(ホ)裁判費用の調達。(ヘ)訴訟記録の検討。これらは、原告にとって大きな負担を要求した。この問題もあらたに検討に値する裁判の実際の研究課題である。つぎに、裁判の長期化によって、かつて原告側で中心的に動いた者はもちろん、原告側に参加した者も、現在では年をとり、そのほとんどは、仕事を離れて年金生活者となり、裁判関係費用の調達も、その子供達に依頼しなければならず、この面においても裁判を継続するだけの資金能力を失っている。このことは、裁判の継続に致命的な影響を与える。また、原告側の老齢化にともなって、裁判の継続にたいする気力もなくなる。裁判について考えるとき、この点も大きな研究課題である。裁判官は二年ほどで代り、国側の代理人も代る。しかしながら、当事者である国は不動・不老である。

田原湾干拓事件は、大企業の工場進出にともなう干拓事業が前提となっていることに関連して、これを推進した国(閣議決定)ならびに県、そうして、法務省とその支局・出張所ならびに当該地方自治体とのからみ合いの有無も検討されなければならない。また、かつて、法務省の役人であり最高裁判所の判決に裁判官・長島敦がかかわりをもった、といわれるその真相を問わなければならない。こうしたことが、もし仮に事実であるとすれば、この面からでも判決は根底から覆える可能性があるからである。また、このことが明らかとなれば、最高裁判所の体質と判決の政治的意味・内容も必然的なものであることがわかるからである。

(1) 皮肉ないい方をすれば、この種の事件について下級審の裁判官は、最高裁判所の判決で国側に勝たせたものを利用するか、もしくは、国側の代理人の申立てに従ったらよい、ということもいえる。したがって、判決は誰れにでもできる。

(2) 北條浩『徳川時代の海境紛争と裁判』。『帝京法学』第一四巻一号、昭和五七年。

（3）川島武宜『新版所有権法の理論』二一〇頁〜二一一頁、一九八七年、岩波書店。なお、旧版は一九四九年である。内容については変っていない。なお、川島武宜先生（一九〇九年〜一九九二年）が、今日、『地券』の法的性質についての私の質問にたいしてどう答えられるか。長い間にわたり、先生と入会権・温泉権などの鑑定書の作成や調査・研究・判例研究に従ってきた経験上、その回答については明らかであるが、先生は少なくとも、『地券』が証明文書であるという回答をすることはまったくありえない。これは、師事した福島正夫先生についても同じである。

（4）川島『前掲書』註三七、二一五頁。

（5）この点については、法社会学上の重要な課題であろう。そのことはとりもなおさず、司法試験のための受験勉強、司法修習生制度、裁判官・検察官に任官した以後において、裁判実務のために、こうした法にたいする基本的知識の蓄積を欠いていることに根本的な原因があるからである。

（6）法解釈学の科学性については、川島武宜『「科学としての法律学」とその発展』（一九八七年、岩波書店）参照。とくに、『科学としての法律学』（二頁以下）を参照。

（7）川島『前掲書』二一三〜二一五頁。

（8）川島『前掲書』二一二頁。

（9）この指摘については問題が残る。北條浩『明治初年地租改正の研究』一九九二年、御茶の水書房、参照。

（10）『明治初年地租改正基礎資料』（以下、『基礎資料』と略称）全四巻、有斐閣。

（11）そのうちで、もっともすぐれた分析をしているものに、阿部泰隆「海面下に土地所有権は成立するか」『ジュリスト』、四七六号、一九七一年。ならびに、同「海面下土地所有権再論——名古屋地裁昭和五一年四月二八日判決を中心として——」『ジュリスト』六一六号、一九七六年。をあげることができる。行政庁による通達や解釈についても、この論文では指摘しているので、参照されたい。したがって、本稿ではこの点について立入っていない。

なお、右事件（本稿では別件）の最高裁判所判決については、北條「地租改正における地券の法的性質」（『法律時報』）、において、『地券』の法的性質を中心としてとりあげて考察した。このほか、北條浩『前掲書』においても詳述してある。

(12) 北條『前掲書』参照。資料の出典については、『基礎資料』を参照されたい。

(13) 川島武宜『科学としての法律学』一九五八年、弘文堂。のち、『川島武宜著作集』（岩波書店）に集載。

(14) 末弘厳太郎『嘘の効用』一九二三年、日本評論社。一九八八年に川島武宜編で冨山房より刊行。

(15) 明治八年六月八日、太政官布告第一〇三号裁判事務心得書第三条「民事ノ裁判ニ成文ノ法律ナキモノハ習慣ニ依リ習慣ナキモノハ条理ヲ推考シテ裁判スヘシ」という規定は、今日でもなお消滅していない。

(16) 海を、公海という面から捉えて論じたものに、松波仁一郎『海ノ法理』（『法学協会雑誌』一三巻、一〇六二頁）があるが、ここでいうところの海は、いわゆる大海である。

(17) 前出の註(2)を参照。

第八章　裁判官僚と判決の妥当性
——司法判断としての入会権の消滅——

はじめに

入会権という共同の権利の解体・消滅については、内部的要因と外部的要因があるのは言うまでもない。内部的要因の一般的なものとしては、入会地（ないしは入会財産）の個別的私的所有化と、入会地の売却による権利の消滅があげられる。外部的要因としては、行政という強権力によるものと、裁判によるものとがあげられる。行政が権力というかたちで入会権の解体・消滅に作用した顕著な例として、内務省ならびに農商務省（のち、農林省山林局）主導の公有林野整理・部落有林野統一政策があげられる。同じように府県・市町村の例があげられ、その顕著な例として、山梨県恩賜県有財産があげられる。これらは、いずれも政治権力の直接的な発動であるから、その不当性については明確に把握することができる。

これにたいして、裁判所の判決による入会権の解体・消滅については、法廷という裁判の絶対的権威の場を通し、利害対立する当事者が、文書ならびに口頭によって争うわけで、これを裁判官が判定するというかたちをとるために、その判定に服しなければならない。判決によって入会権ないしは私権が消滅した例は多い。

しかし、裁判そのもの、ならびに裁判官による判定が、客観的・合理的なものなのであるのか、ということについて問題が残る。かつて末弘厳太郎氏（東京帝国大学教授）は、「法律解釋の理論は裁判官其他法律的判断者の良心の問題である。裁判官其他法律的判断者はすべて自己の法律的判断が法律に依つて興へられたと言ふ信念をもちたい。單に第三者に對して法律に依つたと言う形式を作り示すのみならず、自ら法律に依つたと言う信念をもちたい。而して法律解釋の理論はすべて其信念に理論的根據を興へることを目的として存在するものである。[1]」と指摘したことがある。昭和七（一九三二）年頃までには、この指摘に背理した判決がだされているからであろう。

刑事事件には、誤判と冤罪がみられる。戦前の天皇制国家主義的体制のもとにおいては、しばしば、思想的あるいは政治的事件についての政治的判決があって問題を生じたし、戦後においても依然としてその傾向はみられる。しかし、刑事事件の誤判による問題については、困難ではあるが、再審請求という道が残されている。

これにたいして、民事事件については、ほとんど再審の道はない。たかだか別件訴訟があるくらいである。そのために、誤判、同じことながら政治的判決による権利喪失は、決して少ない数ではないのである。

入会権が、誤判ないしは政治的判決によって消滅させられたなかで最大の事件の一つは、大正四年の国有地入会否定の大審院判決である。この判決は、地租改正における山林原野官民有区別についての判断であるから、山林原野官民有区別によって官有地に編入された山林について効力をもつために、官有地（国有地）から道府県等の公有地に編入された土地についても入会権を否定することができる根拠になる。事実、山梨県においては、御料地から山梨県へ編入された元官有地にたいして、甲府地方裁判所は入会権がないものとして判断し、その根拠としてさきの大審院判決をあげている。しかし、御料地については、御料局が制度上においても明確に入会を認めているし、また、末弘厳太郎氏は、右の大審院判決にたいして批判し、官有地入会を認めているほか、御料地入会も認めている。[2]

大審院の国有地入会判決によって、山林原野官民有区別にかかわりのある国・県等の入会地においてもまた、入会権は公然と否定され、入会権にもとづく草木等の採取ならびに土地利用等は、これらを所有し管理する官庁・地方庁等の自由裁量によって禁止されるか、もしくは「お上《かみ》」による恩恵的な有料の払下げという形式をとる。この大審院判決が誤りであったことを明確にしたのは、青森地方裁判所鰺ヶ沢支部を初審とし、仙台高等裁判を経て、最高裁判所昭和四八年三月一三日の判決である。また、甲府地方裁判所昭和四三年七月一九日判決（『地上権確認等請求事件』裁判官は清水嘉明・須藤繁・小河八十次）を初審とし、東京高等裁判所を経て最高裁判所においても大審院判決の否定をみる。(3) にもかかわらず、その法理については、研究史上からみると、必ずしも満足すべきものではない。しかしながら、いずれにしても大審院判決の誤りであることが認められ、国有地入会は確認されたのである。大審院大正四年の判決から、最高裁判所昭和四八年の判決には半世紀以上、六〇年ほどの歳月が経過している。一見、裁判という公平を装いながら、実質は国家権力によって不当に権利を失わされた年月は、経済的にも莫大な損失があり、精神的・実態的にも、はかり知れない苦痛があったことは言うまでもない。これらの損失を、いったい誰が保証するというのであろうか。裁判所の誤判（政治的判決も含めて）によって生じた損失を、裁判所もしくは国が支払うべきであると言われても仕方がない。しかし、制度上においてはできないのであるからおかしなことである。

裁判という、一見、公平にみえる法的判断には、直接的には徳川時代以来の裁判機構という権力のなかに位置づけられているとともに、裁判官は、独立の官僚としての権力体系によって存在し、保護されている。裁判官が、専門の法律学の知識をもっていないことは明らかであり、とくに、入会権については、まったく無知識であり、学問的素養がない。裁判にあたっては、原則として両当事者の代理である弁護士の主張を理解し判断する。したがって、弁護士の学力も問われるわけである。一般的には弁護士も裁判官と知識という点においては同じレヴェルである。しかしときには、弁護士のなかには専門の研究者と等質のすぐれた知識と理解力をもつ者もいる。だが、裁判官にいたっては判断力をもつ者はいても、専門的知識ということになると皆無といいたいぐらいである。それでも判決することができるのである。当事者間の主張を聞き、提出された書類等をみて判断するよりも、一方の主張するところにもとづいて判決を書くことは容易である。とくに、国家や府県の大きな利害の問題については、この点も考慮される。原子力発電所の建設をめぐる裁判において、「原子力発電所の設備は絶対安全である」と判決したのち、相次いで原子力発電所の事故が起った。それればかりでない。裁判以前においても原子力発電所の事故は起っていて、これを関係者が隠していたまでのことである。裁判官は、権力と権威をもって訴訟当事者に対峙する。日本の裁判官は虚構としての権威者であり、裁判官僚としての権力者であり、公平なジャッジではないのである。

裁判官が、すぐれた能力者であり、高度な法律的知識や社会的知識をもち、公正な判断力をもつ者であるとともに、法廷は神聖な場所であるというのは、いつごろからつくられたものであろうか。日本の裁判所そして裁判のイデオロギーは、たんに、前時代の権威と権力とを踏襲したまでのことなのであろうか。弁護士の地位が低く「鷺を烏だと言いくるめる術にたけている」と言うのは、徳川時代からのものであり——徳川時代には、今日のような弁護士制度はない——、明治時代以降において奇を弄することで「三百代言」と言われる蔑称を与えられた。この種の弁護士には、とくに、国・地方自治体（都・道・府県）や大会社会の利益について代弁する者に多い。

いずれにしても、入会については、裁判官に学識や知識があるわけではないし、民法教科書の入会権についての項目を読んだこともなく、まして、入会についての学術研究書を読んだこともなく、読んでも理解することができないであろうから、紛争について的確に判断することはむづかしい。

（1）末弘厳太郎「法律解釈に於ける理論と政策」二頁（『民法雑考』）、昭和七年、日本評論社。
（2）末広厳太郎『物権法』六八六～六八八頁、大正一一年、日本評論社。
（3）大正四年の大審院の国有地入会否認の判決については、その当時においても判決の不当性を指摘されていたが、この判決以降においては、民法概説書の多くは、国有地入会否認の大審院判決を載せている。戦後においては、国有地入会肯定説がでて、さらに、最高裁判所（一審・青森地方裁判所鰺ヶ沢支部、控訴審・仙台高等裁判所、いずれも国有地入会肯定）が国有地入会肯定の判決を出すにいたって、民法学者は国有地入会肯定説をとっている。判決に追従したのである。
研究書としては、さしずめ、川島武宜・潮見俊隆・渡辺洋三編『入会権の解体Ⅲ』昭和四三年、岩波書店。小林三衛『国有地入会権の研究』昭和四三年、東京大学出版会。北條浩『日本近代林政史の研究』一九九四年、御茶の水書房。戦前の民法学者では、末弘厳太郎氏（東京帝国大学教授）が国有地入会肯定説をとっている（前掲書）。

第一節　山梨県山中湖村平野部落の入会裁判

裁判所が入会権を消滅させた一例をつぎに掲出する。

甲府地方裁判所平成一四年（ワ）第三五二号・同年（ワ）第三六〇号事件の「準備書面（二）」（一頁）において、山中湖村の代理人・細田浩は、かって、私達がこの地方の入り会いについて調査し、その報告を集大成した渡辺洋三・北條浩共編著『林野入会と村落構造』（一九七五年、東京大学出版会）について、つぎのように述べているのを結審間近になって知った。係争地にたいして入会権を主張した原告が提出したもので、被告は山中湖村（村長・高村朝次）である。なお、この著書は一審での原告の敗訴後、再び東京高等裁判所に提出されている。

本書を一瞥してすぐに気付くことは、文書の内容が極めて難解で誰もがすぐに理解しうるものではない。また土地を全く特定していないで論述を展開しているので、一体どこの土地を念頭に置いて主張しているのか、さっぱり判らず到底裁判の認定資料として使用しうるものではない。（中略）

本書の著者は、入会権の存在を証明しようと急なあまり、自己に都合のよい事実にだけ目を向け、本訴原告代理人が指摘するような上記客観的事実を全く無視していることは、入会権の存否を認定するための証拠価値としては殆どないと言ってよいであろう。

三〇年前の本書が偶然に本事件にかかわる記述があり、この著書を原告が入会権の証拠とし提出した。この著書について代理人・細田浩は「一瞥して」・「難解」であり「誰もがすぐに理解しうるものではない」と指摘する。学術論文が「一瞥してすぐに気付く」ような性質のものであるかどうかはともかくとして、「難解」で「理解」することができない、というのは代理人・細田浩の弁護士としての能力や学力や資質に関することであり、かつ、依頼者のために不利な証拠となるものを否定するのは訴訟技術上においてしばしばみられることであって、これについてはとりわけ問題とすべきものではない。さきに述べたように、「鷺を烏だといいくるめる」のは、弁護士の常套手段でもあるから、われわれにとってはかかわりがないからである。しかし、代理人・細田浩は、本書が「自己に都合のよい事実にだけ目を向け」、あるいは、「本訴原告代理人が指摘するような上記客観的事実を全く無視している」と言及していることについては、渡辺洋三氏（当時、東京大学教授）とともに平野部落の入会調査の責任者となり、かつ、本書の出版（一九七五年）の責任者としても見逃すことができない言辞であるばかりか、調査に参加した多くの執筆者達の名誉にかかわる重大な問題である。いくら、依頼者の村にべったりのおそまつな弁護士であっても、もう少しましな表現ができなかったであろうか。

代理人・細田浩は、「代理人が指摘するような上記客観的事実を全く無視している」というが、本書は客観的に調査し、論述したものであり、代理人・細田浩が指摘するような事実をみない。したがって、客観的事実にもとづく「難解」な本書を理解できないために、これを否定しようとしたためか、あるいはこの著書が裁判にとってきわめて不利な論述であるために否定するのか、いずれにしても詳細な反論もしないで単なる否定のことばを述べるにしかすぎないのである。このことは、かつて、川島武宜氏が『科学としての法律学』において論述した、「紛争とその処理方法としての裁判」にたいする科学性にたいして乖離するものであり、裁判による実証と論理、したがって法律水準の向上にいちじるしく反するものである。また、川島武宜氏の著作集の出版に際して大野正男弁護士（元最高裁判所判事）が、「実務法律家にとって大きな喜び」と題した推薦文で、

かつて来栖教授が一連の論文で、法解釈とそれを職業とする法律家の〝客観性〟に疑問をなげかけ、「法の解釈において法律家の誠実さはどうすれば保障されるか」と結ばれたとき、法学者に限らず実務法律家も大きなショックをうけた。我々は自己の正当性をやや皮肉に「実務感覚」と呼んだり時として「リーガルマインド」と名付けて居直ったりする。

川島先生が『科学としての法律学』を書かれその客観性を主張された時、多くの法律家は安心した。否、この論文を理解しなかった者ほど安心したかもしれない。少なくともこの境地に最も安住しなかったのは著者御自身ではなかったか。法律学と紛争解決の手段としての裁判との間に横たわる微妙なズレとその原因を先生は追い続けられる。その対象は未開拓でありその方法は多元的であった。しかし先生が挑戦された問題は終始変わらなか

ったのではあるまいか。

と指摘したことにいちじるしく背理するとともに失望した。入会紛争については、学術誌の論文や書評とは異なる、問題の具体的内容についての裁判という実務を通じての法的判断の科学性を期待したからである。

一九七五年の本書出版以前の調査時点においても、調査以後今日にいたるまで、平野部落では入会に関する内部的な問題や紛争は生じていなかった。ただ、平野部落もその構成部落の一つである富士北面旧一一か村入会地において、県有地と国有地の入会権が若干問題となっていただけである。平野部落の調査は平野部落や関連諸団体からの依頼をうけて行なったものでもなく、かつ、平野部落の住民とはまったく利害関係もなく、入会の歴史沿革と実態的にいかなる入会権があるのか。もしくは、かって入会権があったにしても、それがどのようなかたちで解体したのか、ということについて研究上の興味があっただけである。代理人・細田浩がいうように入会権の存在を主張するために「自己に都合のいい」研究結果をもたらすための調査や論述などは全く不必要であり、存在しなかったのである。まして、「入会権の存在を説明しようと急なあまり」などという、急を用することはまったくなかったのである。したがって、代理人がわれわれの調査・研究の目的や実態を知らないで、あるいは知ろうとしないで、依頼者に都合のよいようにするために、これを理由なく中傷し誹謗するがごとき言辞は密室的な裁判所の審理過程においてでも許されるべきではない。否、むしろ裁判所の法廷という職業的実務家による密室的な場所での、客観的現実を追求し、客観的・科学的な高度で精緻な法律論を展開する審理の場所においてであるからこそ許されるべきでない。

調査にあたっては、文書資料の検討とヒヤリングによった。調査にあたっては、長田竜造・天野総一郎・天野晋作・天野重三・天野元・天野よし子・寿徳寺・天野雅己・天野錆雄・羽田明・天野猶吉・天野盛明・天野源次・長田国照・長田喜市郎・天野蕾太・天野太平・天野惣吉・長田照雄・長田吾郎・天野吉治・長田久光・長田勘作・長田巳・天野高明・長田仁・長田道夫・長田七郎・長田弥蔵・羽田弘等の各氏にたいしてヒヤリングを行なったが、各氏は、係争地も含む平野単独入会地や数村入会地について積極的に入会を主張したし、その利用について述べている。このなかには、現在、係争地一帯の入会を否定している村と、土建業者である村長の会社が開発を請負い、これと一身同体になって入会を否定した平野区長・天野千代治の父親・天野猶吉氏も入っている。天野猶吉氏は、積極的に入会権を主張した。

われわれは、これらの人々の入会権の主張や沿革についての説明はそのままでは採用せず、文書資料を調査し、かつ、合同研究会によって討議したうえで論述したものであり、平野部落（入会集団）にとって都合のよいかたちで論述したとか、まして、「自己に都合のよい事実にだけ目を向け」というのはありうべきことではない。「自己に都合のよい事実」とは、いったいなになのであろうか。理解に苦しむ。調査と論述は客観的・学術的に行なわれただけのことである。

代理人・細田浩が学術研究書である本書を根拠もなく誹謗する問題が生じないかぎり、また、そのような事実を知らされないかぎり、私は紛争について知ることも興味もなく、また、知っても介入することもしなかったのである。私は、本事件に際して本書が証拠書類の一つとして提出されていたことを、代理人・細田浩の誹謗によって始めて知ったのである。しかし、こうした誹謗の事実を知った以上は、たとえ、平野部落の多くの人が村の開発を受け入れるための、その利害関係上から沈黙し、あるいは、いままで存在し、利用していた入会にたいして否定していても、それは、平野部落の人々の利害の問題であり知性の問題であって、私とはなんのかかわりがない、とすまされる問題でなくなったのである。

裁判所の法廷という、およそ一般に知られることのないところであっても、本書が批判ではなく、理由なく誹謗されたことを知った以上は、調査当時の原点にかえって、代理人・細田浩の誹謗にたいして答える必要性を感じたために、右の著書の客観性・正当性について若干の補足をした。なお、代理人・細田浩は、国有地入会・県有地入会の否定に、やっきとなっている山梨県の顧問弁護士だとも言われている。そうだとすると、ことは、別のかたちで問題としなければならない。国有地入会・県有地入会をもっとも強く主張している山中部落の裁判の弁護人になっているからである。

(1) 川島武宜『科学としての法律学』一九六四年、弘文堂。同『「科学としての法律学」とその発展』一九八七年、岩波書店。『川島武宜著作集』(岩波書店)に収録。

第二節　平野部落の入会の事実関係

まず、本件係争地を含む平野部落の土地が旧幕期においてどのような所有の状況にあったかについてみる。

徳川幕藩体制下における土地所有の基本台帳は公簿である『検地帳』(水帳)にほかならない。課税の対象となるすべての土地は、この『検地帳』に登載される。土地の丈量による面積が決定されると、『検地帳』には検地奉行の署名・押印がなされ、村方に渡される。村方では三役等が署名押印するとともに、隣村の村役人が署名・押印する。

平野村では、検地が寛文九(一六六九)年と享保八(一七二三)年の二回行なわれた。平野村での『検地帳』の表題は『水帳』であり、隣村六か村の責任者が連帯責任をもって確認している。

『水帳』（検地帳）は土地からの収穫にたいする課税が基本であるから、収穫をうることができる土地についてくまなく検地丈量が行なわれ、土地の面積等と所有が特定され、収穫規準が決定される。平野村の二度にわたる検地においては、村高は二五石余と決定された。特定された土地の地種は上畑と中畑が若干あるだけで、下畑・下々畑・見付畑・切添畑のきわめて劣悪な土地条件である。山畑はあっても中山畑がごく僅かにあるだけで、下山畑・下々山畑というこれも劣悪地である。水田はまったくない。作物は、天保九（一八三八）年の平野村『村差出明細帳』によると、「畑作粟稗大豆蕎麦小豆菜大根」と書上げられ、家業については、「男ハ山稼世間へ売用出申候女者薪かやすき取申候」と書上げられている（いずれも、『山中湖村史』）。なお、平野村には数村入会地を除いて御林《おはやし》（領主直轄地）の存在をみないから、私的所有を決定された土地以外の山林原野はすべて村持地（共有入会地）となる。この土地には若干の雑租が課せられる。この村持地については村民は熟知している。

『水帳』に登載された土地は、旧幕期の土地所有を示し、この土地がそのまま明治初年の地租改正において所有を認定されて『地券』が交付される。地租改正にあたっては、法令上において旧幕期の公簿である『水帳』を所有の確証としたからにほかならない。『地券』はたんなる所有の反映としての証明文書ではなく、所有権そのものであることはいうまでもない[1]。

平野村には、この個人所有地のほかに、『水帳』に登載された土地以外の広大な山林と原野が存在する。その権利の大要としては、数村入会（三か村入会と一一か村入会）があり、『村差出明細帳』に「百姓稼山之儀者冨士」とあるのがこれで、入会地では伐木をして他村他国へ売却している。村持入会（平野村持地への単独入会）は、「内山」と記されているところでは「薪茅秣当村持分」と伐木が行なわれている。このほかに雑種地がある。この内山等が、明治一四年（一八八一）年に官有地に編入され、ついで御料地に編入されたために——山梨県下では、ほとんどの入会地が官有地に編入され、さらに御料地に編入された――、平野部落では、中野村経由で官有入会地の「下戻」を行ない、ついで「御料地下付願」を宮内大臣ならびに御料局長官へ申請する。官有地編入以後における入会の名称は、形式上において国有地入会ならびに御料地入会となるのであって、これについては山梨県下の一般的実情と同じで、(2)さらに、「土地払下願」という形式をもつ旧村持地(単独入会)についての返還の経緯も山梨県下に共通し、かつ、とりわけ旧隣村の山中部落と同じである。

これについては、石井良助・川島武宜・渡辺洋三『鑑定書』(3)(甲府地方裁判所昭和三九年〔ワ〕第一三九号地上権確認等請求事件)に、昭和四一年八月二〇日に提出されている。すなわち、官有地(のち、御料地)に編入された平野部落の旧村持の土地(平野単独入会地、すなわち共有入会地)は、数次にわたる払下申請の結果、明神山を除く大部分の土地は返還された。官有地の「払下げ」、御料地の「下戻」といい、いずれも入会地の返還要求なのであるから、入会権――とくに、旧幕・明治初年において共有入会権――の存在をみない場合は対象とならない。返還の形式はさきに触れたように山中部落と同じで、返還の手続上において、いったん中野村の所有となり、平野部落へ所有権の移転が行なわれるが、土地登記上においては部落という所有主体の表記はみとめられなかったために、(4)旧名主・村長経験者等の実力者(御役前・重立衆)を代表者として登記した。山中部落では登記名義を浅間神社とした(前記『鑑定書』、昭和四三年七月一九日甲府地方裁判所判決、昭和五〇年一二月二六日東京高等裁判所判決)。土地登記上の形式のいかんにかかわりなく、共有入会地となったのである。川島武宜氏は「不動産登記簿にも何らかの名義(何々部落、何々耕地、村民中の代表者数人、庄屋格の村民個人等の名義)での所有権として登記されているものが多い」と指摘している。中野村(現在、山中湖村)を構成する旧三か村についても事情は同じである。山梨県下の場合、「不要存地払下」といい「御料地払下」というが、いずれも入会権にもとづく返還なのである。つまり、「払下」

ということばの形式にかかわらず、実質的には共有入会地の返還である。

平野部落でも強固な入会権が存在していたために土地の「払下」（返還）が可能となったのである。返還にあたっては、平野部落では実力者による代表者名義としたのは、当時、農商務省・内務省が部落有財産を解体させる政策をとっていたことにも原因の一つがある。そのために、実質は部落有財産であっても、形式は部落有財産である表示をさせない指導が行なわれていたからである。

『土地台帳』において、本件係争地の一つである「切詰四百二九番ノ一」についてみると、筆頭の長田六郎左衛門は旧幕期の名主家で平野部落の名門であり、明治四一年の名義人・長田盛次は村長経験者で、大正四年の長田与作外七人の長田与作は六郎左衛門の孫で村長経験者であり外七人も村長経験者等の重立衆である。大正七年の長田道太郎は盛次の子である。もう一例の「向切詰四七九ノ二」ノ「原野」については、当初は「村持」であり、ついで、大正五（一九一六）年に天野七郎兵衛・天野大吉・天野八太郎・天野与作の有力者の名義になっており、大正八年には天野伝長外九一名の、いわゆる九二名の登記が行なわれている。九二名は共同権利者（共有入会権者）であり、平野部落の本戸集団である。これらの所有権の移転は土地売買の結果としてではなく、部落有土地財産の土地台帳上における表記上の問題である。

平野部落の共同の土地財産（『民法』第二六三条の共有入会に該当）のうち、山中湖畔に接続する土地が大正末期から昭和の初めにかけて東京電燈株式会社に売却される。東京電燈株式会社が湖水接続地を買収した理由は、この土地を電力発電のための湛水地としてではなく、冠水地となったときのことを考慮したための予備地である。この土地が、平野部落の所有地（入会地）として草地あるいは雑穀地（稗・粟等）として利用されていたならば冠水しても被害は大きくなく、補償料も少なくてすむが、そのほかの利用（水田や建築物等）に供されるようなことがある場合には補償料や損害補償金も大きくなることが予想されたからだと言われている。入会地の土地（地盤）を買収し、かつ、入会地上の利用——主として草地等——については、冠水による被害があっても補償の要求をしないということであれば東京電燈株式会社にとって入会地利用は発電事業に影響はなく、なんらの実害もない。

平野部落の土地は、『水帳』に登載され、地租改正において私的所有を確認された土地等を除くと、そのほとんどは平野部落の共同所有地（単独入会＝村中入会）と旧三か村入会地である。旧一一か村入会地は平野部落の地籍外である。東京電灯株式会社に売却した山中湖畔の平野部落の土地は入会地といっても、『民法』第二六三條の共有の性質を有する入会地であり、平野部落権利者総体（入会集団）としての共同所有地にほかならない。明治中期頃に旧戸割りをして個人所有地となった土地も平野部落の共同所有地であった。共同所有地なのであるから、この土地の利用については平野部落（入会集団）が直接に利用するか他へ貸すこともできるし、権利者にたいして一定の目的と規範のもとに自由に利用を認めることができる。平野部落（入会集団）では湖畔の土地について、草地と雑穀地（のちに水田もできる）というかたちでの利用、すなわち入会が行なわれている。

ところで、平野部落の共同所有地を東京電燈株式会社に売却する際に、入会権を放棄した、という権利者全員同意の議事も伝承もなければ、放棄についての同意書もない。また、東京電燈株式会社の記録にもない。そのことは、平野部落には部落内での対立や入会紛争等がまったくない一九七五（昭和五〇）年以前の調査において、東京電燈株式会社に土地を売却する際に、土地利用——すなわち、入会——を継続することを条件としたことの説明をうけていることを裏付けるものである。また、事実において、その後継続的に土地の利用が行なわれていたし、調査当時も農業的——主として水田、のちにソバ——利用がみられた。平野部落が東京電燈株式会社に土地を売却した当時のこの地域は、まだ、今日では想像もできないほど貧しく、農業と生活が直結していて、雑穀等生産はもとより、これに要する自然肥も絶対不可欠であった。それに、馬もいたから草地を必用とした。東京電燈株式会社としても、湛水地としてではなく、何年か一度ほどにある冠水地対策のための土地なのであるから、そのままひき続いて使用収益を認めても発電事業そのものにはなんらかの影響はない。むしろ、使用収益を認めることによって土地買収は容易に行なえることになったし、平野部落でも使用収益が行なえることによって共同地の売却が可能となったのである。この使用収益とは入会的利用にほかならないし、入会権を権原とする。

平野部落が明治二二年以降において払下げをうけた土地は、すでに指摘したように、平野部落の共同所有地であり、『民法』第二六三条の「共有ノ性質ヲ有スル入会権」（「共有の性質を有する入会権」）の土地である。この共同入会権は「入会権の客体が、入会権の主体たる入会集団の所有に属する場合」をいい、第二九四条の「共有ノ性質ヲ有セサル入会権」（「共有の性質を有しない入会権」）、すなわち地役入会権は、入会権の客体である土地が入会権の主体である入会集団に属さない場合をいう。したがって、東京電燈株式会社に共有入会地を売却したのちの権利の態様は、土地の所有が東京電燈株式会社にあるのであるから、土地利用のみに属する地役入会ということになる（『民法』第二九四条）。入会地として同じ性質をもつ山中部落では氏神である浅間神社の名義としたが、所有が権利者総村民総体の氏神であったから共有入会である（前掲『鑑定書』、ならびに判決[5]）。

入会地は土地所有名義のいかんにかかわりなく、また、入会権を土地台帳において表記することができないために、登記なくして第三者に対抗することができる[6]。すなわち、川島武宜氏は、「入会権は入会地盤の所有権とは別の独立の権利であるから、入会地盤の所有権の譲渡があっても、売買により入会地盤所有権が移転しても、入会権そのものは存続するのである（入会権者が入会地盤の所有権を有する場合に、有効に入会を廃止して地盤所有権を譲渡したのでないかぎり）（大正一〇・一一・二八民録二〇四五頁）[7]。」と述べている。入会地盤の譲渡の際に、「入会を廃止」

することを全員が同意したものでなければ、入会権は存続するのである。このことはまた、入会権が国もしくは御料局世伝御料地（天皇家所有）に編入され、入会の手続上の形式が契約ないしは許可・産物払下等の形式をとっていても、土地の編入の際に入会権を廃棄して純然たる契約等に移行したものではない限り、それらの形式は入会権の存否についてはかかわりがないものである。[8] したがって、官有地においては官有地入会（のち、国有地入会）、御料地においては御料地入会、県有地においては公有地入会となる（同『前掲書』ならびに各判決）。

われわれが調査を行なった当時においては、東京電力の所有となっている旧村持地では依然として農業的利用がなされていた。この事実は、また、歴史的なものでもあり、実体的なものである。すなわち、大正年間において東京電燈株式会社に山中湖畔の旧村持地――土地所有名義は共有――を売却したときに、この土地上における利用（入会）をそのままとしたために、土地利用については東京電燈株式会社によってではなく平野部落（入会集団）の管理・統制のもとにおいて土地の利用が戦後にいたるまで行なわれていた。東京電力株式会社の所有となっても同じである。この事実は、東京電燈株式会社に旧村持地である共有入会地を売却したときに、入会の存続を条件としたことによるものであり、入会権の放棄について議事録や証書等が一切ないことにも明確に裏付けられるものである。かつ、東京電燈株式会社がこの土地利用についてなんらの規制を行なわなかったことは入会権存続の明認にほかならない。

東京電燈株式会社の所有地は、日本発送電株式会社を経て昭和二六（一九四一）年に東京電力株式会社の所有地となる。いずれも、土地利用についての形式的手続を行なうが、それは、株式会社の所有地利用について会社運営の形式的たて前からの書式であるから、これによって入会権は左右されるものではない。官有地・御料地・県有地入会の形式と同じである。[9] つまり、東京電燈株式会社から東京電力株式会社へ土地所有権が移転する際に、平野部落入会集団の全員による入会権放棄の議事や、入会権放棄の書証の存在――とくに会社側に――をみないし、入会権放棄についての伝聞にもない。それればかりか、入会権存在の伝聞はあり、事実においても平野部落の慣習と規範のもとに農作による入会利用がみられるのである。この土地の利用については平野部落（入会集団）構成員以外の者が平野部落の承認をえないで東京電力株式会社と契約して利用したことはないことをみてもあきらかである。とくに、東京電力株式会社による土地使用の形式的手続において、当事者を地方自治法とはまったく関係がなく、したがって公法人ではない平野区としたことである。土地利用者は個人でもない。このことは、入会集団としての一面をもつ平野区を権利者としたことであって、明らかに入会集団・入会権を認めていたことにほかならない。土地利用の具体的内容は入会集団が決定している。のちに、この土地についての使用・収益を止める者がでても、それをもってただちに平野部落（入会集団）が入会権を放棄したことまでは断定することはできない。平野部落から離れて他へ居住したり（離村失権）、この土地に入会権がないと言って使用・収益をしない場合には、その者がこの入会地における入会持分権を放棄したまでのことであり、残余の者の権利にはいささかのかかわりがないことである。

（1）川島武宜『新版・所有権法の理論』一九八七年、岩波書店。福島正夫『地租改正の研究』（新版）、昭和四五年、有斐閣。北條浩『明治初年地租改正の研究』一九九二年、御茶の水書房。

（2）川島武宜・潮見俊隆・渡辺洋三編『入会権の解除Ⅲ』福島正夫・北條浩編『明治二十六年全国山林原野入会慣行調査資料・山梨県』林野庁。

（3）この鑑定書は、のちに、『法学協会雑誌』第八六巻第一号に「山梨県山中部落の入会権」として題され掲載、さらに、川島武宜氏の執筆部分は『川島武宜著作集第九巻』（一九八六年、岩波書店）に掲出されている。

（4）不動産登記第一条。明治三六年六月一九日大審院判決。川島武宜『民法』有斐閣。船橋諄一『物権法』法律学全集有斐閣。

(5) 末弘厳太郎『物権法』日本評論社、我妻栄『物権法』岩波書店。川島武宜『民法』有斐閣。船橋諄一『物権法』有斐閣。大審院大正九年六月二六日連合部判決、その後に、この判決を判例としたものについては、川島武宜監修・北條浩編『判決原本版・大審院最高裁判所入会判決集』御茶の水書房に収載。

(6) 大審院大正一〇年一一月二八日判決。末弘厳太郎『物権法』(前掲)。我妻栄『物権法』(前掲)。川島武宜『民法Ⅰ』(前掲)。船橋諄一『物権法』。中尾英俊『林野法の研究』一九六五年、勁草書房。同『入会林野の法律問題』一九七三年、勁草書房。

(7) 川島『前掲書』。

(8) 最高裁判所昭和四八年三月一三日判決、甲府地方裁判所昭和四三年七月一九日判決、東京高等裁判所昭和五〇年一二月二六日判決、最高裁判所昭和五七年七月一日判決。川島武宜『民法』、川島武宜ほか『入会権の解体Ⅲ』(前掲)。

(9) 川島『民法Ⅰ』(前掲)。同『注訳民法』(前掲)。川島武宜ほか『入会権の解体Ⅲ』(前掲)。

第三節　平野部落の入会権

旧幕時代、『水帳』(検地帳)に登載されていない、正租の対象とならない村支配・村利用の山林原野については実質は村所有であった。地租改正の際に官有地に編入されたり、のちに御料地に編入されたり、さらに、山梨県恩賜県有財産に編入された土地で、「下戻」・「払下」を申請した土地には実質的には民法にいう共有入会権が存在していた。しかし、法形式上においては、それぞれ国・御料・県と所有が異なっているために、これらの土地には、それぞれ官有地入会・御料地入会・県有地入会をみる。これらの入会については、「貸地」・「草木払下」などの形式によって利用が行なわれ、「規則」にもとづくものである。しかし、それにもかかわらず入会を権原としている私法上の権利なのである。[1]

平野部落では、明治時代において、個別的私的所有となった土地以外は、すべて平野部落の入会地であった。これらの土地が官有地・御料地・山梨県に編入されたが入会がひき続き行なわれていた。すなわち、官有地入会・御料地入会・県有地入会がこれである。また、平野部落では、農商務省・御料局・山梨県にたいして平野部落の共同所有（入会）を権原とする入会地の「下戻」・「払下」、すなわち返還をたびたび申請する。それらの理由とするところは、地租改正によって旧村持地である共有入会地を不当にも官有地として編入されたことによる。国・御料局・県にたいする土地の返還もまた入会権を原因としたし、それでなければ返還を申請することができなかったのである。したがって、平野部落は共有入会権を主張したし、平野部落・山中部落ともに、実質的には共有入会地であったために返還がされたのである。返還された土地所有の名義は、登記法において入会を登記する方法がなく、また、主務官庁の強権的林野政策上においても平野部落（入会集団）として登記することができないために、代表者名義・共有名義等の形式をとるが、いずれも平野部落（共有入会権利者総体）の共同所有にほかならない。平野部落の個人所有の土地以外は平野部落の入会地であり、そのうちの幾分が返還された。このうちに係争地も入る。

したがって、少なくとも、返還をうけた当時は平野部落の共有地にほかならないし、登記簿上の所有名義のいかんにかかわりなく、平野部落の所有（共同入会地）とよばれていた土地は民法第二六三条の共有入会権が存在する入会地にほかならない。平野部落の土地として東京電燈株式会社に売却された土地は、平野部落の共有入会地であっても、土地を売却して土地所有の名義が東京電燈株式会社となったときに、入会権が消滅したかどうかについてはすでに指摘したとおりである。土地所有権が他人に移ったのであるから、民法二九四條の「共有ノ性質ヲ有シナイ」入会地となる。

すなわち、係争地を含む、平野部落の共有入会地を東京電燈株式会社に売却した際に、入会権を放棄するといった権利者全員の同意についての議事や確認書をみない。土地売買契約書にも入会権放棄の記載はない。また、入会権の放棄を明記した他の文書の存在をみないし、土地を売却した後においても、係争地等において平野部落（入会集団）の統制のもとに使用収益の事実がみられる。いわば慣習上の利用である。この使用収益は契約によるものではなく、入会慣習が事実上において行なわれていることを示している。したがって、土地の利用については、東京電燈株式会社は一切関与することがなかった。これは、入会の明認にほかならない。東京電燈株式会社は、入会についての知識を、多かれ少なかれ持っていたからにほかならない。東京電燈株式会社に売った平野部落の土地は、ひき続き入会が行なわれていたのであるから地役入会ということになる。

戦後、東京電力株式会社が電力経営をひきつぐが、その際、平野部落（入会集団）が入会権を放棄したという議事も、証書もなく、引継書もない。したがって、入会は地役入会としてひき続き行なわれる。東京電力株式会社は、土地使用について契約書を作成するが、それは、入会権の放棄を前提としたものではないので、所有権の移転は株式会社の事務処理上からのたんなる形式にすぎない。このことは、官有地・国有地・公有地入会の形式と同じ性質のものである。今日、山中湖村が東京電力株式会社から土地を買収するにあたって、入会権廃止の全員同意の議事も証書もみないことであるから、部落としての入会権はひきつづき存在することになり、さきの地役入会は名称上において公有地入会となったまでのことである。したがって、山中湖村所有の土地において入会をやめた者――入会権を放棄したかどうかは明らかではない――があっても、その者がたとえ入会権を放棄しても、それは、その者の入会持分権を放棄したまでのことであって、全体としての入会地は入会権を放棄しない残余の者に帰属することになる。

旧幕期からひき続く平野部落の入会を廃止ないしは放棄するときには、入会権利者全員による明文の意志表示がなければならないのはいうまでもないことである（前掲『鑑定書』ならびに判決）。

（1）川島ほか編『入会権の解体Ⅲ』（前掲）。『鑑定書』。ならびに山中浅間神社入会事件における東京地裁判決・東京高等裁判所判決・最高裁判所判決（前出）。御料地を所管する宮内省帝室林野局『帝室林野局五十年史』（一九三九年）ならびに山梨県『山梨県林政誌』等の公文編年史によっても明確である。

第四節　民事裁判の判決

ところで、甲府地方裁判所の民事裁判では、どのように入会権消滅の判決したのであろうか。ここで、民事裁判とことさらいうのは、同じ係争地事件で行政裁判があるからである。

民事裁判では、つぎのように判決している。（裁判官は裁判長・新堀亮一、裁判官は倉地康弘と知野明である）判決では、具体的に入会権が認められない。したがって、当該係争地が入会地ではない理由をつぎのように述べている。すなわち、「大正一五年から昭和二年の……東京電燈に所有権が移転された」のであるが、「本件土地が東京電燈へ売却された後の平野部落民による利用については、入会権や平野部落と東京電燈との間の永久かつ自由な使用という合意に基づいてなされたものとは認められない」というのである。東京電燈に土地が売却される以前においては、「入会集団としての平野部落は、旧来から入会権に基づく入会慣行を有しているか」というにとどまり、係争地が大正一四年以前において、入会権の有無について具体的に判断していない。ただ、つぎのような経緯について羅列しているだけである。

エ　平野部落においては、明治初年移行繰り返し村持地の個人分割がなされたが、大正六年ころ、村持地の大部分が、①当時の全入会権者九二名による個人分割、②九二名による記名共有へと変容を受けた。このうち、九二名による記名共有登記がされた土地は、①将来の公益費用の支出に充てるため村としての財産を確保する、②共同利用上必要とされる土地（保安林、採草地、湖水利用（養蚕用具の洗浄など）のため不可欠な湖岸沿いの土地）を入会権者全員のため維持確保する、入会権者の生活の拠り所として全入会権者が自由に立ち入り生活資料を採取できる場所を確保するとの理由で入会権者全員の記名共有とされた（乙一七の一）。

また、大正五年ころ、一部の村持地（土地一六、四三、四四もこれに含まれる。）は、一度中野村名義で登記され、天野七郎兵衛、天野大吉、天野八太郎、長田與作の共有名義に所有権移転されているが、実質は村持地として買い戻したものである（乙一五の一六、四三、四四、乙一七の一）。

なお、土地一六、四四についてはその後個人に分割されたが、土地四三は、九二名による記名共有とされた（乙一五の一六、四三、四四）。

オ　土地一、六、八ないし四二、四四は、大正一五年から昭和二年の間に、東京電燈のため本件土地の買い付けをしていた天野義近に所有権が移転された後、東京電燈に所有権が移転され、土地四三については、九二名による記名共有から東京電燈に所有権が移転された（乙一五の六、八ないし四二、四四、乙一七の一）。（以下、略す）

これで、いったい、大正一四年以前における係争地の入会権の有無についてなにを指摘したかったのであるのか、意味不明である。羅列した土地にはすべて入会権が存在したというのであろうか。「一部の村持地は」・「実質は村持地として買い戻した」という「村持地」とは、町村制上の村（中野村）の所有なのか、入会部落の所有なのであるのか、いったい、どのように用語をもって区別しようしているのかもわからない。「村持」というのを部落有と表現するのと、行政村として表現するのとでは法律上においてはまったく異なるからである。
判決では、右のような意味のない文字の羅列のあとに、つぎのように入会権の消滅の理由づけをする。

したがって、東京電燈に所有権が移転した後の平野部落構成員による利用が入会権ないし平野部落と東京電燈との間の永久かつ自由な使用という合意によるものと認めることはできず、むしろ使用賃借契約に基づくものと認めることができるから、仮に東京電燈に所有権が移転する以前に本件土地の一部について平野部落の入会権があったとしても、東京電燈への売却により入会権が消滅したと解するのが相当である。

右によって明らかなように、東京電燈に土地売却したのちの「平野部落構成員による利用が」・「永久かつ自由な使用という合意」によるものと認めることはできず、むしろ使用賃借契約にもとづくものであると認めるというのである。さらに、「仮に東京電燈に所有権が移転する以前に入会権があったとしても」土地売却により「入会権が消滅した」とも言っている。東京電燈に土地を売却する以前における入会権の存在について、「仮に」というような曖昧な仮定的な前提は許されるべきではない。はじめから入会権が存在しないか、きわめて不明瞭なものであれば、これを実際的に判断して明示しなければならない。東京電燈に売却した土地は、もともと入会地であり、その利用形態において割り地を含む様々なかたちで行なわれている。冠水地――何年に一度か、山中湖が増水して湖畔の入会地は冠水となる――のために、東京電燈はこの土地を買収し、ここでの入会地利用について冠水による被害を生じた場合にはこれの補償をしないという合意を行なっている。その後において、平野部落（入会集団）の統制のもとに土地利用が行なわれている事実がこれを示している。

判決にいう、平野部落と東京電燈との間に土地所有権が移転したのちの「平野部落構成員よる利用権が入会権」ないしは「永久かつ自由な使用という合意」がないことを理由とするならば、東京電燈は所有権移転の際の契約書に、なぜ、入会権消滅の条項を入れなかったのか。逆に、入れていないことは、その後において湛水地が平野部落によって「入会的利用」が行なわれていることをもって継続していることが明らかである証拠にほかならない。このことは、土地売却に際して入会権消滅の合意がなかったことを示しているからなのである。土地使用の文書が使用期限つきの文書であったからといって、その文書がただちに入会権の解体・消滅を意味するものではないことは多くの事例が判決によって示されているとおりである。とくに文書形式が先行する国有地・公有地においてさえ、なぜ、国有地入会・公有地入会の存在がみられるのか。裁判官は考えてもみなかったであろう。実態と文書との関係を追及し判断するのが裁判官の責務であり、能力なのである。入会紛争の一つの要因に、この文書形式と実態との背反的構成がある。たんなる文書形式や形式のみで判断するのならば、入会問題を法律上においてなにも判断を裁判所に求める必要がない。これを追求し明らかにしないで、使用契約書という形式文書だけをもって入会権の消滅と断定する裁判官は、能力のないことはさることながら、資質に欠けるものと言わざるをえない。とくに、「仮に」という仮定を設定して「東京電燈に所有権が移転する以前に本件土地の一部についての平野部落の入会権があったとしても」といい、問題の本質について判断をしていないのは理解に苦しむ。東京電燈への土地売却について入会権があったことが重要なのであり、どのようにして土地売却後の使用・収益に結びついているかを具体的に判断しなければならない。判決では、平野部落による東京電燈所有地となった旧平野部落有地で、平野部落（入会集団）の管理・統制のもとに土地利用が行なわれている事実を明らかにしている。ということになると、入会権は、民法第二六三条の共有入会権から民法第二九四条の地役入会になっているのである。これ以後、日本電燈や東京電力の冠水地となっても、文書上で入会権を否定したものを見出すことはできないことからみて明らかである。したがって、判決に則していうならば入会権消滅の「合意に基づいてなされたものとは認め」られない、ということになるであろう。

また、裁判官が入会権消滅の理由とした「土地使用賃借契約」のほかに、平野区長が、係争地に入会権がない、と証言したことをあげている。平野区長は、平野区内に山中湖村の施設ができることを積極的に推進した一人であり、村長のブレーンの一人であるから、当然のことながらその利害において入会権の消滅を主張する。ちなみに、施設施行の業者は村長（土建業者）か前社長で、現在会長で一族で構成される関係会社である。この平野区長の証言は右の理由だけからでも採用することができないのは当然である。しかも、平野区長の父親は平野部落の重立衆であり、この地域に入会権を主張した一人である。いかに裁判官の判断がいいかげんなものであるかは、この一事をもって足りる。山中湖村の公共事業にたいして、私権を主張することじたいが認められないというのであろうか。しかも、山中湖村の代理人は山梨県の顧問弁護士であり、入会権を否定する山梨県の政策の代弁者である。

本事件では、最初から、入会権を認めないことを前提として、つじつまを合わせようとしたとしか思えないのである。

このようにして、甲府地方裁判所の裁判官の入会権にたいする無知・無理解でないとしたら、政治的判断によって、入会権の消滅が行なわれたのである。

原告が控訴した東京高等裁判所では、甲府地方裁判所の判決と同じく、入会権の消滅を判決した。その理由とするところは、つぎのごとくである（裁判長・大内俊身、裁判官・小川浩、同・大野和明）。

以上のような諸点に照らせば、東京電燈への売却前に、本件第一及び第三土地について採草のための入会慣行があったとしても、東京電燈への売却に際しては、入会地としての土地利用権の留保はされなかったもの、すなわち、東京電燈は何らの負担を伴わない完全な所有権を取得したものと認めるのが相当である。（中断）
以上のとおりであって、本件第二土地については、個人分割の前に入会権が存在したとしても、個人分割の時点において入会権は消滅したものと認められ、本件第一及び第三土地については、東京電燈への売却前に、採草のための入会慣行があったとしても、個人分割された土地（土地一、六、四四。土地五も同じ）はもとより、九二名の記名共有とされた土地（土地四三。土地二ないし四、七、四五、四六も同じ）についても、上記売却により、東京電燈は何らの負担を伴わない完全な所有権を取得したものと認めるのが相当である。

以上のごとくである。東京高裁の判決は甲府地裁の判決と同じであるから、特別にコメントを必要としない。本訴訟については、入会権研究の大家である中尾英俊名誉教授をはじめ、俊英の野村泰弘教授、ならびに宮平真弥准教授と北條浩とが鑑定書・意見書を提出し、いずれも入会権の確認をしている。判決では、これらのものにまったく触れていないから、読んでいなかったのであろうし、また、読んでも理解することができなかったのであろう。これは、上告を受けた最高裁判所でも同じで、最高裁判所の裁判官には、入会権を知らない者も多いであろうし、また、理解することはできないであろうから、調査官に丸投げということになろう。調査官においても、入会権についての知識や理解力があるとは思えないから、東京高裁の判決をう呑みにして土地売却とともに入会権は消滅したと単純に判断したのであろう。入会権と言っても、地方自治体にたいして個人が入会権を主張しただけであるからそう大して大きな問題とは考えていなかったものと思われる。

ところで、上告人の上告理由書には、原判決に着いて、つぎのような指摘がある。上告理由は、中尾英俊名誉教授（訴訟代理人）の手に成るものである。すなわち、東京電燈への土地売却以前において、割り地入会とともに入会権の存在していることを明らかにし、土地売却後においても入会慣行の存在していたことを明らかにして、

ところが、原判決は、そのような平野部落の「慣習」の存在を一顧だにせず、ただ平野部落民が地盤所有権を東京電燈に売却した事実を取り上げて、「東京電燈への売却に際しては、入会地としての土地利用権の留保はされなかったもの、すなわち、東京電燈は何らの負担を伴わない完全な所有権を取得した。」などとして、本件土地の入会権は実ははるか昔の大正時代に消滅してしまっていたなどという驚くべき判示をしている。本件土地の入会権の存否の判断は、全て当該地方における「慣習」に基づいてなされなければならない。入会権が消滅したというのであれば、入会権それ自体に関する歴史的・社会学的認識を示した上で、なぜ平野区における「慣習」上、入会権が消滅したということになるのかを説示しなければ、入会権の不存在の理由を付したことにならない。

言うなれば、甲府地方裁判所と東京高等裁判所の裁判官には、入会についての知識力も理解力もまったくないというのである。さらに、この無知・無理解を示すもう一つの重要点は、行政裁判として争われた同じ土地について、高等裁判書に示した入会権の判断との差異についてつぎのように指摘している。

これに対して、行政訴訟判決は、土地四三が平野部落の入会地であったことを前提として、「被控訴人らは、

仮に本件土地に入会権が存在したとしても、本件土地が東京電燈に売却された時点で、入会住民全員によって入会権は放棄され、入会権は放棄され、入会権は消滅したなどと主張するが、少なくとも土地43について入会住民全員による入会権の法規がなされたことを裏付けるに足りる証拠はない。」と判示し、入会住民全員による入会法規の事実が認定できなければ、入会権が土地所有権の売却により消滅したとはいえないとの判断を示しており、原判決がこれに相反するものであることは明らかである。

これによっても明らかなように、甲府地方裁判所ならびに東京高等裁判所はきわめていいかげんな入会の判定をしている。とくに、東京高等裁判所にいたっては、別件の行政裁判の判決が出されているにもかかわらず、また、入会専門学者の調査書や鑑定書・意見書等が出されているにもかかわらず、これらについて一顧だに与えなかったことは驚くべき資質である。さらに、最高裁判所への上告理由において、同一係争地で民事事件が入会権を否定し、行政事件において東京高等裁判所が入会権肯定を示しているにもかかわらず、これを考慮しなかった。最高裁判所はその判断の初歩的責任を忘却ないしは無視したものである。なんのための最高裁判所の存在なのか理解しがたい。また、最高裁判所調査官においても、これらを判断することの能力に欠けていたのでなければ、入会権否定論者なのであるのか、あるいは行政サイドに立っているのかを疑われても仕方がない。

しかし、そのことによって、入会権は消滅することになったのである。

同じ事件をめぐって、高等裁判所の裁判官の判断に、こうした本質的な理解の相違があることはどう理解したらよいのか。いずれにしても民事事件を扱った東京高等裁判所第一〇民事部の裁判官・大内俊身、同・小川浩、同・大野和明には、入会権の有無について判断する力量も資質もないことは明らかである。その判決を、そのまま判決した最高裁判所の裁判官の知識力も理解力もない者によって入会権は消滅させられたのである。

第五節　行政裁判の判決

民事裁判の係争地を行政裁判で争うという珍しい紛争の例である。民事裁判では、すでに述べたように、係争地にたいする入会権を主張したものであり、行政裁判では「山中湖村総会湖畔緑地公園」化の係争地にからむ不当な処分と支出と、入会権否定の不法な行為についてである。両者ともに原告は異なる。行政裁判での原告は、村会議員であり平野区の住民であるが、入会権者ではない。係争地の民事裁判では、甲府地裁・東京高裁・最高裁とも、入会権の有無やその理解について意味不明のまま、結論において入会権を否定した、これまでの入会裁判の判決からみると、きわめてレベルの低い内容であり入会判決の質を落としたばかりでなく、誤判の典型ともなった。

これにたいして、行政裁判ではどうか。入会に関してこれを認めた判決の部分を取り出してみる。

次に、土地43については、前期認定のとおり、平野部落が入会権を有していたものと認められるところ、被控訴人らは、仮に本件土地に入会権が存在したとしても、本件土地が東京電燈に売却された時点で、入会住民全員によって入会権は放棄され、入会権は消滅したなどと主張するが、少なくとも土地43について平野部落民の全員の一致による入会権の放棄がなされたことを裏付けるに足りる証拠はないから、被控訴人らの主張は、採用することができない。

エ　そこで、土地43が入会地であることによる本件売買契約へのの影響について検討する。

本件土地のうち土地43に平野部落の入会権が存在するとしても、そのことから直ちに本件売買契約が無効となるものとまでは認められないところ、控訴人は、当審において、現在実施されつつあるような緑地と建物の建設は入会権を侵害することになり、被控訴人は、その利用目的を達することができないにもかかわらず、利用目的を達することができない土地に村費をつぎ込んだのであるから、被控訴人は、参加人に対して損害賠償請求権を行使すべきことになる旨主張するが、土地43が入会地であったとしても、そのことから直ち本件事業による利用目的が達成できなくなると認めるに足りる証拠はなく、そもそも土地43の入会権の存在によりどの程度の利用目的が達成できないことになるのか、その場合に山中湖村が被る損害額について、控訴人は、具体的に主張・立証していない。

右によって明らかなように、係争地のうち「土地地区」について、入会権が存在することを判旨している。その理由とするところは、戦前において入会権が存在し、「平野部落民の全員一致による入会権の放棄がなさべきことを裏付けるに足りる証拠はない」からであるとした。この判定は正しい。それにもかかわらず、残余の土地についての入会権の存在を認めなかった。

とくに、割り地については、つぎのように判旨している。

この点について、控訴人は、当審において、本件第2土地については、個人分割されたとしても、後に共同利用地として割り替えがなされ、それは割り地という入会地の一形態であるから、分割の事実それ自体をもって入会地でなくなったとはいえない旨主張するが、本件第2土地について、入会集団による団体的統制が及ぶような共同利用の事実を認めるに足りる証拠はないから、控訴人の主張は、採用することができない。

割り地については、その歴史的経緯と事実認定の認識について問題が残るところであるが、割り地について、「入会集団による団体的統制が及ぶような共同利用の事実」を指摘しているところをみると、割り地についての「共同利用」という、割り地利用についての誤解か認識がないことを示している。割り地のうちには、個別的私的所有になったものと、割り地をうけてもそれまでにいたくない入会地があるからである。

いずれにしても、東京高裁の判決では、入会権の存在する土地と、入会権が消滅した土地とにわけ、入会権が消滅しない土地でも山中湖の施設利用のさまたげにならなくないと判旨している。入会権の存在を認めながら、すでに着工している既成事実を優先させた判決にほかならない。

また、判決では、研究書について、つぎのように触れている。

（ウ）平野部落においては、明治初年以降繰り返し村持地の個人分割がなされたが、大正6年ころ、村持地の大部分が、①当時の全入会権者92名による個人分割、②92名による記名共有へと変容を受けた。このうち、92名による記名共有登記がされた土地は、①将来の公益費用の支出に充てるため村としての財産を確保する、②共同利用上必要とされる土地（保安林、採草地、湖水利用（養蚕用具の洗浄など）のため不可欠な湖岸沿いの土地）を入会権者全員のため維持確保する、入会権者の生活の拠り所として全入会権者が自由に立ち入り生活資料を採取できる場所を確保するとの理由で入会者全員の記名共有とされた旨の研究結果が表されている（甲6）。

この引用の仕方では、判決において研究書をどのように位置づけるのかが明らかではない。証拠資料として提出さったのであろうか。

このようにして、甲府地方裁判所・東京高等裁判所において、入会権の存在をみるのと、みないのと二つの判決がついているにもかかわらず、最高裁判所はこれを無視したのである。なんのために最高裁判所が存在するのかわからない。なお、東京高等裁判所の行政事件は、裁判長裁判官・雛形要松、裁判官・浜秀樹である。

（追記）本稿の基底となったのは、「土地明渡請求・妨害排除請求事件」（一審、甲府地方裁判所）の控訴審（東京高等裁判所）、平成一六年（ネ）第一七号に際して、控訴審担当弁護士に提出した『意見書』である。山中村平野の入会に関する原審の甲府地方裁判所の訴訟は二つあって、一つは、行政裁判であり、その二つは入会裁判である。行政裁判においても入会権の存在について争われている。入会権については、二つの裁判ともに入会権の存在を否定したが、行政裁判においては、東京高等裁判所は認めている。

『意見書』は、紛争処理の一つとして提出したものであり、入会権について通暁しない裁判官・弁護士を説得するためのものであるから、効果という点を考慮して書かれたために、論文の形式とは異なるものである。しかし、この『意見書』が裁判の帰趨を沢定したこともなかったために、これをもとのかたちをあまり変えないで削除ないしは補足し、新しく裁判官・弁護士編と、裁判の科学性に触れた。なお、本裁判には、中尾英俊弁護士（西南学院大学名誉教授）の『意見書』も、原告弁護士に提出されているほか、一審の際には、野村泰弘教授の『意見書』も提出され、宮平真弥准教授の論稿（『官尊民集的裁判・甲府地方裁判所の入会権に関する事例』。『流経法学』二〇〇四年）も証拠書類として提出されている。とくに、宮平真弥准教授は、甲府地方裁判所の裁判を傍聴して、賠償判事が被告（山中湖村）の代理人（細田浩・山梨県顧問弁護士）と裁判中にきわめてなれなれしい光景をしばしば目撃している。不謹慎でなければ癒着としか見えない、と記している。

第九章　小商品生産の経済的・社会的基盤
——林野利用による小商品生産の展開と規範——

はじめに

領主支配下の農村において広汎に展開する小商品生産が、流通の拡大と新しい市場を形成する過程において、資本主義の生成・発達をみる、という経済的・社会的変化の基本的理解と、イギリス、フランスにおける歴史的・現実的な規定性は、日本の場合、そのまま適用される余地はほとんどなかった。

近世期のわが国における小商品生産の展開と村落組織との関係についての研究は、他のかたちでの小商品生産の分析にくらべると少ない。この山林の利用については、村持の山林の利用と他村への入会による利用、もしくは他村との共同（入会）による利用のほかに、個人持（山林地主）の山林の利用がある。一般的にいって、個人持の林野というのは——特別の富裕層をのぞき——一般的にはあまり存在をみないから、村持ならびに入会林野の利用がほとんどである。村持の林野ならびに入会林野の利用については、村（村落共同体）を媒介としてのみ利用することができるが、個人持の林野を利用することについては地主と利用者との個別的関係によるものである。

この利用の形態は、いずれが支配的であったかは地方によって異なるとはいえ、一般的にいって、今日、部落有あるいは入会と称せられている山林利用の形態が面積上からいっても、利用上からいっても、個人持の林野にたいして圧倒的大多数を占めていた。平地林を含めて山林と村民との結びつきは予想以上に深いものであった。

また、直接・間接に収益をともなう、あるいは、利用・使用の価値を有する海・湖沼・河川・池など、集団的（村落）権利に属するものも含めると、その所有、ないしは支配は個別的私的所有をはるかに凌駕していた。

幕末期から明治初年にかけて、山村にかかわらず小商品生産が広汎に展開する様相と、農民層の分解が進展していくことも確認することができる。しかしそれは、一方の極への賃労働者の排出と、他方の極への資本の蓄積といった学説上の典型的なかたちをとっていなかった。そこでは、林野と村民とが強固に結びついているにもかかわらず、小商品生産とこれを基盤とした流通が展開していくという事実がみられる。この両者の関係をどう捉えるか。簡単にいうならば、小商品生産が広く営まれたり、賃労働者が多くみられるのにもかかわらず、これらが、資本と賃労働とに両極分解しないで存在するのである。この問題に若干でも示唆を与えたのが、フランスの『パンセ』誌上に発表されたA・ソブールの『一八四八年の農民問題』"La Question praysanne en 1848. La pensee, 1948.（飯沼二郎・坂本慶一訳『資本主義と農村共同体』一九五六年、未来社）である。ここでは、封建制崩壊期における小農民（貧農）と共同地とのかかわりについて重要な問題を私に提起した。それは、小農＝貧農は、必ずしも共同体（その経済的基盤としての共同地）に対立するものでもなく、市民革命の主体的存在を全面的に有するものでもない、ということである。このことが、ただちにわが国の維新変革に適用されるとはいえないが、当時、小商品生産の展開＝農民層の分解＝プロレタリアートの形成＝市民革命といった単純かつ典型的な社会発展の構図を画いていたために、多くの調査地においては小商品生産の発展が資本主義＝市民社会の成立につながる可能性をもつものとして期待されていたのである。農民層の分解は、『年貢勘定帳』等による統計的研究上において顕著にみられた。すなわち、一村において、一方の極にごく少数の大高持が存在し、他方の極に極零細性を示す大多数の農民が存在する。中農の数は少ない。また、無高の村民の存在も例外なくみられる。こうした統計数字が徳川時代中頃から顕著にあらわれるが、数字の上ではその状態を基本的に維持したまま明治維新へとひきつがれる。しかも、小商品生産は広汎に展開しているにもかかわらず、比較史的なかたちでみられるような——とくにイギリスにおいて——資本と賃労働者の存在がただちに、共同体の解体と近代的資本の形成というかたちではあらわれてこない、ということである。にもかかわらず、明治維新という政治・社会の変革は歴史的事実であり、ここを起点として日本資本主義は発展した。だが、その変革は、いわゆる市民革命を媒介していないし、その社会構成は依然として封建的・共同体的な内容をもっていたために、資本主義発展に可能な途としてのプロシャ型が理論的に提起されたのは歴史的必然性であったといえる(1)。

ところで、従来、近代社会ならびに林業関係の研究——林業史・林政史・林業経済を問わず、林野関係——の研究上においては、その多くの研究が専門化され個別化されて行なわれていたために、全体的な見地から総合的に林野存在の社会的・歴史的位置づけを行なった研究が少ない。他方、商品生産についての研究をはじめ、農民層分解ならびに村落構造についての研究は、平地における商品作物や、手工業による工業的商品の数量的検出と、問屋資本との抗争関係に集中し、林野関係についての研究ないしは林野存在と商品生産との関連をもたない研究が多い。法社会学による研究が、入会の面から村落構成との関係を追求しているが、この研究は、法＝規範の社会的背景、すなわち、入会規範成立の共同体的諸関係というかたちで、権利の社会基盤が問題の中心となっているために、村落構造とのかかわりについての研究は少ない。

右のような研究史上の実情を考慮したうえで、小商品生産の発展と山林利用との関係を追求して、わが国の特殊的構造——ある意味では一般的構造——を明らかにしようとしたものである。

わたしの林野関係についての研究は、従来、およそ三つの面から行なわれてきた。その一つは、法社会学的研究であり、その二つは、法制史的研究であり、その三は、社会経済史的研究である。[2] したがって、専攻の範囲からいえば経済学的研究を欠くことになる。現在、右の三つの研究分野は次第に総合されたかたちをとってきている。[3] こうしたなかで、いったい、どこにウエイトを置くか、ということについては必ずしも明確に区別することはできないが、まず、現象としての小商品生産についての形相をみたうえで、林野利用とその規範体系について明らかにする。

第一節　幕末期における小商品生産の展開の様相

幕末期において、商品生産が広汎に展開したことについての研究は、今日、この研究の数量を適確に捉えることができないほど多数にのぼっており、また、内容も豊富である。そうして、この研究を仔細に検討すると、その商品生産のかなりの部分は、いわゆる農家の副業の部分をこえて農家経済にとって重要な位置を占めていることが確認される。わたしは、すでに学生時代(一九五五年頃)に戸谷敏之・古島敏雄・永原慶二・高尾一彦・津田秀夫氏等の業績によって商品生産の具体的内容の分析に大きな影響をうけた。他方、同じ頃に山田盛太郎・服部之総・大塚久雄・高橋幸八郎氏やマルクスならびにレーニン、ヴェーバー、ソブール、ドップの業績にも商品生産の展開を理解するうえで、きわめて重要な位置づけを与えられている。これらの研究からわが国における商品生産の具体的内容に一つの型がみられることを想定したのである。また、ドイツの国家科学辞典の共同体関係の訳出から「共同体」についての知識をえたのである。当時、共同体は学会において、一種の流行ともなっている感があったからである。

農家副業としての商品生産

農閑余業・農間余業という用語（ないしは、これに似た用語）は、すでに江戸時代に用いられている。現在の学術慣用語としては農家余業・農家副業が一般的であり、このことば（用語）では農業を営んでいる農家において、農業に重点が置かれている。

江戸時代においては、この用語の意味する内容は、農家の主業である米穀を中心とした農業生産を行なうことが農家の本来のあり方であることから、農民がこれ以外の生産等にたずさわることは農家にとって副次的なものであり、そのもとにおいて行なわれる余業としての生産は、その内容のいかんにかかわりなく、本来の生産である主穀にたいし農民の家計補助的なものとしての位置しか与えられていなかった。そうして、ときには、これらの生産もしくは労働に従事することが禁止ないしは抑制されるか、好ましくないものとして領主によって扱われていたのである。

研究史上において、この農家副業が問題となるのは、大和の綿作[4]、大阪の菜種[5]のように、生産が広汎に展開し、かつ、この生産をめぐって大坂問屋資本との抗争や、大規模な農民一揆が発生しているような場合には、商業的商品生産といったかたちでこの農家副業が捉えられ、主業に準じる地位に引きあげられる。これにたいして、農家余業としての生産が、それ一つをもって農家再生産の主要条件を満たさず、農民が農業はもとより諸種の余業——生産ならびに労働——を行なっているような例においては、このような生産は問題とされない。名称上では依然として農家余業であって、商品生産の範疇にも入れられないのである。日常生活の生計補助ということで、その生産ないしは労働の結果が商品というかたちをとって市場もしくは交換——商品交換——に供されているのにもかかわらず、労働主体（生産者も含む）は農民であり、その社会的存在ならびに自身は農民として、村、そうして土地所有規範のもとに置かれる。逆にいえば、労働主体＝直接生産者が村＝村落共同体ないしは土地所有規範のもとに置かれているかぎり、その身分・呼称は農民であり、幕府の法制上の身分もまた農民範疇に属する。このことが、村落における商品生産について拘束力を与えているものといえる。

しかし、現実的には、村落で行なわれている生産は、その内容が主穀であっても、また他の労働生産物であっても、商品として売られる（交換）ことを目的としているのであって、その交換が貨幣か現物か地域によって異なるが――ほとんどの場合が貨幣である――、にもかかわらず行なわれることが絶対的条件である。それは、生産者自体の再生産に深いかかわりをもっているからにほかならない。こうした生産について、それが、たんに、農家（農民）の経済生活において若干不足している部分を補うためか、もしくは、どうやら生活はできるが、もう少し余裕をもちたい、という意味内容を有するものであるにしても、それは、言葉の上においてだけのものであることに注意すべきであろう。農家、というように一括して村落居住民を呼称しても、その内容は別である。通常、農家再生産の規模を学術上表現する用語として、富農（上層農）・中農・貧農（下層農）が使用されている。その生活程度はそれぞれの層によっても異なるし、層のなかにおいても一様ではない。しかし、貧農層においては、だいたいにおいて生活状態は同じ程度であろう。貧農層では、生活に余裕があるということは稀であるといえる。自ら生産労働を行なうか雇傭労働に従事するかを問わず、労働を行なうことじたいがそのまま生活に直結する。今日の言葉でいう「小遣い稼ぎ」もしくは「アルバイト」Arbeitとは、およその概念を異にした労働であったといわなければならない。上層農においては、その生産活動は富の蓄積もしくは奢侈に直結する。ここでは家計補助という用語は適用されない。したがって、商品生産活動の質的内容は異なっている。にもかかわらず、生産されたものは商品であり、また、商品として市場へ出されることを目的として生産されているかぎり、両者の間には、商品そのものであるということについては何ら変わりはないものといえる。たたし、この商品は、歴史的範疇としての資本主義的商品生産における商品と質的側面が同じであるというものではない。

近世中期以降において、多くの商品が町・都市の市場へあらわれる。この市場は、いわゆる前期的商人（前期的商業資本）が支配ないしは媒介しているか否かにかかわりなく、商品が集中するという面からみるかぎり、交換を目的としたものである。この商品は、農業生産物・海産物・手工業生産物等を問わず、その絶対的多数が、い、わ、ゆ、る農民によって生産されている。農業から離れて独立し単一の商品を生産する独立の手工業者としての商品生産者の数は少ないし、また、そこにおける商品生産の量も特殊的なものを除くと量的にも少ないといえる。市場＝流通にあらわれた商品には、当然のことながら、それがいかなるかたちの労働生産物――いかなるかたちで生産されたのか――であるかは問題とするところではない。にもかかわらず、交換の場へ出された生産物は、農村において商品として生産されたものであり、生産者にとっては生活の一環としてくみ込まれているところに特徴がある。生産といっても多くの場合、一部の上層農（もしくは手工業者）を除くと、その生産が拡大再生産に直結することは少ない。生活を維持するための一つの条件として行なわれているのである。もちろん、その時の価格の変動、消費の拡大、生産の方法などによって、生産が拡大再生産へと結びつくということもありうる。しかし、それだからといって工業生産者としての独立した経営は町方の手工業者にくらべるとほとんどない、といってよい。

市場＝流通過程もまた、その性格のいかんにかかわらず、商品としての生産物を期待する。流通過程もしくは市場構造をめぐる対立は、それが前期的商人資本間の利益をめぐるものであっても、前期的商人資本と新しい商業資本との対立であっても、対立の現実的側面は商品をめぐる対立にほかならない。商品の存在なくしては対立を生ずることはないからである。

農民層の分解と小商品生産

近世後期における農民層分解の状況を土地の集積という面から考察すると、地域差等において程度の差はみられるが、平野部・山村の別なく、だいたいにおいて富裕な層は多くの土地をもち、貧困な層は少ない土地しかもてないことが指摘される。この貧富の状態については、地域によって大きく異なる場合がある。山村であって、村高そのものがきわめて少ない例であっても、各戸の持高には貧富もしくは家格等を反映したかたちでその差があらわれる。たとえば、平野部の大村（村高が多い場合）であって、上層の持高が五〇石以上であり、貧農層の持高が一石以下というような場合においては、明らかに持高上において貧富の差を適確に読みとることができるであろうし、農民層の分解——もしくは分化——を論ずることができる。しかし、山村——山間部村落において、最上層の持高が一～三石というようなところでは、持高の点からみて貧富の差を確定することは期待できないし、まして、農民層の分解を論ずる余地があるようにも思われない。しかし、実際上においては一般的には持高の大小において富裕層と貧困層とをみることができるのである。ここでの貧富の差というのは、さきに示した平野部の例のようでもなく、また、その内容（貧富の程度）も大きく異なっているとはいえ、山村では、その村のもつ事情において、貧富の差、農民層の分解の現象が看取されるのである。

ところで、右の山村において問題となるのは、村内での平均持高が極小数である場合に、ここでは、当然のことながら、農業面において再生産を期待することはできない。農作物があるにしても、それだけでは農家の再生産に充当することはできない。その生産物が商品として市場へ出されるにしても、農家再生産にどのくらいの役割を果たすことができるか、そのパーセンテージは低いが、しかし、売却されたことによって他の生産物と交換することができるのであるから、重要な意味をもつ。それでは、平野部に存在する大村において農民層の分解が進展する場合と、山村において農民層の分解が進展する——この状況についてはすでにみた——場合とでは、いかなる差異がみられるか。これを概括的に指摘するならば、大村であるか小村であるかにかかわらず、下層農においては、いずれも自己の有する土地は少ないことがあげられる。面積についてはは村々によって若干の差異がみられるであろうが、多くの場合、農業面においては、その収穫量だけでは自家の生活資料にも満たない。まして、小村においては、絶対的に不足しているのである。大村については、持高を集中し大高持となった上層農は、そのほとんどの例では手作地を拡大することなくこれを小作として出すのであるから、下層農は上層農＝地主層に包摂されることにもなる。といっても、小作地による農業経営だけで再生産が可能となることはないであろう。領主にたいする貢租と地主にたいする小作料とを負担しなければならないために、手元に剰余を生ずる余地がないものといえる。それればかりではない。他の「余業」に従事する割合いが少ないということだけで、貧富の状態となると、ほとんど変わりがなかったといえる。小村ないしは山間部部落においては、大村のように、上層の土地集積者が地主として土地を小作に出すということは、まずないのである。上層農においても農地での収穫が自己再生産にも満たないからである。

平野部・山村ならびに大村・小村を問わず、農民層の分解が進展するなかで、上層の富裕な農民が商品生産を展開し、下層の貧しい農民を雇傭するという現象がみられなければ、これら貧農層は農業以外の生産ないしは労働に従事するほかはない。平野部の貧農であっても、富農層（大地主）に小作ないしは雇傭労働者として吸収されることはあっても、下層農民全体が小作地に依存し、それのみで生活することができるということはほとんどないといってよい。農民層の分解は、貧困な農民をますます多く出すということに結果する。ところが、家内制手工業が盛んな地域においては、富裕農といえども、他人を雇傭して手工業を営むところが多い。農家の余剰労働（者）は日雇というかたちか、年期奉公というかたちか労働者としてこれらのなかへくみ込まれていく。

しかしながら、すでに述べたように、諸種の商品は、そのほとんどが零細な農民によって生産されているのである。これは、年期奉公というかたちで農業経営者・手工業者に雇傭されているか、または、自家労働というかたちで生産に従事しているかにかかわりはない。とにかく、農家の経営（生活）のために労働を行なっていることは事実である。他人に雇傭されている場合でも、その多くは雇傭されそこで得た収入によってだけで一家の生計を維持することができるという例はほとんどない。多くは、雇傭されていることもまた、他の家族が労働して収入をえ、その総収入によって農家の再生産を維持しているという重要な要因の一つなのでもある。農民層の分解が進み、農家が自己の持地をますます失っていくことは、土地「所有」という面から捉えるかぎり貧困化の現象であるといえる。これに反して、小数の富裕者への土地集中と、その経営の拡大という現象がみられるかぎり、社会的変動（資本主義経済への転換）に結果することは明らかである。ところが、下層農民は、持高をますます零細化させるにもかかわらず、土地にしがみつき分離しないでいること。土地を集中する富裕な農民のもとへ、小作人というかたちで包摂され、依然、農業経営者としての側面をもっていることには変わりはない。日雇・年期奉公等のいかんにかかわりなく、賃労働によって生活を維持しなければならないことではないからである。小作地経営が農家の拡大再生産に結びつき、富農への上昇の道が開かれているならばともかく、農民としての地位の確保、もしくは、小作地の経営にも従事しなければ農家再生産＝生活の維持が不可能となるということでは、農家としての側面を失っていない。そのために、零細な手作地ならびに小作地からの生産物で農家の経営を維持することはきわめてむつかしい条件下に置かれるような場合、農家経営全体からみれば、「余業」に従事しなければならないのである。このことは、農家再生産に必要な生産関係資料や消費資料が、その量的内蓉はともかくとして、自分自身のために購入しなければならないことが生ずれば、生産そのものから生じた収入は、この生産・消費資料購入のために充てられるようになる。その意味において、下層農民といえども商品購入者とならざるをえない。問題は、商品として購入する部分の割りあいである。事実として、再生産そのものが全面的に商品によらざるをえないということはありえないし、また、商品生産が全面的に購入資料（商品）によって行なわれるということもない。たとえあったにしても、おそらく、それは工業的商品生産——とくに手工業——のみに限定されるであろう。

農民層分解の結果、下層農民は土地を次第に手放し、農民としての貧窮化をますます進めるが、持高上において確認されるかぎり、零細持高へと結果しても、無高へ転落し、恒常的に賃労働者を排出して一つの層を形成するまでにはいたらない。無高層へと転落した農民であっても、一家・親族等の血縁関係ならびに親分子分関係や村落共同体関係というようになんらかのかたちで結びつきがある場合においては、無高となった事実がただちに純粋に賃労働者というかたちをとることはない。たしかに、家ないしは村から余剰な者を排出するが、それは本来の姿ではないのである。右のような家・村落共同体関係に依存しながら、もしくは地主—小作関係をとりながら、これらの下層農民は、村に居住したり、村や家と密接な関係を保ちながらその再生産のために商品生産もしくは商品生産労働に従事し、商品を市場に送り出すことを依然として続けている。また、それでなければ商品生産を行なう社会的・経済的基盤がなかったものといえる。しかし、これらの農民は、その多くが商品生産にたずさわることによって、農業経営の改善もしくは耕作地の拡大の方向に努力し、消費生活水準の上昇に消費するということは少ない。自らの耕作地＝保有地では自給的な消費生活は困難であり、なんらかのかたちで商品生産もしくは「賃労働」に従事することによって現在の生活水準を維持するか、あるいは、もう少し上昇する機会が得られるという程度のものである。

山村においては、一戸あたりの平均持高は少ないうえに、農民層の分解が或程度進展すれば、下層農民の持高は極零細性を示すことになる。したがって、手作地のみでの再生産は不可能であることを示している。山村・平野部にかぎらず、一方における土地集積が他方で手作地での再生産を不可能としているとはいえ、それが結果的には一家をあげての農民離村というかたちをとっていない。下層農は、ますます余業に従事するとともに、村落共同体にしがみつき、さらに地主―小作関係を保持していくという現象が起る。手工業生産に従事するのも、この余業のなかに入る。手工業は農村に拡散して定着しており、しかも、その家内工業的生産は、ほとんど技術的革新を生み出すにいたっていない。農業技術においても同じようなことが指摘できる。こうしたことから、下層農民は、もはや農耕によって生計を維持している本来の農民ではないことは明らかである。余業というかたちそのものが商品交換に接触することができる前提条件となっており、それが、再生産に必要な資料生産手段・生活資料等――を購入することに消費されるのである。いわば、極零細的な小農経営は、農業と余業――それも単一ではなく複数であり、しかも規模は小さい経営――によって成り立っているのである。それらは、少なくとも小農民の自己判断による経営の範囲であり、生活の必要上から自らの責任において余業にとり組まなければならない。

零細的農民もしくは下層農民が行なう余業、そうして、地域によっては、中農層であっても自らの経営を拡大することなく余業において生活の維持ないしは余業そのものの維持から再生産全般を行なわなければならない。村落における商品生産ならびにそれ以外の余業――たとえば、交通労働・賃労働・薪材の採取・織布・製糸等――は、自らの保有する土地のみを基礎的部分として成り立っているのではない。とくに、下層農民は土地生産物に依存するといっても、実際において、米穀を生産できないところもあるし、土地を僅かしかもたないのでは、馬を所有して交通労働（駄賃稼）に従事しても飼料を供給する土地がなければ購入飼料によらなければならない。零細農民にとっては、これは絶対的に不可能であった。この問題を解決するための絶対的条件として、いわゆる村持＝村落共同体の土地（もしくは入会地）が存在したのである。むしろ、飼料の給源としての村落共同体の土地が存在し、ここでの採取が比較的容易であったからこそ、馬を所有することが可能であったのである。商品生産もしくは他の余業による下層農民の収益行為の前提には、村落共同地の利用（無償かほとんど無償同様であること）があったことが要因である。それでなければ、下層農民——また、中農においても——が商品生産ならびに余業に従事することはできなかったといえる。土地をほとんどもたない農民が、本百姓であり、村の本構成員であることによって、村落共同地を焼畑輪作等にかぎらず利用することができるというのも生存にたいする一つの重要な条件でもある。

村落共同地ならびに入会地の利用は、村落形成の当初から戦前社会にいたるまで、様々の変化をとげていて、一定不変の利用が慣習として固定化されていたのではない。利用というかたちでの慣習は、村落生活の変化や外部的変化によっても変っている。生活の変化にしたがって利用を変化させているからにほかならない。重要なのは、この慣習を規範として維持している村落集団の存在なのである。慣習を決定するのは村落集団そのものである。慣習は規範であるから、これを規範としている主体が、これを慣習ということばによって規範の効力と対抗要件としているまでのことである。

村落共同地ならびに入会地の利用[6]については、それがいかなる形式によるものであり、また、利用対象の大小等にかかわらず、一定の規範の下においてのみ認められる、という慣習が存在する。多くの耕作地・山林原野をもっている富農層にとっては、これらの土地利用についてはほとんど行なわないであろうからあまり問題がないであろうが、水利用については直接の間題が生ずるであろう。したがって、村落民である以上は、富農であるといえどもなんらかのかたちで規範に従わなければならない。下層農民にとっては、彼等の商品生産・余業が村落共同地を前提としているために規範はまさしく直接的なものである。

それではいったい、広大なかたちで存在する村落共同地や、その支配の形態については異なるが共同利用ということでは同じような形態をもつ入会地を、下層農民は、いかなるかたちをとれば利用することができるのであろうか。これらの土地ないしは土地に存在するもの等は、その土地を支配・所有する村落共同体を前提として、その規範のもとにおいてのみ利用や採取を行なうことができるのである。これは、まさしく村落共同体の構成員諸個人にとっての権利なのであるが、この権利は、その村落共同体にとってのみ固有のものである。権利といっても絶対主義政治体制、あるいは法制度によって規定されているのであるから、市民社会創成期における近代的私的所有の背景である権利思想そのものとは異なることはいうまでもない。権利主体であることを決定するのは村落共同体なのであるから、権利についての条件も、それぞれの村落共同体によって異なることもある。権利者としての資格を取得する条件も時代によって異なるが、ごく一般的には、(イ)永住すること、(ロ)村落共同体が課したすべての義務を果たすこと、(ハ)紛争の原因となることをしていないこと、(ニ)村落共同体内に血縁関係をもつこと、(ホ)土地をもち一戸を構えていること、(ヘ)租税を貢納していること、(ト)家を継承すること、などがあげられ、かつ、これらを満たしたうえで村落共同体構成員全員が認めるということが行なわれる。そのために、徳川時代においては、貢租負担者でない者や、たんに居住しているというだけでは権利者となることはできなかった。村落共同地ならびに入会地の利用も右の条件を満たしていない場合には、原則として認められなかったのである。その反面、右の条件を満たしている場合には、村落共同地・入会地の利用ができるわけであるから、貢租負担者であるかぎり、いかにその持高が少なくとも（極零細性）、また、いかに小さな家に居住していようとも権利者であることには変りはなかったのである。村落共同地・入会地にたいする権利行使の具体的内容になると個々の点において村落共同体間には差異があろう。しかし、下層農民にないして、その利用が不合理的に少なくされるということはなかったといえる。むしろ、形式的な合理性が原則として存在しており——権利者としての平等性——、これを具体的な実例において若干変更するくらいのことはあった。たとえば、草肥資料については土地の広狭をもとにするとか、牧草の採取については家畜所有者だけに限るとか、といったことである。しかし、このようなことが文書という形式上において規範（掟・とりきめ）として明確になっていたか、というと、その事例は少ないであろう。採取したものを売却するならばともかく、耕作地の経営にはどのくらいの施肥が必要であるかは、経験的に一般に熟知されていたから、村民はその範囲において採取を行なうことができるわけであり、また、するであろう。薪炭材の採取についても同じことが指摘できるが、これらを商品とする目的で採取する場合については、「自由」にまかされている場合と、一定の制限――採取量、もしくは若干の金銭の納入義務――が設けられている場合があり、これも村落共同体によって異なるものといえる。特定少数の者が木工製品の原料として特定の林木を伐採・採取する場合についても右と同じようなことが指摘できるであろう。大規模工業化を予定されているようなことならともかく、生活のために行なう商品生産の素材部門について、これを村落共同体関係の資源に求めるということは決して村落共同体財産を破壊することにはならないであろうし、村落共同体そのものの解体を直接に意味するものではないことを認めているからである。その商品生産にとって必要とする林木の伐採・採取は、ほとんど問題とならなかったのであり、「自由」であったといえる。これもまた村落共同体の規範にもとづくものである。養蚕・製糸に必要とする素材についても同じことが指摘できる。

商品生産のうち、右のような商品交換＝流通にまき込まれない（購入しないでよい）ものの存在はきわめて多様である。これを利用もしくは消費することによって商品生産や流通活動を行なえるのであれば、これによって得た貨幣は再び交換に投ぜられ、自らの村落共同体内で調達することができない生活資料や生産手段・労働手段に必要なものを購入することができるようになる。

小商品生産や流通関係に従事することが比較的容易な地域で、かつ、それらのものにとって必要とする素材が村落共同体にあるところでは、土地を基調とした農民層の分解がみられても、下層の貧窮的農民は、この方面において再生産が可能であり、時によってはより多い高持へと上昇することができることもありうるとすれば、当然、権利者として村落共同体と物質的に利害をもち生活するのは不自然ではない。労働力を必要とする小商品生産者にとっても、村落共同体とこのようなかかわりをもつ労働者が存在すれば、雇傭の条件はきわめて都合のよいものである。家（家族）が全体として諸種の生産・労働に従事することによって再生産が保障され、その前提には村落共同体の物質的利害があるものとすれば、きわめて不安定な、そうして、いわゆる一人前（一戸前）としての人格も与えられない労働者に転落するよりはましだということになる。この状態を依然としてもち続けることについては、商品生産・流通も大きな要因となるが、村落共同体諸関係を維持することによって旧来の生活を維持することができることが重要な要素といわなければならない。そのために、農民層の分解は或程度まで進展すると、いわば固定化された状態となり、持高からみるかぎり極零細的な農民の存在、つまり貧窮的存在を固定化させたまま、その状態を維持しているということがみられるのである。

第二節　村落共同地・入会地の利用と商品生産

商品生産にとって重要な位置を占めるのは、商品の素材（原料）と労働力（加工・生産）である。下層農が直接に商品生産を営む場合には、自らが労働主体であるために労働力の確保という点では問題はない。しかし、この場合には、自らが経営者であるから、当然のことながら商品の素材部分を調達しなければならない。さらに、物を生産するために必用な用具の存在も不可欠の前提である。下層の農民・直接生産者にとって、高額の、まして複雑な型式の用具（器械）を購入することは、一般的にいってできない。したがって、自分自身がこの用具を作成するか、もしくは一部、場合によっては、かなりの部分を購入し、残りについては自らの力で補填しなければならない。そのために、物を生産する用具は、単純化するのは当然である。また、生産工程そのものが複雑化したり、工程において専門化していく分業の形態を、より多く必用とするようでは生産の目的を達成することがむつかしくなる。なぜならば、これに要する資金の調達は彼等にとってほとんど不可能な事実だからである。

こうしたことを前提として商品生産は展開する。物（商品）を生産することにたいして必用とする労働力は、自分自身もしくは家族労働が主体であるときには問題はない。生産に要する労働時間ならびに労働（の質、その労働することができるということ）は、自己の経営のなかにおいて配分することができるものであり、その範囲内において商品生産を行なうことができる。生産に不可欠な労働力が家族労働を中心にして行なわれる場合、これにたいする賃金の支払いについては考慮する必要はない。交換を目的として生産されるもの（商品）が、大きいか小さいか、または、価格が高いか安いか、さらに、複雑なものであるのか否か、ということにかかわりなく、商品であることは明らかであり、それが下層農の再生産にとって必要な位置を占める。これらの商品生産は、生産手段のすべての面にわたり自己の経営と直結している点に特徴があるが、とくに、生産に必用とする資料の調達にもっと大きな問題がある。生産を行なうにあたって、労働力をのぞくあらゆる部門の必需品が、すべて交換にまき込まれており——労働力自体も商品のなかに体現化され流通にまきこまれるが——、それが、いわゆる商品である場合には、生産者は常に貨幣を所有することはもちろんであるが、商品であるかぎり、その価格は常に一定であるというわけではない。生産を行なうにあたって、この原料部門の価格が不安定であるということは、ただちに生産されたもの（商品）に影響を与えることになる。こうしたことから、生産に要する費用が安ければ安いほど市場での競争に耐えられることにもなる。

農民の生産が市場目あての商品の生産でありながら、それは生存のためであり、事実上において現状維持を基調とし、拡大再生産という方向にも、また、貧窮化が賃労働へというように動かないかぎり、村落の社会構成に大きな変化を与えるものではない。農民層の分解を静止的・断面的に捉えてみるかぎり、そこには、持高上において貧窮化を固定化した極零細農民が多数存在することを確認することができるのである。そうして、それらの農民は、その生活ならびに生産活動のすべてにわたって村落に依存しなければならないという点が特徴的である。

たとえば、その一例を養蚕製糸業についてみる。養蚕・製糸業については、すでに徳川時代中期において、主要生産地が確定しているが、幕末期にいたっては、さらにその傾向が強化され、国別においては主要生産地が固定したほか、地域別にも生産地は固定化し、専業地域を形成するようになる。この段階にいたると、次第にいくつかの地域では養蚕・製糸・製織の一貫行程が破られて、まず、養蚕・製糸部分と製織物部分とが独立していくようになる。もちろん、ここでは、古くからの伝統的な製織業（たとえば、西陣）については関係がない。そうしてさらに地域によっては、養蚕と製糸部門の分化・独立も進展する。地域別の専業化＝独立とは関係なく農家の個々の事情によって独立する傾向も、もちろんみられる。これにたいして依然として養蚕・製糸・製織の一貫行程をとっている地域ないしは農家も多い。下層農民であって、経営（生活）の比重を、より右の手工業に置いたところであっても、それぞれの行程に要する労働用具と原料ならびに関連資料の調達はきわめて重要である。このうち、労働用具は絶えず購入もしくは補充しなければならないものではない。しかし、養蚕・製糸に必要とする原料については、生産の量にしたがって絶対に補給しなければならないわけである。養蚕についてみても、これに必用なものは多くあるが、蚕種については、その原産地が特定化しており、養蚕工程の一つから独立して商品となってあらわれている。そのために購入しなければならない。必然的にこれの資金はもたなければならない。桑についてはどうか。ごく一部の地域においては桑葉が商品として売買されている事実がみられる。しかし、その多くは、自己の土地か村落の共同地で栽培しているのが実情である。この場合、摘桑の労働力も家族労働が主体であろう。また、蚕の上簇に必要な小枝・籠をはじめとする用具ならびに養蚕に必要な燃料も、自らの林野をもたない零細農にとっては村落の共同地に依存せざるをえない。まれに地主小作関係等において地主の林野を供給源とすることはあろう。製糸については、なんといっても燃料が必要である。燃料は、その。一部が交換に入っているほかは、ほとんどの地域において村落の共同地（入会林）に依存していることが多い。しかも、養蚕・製糸に必要なものはこれらの林地のうちでも檜・杉などの特定樹種を育成しているところではなく、いわゆる雑木林であり、林地そのものにたいする対象が明確に区別される。ということになると、まず、養蚕の発達地の背景には、これを支える林野の存在がなければならないことになる。それは、全体的にみると私有林でも村落共同林でも、また、領主直轄林――とくに入会――でもよい。養蚕・製糸にとっては、生産にたいする原料供給源があってはじめて成り立つからである。養蚕・製糸・製織の一貫行程のうちには、このほかに染色部門があるが、この部門は比較的早く分業として独立のかたちをとったところが多い。染色が右の一貫行程のなかにくみ込まれているところでは、染粉や桶等が購入されたものであっても、やはり、燃料は右のような林野において調達することが重要な内容である。仮りに、これらの燃料が自家労働の範囲をこえて購入に頼るものであっても、近隣からこれを求める場合には、ほとんど正常の価格ではないことは明らかである。したがって、燃料の供給源をもつところでは、たとえ、それが購入によるものであっても、生産価格に影響するところは少ないといえる。まして、原料調達の多くが家内労働によるだけであって、いわゆる無料で調達することができる場合においては、生産価格は低くなることは明らかである。問題は前期的商人の支配する市場＝流通過程での商品の競合関係だけということになる。

このほか、商品として生産される薪・炭材、木工製品にとっても、その対象となる林木が存在しなければ生産が行なわれないのは当然である。これらの商品としての素材である林木についても同じことが指摘できる。すなわち、これらの商品生産は、そのほとんどが下層農民によって行なわれているために、素材としての林木は、まず、その質(樹種)が要求されるのである。質といっても、それらの林木は特別に育成されたものではなく、いわゆる雑木林のなかに生育しているようなものであるから、特定された価値や価格をもつものではない。しかし、対象となることができる林木等が存在しなければ、これを利用して商品化することができないのはいうまでもない。原料部分である素材を購入することになれば、それがただちに商品の価格に反映することは明らかなために生産者としては避けたい。また、それら商品の素材が身近かに、目で確認することができる状態で存在することは、生産にたいする将来の見通しという意味においても確実性をもち、不安を生ずることはない。これを他に(流通)頼らなければならないことになると、素材の供給については確実性を求めることはできないし、また、原料価格という点についても一定ということにはならないために、二重の意味において不安は残る。商品としての生産は、もちろん市場構造の大小にもかかわるが、生産者の腕の範囲――家族労働力も含めた、「余業」に従事することができる余力――において、泰材供給源の存荘と見通しがなければ生産に従事することはできない。

商品生産も含む「余業」にとって、原料(素材)とのバランスは重要な問題である。原料を購入に頼らないで行なえるということは、商品の主要部分が流通にまき込まれないことを意味するために、商品の生産価格は低くなることを示している。これに家族労働力が加わるのであるから、生産者にとっては資本をほとんど持たなくともよいということになる。これは、牛・馬を使用する交通労働(駄賃稼)や耕作にとっても同じである。この例では、牛・馬は多くの場合購入によらなければならないが、飼料は購入部分が少なくてすむか、もしくは皆無であるということになる。農業についても同様のことが指摘できる。焼畑については特に施肥は大きな位置を占めないであろうが、通常の耕作地においては施肥が重要な位置を占める。肥料の給源としての村落共同地ならびに入会地から採草等が耕作地に要する肥料の量に満たない場合には、金肥に頼るか、もしくは耕作地を縮小するか、もしくは止めなければならない。耕作物によっては小柴や林木の枝などを用いることもあるし、つるなども必要とするであろう。こういうことから、生産物と、これに付随的に必要とするものが商品としてではなく、無料で手に入れることができるということは、生産者にとって生産上の安定をもたらすことになる。

　小商品生産にとって、必ずしも山林・平地林の存在が重要な問題となるわけではない。だが、少なくとも、小規模・小数の、林木ないしはこれに準ずる雑産物を原料ならびに必要物として使用しなければならないものであるならば、これらの資料が存在する場所での採取が「自由」にできることでなければならない。

　従来、村民にとって「村の山林」・「村の採草地」の存在は、建築用材・燃料・肥料などの日用品の供給源としての意味があったと理解されている。それ以上に積極的に商品生産の資料的価値をもつとしたならば、林木そのものが建築用材として大量に伐採され搬出されることである。消極的には、小数の単純な手工業品（たとえば食器）として特定の生産者（木地師等）が林木を必要とするだけである。前者の例のような木材の伐採は、搬出にとって便利な地域であるほかに、特定された林木の存在をみなければならない。木の伐採・搬出については専門の労働者を必要とするために、こうした林木が大量に存在する地域においては、こうした労働力が常に存在しなければならない。しかし、伐採事業が年間を通して行なわれることはないし、また、年によって伐採事業がない場合もあるために、不安定な職業ということになる。そのために、極度に専門化された林業関係専門労働者は他村・他国へと出稼ぎに出る。

　これにたいして、一般の消費資料を生産するために原料として直接に必要とする素材を林地に求める場合には自家生産の規模に応じて行なわれるために、大量に林木を伐採するにはいたらない。ただし、さきに例としてあげた製糸の場合、家族労働（経営）をこえて雇傭労働者を多く使用することがあれば、製糸（繭を煮る）に使用する薪材の量は相当大量に消費することになるために、こうしたことに消費するための林木の伐採が村の林地で認められるかどうかについては問題がある。手工業生産に必要な燃料に使用するのが目的である林木を大量に伐採するということになると、自家労働を中心とした小商品生産をはるかにこえる規模となり、それだけに林木の存在が縮少されるために村民全体の生活に影響を与えることになるということも考慮されるであろう。この点について問題がないところであるにしても、特定の者にそれだけの特権を与えることになると権利そのものの概念についても疑問が出されることもあって、無料ということにはならないし、さらに、林木伐採の数量も限定されることになる。つまり、村落共同体林・入会林は、村落＝村民の再生産のために存在するのであって、その再生産が、林産物を生活――この場合、直接に商品生産を前提としない――の資料として使用するということを主なる内容としている。しかし、家内労働を主体とした小商品生産にとって必要とする原料・資料を村落共同体の共同林や入会林に求めても、それによって村落共同体の林地が破壊されることはないことが明らかであり、村民が小商品生産を行なうことによって生活を維持することができるとともに、年貢をはじめとして、村の費用なども納めることができるとすれば、或程度までの林木の伐採は認められる。小商品生産の一つである炭の生産（炭焼）にしても、その生産が無制限に行なわれるものではない。炭を売る、という市場（需要）とのかかわりもあり、市場が炭を無制限にうけつけなかったり、価格の点において炭を生産することが無意味であったならばともかく、そうでない場合においても、村方においては、炭の素材である林木の伐採については、村の有識者達は経験上（慣習）において、どの程度までが林地を維持するうえでの限界なのかを知っているし、また、生産者自身も心得ていたといえる。これをこえて林木や林野雑産物の伐採・採取はできない。あくまでも、村落共同体の存在を前提としているからである。そこには、林地が生活や商品生産の対象物であるということのほかに、水源涵養・土砂扞止・気候調節・漁業などにとって重要な役割を果たしていることが経験上において知られているからである。馬を使役しての交通労働には採草地（村持・入会）が前提であることは右と同じである。

これらは多くの場合、すべて不文律の規範によって行為が規制され、また、権利が保全されている。いわゆる慣習と呼ばれているものであるが、慣習というのは行為規範ならびに権利についてのおきて（とりきめ）なのであって、抽象的な表現である。具体的な内容については、様々の条件によって変えられ、決して固定化されたものではない。

農村・山村を問わず、これらの地域において広く拡散して営まれた小商品生産展開の背景には、右のような原料等の供給源が存在していたのである。小商品生産者は一般的にいって小経営が支配的であり、それが大きな経営体へと発展したり、また、マニュファクチュアというかたちにまでいたらなかったのは、市場＝流通構造にたいする前期的商業資本の支配があるにしても、さらに、消費の拡大の限界という問題も指摘することができるにしても、右に述べたように、原料・素材部分と生産者との関係、ならびに、労働力の問題があることを見逃すことはできない。小商品生産者が家族労働を主体としてここに経営の基礎を置いているかぎり、そこにおける生産量は少なく、飛躍的な発展はのぞめないにしても、比較的安定した生産を維持することができる。つまり、農民（小商品生産者）が単一の小商品生産者（専業）としてあらわれる経済的・社会的条件が確立していないということである。あるいは、農業を専業とする農民として存立するためには一定の土地集積とこれに要する労働力の確保を前提としなければならない。しかも、その一定という基準が、いわゆる中農程度――この範疇は地域によって異なるが――では、農業専業という経営形態では必ずしも絶対的に安定であるとはいえなかったのである。この層においてすら、なんらかの余業に従事しなければならないし、村落の物質的基盤を背景としなければならなかったのである。

下層農民については、しばしば指摘しているように、農業生産はもとより、単一の職業によって生活を維持することはできない。農耕による食糧としての土地生産物が家族構成員の生存を保障することができたとしても、それのみでは生活することはできない。本百姓である場合には、貢租関係の負担をすることは当然であるが、それ以外において村落生活上必要とするものは、建築用材・補修材はもとより、衣料、労働用具、燃料、生活用具、肥料、村入用費等の多種多様なものがあり、そのほとんどが自己保有の土地では調達することができないものである。したがって、これらは購入によるか、もしくは村落共同体の共同地・入会地によらなければならない。ほとんどの下層農は両者によったといえる。とすると、購入による条件といえば、自らがものを商品として生産し、これを売却することによって金銭をえて必要とするものを購入するか、もしくは、自らが労働して金銭をえて必要とするものを購入しなければならないことになる。両者の労働を行なうこともあるし、また別個に行なうこともある。あらゆる機会を通じて、金銭をうることをしなければならなかったことは明らかである。それが、金銭というかたちで収入をうることができる余業というのは、商品の生産、労働に従事するか否かを問わず、交換という場所を経由するものであり、そのかぎりにおいて市場を媒介することになる。それは、一つの労働（職種・労働の形態）をとってみれば、専業化ということになるまでにいたっていない。にもかかわらず、これらの層によって作りだされるものは商品市場目あてのものであり、その結果は、まさしく商品なのである。個別分散している家族労働を総集して一つの家の再生産が可能になるという事実は、家が複合的な経済によって営まれており、それによらなければ再生産ができない、という条件による。また、この形態によってのみ、商品生産労働が可能となったわけである。

下層農民が商品生産者という側面をもって村落に存在したり、諸種の労働に従事しながらも、なお農民として村落に居住することの背景には、農民層の分解によって小規模の土地しか保有しないにもかかわらず、村民であることによって、村落の共同地・入会地を利用する資格がえられるという物質的利害が大きな要因であったからにほかならない。このほか、村落共同体の相互扶助や血縁関係などによる利益享受の社会的側面も指摘することができるであろう。いずれにしても、これらの商品生産は、村落共同体の物質的利害があり、これが下層農民の商品生産・労働を可能ならしめているという利点がある反面、このことによって農民層の分解は徹底せず、村落共同体となんらかの関係をもちながら商品生産が行なわれるという形態が強く残ることを示している。

おわりに

村落に存在する林地（厳密には林野地等）が、村落の共同地ないしは入会地によって、より多く占められている場合には、農民の生活は比較的安定したものとなる。と同時に、この林地の適性を生かしたかたちで、商品生産が発展する可能性も大きい。下層農民の状態が悪化するとすれば、それは市場の不安定さや、前期的商業資本の存在のためであるよりも、林地における慣習権の否定や、林地の私有化（共同地としての性質が消滅すること）の進展によることの方が深刻であろう。それほどまでに農民――とくに下層農民――にとってこれらの林地は生存に直結していた。それればかりではなく、商品生産の原料や素材の供給源としても、重要な存在であった。また、商品の輸送に必要な交通手段としての牛・馬にとっても飼料源として不可欠の前提であった――農耕用牛・馬についても同じである――し、牛・馬を商品として市場に出す場合においても同じである。

この林地と商品生産との関係を個別的・具体的に検討することは、村や村落共同体の研究ならびに労働力の存在形態にとっても、新しい問題を提起することになるものと思われる。さらに、商品生産・流通そのものの日本的性格についても決定的に重要な点をも明らかにすることができるであろう。この生産基盤の経済的・社会的基礎形態が日本的な特徴なのであり、これがプロシャ型と言われる構造的特質なのである。

（1）学生時代の私の基本的な考えをあらわした「論文」については、拙著『商品生産・流通の史的構造』（一九八七年、御茶の水書房）に所収してある。

（2）研究上の分野については、これまでに発表した著書においてだいたい尽くされている。

（3）この点については、川島武宜氏によって指摘されたのであり（川島武宜『入会研究および入会理論の現状』・『林政』一九七〇年、北海道林務部）、私自身は別に意図的に行なっていたのではなかった。

（4）（5）拙著『前掲書』を参照されたい。なお、右の著作が書かれた以後に多くの論文が出されている。その一例として、津田秀夫『大坂周辺における商品生産と市場構造』（一九七三年改訂版、御茶の水書房）を掲げることができる。

（6）共同地とその利用、ならびに共同体については、Handwörterbuch der Staatswissenschatten, 1898. 所収の諸論文——たとえば、ビュッヒャー、シンコヴィッチ、ベロウ、マイツェン——を参照されたい。

第十章　村落共同体の構造と林野利用
――静岡県根原区の林野入会――

はじめに

近世期において、村は、例外なく村持地を持っていたし、また、入会地を持っていたところが多かった。村持地は、学術用語ないしは『民法』において「入会」とよばれているが、村所有にほかならない。この村持地については中田薫氏がドイツ=ゲルマン法との比較において、また、古文書の例証において「村の所有」と断言している。[1]村持地を入会とよばないことは村方では一般的であっても、徳川時代の文書上においては、「村中総百姓入会」・「総村入会」などとよんでいたことは中田薫氏の指摘した通りである。[2]村持=村所有地が入会地と異なるのは、入会地は他村との関係において使用されていたために、混同を避けるためである。村方が領主に提出した『村明細帳』や『村書上帳』には、村持と入会とを区別しているのもそのためであり、入会が村々間のとりきめ（規範・契約）や共同によって利用するのにたいし、村持は、一村限りのとりきめによって利用され、地の村々を排除している。それは、村持が一村所有にほかならないからである。一村所有は、中田薫氏のように表現すれば一村総持なのであるから、村所有は、なにも林野に限ったことではなく、村のものと観念され、支配されているすべての財産が包摂される。水・温泉・寺・

神社・郷倉・道路等々も、その多くは村所有にほかならない。これらは、入会とはよばないし、入会財産であるとは観念していない。村の**もの**（村持・村所有）なのであるから、「総村民総体」のもの、ということになる。[3] ただし、総村民といっても、ここでいう総村民というのは、本百姓を中心にして成り立っている権利者の総体ということである。水呑百姓や、無高者、無宿者、寄留者などは含まない。

村の財産についての重要な事項、ならびに領主・他村との重要な関係については、村方三役で決定することはできず、総村民の同意を必要とした。ここにいう総村民とは、さきに述べたように、村に居住する者すべてというのではなく、本百姓を主体とした権利者にほかならないから、この者達の総意である。なお、本百姓といっても、入作者は除外される。村の『宗門人別帳』に独立して一戸を構えていることが条件だからである。

この、本百姓総体としての村は、明治維新後の町村合併によって、一個の権利者集団としての資質をあらわす。すなわち、町村合併（合村）によって、村としての公法人格が失なわれ、したがって、村がそのまま――地域社会として――のかたちで部落となり、本百姓総体の集団として独立した例においては、これらの旧村財産は、部落有財産となる。部落は、旧村からの特定された財産を共同で所有する私的団体としての権利者集団なのである。財産の使用・維持・管理・運営は、部落の権利者総体によって行なわれる。部落は、私法人としての関係にほかならない。

この村＝部落集団の権利関係について、具体的に山村の典型である静岡県富士西麓の根原部落（旧根原村）についてみることにする。

（1）中田薫『徳川時代に於ける村の人格』九六三頁以下（中田薫『法制史編集　第二巻』九七四頁、昭和四五年、岩波書店）。

（2）中田『前掲書』九七四頁。明治初年の法会に一村総持という用語がみられる。

（3）中田『前掲書』九八四頁以下。

第一節　徳川時代における村と入会

徳川時代における根原村について、天保九（一八三八）年の『村明細書上帳』（控）にはつぎのように記されている。

天正十年八月廿八日被下置候
一御朱印地　無高ニ御座候
一家数合弐拾四軒　　人数合八十弐人　内男・四拾壱人
女・四拾壱人　馬弐疋
一甲州往来御伝馬一日ニ四疋宛可出之旨被仰渡相勤被居候外諸役之儀者御免被仰付罷居候
一山中村方ニ而、諸作果付宜候ニ付、渡世之足冨士下木被下置候
一農業之間　男ハ冨士山下木伐稼ニ仕候、女ハ手透之節近村日雇稼ニ罷出候

根原村は天領（幕府直轄領）に属し、伊豆・韮山の江川太郎左衛門が代官支配を行なっていたところである。駿州（静岡県）にあるとはいえ、甲州（山梨県）との国境に接し、山麓に位置し、富士山を前に、広大な後（西・北）は急峻な山が屏風のように立っている。幕府が根原村を「無高」にし、「諸役」を免除したことによっても明らかなよ

うに、普通一般の村々における様な農業生産物ないしは商品生産物はまったく期待することができない。したがって、通常、概念されるような農村ではなく、村構成員も農業を主体とした農村ではない。『村明細書上帳』にあるように、農業生産以外の他の労働による収益に従事しなければならなかったのである。『村明細書上帳』にある「農業之間」に諸種の労働に従事するという記載は、たんなる記載の形式であって実態を示すものではない。この記載によると、あたかも農業が主業であるかのごとくに見えるが、これはさきに述べたように、『村明細書上帳』の一般的な形式であって、普通一般の村々においては、農業が主業であり農作物が主たる産物であるばかりでなく、幕藩体制下における領主経済の基軸部分が農業であることを反映したものである。

たとえば、明治時代の初期の文書を見ても明らかなごとく、明治時代においてさえ、根原村の自然的条件が劣悪であったということは、同時に徳川時代においてはなお一層劣悪なことを示しているものといえる。したがって根原村が代官所へ出した文書に「東西之儀者無高無納之場所ニ而、差別無御座候」（年代不明）とか、「当村之儀者、土地ニ不宜候ニ付、従前其麓作付不仕候」・「畑方肥ハ、所有合之末葉を用、買入等無御座候」・「百姓之入会林無御座候」（天保一四年）とあるように、耕地、ならびに農業生産物についての記載は右のごとくほとんど記される余地がない。とくに、富士山麓の広大な土地に根原村が存在するのにもかかわらず、根原村の地籍内には、「入会」――ここで言う入会とは民法第二六三条に該当する共有の性質を有する入会権、ないしは民法第二九四条に該当する他村からの入会ないしは数村入会を示す用語であって、民法第二六三条に該当する一村のいわゆる単独入会を示すものではない――がまったく見られない、ということは、この広大な林野の支配（利用ないしは使用・収益）が根原村においてもっとも適切である、という内容を意味している。つまり、根原村の支配地である富士山麓の山林原野においては、他の村々が入会うことによって得られる重要な生活資料ならびに商品の素材部分はみられないのであり、ひとり根原村がこの土地を「自由」にしていたのである。根原村が根原村地籍内のすべての山林原野を支配していたことについて、根原村に近接する駿州側の諸村はみなこれを認めていたのであるが、甲州側では認めることをしなかった。その原因は、争論が生じた場所が、甲州側の商品生産の素材部分が存在するところであって、駿州側の根原村とは利害が対立したことにあったからである。

一　甲州・駿州入会紛争

元禄一五（一七〇二）年の、いわゆる駿州・甲州国境の争論に際して出された幕府評定所の『裁許状』は、すでに、この時期において、争論の対称地が相手方である甲州側の諸村（成沢・大嵐・勝山・木立・舟津・浅川・大石・長浜）にとっては不可欠な土地であることを示しているのであるが、根原村にとっても甲州側の入会を許容することができないほど、右の土地は必要なものであった。以下は、元禄一五（一七〇二）年の『山論裁許状』である。

甲州都留郡成沢・大嵐・勝山・木立・舟津・浅川・大石・長浜以上八ヶ村ト駿州富士郡上井出根原村国境諍論之事、八ヶ村百姓訴趣八代郡本栖村境ヨリ片蓋山峯下リ逢坂迄道筋界之、丸山ノ麓ヨリ長山へ相続無間谷三俣見通、同国本栖成沢村ノ者立会生木ニ致切判境相守、郡内領八ケ村ヨリ小屋四十三軒掛置、且又山師板材木等富士郡上井出村北山村ノ者数年附送候、又上井出村従甲州境行程三里六町有之旨正保年中御国絵図ニ書記ノ由申伝候、郡内領丸山ハ御巣鷹山ニテ、御鷹差上候節請取之証文数通有之旨、成沢村之者申之、上井出根原村之者申国境之儀、二十九年以前、八代郡本栖村富士郡三十一ケ村争論ノ節御裁許有之被下置候絵図ヲ以テ証拠ニ申立、今般及異論候、其外元亀三年従信玄被出候証文ニ、東ハ湯沢西ハ天神嶽ト有之、自其富士頂上薬師嶽迄見通三十一ケ村入会之由答之右論所為検使佐橋左源太・室七郎左衛門被差遣遂検分処、甲州百姓申通片蓋山峯ヨリ往還道へ移リ長山尾崎迄境印切判大木数多有之、甲州百姓申所相違無之、自其長山之尾崎ヲ上リ峯限無間谷三俣へ見通相当リ、特ニ山小屋数十軒慥有之、材木附送候儀上井出村北山村両名主組頭並山師無相違由申之、次従八代郡境上井出村迄ノ路程正保年中之大絵図令点検処三里六間ト有之、其上前之異論古証文ニ方角偽之段今般検分ノ上令露顕候然者、八代儀分先裁許ニ駿州へ紛入候ト相見候、従郡内領申巣鷹山ノ儀上井出村根原村百姓申候山ノ名雖令相違巣鷹請取ノ証文遂吟味候ニ成沢駿州境丸山ト記之、従信玄巣鷹守へ下置証文ニテ国境之証拠不相見、剰於湯沢両国百姓立会方角改之処、富士絶頂北方ニ相当、自是西方天神嶽無之、北方有之弓射塚天神嶽ノ由申立、古証文ト方角致相違候、却テ従湯沢西方ニ当リ天子嶽大絵図ニモ載之候、甲州百姓ハ天神嶽ト雖称来方角相違無之駿州百姓誤候旨証文差出之候

然ル上ハ、旁以テ甲州百姓為理運、仍本栖駿州境共ニ改之、為後証絵図ノ面引墨筋各加印判国境相定、双方へ下置之条、永守此旨不可違犯者也

元禄十五年壬午十二月四日

中　半右衛門
戸　備　前
久　因　幡
荻　近　江
丹　遠　江
保　越　前
松　伊　豆

本　弾正
阿　伊賀
永　伊賀
丹　　後

入会——立木伐採を含む——を主張してそれが駿・甲国境争論にまで発展した紛争は、右の元禄一五年の裁許によっても明らかなように、根原村の主張がいれられず、国境を明確にしたことによって、ここで甲州側八ヶ村の入会と根原村、そうしてこの争いに関連した隣村の上井出村等の入会の範囲もこれによって決定したのである。この紛争の解決は、駿・甲国境に「定杭」を建てることによって事実上終了したのであるが、その際に、つぎのような「条々」が出されたのである。

まず、この「達」についての説明には、

一翌元禄十五年、根原村本栖村ニ接スル富士山御林境ノ儀ニ付甲州鳴沢村七ヵ村ヨリ上井出村外一ヶ村ヲ相手取リ駿甲境争論出訴及候処、御吟味ノ上、境筋御墨引ヲ以テ御裁許相成、同年閏八月、如先規雙方村々役人共立会、境木江切判致シ、駿甲両国境ト記定杭相建候事、是ヨリ御林制札ノ趣、富士山入会村々御料私領共百二十九村へ守屋助次郎役所並長谷川藤兵衛役所ヨリ触達候

とあり、富士山に入会う諸村についての一般的な規準を示したものであることがわかる。

一富士山御林ノ木、近年致斧伐炭焼候由其聞有之候由、従先規炭焼ノ儀ハ不及申、野火迄停止之処不届之至候、
弥以炭焼・野火等堅ク可為禁止事
一如前々斧伐割木等出之候儀堅停止之事
一従前々富士山ニテ薪等取リ来リ候村々ハ、如先規免許之、但シなた伐ニ限ルヘキ事
右之趣堅ク可相守、若違背之輩有之ハ可為曲事者也
元禄十五年午閏八月　奉行

右の禁止条項のうち、「炭焼・野火」の厳禁とは、無断でこれを行なうことを意味しているので、絶対に「炭焼・野火」が禁止されているものではない。事実、炭焼・野火もともに行なわれており、問題は無責任な炭焼・野火によって森林や作物・林野産物・家等に被害が出るのを防ぐ趣旨であった。また、「従前々富士山ニテ薪等取リ来リ候村々」とあるのは、(イ)元禄一五年当時すでに入会うという慣行が確立している村々――ただし、この慣行は入会村々の承諾によっていつでも変更できる――を指し、(ロ)薪等という表現は、入会地内に存在するすべての林野雑産物・規定外の樹木――なた伐りが可能なもの――、ならびに土地の利用等が入会村において「自由」であることを意味している。特定の巨木については、代官の許可を必要とした。この「達」について入会各村ではつぎのような「手形」を代官所へ差出している。

差上申手形之事

一於富士山御林炭焼候儀ハ不及申上、野火等迄大切ニ可仕事
一従前々山手米出之山方村々ノ山手米ハ不出之候得共、富士山之外秣薪可取山無之村村、如前ニ御免許被下之由
難有奉存候、併鉈伐之外斧伐割木一切伐取申間敷旨奉得其意候事
一御林麓村々御領私領共ニ御制札之表無違背相互ニ致吟味、若盗伐杯致候者之ハ搦置、早々御林守鷹野嘉右衛門
殿へ可致注進旨是又奉畏候、尤惣村小百姓へ委細為申聞手形之表相背申間敷候事
右之条々於違背仕者何分ノ御科ニモ被仰付候、為後日如斯ニ御座候　以上

元禄十五午年閏八月

富士郡大宮町名主　・組頭之印
外二百二十八箇村名主・組頭之印

御代官　守屋助次郎様
御代官　長谷川藤兵衛様

富士山における幕府の林野政策は、そのすべての入会地にたいして同一の内容で行なわれた、とは限らないし、また、右の条項だけということでもないが、もっとも基本的なものであることは明らかである。幕府は、大量の樹木の伐採のほかはとりたてて厳重な規則を設けてはいない。とくに、貢租というかたちでの生産面にたいする収奪は実質上不可能であったばかりでなく、これを形式上においても行なうことができなかったのである。したがって、せいぜい流通面において生産物を捕捉するより他に適当な手段はなかった。富士山ならびに富士山麓一帯の土地は、ごく大雑把にいって、いわゆる「村持」地と入会地、「御林」地のほかには若干の個人持地とにわかれるが、「御林」と「村

持」林野との差は、「御林」が特定の部分については監理がきびしかっただけであり、残余について両者ともにほとんど同じ政策がとられたのである。

幕府の制禁にたいして地元入会村々が出した『差上申手形之事』によると、幕府の炭焼ならびに野火の厳禁の条目にたいする請け答えは、「大切ニ可仕事」であり、炭焼・野火が全面的に禁止されたものとは受取っていない。したがって、元禄一五年の制禁は、入会村々の管理下において行なわれる炭焼・野火については適用されるものではないことを意味しているし、事実、入会村々においては炭焼・野火がさかんに行なわれていたことによっても制禁の内容がわかるといえる。炭焼についてはつぎに掲出した『差上申一札之事』にも記載がある。これは根原村地籍内における炭焼の例である。

一拙者共村より西江当リ長尾山之麓・荻之入卜申処ニ而、去九月より御用炭焼出シ申候ニ付、松岡御役所江以書付申上候処、答被入前々茂炭焼来リ哉と御尋被成候、八九拾年以前炭焼候義申伝候、則其節之答に、今御座候、其後中絶仕、去九月より柚野村半右衛門と申者請負ニ而炭焼出申候、金高壱年ニ四五両程宛之積御座候

右之通リ茂相違無御座候　以上

根原村

享保二十年卯正月　日

名主　八郎右衛門

右の文書は、炭焼が請負というかたちの特定者で営まれている例であるが、いずれにしても、炭焼きが行なわれていることを示しているものといえる。

また、その年代は不明であるが、近村の者に椎茸の採取を許した例もある。

乍恐以書付奉申上候

富士郡根原村役人共奉上候、当村控之内字隼入山しるたりと申場所、去ル九月中同郡万野村百姓伝兵衛と申すもの江椎茸山ニ売渡候処、右伝兵衛方より日雇稼之もの共さし入、椎茸木伐取方いたし罷在候処、同月廿九日、甲州八代郡が賀ひたひ（釜額）村之者之よしニ而五六人右山江踏込、伝兵衛方よりさし入置候日雇稼之もの共所持罷在候芝斧弐挺奪取逃去申候、然ル処当月五日、加賀ひたひ村百姓代勇助、同市兵衛と申もの両人当村へ罷越申聞候者、字はやと山しるたり椎茸山之儀者、我等方持分之場所故、万野村江売渡椎茸木伐取候哉之旨掛合有之候ニ付驚入、右山之儀者往古より当村控之場所ニ相違無之、既ニ品々証拠物等所持罷在、是迄引続秣薪等苅取渡世仕来り候処、此度不法ニ右様掛合有之候ても、右山之儀者、当村控ニ相違無之段申上候処、何連も御筋被御伺可相立旨を以、右両人之もの引取申候依之此段乍恐以書付御届奉申上候　以上

未十月十五日

根　原　村
名　主　源　　　蔵

紺屋町御役所

ここで述べられている「字隼人山しるたり」という場所を伝兵衛という者に「椎茸山ニ売渡」したという内容は明らかではないが、この時期には椎茸もまた商品化されていることを示すものといえる。

このようにして、林野の利用は、文書等に記されている例からみても、われわれが想像しているよりはるかに商品

化が活発に行なわれており、その村方の支配地については、村の強い支配、すなわち、一村の所有意識が存在していたことが明らかである。

徳川時代の山論のうちで特筆すべきは、さきに掲出した元禄一五年の駿・甲国境＝入会紛争である。この紛争以前にも国境論争が行なわれているが、紛争の地帯は、とくに甲州側の諸村にとっては主産業とでもいえる商品生産の素材が存在するところであり、根原村にしても萱・秣・すず竹等の採取地でもある。しかしながら、甲州側の諸村にくらべて需要度や必要性は低い。にもかかわらず、根原村存立の前提の一分肢でもあるだけに、甲州側の入会は排除しなければならなかったのである。

つぎに、元禄一五年の国境＝入会争論の際に出された甲州・本栖村の一文書を掲出する。本栖村は根原村の相手であるばかりでなく、根原村にもっとも近接する甲州の村落の一つであり、いわゆる隣村である。

一此度甲駿論所御検分ニ付、甲州郡内領逢坂ヨリ駿州ヘノ道筋、二十九年以前、甲州八代郡本栖村ト駿州富士郡ト争論ノ節、右道筋内拙者共申立候往古ノ国境ノ義委細申上候様ニ被仰付候、右二十九年以前申立候古境ハ、駿州根原村境割石ヨリ狐ヶ水三ヶ水判立場ヨリ丸山ト長山トノ間見通シ境ニテ、則其証拠ハ右ノ名所ニテ先年駿州ノ者ニかや苅ラセ候証文、並鶉ヲ取ラセ運上金為出候証文写二通差上申候、本書ハ其時ヨリ御支配被成候渡辺因嶽祐御孫子渡辺源太郎様于今御所持被成候、則道筋境此度其場所へ罷出委細申上候、右申立候古境少シモ偽リ無御座候、証拠ハ正保ノ御国絵図ニ御引合セ御覧可被成候、此段先年慥ニ拙者覚御座候、則御国境御絵図面御用ノ由ニテ、新境古境道法付共ニ三年以前辰年当所御支配平岡次郎右衛門様御手代五味新助殿へ書上申候、其ノ外証拠ノ書物品々渡辺源太郎様ニ御座候、然所ニ二十九年以前論ノ節者本栖村ノ者無筆ノ者計リニテ、駿州富士郡三十一ヶ村ノ者大勢立会、本栖村ノ者ヲ申掠メ、我侭ニ御絵図仕立候故、出御江戸対決ノ砌モ一入前々由緒証拠ノ次第申立候義モ不罷成候ニ付、駿河ノ者ニ弥々被申掠、御裁許ノ節、駿州ヨリ新境ノ分杭相立申候、其以前ハ家数八十軒余御座候、御関所御番相勤候所ニ、右ノ稼山ニはなれ候故困窮仕、漸々只今百姓十三、四軒ニ罷成、御関所下番相勤申候、追々ノ御訴訟モ所退転程ニ罷成、只今迄不得申立立空シク罷過候、右申上候段々少シモ相違無御座候、道筋境ノ義御尋ニ付書付差上申候

以上

元禄十五年午ノ五月

本栖村名主　七郎兵衛

半左衛門

組頭　角兵衛

佐橋佐源太様

室七郎左衛門様

国境＝入会争論そのものについては、駿州側と甲州側とのいずれが正しいものかは、現在の時点では判断がつき兼ねる。この時期——元禄一五年ないしはそれ以前——には、甲州側が領主・秋元但馬守の私領であり、駿州側は天領であった。元禄一五年の裁許は、甲州側の主張が採用されている。

紛争地は、これまでにしばしば紛争が生じたところであって、甲州側の諸村の入会と、根原村ならびに駿州の村々の入会とが交差するところである。しかしながら、この紛争以後になると、根原村がひとりこの国境において入会う

ことになる。ところで、右の文書中にもあるように、この付近において駿州側の村が「かや苅」・「鶉ヲ取」っていたことが明らかにされている。したがって、この時期――それ以降においても――における入会とは、たんに土地に附着して生育するものばかりでなく、野鳥・獣にいたるもの一切が入会の対象、つまり権利の目的物となっていることを示している。このような入会については、天領であり「御林」であるにもかかわらず、直接的な一切の規制はない。こうしたことも駿・甲国境＝入会の紛争を激化させた原因の一つでもあるが、この紛争は幕府の裁許絵図・裁許状が存在するのにもかかわらず、幕末にいたるまでしばしばくり返されたのである。そうして、この紛争は、明治維新以後の大正年間に静岡県・山梨県の県境争論事件にまで発展し、土地が御料地であるにもかかわらず、行政裁判所において裁決しなければならなかったのである。その特徴は、たんに地図上において簡単に県境の線を引く、という技術的な問題で解決されるものではなく、実に、徳川時代初期に端を発する入会紛争であり、県（国）境という行政上の区分を前面に出した入会権の相互主張なのである。つまり、行政区画によって自分達の入会を確定し、他の入会を否定するのであって、県（国）境が入会主張の手段に利用されたのである。

根原村が明治初年に「村持」とした山林原野の面積は、かなり広い範囲にわたっている。だが、林業のみを主要な経済的価値――貨幣による換算――とした当時の経済状態では、いかに根原村の村持林野の面積が広いからといっても、それだけでは実際の経済生活に利益をもたらすことにはならないのである。

ところで、この広大な根原村の山林原野は、他村において決して根原村のものとしてそのままにして置かなかったのである。根原村はまず甲州の諸村と入会争論をしなければならなかったのであり、駿州富士郡の諸村も根原村のものであることを認めながらも、争論をひき起したのである。入会争論は、例外なくかなりの費用を必要とした。とくに、江戸表での裁決となると、その費用は当時としては巨額にのぼったのである。たとえば、駿・甲国境争論に関連した根原村のつぎの借用書をみても、その一端がうかがい知られる。

借用申証文之事

一金拾両者　　　　但シ文字金也

今般駿甲両国境御定杭文字之義ニ付、及出入ニ、出府仕候処宿飯料代金として御借用申事実正ニ御座候、右之金子只今慥ニ御請取申候、此質物ニ者、富士郡根原村之嘉平治京木荷物書入置候義ハ相違無之、利足之義者壱割五分之御勘定可仕候、御返済ノ義ハ来ル極月廿日限り、屹度御勘定ハ可仕候、御店方江少茂御難掛ケ申間敷、為後日依而如件

万延元申十月廿二日

駿州富士郡根原村
組頭　折兵衛㊞
同　断　甚蔵㊞
井ノ頭村
名主　清次郎㊞
組頭　清右衛門㊞
根原村
百姓代　権作㊞

御役人衆中

この例示によっても明らかなように、根原村は近隣の村々から絶えず侵されているが、これにたいしてはかなり抵抗をこころみでいる。徳川時代における入会地は、相当程度の証拠がなければ黙っていては他村の入会地となることが多かったのである。入会地であることの主張は、そこにおいて使用収益を行なっている、もしくは行なっていた、というだけの事実からだけでは認められることが少ない。あくまでも侵害にたいする抵抗を伴うことが要求されたのである。したがって、根原村では僻地の小村でありながらしつようなまでも入会の主張をくり返し、抵抗をこころみているのである。

二　根原村の入会権

徳川時代における根原村の関係文書において、根原村の一村入会——地盤の所有とそこにおける使用収益・利用の権利もその村に属する（民法第二六三条に該当）共有入会地——を「入会」として表現したものはほとんど存在しない。入会という表現は、総じて他村持地への入会をさすか、ないしは数村入会をさすものとされているからなのである。そのために入会という用語が文書において使用されていなくとも、その土地における使用＝利用の形態が、われわれが現在観念しているような入会であるならば、それが文書上においていかなる表現をとっているか、ということには一切関係がなく入会として把握すべきなのである。

根原村が近隣の村々と争論した山林原野を除く残余の広大な山林原野は、すべて根原村のものと意識されていたのである。たとえ、その山林原野の使用・収益の方法ないしは利用の方法が粗放であるにしても、村所有（総村民持）としての本質にはかかわりのないことなのである。たとえば、農作物ということを中心にして考えるならば、富士山麓の劣悪な土地においては、農作物の種類はきわめて局限されており、粗放な経営による方法がもっとも効果的なのである。集中的に施肥をしても、収穫の実際的な効果があがらないために、野火付けによる自然肥と、雑草の除去が行なわれ、地力の薄くなった土地では、これを放棄して他の土地で農作物の収穫を期待し、地力の回復を待つのである。輪作というよりは、もう少し原始的な方法であるが、富士山麓のような土地のところでは、それがもっとも効果的な方法であった。

林業にしても、植林は自然的な状態において自然の作用によって行なわれるのが、富士山麓の広大な林野にとってはもっとも適合的である。したがって、ほとんど手をかけることなく、林野を保護することに努力すればよいのであって、野火による延焼の防止などは、育林事業のもっとも大きなものの一つである。

根原村が周辺の林野入会地について重大な関心をもち、入会地の侵害にたいして極力抵抗をこころみたということは、この、根原村の外周を守ることによって、内部の土地を保護することにほかならないからなのであり、同時に、内部の土地が根原村のものとして、いかなるかたちにおいて利用ないし使用しようと、また、そのままの状態で放置しようとも安全であることを意味するからである。根原村地内の土地は、根原村の総村民による共同所有として、その利用は根原村の単独入会であった。

第二節　地租改正と林野入会

明治政府の成立にともない、これまで幕府の直轄林であった地域も含めて、根原村が支配していた富士山麓の広大な山林原野は、一時、その支配が空白の状態に置かれた。これは単に根原村だけの現象ではなく、全国に共通する一般的な現象であって、明治政府のごく初期の土地政策そのものが過渡的であり、不統一・不明確なうえに、朝令暮改的な政策の連続であったことに起因する。田・畠はともかく、山林原野にたいする政策の展開は、この時期に系統だったものを期待することは不可能なのである。それは、旧幕藩体制下における領主の林野政策とも異っており、また、その後の明治政府の林野政策とも異っていた。政策じたいが法令を背景としたものでないことも明らかである。

周知のように、明治二（一八六九）年六月に版籍奉還が行なわれ、ひきつづいて七月一〇日には旧幕・藩有林の録上である府県「官林総反別」の録上が民部省の「達」としてだされたが、それより一日前の七月九日には、伊豆国ならびに関東筋の「御料御林旧旗下上知山林」の「査点」と「御林帳の差出」等が大蔵省の「達」として出されている。

明治二年七月九日　大蔵省達

伊豆国並関東　府　県

今般関東筋御料御林旧旗下上知林為見分租税司附属被差遣夫々見分ノ上取締申渡候内旧旗下上知林ノ内ニハ不取締ノ分モ相聞候ニ付此上聢ト取締相付可被申且御林開発其外品々願筋並見分ノ者見込ノ趣別紙ノ通候間尚得ト相糺開発可相成場所ハ木品買請人吟味ノ上御払ニ取計地代金鍬下年季等取調相伺且御林ニ被立置候分ハ反別木数寸間相改御林帳差出其余廉々願筋等各見込モ可有之間得ト勘弁ノ上早々可被申立候事（別紙略ス）

明治二年七月十日　民部省達

府　県

支配地官林総反別何ヶ所ト申議国限リ美濃紙堅帳ニ致シ来ル二十五日迄ニ可被差出上知林ノ分モ同断廉訳合帳ニ取調可被申候事

但本分ノ内反別不知ト申分モ可有之右ハ外書ニ差出可申候事

七月一〇日の民部省「達」は、旧幕藩の「御林」を官林として呼称したのであろうことは、その後の「達」によって明らかであるが、この「御林」も、その主体は直轄林であった。ただし、官林＝「御林」の録上は、府県――実質は旧幕府・私藩等――による帳簿上の調査であり、これの書きあげというかたちであって、必ずしも適確な調査とはいえない。しかし、形式的にはこの調査＝書き上げによって、旧幕府・藩有林の官有林への自動的移行が人民の利害とはまったく関係がない時点で行なわれたのである。

明治三年三月、民部省では御林帳の様式を定め、府県はこれにもとづいて調査し、至急に提出すべきことを「達」として出した。この「達」は、さきの「達」（明治二年七月一〇日）のように概略を記載しても報告書としての義務を果すことができる。という簡単なものではなく、きわめて詳細であり、旧幕府・藩有林の御林帳ですら、この種の形式が一般化しているとはいえないのである。にもかかわらずこのような「達」が出されたのは、さきの「達」がごく簡単な内容であり、提出を求められた府県においても、提出（録上）すべき書式が一定していないので困惑したために、そこで今回のような統一した書式が出されたものである。つぎに、この「達」とその書式の全部を掲出する。

明治三年三月　　　　民部省達

管内御林ノ儀別紙雛形ノ通取調早々指出可申尤伐木ノ儀ハ都テ見込相立伺ノ上可取計且風折其外減木等ハ其時々取調可相届事

（別紙）

本紙西ノ内

何国何郡御林帳

何県府

何国何郡

字何々　但　嶮岨平地

一御林一ヶ所　但　長何間横何間　何村

此反別何程　但　御林ヨリ津出シ場迄道法何里夫ヨリ東京迄海上何里陸路何里

但　深山嶮岨等ニテ反別不相知箇所凡積広狭堅何間横何間ト可認事

此木数何本

内何本　節曲木

此　訳

何木何本　但　長何間ヨリ何間迄目通何尺ヨリ何尺廻迄

内何本　節曲木長何間ヨリ何間迄

何木何本　但　目通何寸ヨリ何寸廻マテ
雑木何本　但　前同断
外
小苗木何本　但　長何尺程
何駅村ヨリ　往還　但　峠
何駅村マテ　平地
東側
長何間
一並木両側一ヶ所　但　横何間　何村
西側
右同断
此反別何程
此木数何程
内何本　節曲木
此　訳
何木何本　但　長何間ヨリ何間迄
目通何尺ヨリ何尺廻迄
内何本　節曲木
長何間ヨリ何間迄
何木何本　但　目通何寸ヨリ何寸廻迄
雑木何本　但　前同断

外

小苗木何本　　但　長何尺程

字何々　　但　嶮岨
　　　　　　　平地

一竹御林一ヶ所　　但　長何間
　　　　　　　　　　　横何間　　何村

此反別何程　　但　津出里数前同断

此　訳

竹何本　　但　何尺寸廻

外

小竹何本

一御林起立

一御林冥加永有無

一津出ノ次第

一開墾可相成場所有無

一御林木ノ内御用木可相成有無

右ノ通御座候也

年号　月　何　府
　　　　　　　県　印

右にみられるごとくである。「御林」の面積は概略ではなく、「長何間・横何間」とか「深山嶮岨」のおよそこれまで実測したことがないところまで要求されており、旧『御林帳』に記載されている場合ならばともかく、記載されていない場合には、その記載が短時日の間にはほとんど不可能であったといえる。とくに、「木数」が木種によって記載されなければならず、「節曲木」などの別もあるほか、「小苗木」の長さまでが要求されたのである。「達」を受取った府県としても、短時日の間に調査して報告することができないところが多く出るようになった。

そこで、大蔵省では、明治五年二月一三日に、明治四年七月二七日に廃止された民部省の事務引継をうけて、さらに、「大蔵省達第十九号」という「御林帳差出方」の提出を督促する「達」を府県にたいして出したのである。

明治五年二月十三日　大蔵省達第十九号

御林帳差出方ノ儀去辛未六月中民部省ヨリ相達候趣モ有之候処未タ不差出県モ有之更ニ今般別紙雛形ヲ以テ相達候条最前差出候県々ト雖モ新置府県ヨリ一纏ニ致シ早々差出候様可致事

但山林取調方急速不行届場所ハ取調出来候分丈度々ニ差出不苦事

（別紙雛形）

某国某郡

某村

一凡反別幾許

木数幾許

但松杉檜林歟木歟

一運送便利宜歟附宜歟

一平地歟嶮岨歟
右之通場所限可認出来

右によっても明らかなように、この大蔵省「達」の特徴的な点は、その書式がごく簡単なものとなったことである。しかも、調査の精緻ということを要求していない。その上、調査の進展に応じて報告するような配慮もなされているのである。旧幕府・藩有林のいわゆる「御林」の把握がいかに困難なものであったかを物語っているものといえる。したがって明治五年においては、明治政府は旧幕府・藩の「御林」の実態と形式を二つながらに知ることができなかったのである。

ところで、明治四年七月に、『官林規則』が出された。すでに若干明らかにしたように、明治政府は廃藩置県の当然の結果として、旧幕府・藩有林をそのまま明治政府の財産として観念的にひきついだのであって、その実体を把握していない。にもかかわらず、官林は当然あるべきものとして、これにたいする簡単な規則を制定したのである。

官林規則

第一

一山林樹木疎ナル所ハ種栽シ密ナル所ハ培養シ眼前ノ小算ニヨリテ叨リニ斬伐不可為事

第二

一立枯根返風雪折朽腐木往来ヲ妨田園良木ヲ害スル等ノ類無拠斬伐ノ儀ハ木品寸間ヲ改メ価ノ当否ヲ正シ伐採セシメ不苦事

第三

一鉄道竝船艦製造官舎営繕用水路樋橋梁堤防等木竹ヲ斬伐スルハ事宜ニ寄其筋ノ官員可差出儀モ可有之候得共官庁ニ於テ取計ノ分ハ其掛リノ官員点検濫伐ヲ可禁事

第四

一松杉檜栂槻樫栗樟山毛欅ショウシ等ノ木材ハ国家必用ノ品ニ付精々培養イタシ、私林タリトモ深切愛育ノ意ヲ可加事

第五

一諸道往還筋並木ハ斬伐スヘカラス、入交リノ雑木ハ斬伐苦シカラス、跡地松苗木可致植付事

但往来ヲ妨ケ田園ヲ害スル分ハ第二ヶ条ノ通タルヘシ

第六

一水源ノ山林良材雑木ニ拘ラス濫伐スヘカラス

但立枯風雪折朽腐木ハ此限ニアラス

この『官林規則』は、右によっても明らかなごとく、いたって簡単であり、それじたいではなんら問題となるような個所は存在しない。その内容は、のちに明確化されるようなかたちでの官林の保護規則・管理規則でもなければ、また、施業規則ともいい難いものであって、旧幕府における「御林」の管理規則とも異なっている。したがって、この官林において、人民の用益等を排除することを意図したとも思われないのである。ごく平凡な「愛林」に関する事柄をのべただけにすぎないものといえる。旧幕府・藩有林を官林として改称した明治二年七月一〇の民部省「達」に

もかかわらず、それ以後、官林を「御林」として呼称するほど、名称それじたいも一定ではないが、とにかく、『官林規則』は官林の調査が終了しないうちに出されたものであって、これといった具体的な方針はもられていない。つぎに掲出する文書は、明治四年一〇月のものであり、対象となったところは美林でもなく、原野に近い、旧幕府の「御林」である。

富士山御林守惣代麓村住居・竹川半司奉申上候、富士郡根原村役人共より奉歎願候、富士山御林下木伐採シ相稼渡世仕、村方一同相続罷在候処、先般御一新ニ付、萬野御普請御用所江右村役人共御呼出ニ相成、御林下木之儀、農間伐木渡世不相成旨陸軍方より御差止ニ相成候ニ付、往古より右伐木稼来候得共、前願被仰渡候ニ付、宜敷打過候より、当御役所江種々御歎願仕候、依今般御林下木採稼之儀、願之通被仰付、村内一同難有仕合ニ奉存候、然上者被仰渡候御趣意之廉々、吃度為相守可申候、依之御請書奉差上候以上

富士郡根原村役人

明治四年辛未十月　日

百姓代　弥十郎㊞

組頭　半平印

名主　庄平印

沼津

郡方御支配所

富士山御林守麓村

竹川半司様

七月に制定された、『官林規則』が、いったいこの一〇月までのうちに一般的にはどの程度の効力をもったか、ということについては明らかではないが、少なくとも、右の文書の対象地である富士山麓の原野を含む旧「御林」については、『官林規則』は適用されていない。だが旧幕府の林野制度は、形式上、一応この時期には解体している。したがって、明治維新政府による林野政策は、これといった独自の内容をもった統一のとれたものではなく、また、旧幕府・藩のうちでもきわめて水準の高い林業思想を背景にしたところの政策をそのまままとり入れようとしたり、その地域における従来の慣習を踏襲することもなかったのである。この時期では、幕府・藩のいわゆる「御林」の実態が明らかではないうえに、明治維新政府の林業との関連性も不明確であったところから、すべては、出先機関の官吏による恣意的な政策が行なわれていた。だが、旧幕府以来の林野にたいする地元民（村）の入会は、特定の例をのぞいて、維新政府の出先きの権力との対抗関係でどうにでもなったのである。根原村における明治維新政府の出先機関は沼津に置かれた。そうして、「御林」にたいする根原村民の入会の停止が行なわれたのであるが、それもただちに解除されて、入会は、旧幕府ないしはそれ以上の「自由」なかたちで行なわれるようになったのである。

さて、右の文書によると、旧幕府時代に「御林下木伐採シ」、この「木稼」によって収入を得ていた根原村の者達は、明治維新（御一新）とともに従来からの「伐木渡世」を停止された。しかしながら、もともと「伐木」によって収入を得て生計を営んできたところなので、このような「伐木」停止について「歎願」したところ、「願之通」り「伐木」を許された、というのである。「伐木渡世」とは、いうまでもなく入会による樹木の伐採で、この樹木をそのまま売却するか、もしくは加工して販売し、生活費に充てていたのであり、田をまったく持たず、わずかばかりの地味・天候ともに劣悪な条件下にある切替畠だけの土地では、この林野の入会が生活資源として根原村に大きなウエイトを占めていたのであった。

ところで、根原村のこの時期の状態を示す手がかりの一つとして、根原村が明治七年七月に静岡県へ提出した明治六（一八七三）年の物産書上げをみると、およそつぎのように記されている。

一、稗七拾石　　自用
一、粟四拾石　　自用
一、川茸弐駄　　但　壱駄　三十貫目　　輸出
一、下駄拾駄　　但　壱駄　三十貫目　　輸出
一、木保口拾駄　代金拾円　　但　壱駄　二（三）十貫目　　輸出
一、葉板拾駄　代金八円　　但　壱駄　三十貫目　　輸出

右の物産のうち、「輸出」とあるのは、根原村外へ商品として搬出され販売されることである。

これによると、根原村の主な産業＝商品は、そのすべてが林野に依存しなければならないのである。富士山麓のうちでも、もっとも劣悪な自然的・地理的条件のもとに置かれ、農業は稗と粟であるにもかかわらず、それさえも恒常

的な収穫を期待することができない。こうした点について、明治五年二月の『地券渡方規則』（大蔵省達第二五号）に関連して、根原村が静岡県沼津出張所にたいして出した一文書は、つぎのごとく述べている。

当御支配所富士郡根原村役人共奉申上候、今般地券御発行ニ附屋敷畑反別位訳ケ直段等書上可申旨御沙汰御座候処、私シ共村方之儀者、富士山裾野ニ而、元来甲州往来ノ多免御立置ニ相成候村方ニ附、先前より御高入無御座候ニ附、反別等更ニ相知不申其上、往古山焼ノ砌、当村分内地底ニ水筋無之哉、全焼石焼土ニ而地味悪しく、富士山中空野原ニ而悉場広ニ御座候得者、殊外寒風烈敷、不順之冷気之土地柄ニ而、麦作并茶、三ツ俣等も一円仕附不申、稗・粟等ニ至迄実法不宜ニ付、往古より是迄、諸役御免許、無高・無納ニ而、甲信両国江之往還馬継場村ニ而、御伝馬役相勤来、古来相続稼方渡世之儀者、富士山御林下木被下置、伐取稼渡世江仕、女子供者上野平筋より大宮町在郷江二季之日雇稼罷出、渡世と仕候巳ニ而百姓相続罷在候、実々必至と難渋之村方ニ御座候間、漸暮方営罷在候処、全躰当村之儀者、素より往来旅人助成之た免御立被差置候村方ニ而、不入ニ御座候処、今般御趣意之趣被仰渡奉恐入候御儀ニ御座候得共、前願村方ニ附、是迄他村江者勿論、近村ニ而も地所売買等仕候先例も無御座候ニ附、直段之儀、如何様ニ仕候而宜敷候哉、此段乍恐以書附ヲ御窺奉申上候
以上

壬申九月　日

根原村
百姓代　吉川周平㊞
組頭　吉川庄平㊞
名主　吉川弥十郎㊞

静岡県
沼津
御出張所

根原村の農産物については、稗と粟があげられているが、これは自給自足の分であって商品ではなく、商品生産物としては伐木とこれの加工によるものであり、そのほか、伝馬稼と他村への出稼があげられている。出稼については「女子供」の「二季の日雇」が記載されているので、男は木材を加工する商品生産と「伝馬」という馬による運送業に従事するほか、自給自足にも足りない農業にも従事していた。女・子供は木材の加工と農業に補助的に従事するほか、季節奉公というかたちでの労働に従事していたのが内容である。したがって、根原村の生存条件は農業そのものではなく、林野利用と伝馬・日雇にあったのである。このうち、伝馬は馬の飼養という点においては、その原料がある原野の存在を前提とし、農業もまた一定の――所有＝保有されたかたちでの――耕地をもっていないから、稗と粟、もしくはその他の雑産物の客体である土地は、当然のことながら入会地（村持）に依存しなければならない。そうして、これの割り替えによって収穫を期待することが可能となったのである。根原村が述べている事実は、富士山麓のうち根原村をとりまく現実の自然的条件と地形とを知らなければおよそ理解しがたいものと思われる。富士山麓は一様にその自然的条件が劣悪であるにしても、その劣悪にも濃淡がある。根原村の場合は、そのもっとも劣悪な条件下に置かれていたのである。したがって、封建的収奪の激しかった徳川幕府においてさえも、根原村は「諸役御免許、無高・無納」であった。つまり、正租を課していないのである。

根原村が、地券状交付ならびに地租改正の際に提出した個人持林野ならびに村持林野と入会林野（数村入会）を数量的に示す文書――全部ではない――から、村持林野と入会林野についての個所を抜書してつぎに掲出する。

山林原野地村持御下願ニ付原由
駿河国富士郡根原村

山林原野取調書

字冨田　改二百七拾三番
一山林反別九町九反二畝廿七歩
字豊住　改百七拾七番
一秣場反別廿壱町弐反弐畝拾七歩
字新田　改二百四十七番
一秣場反別五拾三町壱反六畝廿歩
字宝山　改弐百九拾番
一秣場反別四拾七町五畝弐歩
字宝山　改弐九拾弐番
一秣場反別弐百三拾壱町三反六畝廿歩
字宝山　改三百三拾七番
一秣場反別三百弐拾七町七反三畝拾歩
字冨田　改弐百八拾九番

一秣場反別弐百七拾三町七反歩
字宝山　改三百三拾五番
一秣場反別五百八拾壱町三反九畝廿七歩
字新田　改弐百四拾八番
一山林反別拾壱町三反壱畝拾七歩
〆合反別千五百五拾六町八反八畝廿歩
右根原村之義者、富士山西北隅ニテ東北西共甲斐国接続、東方本郡隣村ニテ、何レモ二里内外ノ距離ニテ、全村者地質極メテ瘠地、加ウルニ冬作物等実作者無之、常ニ夏作一期ヲ収穫シ、粟・稗以漸ク戸口罷在候得共、是以年分不充分ニ付、駄賃或者炭焼、又者従前ヨリ富士山御林鉈伐□御免許税納仕来、右ヲ以下駄或者棒等□来売捌、活路罷在候、故ニ前記ノ山林年々培養ヲ尽シ、一村共有樹木伐取前件ニ充テ候、原野ノ義モ礫或者莉等ヲ苅取、年々焼切等致シ培養セサレハ、馬飼料並畑ノ肥等ニ引足（不）申、如斯労力仕候義ニテ、少シノ畑ト雖モ充分ニ馬踏肥ヲ布カサレハ聊カモ収穫無（之）、実リ迄想外ノ労働仕罷在候、既ニ永禄十二年中御代官ヨリ一村共有ノ御命モ蒙リ、其他古証書モ御座候テ、古老ノ者ハ勿論、隣村ニ於テモ熟知罷在、保証ニ相立候ニ付、右証書八通并写及字反別番号記載ノ図面相添候間、御採用被成下、一村共有地ニ御査定相成候様支度、此如奉願候也

右人民惣代
吉　川　半　平
吉　川　竜　造
明治五年二月廿三日
吉　川　弥　十　郎

静岡県令大迫貞清殿

保証比隣麓村人民惣代
竹川市太郎
保証比隣猪之頭人民惣代
佐野幸八
保証比隣人穴村人民惣代
酒井新右衛門

前書之通相違無之ニ付奥印仕候也

右村戸長
佐野藤次郎

租第八拾弐号
書面願之趣聞届候条明治九年ヨリ民有地第壱種へ編入候事
明治十五年五月十三日
静岡県令大迫貞清

右の林野については、明治一五年五月一三日（租第八二号）に、明治九年付をもって民有地第一種として認定されている。したがって、地券状は「村持」と記載されて交付されているのである。

反別地券書願小前書上帳

字我石物　四十番

一、野地反別不知　険阻　村　持　㊞

雑木立

東　我石拘
甲斐国　境
本栖村

西森山境

南大草刈場境

北　我石峯
本栖村　境

字森山　四十壱番

一、山反別不知　険阻　村　持　㊞

雑木立

東我石物境

西　大石山境

南岩下境

北　森山峯
本栖村　境

字大石山　四十弐番

一、山反別不知　険阻　村　持　㊞

雑木立

東森山境

西龍ヶ岳境

南　野田 毛平　境　　北　大石峯 本栖村　境

字竜ケ岳四十三番

一、野地反別不知　険阻　村持㊞

雑木立

東大石山境　　西端坂境

南　原中 刺根　境　　北　峯山嶽 本栖村　境

字大目岳　四十四番

一、山反別不知　険阻　村持㊞

雑木立

東原中境　　西大目ケ嶽境

南根原岳境　　北端坂境

字根原岳　四十五番

一、山反別不知　険阻　村持㊞

雑木立

東　原中 寺前　境　　西根原嶽境

南　四十六番根原ヶ岳　境　北大目ヶ嶽境

字同前　四十六番

一、山反別不知　険阻　村　持　㊞

雑木立

東　水尻川土原　境　西根原嶽境

南　根原嶽麓村　境　北　四十五番根原岳　境

字青木　四十七番

一、野地反別不知　平地　村　持　㊞

雑木立

東外野境　西　九十沢麓村　境

南　絵図山麓人穴村　境　北根原岳境

字足窪　四十八番

一、野地反別不知　平地　村　持　㊞

立木無之

東米山境　　　　　西　絵図山
　　　　　　　　　　　人穴麓村　境

南　木口松木
　　馬下場人穴村　境　　北小坂境

字米山　四十九番

一、野地反別不知　平地　村　持　㊞

立木無之

東門井出境　西足窪境

南　木口松ノ木
　　馬下場人穴村　境　　北大草刈場境

字大草刈場　五十番

一、野地反別不知　平地　村　持　㊞

立木無之

　　三ヶ水より我石　　　　出小屋
東　見　通　し　境　　西　日　窪　境
　　本　栖　村　　　　　　若　山

南米山境　　　　北我石境

合　野　地反別不知　拾壱ケ所

山

（中略）

右者今般地券御取調被仰出候ニ付、銘々持地一筆限リ小前帳より書抜候処、前出之通相（異）無御座候、依之銘々地券書御渡し被成下置候様、奉願上候　已上

冨士郡根原村

明治六年

戸　長　吉　川　半　平㊞

三月

副　戸　長　吉　川　庄　平㊞

同　吉　川　弥　十　郎㊞

つぎの抜書は、さきに掲出した村持地の補足部分についての文書からのものである。

地券未渡之分小前書抜帳

外ニ

一、官林反別不知　壱ヶ所

木立

東無間ケ谷境　西上井出道境

南誓心ケ森境　北判立場境

弐百四番

一、反別拾五歩　　浅間社現境内
字門井出　五十壱番
一、野地反別不知　平地　根原村
　　　　　　　　　　　原　村
　　　　　　　　　　　早野村
　　　　　　　　　　　外　四十壱ケ村
　　　　　　　　　　　入会場
草間
東宮林境　　　西米山境
南　誓心ケ森　　北　三ヶ水
人穴村　境　　判立場　境
　　　　　　　本栖村
右者先般取調差上置候地券小前帳之内、未タ地券御渡不相成分書面之通御座候間、御取調之上夫々御渡被下置候様支度、尤村持村賄地原由証書今般差出候外一切無御座候、自然穿鑿等閑置重テ証書等見当リ候趣ヲ以、御嘆願等決テ申上間敷候以上
　　　　　　　　　　　　　　　　右村
明治七年九月　　　　　　　　　　副戸長　金井佐市
　　　　　　　　　　　　　　　　同　　佐野幸八
　　　　　　　　　　　　　　　　戸長　竹川範口

ここにある「村持・村賄」という表現は、村持が根原村がそのすべてを支配しているいわゆる一村共同入会地のことであり、村賄が官林における入会と数村入会を示すものであろう。この文書をもって、根原村では個人持・村持の土地の書上げを終了したことを報告しており、明治七年九月までには、個人持地ならびに根原村の支配する土地――村持・官林・数村入会地――についてのすべての報告が終ったものといえる。

明治一四年二月、民有地第一種に確定した字豊住ほか六筆についての「原由」には、つぎのように記されている。

右七筆ハ従前根原村共有地ニ而、既ニ去ル寛政八年四月中豆州加茂郡石部村茂吉ト申者ニ椎茸木ニ代金三分ニ而売渡シ、当文化八未年当国当郡岩本村直平ト申者ニ代金廿八両ヲ以炭木ニ売渡シ、村方江割合、其他年々農間稼村方ニ而、炭焼致シ他江売出シ、当毎年四月ノ頃毎戸壱人宛日々出張、田材及雑木小苗木植付、或ハ山番等ヲ出シ、不時ノ野火ヲ防キ山林ニ致シ候義ハ、隣地村々ニおゐても熟知罷在保証仕候間、従前之通村持ニ御定メ被成下度、依之右売渡シ候節取置候証書相添、隣村保証、此如奉願候也

右村人民惣代　吉川弥十郎㊞

同郡猪之頭村人民惣代

保証人　佐野幸八㊞

根原村が七筆の山林原野を「村持」として申請した理由は、この山林原野が、「従前根原村共有地」であって、そのため、「椎茸木」・「炭木」などとして他村の者へ売渡したり、また、炭焼なども行なったり、さらには「用材及雑木小苗木植付」をしている事実をあげている。そうして、山番なども行ない、野火なども防止するなどして、根原村だけが「自由」にこの山林原野を支配していたことは、「隣地村々」においても知っており、またこれを「保証」していることを述べている。このことは、山林原野官民有区別に際してこれらの土地を、民有と認定するだけの要件を満たしていることを示している。つまり、林野の民有か官有かを判定する派出官員の内部基準である『山林原野官民有区別派出官心得書』における民有地認定の規準にも該当するということである。この点については、さきに掲出した山林原野反別一五五六町八反八畝二〇歩についても同様のことが指摘される。たとえば、「山林年々培養」・「一村共有」などという表現のほかに、「原野ノ義モ礫或者薪等ヲ苅取、年々焼畑致シ培養セサレハ」収穫は不可能であり、「如斯労力仕」ということを述べている。そうして、その保証として、

保証　比隣麓村人民惣代
　　　竹　川　市　太　郎
保証　比隣猪之頭村人民惣代
　　　佐　野　幸　八
保証　比隣人穴村人民惣代
　　　酒　井　新　右　衛　門

という、根原村に関係のある近村の「保証」が添付されているのである。

こうした「一村共有地」（共有入会地）ならびに数村入会地の主張には、当然のことながら、この土地を数量的に確認するためにそれだけの支出をよぎなくされている。山林原野官民有区別に際して各村では入会地の「丈量費」が必要となったが、その明治九年の丈量費の負担額はつぎのようなものであった（「各村入会秣場丈量費」）。

一金八拾壱円四拾三銭壱厘　丈量ノトキ日当諸入費
利金拾壱円四拾銭　但シ九年七月より十年一月迄七ケ月利
一金五円四拾五銭　但シ精算中諸入費
利金八拾七銭弐厘　但シ九年六月より十年一月迄八ケ月利合金九拾九円拾五銭三厘
内金四拾九円五拾七銭六厘五毛　根原村出金之分
残る金四拾九円五拾七銭六厘五毛
金壱円四拾壱銭四厘三毛五糸　金員取集人足買上代
合金五拾円九拾九銭八毛五糸
是ヲ三拾ヶ原村高　九千五百三拾壱石割
高百石ニ付　金五拾三銭五厘

右によっても明らかなように、無高の根原村が四九円五七銭余で支出金額全体の五〇パーセントを負担している。丈量費のもっとも多かった他村でさえ「五円拾銭三厘」（村高・五四〇石）であるから、いかに根原村の支出が多かったかがわかる。いいかえるならばこのことは、根原村の支配地の広さを意味しているものといえる。この「丈量費」の念出については、根原村の場合は入会地からの収益によって行ない、個人が負担した部分は少なかったものと思われる。たとえば、戸長から出された、

一今般旧五小区地租改正係リ惣代人ヨリ御達有之候ニ就テハ、人穴・根原両村之義者、入会ヨリ出金モ有之候得者、村方ニ而丈量費賄帳并人名持、且村持、又者入会地等之御訳帳御持参ニ而、事柄相訳リ候者一弐名宛ニ旧事務所改正調所へ来ル九日迄ニ必御出頭可被成、若シ仕訳帳無之候ハヽ、坪詰帳御持参可被成様調所ヨリ御達ニ付、此如御報知および候也

十二月八日　　　　組合役場戸長㊞

人穴村
根原村　　改正係リ御中

という通知書によってもその一端は明らかであろう。山林原野の官民有区別については、美林か、ないしはこれに準ずるような経済的効果の存在するところならばともかく、その経済性が少ない広大な山林原野を村持として申請するについては相当の根拠と、支配の強さを必要としたことは明らかである。しかも、根原村の山林原野は、村持というかたちでの申請が圧倒的な高さをもっており、共同利用＝支配が個人持よりもすぐれている点と、根原村の共同体的特質がよりあらわれているという点が特徴的である。明治一四（一八八一）年に作成された『山林原野取調確書』によると、個人持として申請された山林反別は次頁表のごとくであり、村持（官林ならびに反別不明を除く）の林野

個人持申請山林反別

氏名	地種	面		積
		町 反 畝	町 反 畝	町 反 畝
吉川庄平	林	1. 0.	2. 03	4. 9. 7. 13
〃 勘次郎	〃	1. 8. 2. 02		
〃 庄助	〃	2. 2. 5. 12	2. 6. 13	
小林市松	〃	3. 1. 19		
吉川治三郎	〃	2. 0. 6. 15	4. 12	
小林作右衛門	〃	8. 9. 02	06	5. 02
〃 利平	〃	4. 9. 3. 06		
〃 喜三郎	〃	1. 2. 12	4. 8. 28	
吉川弥十郎	〃	25		
小林喜十	〃	5. 04		
吉川半平	〃	1. 4. 10	3. 1. 6.	
赤池要右衛門	〃	1. 3. 08		
吉川磯吉	〃	2. 3. 11		
吉川周平	〃	9. 2. 27		
〃 平兵衛	〃	3. 9. 7. 02	1. 23	
〃 新作	〃	3. 3. 1. 07		
〃 竜造	〃	4. 2. 6. 18		
〃 清内	〃	4. 1. 2. 19		
〃 治平	〃	8. 4. 5. 24		
〃 縫作	〃	5. 03		
合計	47町2反1畝23歩 (但し原典による)			

の一八五六町九反三畝二三歩にたいして、四七町二反一畝二三歩である。宅地は八反六歩であり、畑地は一三町四反二八歩である。畑地は富士山麓特有の劣悪地が、一戸平均六反五畝余であって問題となるような面積ではない。したがって、畑地からの収穫では、まったく生存することはできない。富士山麓の広大な山林原野（山林・二九八町七反二七歩、野地・一五五八町二反二畝二六歩）を村持＝

共同体的所有として申請した背景には、(イ)この山林原野の利用が共同体的利用を前提としないかぎり、経済的効果があがらないこと、(ロ)と個人持に分離することがなかなかできないほど、根原部落の共同体的な結合の状態が強かったことがあげられる。

幕府時代における「御林」のうち、官林として編入された山林原野は、もともと根原村の村持入会地であって、明治七年の『反別地券書願小前書上帳』にもこの官有地は「村持・村賄地」として地券の交付が申請されたところである。この「御林」は根原村の生活と直結しており、「御林」でありながらもその意識においては根原村の一村支配地として存在していたことになる。幕府の林野政策の強弱のみが「御林」に適用されているだけで、幕府の「所有」ないしは支配＝利用の絶対的主張が「御林」に貫徹されていたわけではないことを示している。

御林下木伐取営業之義ニ付上申

当村之義者、冨士御林守給として、鳥目拾四貫文、年暦不分、往古より年々頂戴罷在、外稼方無之、僻村之義ニ付、右ヲ以人口江配分、聊営業之助仕来リ候得共、右ニ而者村中活計難相立、困難仕候ニ付、元禄年中之由、旧江戸御奉行・荻原近江守様江奉歎願、御官林下木伐取之義御差免相成候由申伝、当今迄渡世罷在候得共、右鳥目御引替相成候年月不相分、且書類等も無御座、老年之者共申伝ひ而已ニ而、判然申上候証拠一切無御座候、此段奉申上候也

第弐大区五ノ小区　富士郡根原村

明治七年八月

戸　長　吉　川　清　内㊞

静岡県権令大迫貞清殿

右の文書によると、元禄時代において明確に幕府によって認められた「御林」の伐木等は、事実としてそれ以来明治七年にいたるまで続いてきている。この伐木等は、根原村の者（総部落民）の営業のためであり、商品そのものないしは商品の素材部分である、という点において、たんに自分達の生活上の補助材料を得るといったような消極的な入会ではないことにその特徴がある。もちろん生活資料の採取のために入会うこともあるが、伐木じたいが商品として直結しており、この「御林」の利用＝入会は、その事実行為を幕府が認許し、形式的な規制を加えなかったということは、この「御林」がほとんど普通一般の入会林野の利用＝使用・収益ともなんら異ならないことを示している。

右の官林入会については引きつづき明治政府によって認められ、根原村ではつぎの文書を静岡県に提出した。

冨士御官林下伐木税納申上書

第弐大区五ノ小区根原村戸長・吉川清内奉申上候、当村付冨士御官林下伐木之義ニ付、先般奉差上候書面之云々茂有之、従前之通リ御差許被成下置候と之御下知ニ付、一同難有奉存候、然ル上者、年々為税金壱円五拾銭無相違上納可仕候間、此段御聞届被成下置度、奉願上候也

明治七年八月

右村戸長　吉川清内㊞

静岡県権令大迫貞清殿

官林における伐木等の慣行は、「従前之通リ」、すなわち、徳川時代の入会のかたちで、根原村の支配に属して利用＝使用・収益をすることが引きつがれたのである。このことは、官林については、根原村の強い規制のものにおかれたことを意味しており、したがって、この入会については、林地の状況に応じた規制が、他の林地とは異なったか

たちで行なわれても当然のことである。明治一九年の規約書は、その一例を示すものである。

為取替約定事

一今般冨士山官林下伐採之儀ニ付、双方熟議之上ニテ下木渡世従来稼キ仕候得とも、角木并ニ丸多分売捌等之儀者一切不仕候事、尤柱三寸角四寸五寸ま伝之分迄ト定メ、長之義者壱丈八尺まて者各々勝手次第相用イ仕候様、且村吏ヲ省ク者有之候節者、村会之上ニテ、富士山官林下木等一切不相成候事、若シ又他村者おゐテ者、親戚成とも雇不候義者一切停止之事、右箇条之通リ無相違以上相守、為後日仍而双方連印ヲ以テ為取替置候証如件

静岡県富士郡根原村

明治十九年

戊ノ四月七日

吉川治三郎㊞

吉川半平㊞

（以下、氏名略す）

「約定」というかたちでの規制は、官林にともなう県を通じての国家権力の規制ではない。根原村の独自の規制なのである。伐採する木については規制を設け、他村の者はそれが親戚関係であっても厳禁されている。それ以外については、従来の通りの慣習に従うのであり、したがって、入山時期・方法・採取ならびに伐採木の種類等についても記されていない。木の太さ・長さ等と、日雇（親戚関係者）についての規定が新しく明確化されたのであり、この点について、従来の慣習（入会慣行）が変更されたものといえる。なお、右の規制についての違反にたいして、「村会之上」というのは、村議会等を意味するのではなく、総村民全体の会合を示しているのである。

根原村における官有地入会は、このように根原村の独自な・「自由」な利用にもとづくものである。通常、官林について指摘されるような、国家権力による入会の排除ないしは制限という問題は存在しなかったのである。

第三節　地租改正以降における村持林野と入会林野

山林原野官民有区別以後における根原村の入会は、(イ)村持の山林原野、(ロ)数村入会の山林原野、(ハ)官有地の山林原野、の三種類にわかれる。

地券名儀が「村持」として表示された入会林野においては、総村民（権利者）の数が少ないために、つねに根原村構成員全員の協議による利用が行なわれていた。この利用については、すでに徳川時代にみられた方法がそのまま踏襲されていて、根原村——のちに、根原、根原区と表現される——では、自村の者たちが使用・収益をするばかりでなく、他村ないしは他人にたいして山林原野＝土地を貸したり、特定の産物、たとえば、茸・立木・雑木・萱などの採取をさせたりしていた。つぎの例は、根原村が「村持」の原野を牧場として他村の者に貸した例である。

土地貸借為取替契約証書

静岡県富士郡上井出村根原
賃　貸　主　　根　原　区　有　地　民
山梨県西八代郡古関村五拾八番戸
賃　借　主　　土　橋　賢　三

右賃貸主静岡県富士郡上井出村根原区ト山梨県西八代郡古関村土橋賢三ト間ニ区長ノ宅ニテ契約ヲ締結スル事左ノ如シ

第一条　賃借主ハ賃貸主の所有ニ係ル左記ノ土地ヲ壱ケ年ノ賃貸料金参拾円ヲ以テ明治四拾五年壱月ヨリ明治六拾四年拾弐月迄弐拾ケ年間牧畜場ノ目的ヲ以テ貸借シタル旨陳述シ賃貸主ニ於テモ貸借主陳述ノ如ク該賃貸借料貸期間及ヒ目的ヲ以テ之ガ賃貸ヲ為シタルニ相違ナキ旨陳述シタリ、静岡県富士郡上井出村根原字（スガイリ）牧場凡ソ参拾町歩

（中略）

一賃借主ハ貸借地以外ノ切替畑ニ其飼養スル鳥獣ヲ逸出ノ為メ切替畑ヲ損害シタルトキハ其損害ヲ弁償ス可キ事

一貸主ノ所有スル西山ヨリ賃借主ハ薪木丈ケヲ採取スルモ之ニ対し異議ヲ唱ヘザル事

（中略）

賃貸主区長　吉川護寿㊞
〃〃立会人　小林市松㊞
〃〃同役　吉川佐久㊞
〃〃伍長　吉川正行㊞
〃〃〃　吉川佐重㊞
〃〃〃　吉川清三郎㊞
〃〃〃　小林元三郎㊞
賃借主　土橋賢三印

明治四十四年七月十二日

右の契約書の賃貸主は、「根原区有地民」と表記されている根原区民全員が貸借人と契約したことになっているが、実際（形式面）に署名捺印した者は、この「根原区有地民」を代表（代理）した区長と伍長のほかに、構成員の代表二名が立会人というかたちで署名捺印している。この事実は、貸借地が根原部落（区と表示）の総村民全体のものと観念されているかを示す好例である。

つぎの例は、立木の売買についての例である。

売買契約書

一富士郡上井出村根原区有地字河懸沢ニ生存スル黒木及び柳四尺以上ノ弐種ヲ除クノ外全部炭木ニ区民全体と同郡大宮町万野芝田清五郎トノ間ニ締結スル条項左ノ如シ

一富士郡上井出村根原区民全体ヲ甲ト定メ芝田清三郎ヲ乙ト定メ左ノ如ク締結ス

（中略）

大正五年拾一月一日

富士郡上井出村根原

売主惣代　小林市松

同　吉川護寿

（以下、惣代五名略す。傍点は筆者）

この契約においても、契約の当事者は根原区民全体であり、契約の締結者には惣代が七名であたっている。また、土地の売買についてはつぎのような例で行なわれている。

土地売買契約証

大正拾弐年拾壱月　日附を以テ静岡県富士郡上井出村大字根原区ト同県田方郡熱海町日本観光株式会社トノ間ニ土地売買契約ヲ締結スル事左の如し

大正拾弐年拾壱月　日

静岡県富士郡上井出村字根原区
区　長　吉川綱吉
惣　代　吉川佐久
同　吉川護寿
同　吉川藤作

右の例においても、区長は根原区を代表して契約を締結していない。惣代三名が根原部落を代表して契約に参加しているのである。つまり、実際的・形式的にも根原区表示の土地は根原部落構成員総体のものであるために、これの代表者は惣代であることを示している。

このようにして、根原区の財産をなんらかのかたちで処分することについては、区長にその権限が与えられているのではないことを示しているものといえる。僅か二〇戸前後の集団でありながら、また、その集団＝区の代表者であり責任者である区長は実際的にも区を統括し運営していくにふさわしい、いわゆる指導者であるべきはずである。事実、たしかにそのようなことはいえる。しかし、それにもかかわらず、指導者であり最高責任者である区長に財産処分についてその権限が与えられていないということは、右によっても明らかなことである。この点について、すでに示した明治初年の文書ならびにつぎの文書にもあるように、この「区」有財産は、たんなる地域集落ないしは集団の財産というだけではなく、集団構成員の共同の財産であるために、文書上の形式面においても明治初年以来、このように表記されているのである。これを、文書上においては「共有」というように表示している。つぎに、その例を示す。

(一)「駿・甲境界足端山字新田根原区共有山林」(明治三〇年)
(二)「富士郡上井出村根原区共有山林字豊住面積凡拾九町歩ニ生存セル立木」(明治末年)
(三)「富士郡上井出村根原共有地字新田寿賀利ニ存在スル生木」(大正元年)

右のように、根原区財産という文書上の表現ないしは呼称の根底には、その財産が構成員の「共有」(法律上は総有)財産としての意識が存在しており、そのために、いかなるかたちにおいてもその財産を処分するためには構成員全員の同意を必要としたのであり、区の代表者である区長が契約の当事者としているにもかかわらず、構成員全員によって選出された「惣代」が文書上に参加——むしろ主体者として——しているのである。根原区財産の区以外への売却・使用等については、文書上における表現はかなりまちまちであっても、契約の当事者がつねに区民全員であり、その財産が共同財産であるということに対応して、契約の締結者は、(イ)「区長・区長代理・区長後見人」ないしは「伍長惣代人」の参加、(ロ)「区長・惣代人」、(ハ)「惣代人」、(ニ)「区長・伍長」ないしは「惣代人」の参加、(ホ)「区民ト協議ノ上……区民ヲ代表シテ区長」といったように、その形式ならびに名称の多様さはあっても、なんらかのかたちで構成員全員の意志を反映しなければならない。そのために右のようなかたちで文書に参加しなければならなかったのである。

土地等の財産の運営については、血縁的・地縁的共同体としての根原部落の集団構成員全員による運営が行なわれていた。この集団は、徳川時代より約二〇戸前後がその構成員なのであって、他村からの移住者には構成員資格が付与されないほか、たとえ血縁関係者であっても、とくに認められた分家以外は、その資格は付与されないのである。根原部落から離れて移住した者は、すべての権利を失なう。すなわち、離村失権である。根原部落内のすべての全体的な行事はもとより、根原の生活に関係する事項はやはり構成員全員によって決定されていたのである。したがって、根原区の財産に関する問題は、毎年の「太子講」という区の「総寄合《そうよりあい》」の定例集会において決定されるほかに、つねに問題が生じた時点において「寄合」がもたれるのである。区の代表者として選出された区長と、区をいくつかの組にわけてその一つ一つの組から選出された代表者が存在するとはいえ、この区長ならびに伍長達によって財産処分等が決定され、これらが処分について代表者となるのではない。区長は、いわゆる世話役なのであって、区の重要な事項とされる諸問題については形式上においても単独で区の代表者となる資格がないのである。根原区では、すべての事項が全員の一致した決定を前提としている。この全員一致とは、開かれた「寄合」の席において全員の一致が得られないか、もしくは欠席者がいるためにその場において全員一致という決定がみられない場合でも、事後において承諾を得ることができれば、全員一致という決定となるのである。ただし、最も重要な事項に関しては、全員が出席した「寄合」での全員一致を原則としている。

ところで、根原区には長い間にわたって記帳された歳入歳出簿がある。この根原区の歳入歳出簿は、「区」の運営についての、金銭面からの一つの手掛りを与えている。歳出は、その内容がいかなるものであっても、(イ)慣例にしたかったものであり、(ロ)寄合いの承認をつねに得ている。という点で、この歳出簿には全構成員の意志が反映している。慣例の変更も寄合いで決定される。つぎの頁に、昭和六(一九三一)年の歳出と歳入を記載された事項をそのまま項目別に集計して次頁に掲出する。

この表のうち、「酒」として集計されたのは、酒が現物で記帳されていることである。この年の酒の使用目的を項目別にみると、秋葉講・日待・六月祭・学芸会などに使用したことがみられる。これらのうちには部落の土俗的な行事(慣習)が多い。酒代についても、道祖神祭のときに青年組に渡したり念仏講のときに出している。このほか太子講・山ノ神講・伊勢講などの集りのときに酒が出されている。菓子代というのは、集会のときに出されるケースがもっとも多い。記載の方法も大幅帳式であって、一定の基準はない。支出・収入した金銭をその順にしたがって記載しているだけであって、いわばメモ的である。いずれにせよ、すべての支出・収入は権利者集団である部落の了解のもとにおいて勝手なときに都合のいいかたちで行なわれているのである。この点、町村制にもとづく歳入・歳出とはまったく異なった私的集団独自の収入・支出であるといえる。

根原部落には、広大な面積で宮内省御料局所管の富士山第一一番御料林野が存在する。この御料林野は、徳川時代においては根原村の入会地であったが、明治初年には官有地として決定され、根原村がここで行なう使用・収益は、いわゆる官有地入会として行なわれてきたのである。ところが、明治二二(一八八九)年、この場所は御料地として編入されたために、御料局が形式上この林野を管理することになった。そのために、根原村ではここでの使用・収益がいわゆる御料地入会として、とくにその入会については御料局が定めた形式的な書式=手続を経なければならなかったのである。ただし、入会の対象物すべてについてこの書式が適用されたのではない。ごく日常的な林野雑産物に

昭和６年歳出

項目	日数	金額	備考
		円　銭	
酒	11	24. 12	
酒代	3	5. 40	現金で渡す
色紙	3	1. 01	
紙代	2	1. 53	
菓子代	3	1. 40	
缶詰代	3	1. 02	
畳代	3	9. 35	人夫賃・運送費を含む
神司	2	3. 20	
神職会	2	2. 00	
秋葉山代	1	5. 00	
出役人夫		12. 00	15人分
ローソク代		25	
印紙切手		31	
学校営繕・備品	2	3. 89	
大工日当		13. 80	
ソノ他		1. 75	
合計		86. 03	

昭和６年歳入

項目	回数	金額	備考
		円　銭	
山代	2	26. 45	
区費		4. 05	２人分
山割人夫		2. 40	不足３人分
牧場貸料		20. 00	
ソノ他		23. 50	
合計		76. 40	不足９円60銭

(註) ９円60銭の不足（実際は９円63銭の不足）については、24戸に平等割り。１戸＝40銭。

ついての採取（入会）は「自由」であった。つぎは、御料局と根原との間で交わされた文書の一例である。

片羽茸御払下願

駿河国富士山第拾壱番御料林反別弐千六百弐拾町八反歩之内

採取反別弐拾町歩

一片羽茸　弐貫目

此代金弐円　但壱貫ニ付金壱円

採取期限　自明治廿七年十月　至同年十二月　三ヶ月

右ハ食料ニ至度候間前記之通御払被成下度御許可之上指示ニ従御請可仕ハ勿論渾テ御達之趣キ遵守可仕候依テ別紙図面相添へ此段奉願候也

駿河国富士郡上井出村根原弐拾三番地

小林喜三郎

明治廿七年十月廿三日

御料局静岡支庁長

富士郡上井出村根原

小林喜三郎

御料局理事種田邁殿

※　※　※

本年十月十五日付ヲ以テ出願ニ係ル富士郡富士山第十一番御料

明治廿七年十月廿五日

御料局属　平久保一清㊞

買人　富士郡上井出村根原

小林喜三郎

林内片羽茸弐貫目払下聞届候条代金弐円ハ別紙案内書ニ依り本月三十一日迄ニ第三十五国立銀行沼津支所江預ケ入其証ヲ得テ上納スベシ

但実地受取方ハ当所大宮分担区江申出ツヘシ

御料局静岡支庁沼津出張所長

御料局属毛受照蔵代理

明治廿七年十月二五日

御料局属　平久保一清㊞

※　※　※

駿河国富士郡富士山第拾壱番御料林内

一片羽茸　弐貫目

此代金弐円

右ハ今般前記物件特売ニ依り売渡シタルヲ以テ渾テ右物件ノ事ニ関シテハ明治廿六年静岡県第二三号告示物件競争払下手続ニ遵由スルヲ約シ尚且左ノ条項ヲ締結スル為メ本書弐通ヲ作り各其一通ヲ領置スルモノ也

御料局静岡支庁沼津出張所長

売人　御料局属毛受照成代理

一代金ノ納入ハ明治廿七年十月三十一日限リトス
二物件ノ引渡ハ明治廿七年十一月五日限リトス
三物件ノ搬出ハ明治廿七年十二月三十一日限リトス

吉　川　嘉　政㊞
（以下、五名を略す）

以上によっても明らかなごとく、御料局の書式は形式的なものであって、実態をなんら示していない。したがって、右の公式文書からだけでは、御料林富士山一一番における根原の入会についてはわからないといえる。ところで、右の点に関して根原区にはつぎのような文書が存在する。

委任状

富士郡上井出村大字根原区
吉　川　正　行㊞
（以下、一九名を略す）

前記ノ者ヲシテ左ノ権限ヲ代理委任ス
一静岡県駿河国富士山第拾壱番御料林ノ内立木御払下ニ関スル一切ノ件

大正四年五月

御料局への草木等の払下出願については、このように全員の承諾による特定個人への委任が存在しているのであり、富士山一一番が入会地であるために、このようなかたちでの協議を必要としたのである。こうした事実をさらに具体的に明らかにしているのは、大正一一年のつぎの文書である（傍点・筆者）。

富士山御料林特売御払下願

富士郡富士山第拾壱番御料林之内

一凡反別拾町歩

此御指定区域内立キ全部

但立木悉皆伐採期限大正拾壱年七月五日ヨリ同拾弐年六月四日迄満壱ケ年期

此御払下特売価額御指定代金

右ハ是迄山毛欅生木明治三十七年八拾壱本同三十八年七拾六本同三十九年五拾本御払下相願候処山毛欅材之如キハ広漠タル森林内各所ニ散在セル撰択立木ヲ御払下被下事故買受人ニ於テ点在木ナルガ為メ自然造材及搬出等多額之費用ヲ要シ尚本村上井出区ニ於テ水力製板所弐ケ所其他北山及大宮町等ニ同業者数ケ所有之当区ノ如キハ水利不便ニシテ僅ニ山毛欅木而已ニテハ当低営業難相ニ付収支相償ハズシテ折角ノ恩典モ無効ニ帰スル事有之其後御払下請願相休ミ居候処当区有林ハ年壱年ニ減少シ今日ニ至り悉皆伐尽シ此土地ニ営業ノ目途モ無之位置ハ富士山北部山梨県国境ニ接シ本部第一ノ薄地ニシテ寒気甚ダシク季候常ニ不順霧深ニシテ穀物ハ不熟素ヨリ尚当区ノ儀ハ徳川幕府以来第拾壱番御料林之内槻栂檜之三木ヲ除クノ外鉈伐ト唱ヒ随意伐採ヲナシ種々造材山稼生計罷在候処御維新ニ際シ社地上地同様一般伐木御停止ニ相成其後種々歎願仕り前記之通り山毛欅生木本分ヲ御払下相願居山毛欅木本分ハ慣行資材ノ制限定マリアル下駄歯板而已ノ製造ト駿甲魚荷物其他売品荷物数拾年間運搬トヲ以

テ人民ノ営業トシテ経営罷在候処甲武鉄道及東海道御伝場ヨリ籠坂線開通以来荷物運搬等ハ更ニ無之今日生活難相立場合ニ立至リ必死困難ニ陥リ如何共難致ニ付区民一同協議ノ上該事情ヲ以テ第拾壱番御料林之内書面反別区域御払下請願仕伐木造材及木炭製造等手馴レタル山稼営業致候ハヾ永続糊口ノ生計相立候儀ト存候ニ付乍恐実地御検査之上特別ノ御詮議ヲ以テ書面御指定ノ反別区域内立木全部特売価額ヲ以テ御払下被下度然ル上ハ代金上納ハ勿論御槻規則等堅ク尊守仕リ候間何卒願意御採用被成下度区民一同連署ヲ以テ此段請願仕候也

静岡県富士郡上井出村根原区民

大正拾壱年六月二日

吉　川　作　久㊞

（以下、氏名略す）

帝室林野管理局沼津出張所長

帝室林野管理局技手恩田半次郎殿

文書形式上においても、また、文中においても「御払下」であるが、実質的には徳川時代よりの入会なのであることを明らかにしている。いずれにしても、御料局と根原区との草木払下の関係は入会権をその権原としていることには相異ないものである。

第四節　「区」の名称と実態

根原区において、「区」という名称が用いられた明確な年月は不明である。「区」という表示は、すでに明治初年の大・小区制にもとづいて使用されているが、それでも、区の下には村という表示がなされている。たとえば、「第弐大区五ノ小区根原村」・「第弐大区五ノ小区富士郡根原村」というようにである。この表示は、明治一〇年代になると、「第拾弐模範組合富士郡根原村」というように表示されることはあったが、明治三〇年代には、「富士郡上井出村根原」もしくは、「根原区」というように表示されるようになる。それが、明治三〇年代以降からは、旧根原村のほとんどの表示は「根原区」となるのである。旧村の根原が、対外的に自己を表示するときには「区」であるということは、それが、行政単位としての村の一部とは異なる一個の独立の地域集団であることを示すためである。したがって、根原区は、「区」そのもののかたちが、行政村としての上井出村に直結して、これの行政指導ないしは行政指揮下に置かれていたのではない。根原区が区として旧根原村＝集団を表示するときには、それは、外部にたいして地域集団を表示する形式を必要とした場合においてである。

根原「区」が外部にたいして自己のもつ集団的性質を示す形式的な名称として、徳川時代においては「根原村」であったが、この根原村がそのままの形で——今日の公法人である町・村のごとくに——外部に表示される場合には、公法的な面においてであり、私法的な関係においては、集団としての側面である集団の代表者の参加を、たとえば、「惣代」・「百姓惣代」のごとくに表記したものである。この使い分けには、必ずしも統一のとれた明確な規準というものは見当らないが、ほぼ、右のように理解しても誤りではないといえる。他村よりの入会についても、地元村にたいして文章上において村が表示されるときには、「百姓中」「百姓衆」といった表示がなされるのが当然であったし、また、たまたまその表示がなされていない場合でも、意味するところは同じなのである。明治時代になると旧根原村はそのまま根原村として表示されたこともあったが、大小区制によって「第弐大区第五ノ小区根原村」というようにも表示したり、上井出村等との合併によって、「上井出村根原」ないしは「上井出村根原区」として表示したこともあった。しかし、明治末年から大正時代初期のうちには旧根原村の表示はだいたい「根原区」というように確定したのである。なお、この「区」は、市制町村制における財産区としての区ではない。

旧根原村が対外的に自己を区として表現するという名称上の方法については、「根原区」という以外には他に適当な呼称がなかったからにほかならない。たとえば、根原というのは他の者にとっては地名として使用され意識されているのであり、根原部落というのは、のちに、行政か法律家によって新村と区別するために使用され慣用語となったものであって、旧村においては採用される余地はなかったのである。とくに、新平民を部落民という慣用語で呼称し、これの集団を部落として表現し表示する地方にあっては、もとより部落という名称を自ら使用することはしない。根原村が上井出村に吸収合併されたのちも、旧根原村というように呼称されていた。部落集団をしばらくの間、根原村という表示をしていたのは部落集団を表示するのに都合のいい呼称が他になかったためである。

明治二一年、町村制の施行によって、「区会」または「区総会」を設けることができる（町村制第一一四条）、と規定された。根原村が根原区というように集団の表示を変更した契機となったのは、この町村制の施行に関連があるが、そのことがただちに町村制に準拠したものではない。便宜上の「区」表示なのであって、この表示はすでにそれ以前において、「第五ノ小区」という「区」の表示がなされていたことにも重要な関連性があるのである。

町村制において区の規定があるのはさきに掲出した第六十四条と第一一四条である（傍点・筆者）。

市町村ノ行政ハ可成統一スルヲ要ス故ニ其一部落ニ属スル事務ト雖トモ之レカ為別ニ機関ヲ設ケス総テ市町村会ニ委任スルハ固ヨリ妨ケナキノミナラス還テ之ヲ希望スル所ナリ而シテ市町村内ノ一部若クハ町村制実施ノ際ニ於テ合併シタル町村即大字ニ在リテ現ニ特別ノ財産等ヲ所有スルトキハ其財産ニ対シテ其権利ヲ傷害ス可カラス又旧来ノ慣習ヲ慕フノ民情ニ背馳スルノ右ハ畢竟法律ノ禁スル所ニアラサルモウラニ事務ノ煩雑ト負担ノ増加ヲ来ス幣ナシトセス加之間接ニ全市町村ノ自治力ヲ薄弱ナラシムルノ結果ナキヲ得シ難シ仍テ実際ニ就キ篤ト利害得失ヲ究メ全市町村ト其各部落トノ利害互ニ相抵触シ全市町村会ニ得策ナラサルハ論ヲ俟タス是レ市制第百十二条町村制第百十四条ノ規定アル所以ナリ故ニ実際ニ於テ特別ニ部落財産等ヲ処理スルノ必要アルトキハ区会ヲ設置スルハ法律ノ精神ニ適合スヘシ然レトモ其適否ハ府県参事会郡参事会ノ権限ヲ以テ宜ク区別スヘキニ付監督上最モ注意セサル可カラス往々地方ニ依りテハ区会ヲ設クルノ条例ヲ稟請スルモノ実ニ多キニ過クルノ感アリ委任スルヲ得サル財産等ニ限リ区会ヲ設クルモノトシ現ニ之ヲ避ケ得ヘキ限リハ之ヲ避ケ既ニ区会ヲ設ケタル向ト雖トモ全市町村ノ統一ヲ維持スル様厚ク注意セラレタシ（内務省注意、明治二四年四月地方官会議ノ節訓示）

右の「注意」によっても明らかなように、部落有財産についてはその権利を侵害しないように注意している反面、これを市町村会においてコントロールすることを指示している。

ところで、町村制第六四条に規定された区とは、(イ)町村の行政上の便宜のために設けられたものと、(ロ)町村行政の便宜とは別の、特別の財産を所有する区とに分類される。前者の区とは、「町村ノ行政区画タルニ過キサルモノニシテ、自ラ一ノ自治体タルモノニ非ス」・「此ノ如キハ唯行政ノ便宜ニ出テタル区画ニシテ因ヨリ特定ノ団体ヲ組成スルニ非ス」(1)といわれているように、町村に対立した独立の集団ではない。後者の区については、行政法学者の間でもその見解がかなり分れており、大審院の判決もまた異なった解釈を出してはいたが、のちには統一のとれた解釈を出し判例として確立されたのである。行政裁判所も大審院と同じ判決を出している。また、民法学者も行政法学者とは異なった解釈をもっている。その理由は、「区」については町村制の制定についての「理由」においてさえもきわめて不明確であり、立法者ののちの発言などからみると、区――学者のいう財産区――を町村のコントロールのもとに置いたとはいえないからである。これにたいして、明治期から大正期にかけて積極的に右の問題について発言したのは、この時期に、もっとも国家権力とゆ着していた林政学者であった。町村の一部が財産を所有してこれを使用・収益している入会のごとき例は公法上の権利として捉えている。

ところで、公法学者・美濃部達吉氏（東京帝国大学教授）は、住民が公共用のために供せられている財産は公物であって、この公物にたいして住民が住民としての資格において使用・収益する権利は公権であるとした。したがってこのような公権にたいしては町村制の適用が妥当であるとしている。(2)これにたいして公法学者・織田萬氏（京都帝国大学教授）は、「此等ノ区画ハ独立ノ権利ヲ有スト解スルヲ至当トス然レトモ其ノ権利ハ単純ナル財産上ノ権利ニ過キス一箇ノ自治団体トシテ自治権ヲ有スルニハ非ス」・「市町村制ノ明文ニ於テ市町村ノ一部分カ財産ヲ所有シ得ルコトヲ認ムル以上ハ従令ヒ自治機関ヲ設クルニ至ラストモ私法上ノ法人タルコトハ論理ノ必至スル所ナリ然ラハ其ノ財産ハ単純ナル共有財産ニ非ス又因ヨリ市町村有財産ノ一部分ニ非ス其ノ財産ノ所有者タル一区画ハ自己ノ利益ノ為メニ其ノ財産ヲ侵害セラレサルノ権利ヲ有セサルヘカラス」(3)と異った見解を述べている。

根原区の財産が、右の町村制に該当する場合においては、財産を所有しているかぎり、町村制第一一四条の規定が適用されるのはいうまでもないが、この一一四条についての解釈がはなはだ曖昧である以上、その性格ならびに運営について問題の生ずる余地を残しているものといえる。だが、それ以前において、はたして根原区が、右の町村制に該当する区であるか、どうかということが明らかにされなければならない。

町村制において、町村の一部が独立した財産を有する場合においては、「郡参事会ハ其町村会ノ意見ヲ聞キ条例ヲ発行シ財産及営造物ニ関スル事務ノ為メ区会又ハ区総会ヲ設クルコト」とし、その会議については「町村会ノ例用ヲ適用スル」ことと規定されている。そうして、この条例については許可を必要とする（福岡県明治二二年伺にたいする指令）のである。したがって、許可を受けずに定めた条例はただちに「取消」し「更ニ許可稟請サセ」ること（長野県明治二二年伺にたいする指令）が示されている。

改正・町村制（明治四四年）においてはつぎのように規定されている。

第百二十四条　町村ノ一部ニシテ財産ヲ有シ又ハ営造物ヲ設ケタルモノアルトキハ其ノ財産又ハ営造物ノ管理及処分ニ付テハ本法中町村ノ財産又ハ営造物ニ関スル規定ニ依ル但シ法律勅令中別段ノ規定アル場合ハ此ノ限ニ在ラス

第百二十五条　前条ノ財産又ハ営造物ニ関シ必要アリト認ムルトキハ府県知事ハ町村会ノ意見ヲ徴シテ町村条例ヲ設定シ区会又ハ区総会ヲ設ケテ町村会ノ議決スヘキ事項ヲ議決セシムルコトヲ得

改正町村制における右の条文について内務省地方局は、「由来市町村ト部落トハ利害相反スル場合ナキニアラズ、然ルニ之ヲ市町村会ノ議決ニ委スルニ於テハ、公正ヲ得難キ場合ナキヲ保セズ、茲ニ於テ区会又ハ区総会ヲ設クルコトヲ得ルノ特例ヲ設ケタルモノナリ」[4]と述べている。区の設置は強制的ではなく申告制であり、府県知事は町村会の意見を「徴シテ」区会または区総会を設置することができる、ということになっているが、実際においては、部落の意志によるものである。しかし、この規定が設けられたことは、部落有財産を市町村の侵害から守る一つの手段であったことによるとされているのは注意すべきである。

そこで、根原区については、この「区」という名称の表示がいったいいかなる根拠にもとづくものであるか、という点である。すでに明らかなように、根原区所有の財産——実際上においては、この財産が区の所有するところのものであるか、ということは後述するが、いま仮りにこのようによぶ。形式上においては、区所有の財産はごく僅かである——は、これを沿革的にみるときには、(イ)共有の性質を有する入会財産と、(ロ)共有の性質を有しない入会財産とに分離される。そうして、(ロ)の入会財産のうちには、地盤が根原村と数村の所有であって、これに入会権が存在するというかたちでの数村入会財産も含まれるのである。徳川時代においては、この財産をめぐって領主との間に問題の生ずる余地はなく、ただ他村との争い＝山論以外にはほとんどなかったのである。ゲヴェーレGewere[5]としての財産の本質が明確にされていたからにほかならないと言えるでもあろうが、むしろ現実に則していえば、根原村持としての村民総体の団体的所有と概念規定すべきであろう[6]。領有と団体的所有の対立であり、あえてゲヴェーレ説を適用することはない。明治時代以降においても、この点については少しも問題の生ずる余地はなかったのである。

徳川時代の根原村が、明治時代になると根原村の一時期を経て上井出村に吸収合併されたことによって、根原村はそれ以前に重疊的にもっていた根原村の性格を明確に分離した。したがって、旧根原村はその旧行政的外枠をはずされたので、地域集団としての独自の実態を形式という面において示す必要に迫られたために、根原ないしは根原邨という名称が使用されこともある。この時期に、財産が代表者名儀もしくは記名共有としなかったのは、この財産についての観念が自分達全体のものであるという所有概念（通説ではゲヴェーレ的性格）をもっていたためである。血縁的共同体である根原の集団が根原という一定の土地に強く密着して、血縁と土地とを不可分のかたちで結合させ、そのいずれからも分離しても共同体構成員としての資格を欠くことを明確に規定づけており、共同体をそのように再編したのであって、そのことが財産にたいする権利＝使用・収益の前提であるからにほかならない。こうしたうちに、明治政府の中央集権的国家機構の進展にともなって、法体系ならびに行政的組織も編成され、ますます旧根原村＝共同体が自己を対外的に表示する名称という形式の必要を生じてきたのである。明治二一年の町村制による「区」という表示は、根原共同体にとって地域ならびに地域集団を一単位として呼称づけたかぎりにおいてかなり適合的な名称であったと同時に、それ以前の明治初年において「区」という表示があり、それがいま、新しい区というイメージと一致して、初めてそれ以後において徐々にではあるが使用され始めるようになったものといえる。つまり、町村制に規定された内容とは別に、根原部落が勝手に「区」という名称を使用して自己（共同体）を外部に表現し主張する手段として利用したのである。事実、根原区の古老達は、「区」が町村制に規定されていることも知らなかったし、いかなる理由によって使用されているかも知らなかったのである。また、現役の者達でも「区」という名称が、『地方自治法』に規定されている、いわゆる「財産区」であることも知らなかったことによっても明らかであろう。そうしてこの「区」有財産を根原の者が共有（総有）財産として観念し、そう呼んでいることによっても、およそ根原「区」有財産が町村制・地方自治法とは全く関係のない財産であることがわかる。

旧根原村で部落共同体が、村合併によってその行政的な外枠をとりはらわれたのち、私法的集団性をますます強固にしていく過程では、根原部落がその所有する財産を保護管理し、運営していくためには、伝統的な共同体的本質を維持していく以外には明治政府の法体系ならびに行政的機構のなかではおよそ不可能であったからにほかならない。

かくして、根原部落はその自己表示の形式を「区」というかたちで示すようになったのである。しかしながら、根原区の表示は、町村制にもとづいて区となったのではない。条例の存在をみたこともなければ、区会・区総会というものに該当すると思われる寄合においても、「町村会ノ例」が適用されたこともないのである。つまり、根原区は、その表示を簡単に「区」として名称づけただけなのであって、それは町村制によるものではない。そのために、町村制で意図した「区」とは、およそまったくかけ離れた「区」の存在となっても決して不思議ではないのである。

根原区における「寄合」や行事、ならびに財産の利用・管理・運営・処分等についても、そのほとんどが徳川時代もしくは明治時代初期（町村制制定以前）の慣習そのままであるか、もしくはこれを基本とした一部変更であって、町村制の直接の影響ないしはコントロールのもとに置かれたことはかつてない。根原部落の財産の管理や社会生活に関する事項については「総寄合」・「寄合」ともに根原共同体構成員の全員一致のもとで行なわれており、町村の介入する余地はほとんどなかった。いわば私法集団（入会集団＝共同体）としての典型をそのままのかたちで現在まで維持してきたのであって、その限りにおいて『地方自治法』における財産区とまぎらわしい「区」を表示することには問題が残るであろう。しかし、区の表示は財産区以外に使用してはならない、という明文の規定がないが、根原部落が「区」表示をした背景には、根原の部落集団を共同体集団として外部にたいして表示しなければならなかったことが原因なのである。また、その財産＝土地・産物等を——たとえば御料地入会における産物「払下」の契約について——「共有」（総有）財産として貸付・処分するためには、外部が要求する近代法上の地位を明確にする必要があったからである。「区」の表示はそのための手段でもあった。現在、根原区ではその財産を共同体的共有財産と意識し運営していることによっても根原区の法律上の地位は明らかであろう。

しかし、根原区は、戦後において財産区制度を適用する。これは静岡県の指導によるものであるが、これによって根原区は、富士市の市長が管理者となるにおよんで、根原部落の意志が必ずしも貫徹しないことになった。このことは、行政による私権の介入にほかならない。根原部落の財産を自由にしようとする行政の悪どさを端的にあらわしている。

（1）美濃部達吉『日本行政法』四〇二～四〇三頁、有斐閣。
（2）美濃部達吉『公法制例体系』。
（3）織田萬『日本行政法論』一九四頁。
（4）川村芳次『改正市制町村制義解』。
（5）ゲヴェーレについては、『川島武宜著作集第八巻』一九八三年、岩波書店、を参照されたい。
（6）村民総体については、前出の中田薫氏の著書を参照されたい。

第十一章　前近代と近代の接点

――柳田民俗学と川島法社会の家族制度論に関連して――

一

法社会学から民俗学への接近ということについては、川島武宜氏がその始めではないであろうか、と思われる。川島武宜氏は、橋浦泰雄氏の業績を高く評価されていたが、これは、その多くを橋浦氏との交流のなかでえていたからであろう。しかし、民俗学との関係については明らではない。川島武宜氏が民俗学にたいして、晩年までどの程度の興味をもっていたのかは明らかではないが、東京大学定年退官後も、ときどき話をされていたことを記憶する。そうして、その多くは規範という視点からは批判的あるいは否定的なものであった。それは、明らかに一九四九年の著作『民俗学と法社会学』（『民間伝承』一三巻二号）の延長上に位置づけられるものである。これに関連して、川島武宜氏は、ルース・ベネディクトの『菊と刀』 Ruth Benedict, The Chrysanthemum and the Sword-Patterns of Japanese Culture, 1946, Boston.[1] について論評された。それが、「『菊と刀』――評価と批判」である。[2] ベネディクトは、文化人類学者であるから、当然のことながら民俗学とは学問の領域も異なるし、学問体系（イデオロギー、方法論）も異なるのはいうまでもない。また、法社会学とも学問体系が異なるために、相互の研究領域が近接するためには多くの与件を投入しなければならないであろう。一度は民俗学に興味を示し接近した川島武宜氏が、民俗学よりも文化人類学――というよりも、ルース・ベネディクトの研究業績――に興味をもったのは、明らかに、ベネディクトのなかに、少なくとも日本の民俗学をこえた事実認識と分析力が批判というかたちで展開していたからにほかならないからであろう。しかし、柳田国男氏の民俗学のなかに、はたして、体系や批判が皆無だといえるのであろうか。柳田民俗学は、ただたんに、事実の都合のよい寄せ集めにしかすぎないとしたらいいすぎであろう。とはいっても、当時、日本の近代化を法制度から推進し、アメリカの研究者達と接触していた川島武宜氏にとっては、柳田民俗学でさえも、なお、川島武宜法社会学の学問体系に積極的にとり入れることができないものとして批判的であった。もっとも、川島武宜氏は、民俗学の研究書のなかで、柳田国男『婚姻の話』・江馬三枝子『白川村の大家族』・橋浦泰雄『民間伝承と家族法』を、法社会学的研究の「要求を十二分に充たすような仕事をして」いると高く評価をしている。(3)その理由の一つとして、新憲法下における民法改正と関連して、それまでに民法の親族・相続を規定していた家族制度が法制度上において封建的なものとして廃止されたことがあげられる。近代法の体系――とくに、先進ヨーロッパ、アメリカの法制度や近代法理念――からいって、日本の家族制度を存置することに強く反対していたからにほかならない。そのために、民俗学研究のなかから、農山漁村における家族制度や家族・同族に関する伝承・研究書を求めたためである。「当時の私の問題関心が、特に『日本社会の家族的構成』(『川島武宜著作集』第一〇巻所収の同じ表題の著作参照)の原点として、また私自身が関与した戦後の家族法改正とそれをめぐる政治的ないし思想的論争との社会的背景の一部として、の日本の旧来の家族・同族というものと深くかかわっていたからである。」という指摘が、このことを端的に示している。そうしてまた、家族制度に関連して封建的身分関係・社会性と深い関連性をもっていた村落(共同体)にも実態調査を通して研究の課題となっていた。このようなことから、民俗慣行の実態調査――主として、聞き込み・伝聞――を通して右の命題に合致する規範的内容の実態にアプローチして、その理論的強化をはかろうとしたといえる。この時期には、社会学による調査研究も進展しており、多くの業績をあげていたが、より以上に民俗慣行を詳細に調査し、その成果を積み重ねてきた民俗学に期待したからにほかならない。しかし、「近代的法制の下において、根づよく自己を主張しているところの伝来の封建的な規範関係、いわゆる『生ける法』が何であるのか」という問いにたいして、多くの民俗学の調査は法社会学の命題にとってほとんど役に立たなかったのである。この間の事情を伝える川島武宜氏の問題意識――あるいは問題提起――は、つぎの一事例によって明かとなる。きわめて長文とはなるが問題が集中的・集約的に示されているので引用する。[4]

民俗学は多くの――特におくれた――地方の習俗についてその貴重なデータを学界に提供している。法社会学にとってこれらの習俗に興味があるのは、それらの習俗における規範的な側面である。習俗が習俗としてくり返し行われるということは、それらの習俗が人々に対し多かれ少なかれ一定の行為をなすように拘束しているということにほかならない。法社会学にとってはこのような拘束力（多かれ少なかれ）をもつ諸規範の内容が問題となるのである。たとえば、婚姻についてこのことを見てゆこう。わが国には多くの種類の婚姻の型態がある。ある地方では、青年男女の自由な交際が一つの社会的な制度として承認され（そのために若衆宿や娘の共同作業等が制度的な基礎を構成している）、その基礎の上に彼らの自由意思に基づく婚姻が承認され、親や家の干渉が極度に小さいものにされている。このような婚姻型態は、法社会学にとっては、「家」、家長権、親権等との関連において、また村落協同体の全体組織との関連において、主として問題の対象となる。すなわち、このような習俗の行われるところにおいては、一つの規範体系としての「家」の力は、息子や娘の婦姻を厳格に統制し親が子の婚姻を決定することによって言わば子を処分する権利をもっているような習俗をもつ「家」におけるとは、全くその構造を異にするものである。「権力」としての家長権ないし親権はこの場合はなはだ微弱ないし無力なものと言わなければならない。だが、他方、右のような習俗が支配する地方の村落協同体の組織はどうであるか。すなわち、そこでは「若衆」の団体組織が特殊の力をもって存在しており、多くの場合にはそれは単に婚姻のための組織であるというよりはむしろ村落協同体の共同の事務（祭り、警察的な秩序維持、消防など）を処理する権限と権力とを持っているであろう。したがって、そのような村においては、村落生活を統一し或いは支配してゆく力の機構は、家長権や家柄の権威が支配し（したがって青年の結婚や自由が否定されている）それに基礎をおく封建的な hierarchy の権力構造が確立している村落におけるのとは、かなりちがったものであろう。

婚姻を成立させるための諸々の儀式儀札もまた法社会学にとって興味深い研究対象である。具体的にそれらの各々がどのように分析されるかは個々の学者によって異なるであろうし、また多くの問題が未開拓に残されている。しかし、私が気のついた一、二の点をあげると、それらの象徴的な儀式と近代的な市民的婚姻の儀式との比較は法社会学にとってもっとも重要な興味深い問題であり、それらの儀式がどのように家長や新夫新婦個人の地位と関連しているか、また仲人の役割が「家」や家長や新夫新婦の地位とどのように関連しているか、結婚が「個人」・「家」・同族団体・村落・社会等といかに関連しているかを、その種々の儀式の型態から分析し読みとることが問題である。ことに、仲人の問題は、単に結婚だけに関するものではない。これは現在においてもひろくアジアの諸地域において、あらゆる種類の人間の交渉ないし結合関係において（例、養子・小作・雇傭・借金・売買等）重要な役割を演じているところのものであり（英米学者のいわゆる go-between）、同様の現象はヨーロッパにおいても中世には見られたのである（"mediator"）。仲人の問題を明らかにすることは特にわれわれアジア社会の学者に課せられた世界史的課題であるが、この課題を解く鍵の一つは、婚姻に関する諸々の習俗、なかんずくその成立の過程における仲人の役割や諸々の儀式、の中に提供されていると私は考えている。

若い衆組や、その単なる近代的な形態変化にすぎぬものであるところの青年団等についても、法社会学は深い興味をもっている。若い衆組の本来の姿は、未開社会の研究家によって指摘されているところのかの年齢団体である。しかし、それは多くの農山漁村において――特におくれた地方において――残存して来たのであって、徳川封建制はその統治のためにこれを利用し、封建制的にこれを再編成した、と考えられる。大ざっぱに言って、大体この二つの型（もしくはその多かれ少なかれの混合）において残存してきたところの現在の青年組織は、さらに多少は明治以後の賃幣経済の影響の下に解体されつつある。これらの現象を分析することは、日本の村落の構造、特にそこでの権力の構造を明らかにするための一つのインデックスである（この問題については、畏友磯田進君がかねてから研究を進めておられ、以上の叙述も同君に負うところが多いことを附言する）。

本家分家その他の同族団体や、種々の擬制的親子関係もまた法社会学にとってもっとも重要な課題の一つを構成している。本家分家等の同族団体は、「家集まって国を成し」てきたわが国の社会規範のもっとも重要な淵源であり、その権力の構造、その規範の構造は、単に婚姻や相続等にとってのみならず、小作制度や村落構造にとってもまた不可分の関連をもっている。諸々の擬制的親子関係についてはすでに柳田国男氏によって興味深い研究が発表されているところであるが、その規範的ないし権力的構造は日本の全社会構造を規定するほどの重要性をもっている。このことをたとえば静岡県のカネオヤ（カノーヤ）について言うと、次のとおりである。すなわち、そこでは、カネオヤは婚姻に際して設定されるのであるが、それが「家柄」的に固定して封建的な hierarchy の一支柱となり、封建的な徒党を形成し、また同時に封建的な地主＝小作関係の支柱ともなっているのである（カネオヤについては、『川島武宜著作集』第一〇巻参照）。

以上は、わずかの例についてのしかも簡単な素描にすぎないが、法社会学が、民俗学との共通の研究対象についてどのような立場からどのような問題をもっているか、についての一応の説明となり得るであろう。言うまでもなく、以上にかかげた例は民俗学との共通の研究対象に限られているため、すべて前近代的な歴史的構造をもつものであり、したがって、それらのほとんどすべてにおいては規範関係は同時に権力関係である。現在の日本の法社会学にとっての中心的な現実的実践的課題は、これらの権力関係を権利関係に変革することなのであり、諸々の前近代的習俗をこのような問題意識から規範構造として把握し分析することが、法社会学の現代的課題と言い得るであろう。少なくとも、このようなことが現代日本のわれわれのジェネレイションの法社会学者の共通の課題であると言って誤りないと信ずる。

そうして、このあとにはつづいて民俗学への希望という提言をしている。

第一に希望したいことは、民俗学の資料の蒐集に際しては、できるだけ諸種の習俗の内容を具体的に明らかにするように調査していただきたい。これまでわれわれの目にふれたかぎりでは、民俗学では諸種の習俗についてのことばの蒐集に重点がおかれているように見える。もちろん、それには民俗学の興味や方法論があることと思うが、われわれ法社会学者にとっては、習俗の内容が問題となるのであり、それを表現することばも何らかの内容を表現するものとして意味をもっている。たとえば、ムスメヤドということばについていくつかの民俗学者の報告がある。ある地方にはあり、ある地方にはない、というふうに。ところが、ムスメヤドということばがある地方で現にその名の下に行われているところの習俗は、全くそのようなことばがないところでもしばしば見られるところであり、したがって、ムスメヤドということばがあるかないか、ということだけでは、そのような習俗（規範関係）があるかないかということを断定できないのである。のみならず、われわれにとっては、ムスメヤドということばの下において――或いはそのようなことばはなくても――、現実にどんなことが行われているかが問題である。地方によっては、或いはその古い型が、或いはそのおくれた型が、また或いはただその形骸のみが、のこっているであろう。民俗学者にとっては恐らく右の第一のもののみが問題となるのかもしれない。しかし、われわれにとっては、右のすべてが問題となるのである。もし、民俗学者が現実の生活の内容を具体的に調査され発表されるならば、その成果は、われわれ法社会学者にとってははるかに近づきやすいものとなり、法社会学の進歩に寄与していただけるであろう。現に民俗学者の中にはこのようなわれわれの要求を十二分に充たすような仕事をしておられる方があることは、われわれの深く喜びとしているところである。柳田国男氏の『婚姻の話』や江馬三枝子氏の『白川村の大家族』や橋浦泰雄氏の『民間伝承と家族法』などはその例である。したがって、右のような希望を提出することは、必ずしも不当な或いは勝手な要求であるとのそしりを受けないのではないかと考える。

第二に希望したいことは、各種の事実の関連がわかるように、事実を発表していただきたい、ということである。たとえば、配偶者の自由な選択によって男女が結婚するという習慣や婚姻の一定の儀式は、われわれにとっては、それは家族団体の一定の構造――すなわち、家長権のつよさ、本家分家等の大同族団体における本家の地位、など――と不可分の関係をもつものであり、またそれらと彼らの生活様式、生産様式とは深く関係している。彼らがどのようにして生活をいとなんでいるのか、米の単作によってか、木こりや炭やきに生活の大きな部分をささげているのか、一本づりの漁業か、家族団体単位の漁業か、等々。同様にまた、一定の習慣は、村や町における社会層、職業、階級等と密接に結びついている。言うまでもなく、地主と小作人とでは、多くの土地で家族構造や習俗がことなっており、その差異は決して、地主の習俗がもとのもので小作人の習俗は地主の習俗のくずれたものであるなどとは決して簡単に言いきれないはずである。ある土地についてネヤがあるという事実だけが、これらの他の相連関する諸事実から分離されて報告されると、われわれは、それはどの階層どの職業どのような家族構造等と関連しているかを知る由もなく、そこからは説明をひきだすことができない。言うまでもなく、事実の誤りない採集と集積から説明や分析をひきだすことが、科学の任務なのであるが、そのためには右の諸事実が関連して報告されることが望ましいのである。最近アメリカの社会学で、一定の地域における諸種の社会現象を綜合的に調査研究するところの〝area study〟が重要視されることもまた、社会科学的説明のためには、諸種の関連する事実がその関連するままの姿で認識されることが必要であるからである。われわれ法社会学者としては、これらの相連関する諸事実が相連関するそのままの姿において綜合的に——ばらばらに切りはなされないで——報告されることを希望する。

ここに示されているように、婚姻・家族・団体組織・村落協同体、の制度的側面、あるいは権力関係、封建的ヒエラルヒーの構造との関連性等が、川島法社会学から要求されているのである。そうして、そこから民俗学を考察した場合に、そこでは、「諸種の習俗についてのことばの蒐集に重点が置かれているように見える。」（傍点、原文）と指摘する。この、川島武宜氏の民俗学にたいする提言にたいして答えることは容易なことではない。今日までに、私の目に触れたかぎりでは、川島武宜氏の要望ないし要求にこたえられる正統派民俗学外からのいくつかの大著を手にすることができる。[5] それらは、民俗学を科学的につくりあげることに努力した柳田国男氏をこえるものでもある。しかし、地方自治体史も含めて、民俗学関連の著書・レポートのほとんどは、川島武宜氏の要望や要求にこたえることができないばかりか、柳田国男氏の業績にせまるものでもなく、これをこえるものではない。その理由はきわめて簡単である。民俗学にたずさわる多くの人々は、民俗学についての知識が、川島武宜氏の指摘に終始するもの――したがって、その指摘の範囲内が民俗学の本分である――として受け取っており、おそらく、柳田民俗学をこえた著作については、民俗学の範疇外のものとして取り扱っているからである（もっとも、現実問題として、民俗学の多くの人々は柳田国男氏をこえることは不可能である）。つまり、民俗学の調査にたずさわっている人々の多くが、いわゆる隠居仕事的な安易な感覚で調査・研究にたずさわっているとともに、その前提として重要なことは、単純な知識人であるからにほかならないからである。そのうえ、調査の参加者・補助人においてもきわめて未熟な学識しかもっていないからである。したがって、柳田国男氏が、その根底において苦悩した学としての民俗学の認識もなければ、学問的な知識も十分にもっていない。さらに、その結果として、事例を、歴史的・構造的な中において分析し、位置づける、という学問体系についての基本的な訓練もうけていない、ということである。

川島武宜氏が、民俗学に接近しながら、[6] 民俗学から離れていったのは理由のないことではない。その原因については、川島武宜氏にも一斑の責任がある。つまり、川島法社会学という社会科学の理論的要求に合致することができる問題の解答を求めている点である。これは、法社会学と民俗学という学問体系の異なった方法論についての差異でもあるし、歴史的事実、あるいは社会構造的事実が「ことばの蒐集」というかたちでしかあらわれることがなかった民俗学一般の――すぐれた研究書を発表しているごく一部の研究者は別として――レベルとの落差でもある。民俗学は、なにも、法社会学的研究にとっての資料提供者としての存在ではないから、右の法社会学からの要望や要求に合致する必要はない。にもかかわらず、民俗学の研究方法上の、あるいは、理論上の欠陥をついたものとして注目すべき指摘である。少なくとも、この、川島法社会学の問題提起を民俗学がそのまま受け入れるならば、一般的なかたちで展開している民俗学的調査・研究は、その学問的資質を問われて成り立ちえなくなるおそれがある。

現在にいたるまでの民俗学という学問範疇の調査・研究書の多くは、川島武宜氏指摘の「ことばの蒐集」に終始するかどうかは別として——あるいは、その通りであったにしても——も、現在の民俗学的研究なるものの多くはあまりにも、歴史的・時間的・空間的・構造的・地域的・文書資料的なものをほとんど考慮していないことである。したがって、これらの事象、あるいは、ことばの並列的な比較が行なわれても、それだけのことであって、いったい、これらの事象やことばの意味するところのものがわからないために、どのように法社会学の対象としてとり入れるか、ということにとまどいを感ずる。たとえば、民族資料館において、その地域で、かつて使用されていた生活用具が漠然と並べられていた場合、人々は、展示品に、過ぎ去った時代の生活の一端をみて感銘をおぼえるかも知れない。また、それらの品々が、全国規模において比較され展示されていた場合について、その類似性に興味をそそられるかも知れない。しかし、そのことが学問体系や分析の対象となることにはならないのはいうまでもない。いってみれば、時間や歴史的規定性を度外視して並べられた展示品のようなものが、多くの民俗学的調査の結果であり、その文書化されたものが、研究といわれるもののように思われる。最近では、すぐれた民俗学的研究に依拠して、旧い民俗学の調査・研究から脱却して新しいかたちの民俗学的研究・調査もみられるようになった。しかし、私がみたかぎりでの地方公共団体史の民俗編のほとんどは、川島武宜氏が指摘するような内容はともかくとして、民俗学の古典的労作すらうけついでもいない内容に終始している貧困さがみられる。私が知るかぎりでの民俗学的研究の労作のいくつかは、一般の民俗学研究にたずさわる者にとって参照されていないように思われる。その内容や研究視点・理論が理解されないからであろう。したがって、民俗学なるものは、依然として、地方の知識人・有力者による隠居仕事なのである。それは同時に、地方公共団体史の特質を物語っている。

二

ところで、川島武宜氏と柳田国男氏との対談は、そのタイトルが「婚姻と家の問題」である。[7] これは、さきに示した川島武宜氏の法社会学の課題の時期と一致する。

まず、川島武宜氏は対談の冒頭において、明治政府がつくりあげた、武士階級の道徳である儒教の一般化と、これに対立する庶民のモラルについて、つぎのように要約する。[8]

川島　従来日本では柳田先生のおっしゃっておるような、われわれ自身の生活のありのままの姿を観察しこれを分析するという学問が非常に遅れているわけですね。特に明治政府が指導した教育は、誤った知識をわれわれに与えているように思うんです。例えば、日本にくる外国人が、今の日本人の生活は、儒教の教えで規律されているということをいったり書いたりしている。それはある意味で正しいが、ある意味で間違っていると思うのです。明治政府は、徳川時代の武士の道徳たる儒教を明治になってから全国民に対し学校で教えたわけだが、現実のわれわれの生活は決してそうではない。例えば、今の祖先祭祀にしましても、仏教の形をもっているけれど、オリジンはもっと古い日本民族固有の祖霊崇拝で仏教の形がそれに加わったというのじゃないかと思います。われわれの家族生活の実際のモラルを見てゆくと儒教で規律されていないというのが民衆の生活の姿じゃないかということを、実際農村を歩いて見ると思うのですね。そういう意味からも、従来日本人の民衆の生活が現実には明治政府が教えてきたようなものでそれほど規律されていないということをいろいろな事実で明らかにされてきた点で、私自身は民俗学に感謝しているわけです。(9)

ここでは、川島武宜氏は「従来日本人の民衆の生活が現実には明治政府が教えてきたようなものでそれほど規律されていない」ということを発見し、明治政府のイデオロギーともいえる武士の道徳＝儒教と民衆の信仰との背離があることを明らかにしている。これにたいして柳田国男氏は、つぎのように答えている。(10)

柳田　例えば、明治初年の政治指導をした人従って倫理の標本になったのは武士ですね。漢学塾で学んだ人が多くて、たまたま平民の中から出ていますが、その心持は刀をさした者と同じ者が出てきて道徳の基礎を作ってしまった。これは大きな損害だと思いますね。昔から農民を代表しようという人が少なかった。殊に漁業者になるとひどいですね。彼らの生活の一番大きな指導力になっているものは誰からも認められないですからね。民俗学は国の欠点を自然に補わなければならぬことになるでしょうね。それの一番よく現れているのは婚姻の風習ですね。儀式は都会の場合は士族的に統一してしまった。平民の側の慣習というものは軽蔑され、ひらけないものだということになって、せっかくいいところまで行っていたのに惜しいと思いますね。

ここでは、柳田国男氏は川島武宜氏の指摘にたいしてほぼ同じような表題をもって肯定している。明治政府は、教育や社会秩序にたいして武士階級による道徳の基礎づくりを行なったために、農村・漁村の「平民の慣習というものは軽蔑され」たというのである。価値の基準をどこに置くか、つまり、イデオロギー＝モラルをどのように設定して位置づけるか、ということによって、これに対立するモラルを排除しなければならない。明治政府は、旧徳川時代における支配者としての武士階級を規律する道徳律、しかも、そのうちの儒教を中心に据えたことによって、国民の圧倒的大多数を占める庶民のモラル＝規律と正面から対立することになる。柳田国男氏のいう「平民の慣習」は明治国家主導による制定法以上の効力をもつモラルたりえなくなったのである。これは、柳田国男氏にとって意に反している。「これは大きな損害だと思いますね。」と柳田国男氏がいうとき、「平民の慣習」は国家政策と対立関係に置かれることになり、いくら柳田国男氏が「民俗学は国の欠点を自然に補わなければならない学問として登場するといい切っても、現実においてその余地は、ほとんど存在しないことになる。つまり、柳田国男氏が、いくら「平民」の民俗学に力を入れるにしても、武士と平民とが国家政策上において、とくに、イデオロギー上の対立物としてみられたかぎり、この対立関係を明確にして「平民」のイデオロギーを確立しないかぎり、学問としての体系は成り立たなくなる。その一例は、柳田国男氏が「私など不平でたまらなかった。」という『教育勅語』（明治二三年）について、「あれで日本の道徳が尽きていると思ってはいかん」と批判して「迫害を受けたことがある。教育勅語を批判したと言って」指弾されたのである。柳田国男氏が、その経歴からいって、イデオロギーからいって、天皇・天皇制を批判することができるものではない。戦後においてさえ、「皇室にたいするわれわれの考えはごく自然なもので、歴史的なものであって教理で強いたものではなかったから」というのであるから、この文言をそのままうけ止めるならば、武士の倫理、儒教イデオロギーによって成り立つ『教育勅語』を批判したからといって、あるいは、平民のなかにある自然的なモラルという側からみて、『教育勅語』について、その欠陥を指摘しても、それが直接的には天皇や天皇制の批判とはならないのはいうまでもないことである。むしろ、天皇制の強化につながるものとして考えられていたのである。つまり、柳田国男氏は、プロシャ型の開明的絶対王制のイデオロギーに立っていたのである。にもかかわらず——あるいはそれゆえに——、このような事件を経験することによって、民俗学は批判の学としての社会科学的性質を放棄するにいたる。柳田民俗学は、平民のなかでのみ生起する現象、伝承されてきた現象について、その歴史性を払拭し、その社会性、権力との関係をなくしたところに生存の可能性を与えられた、といってよい。

それでは、いったい、川島法社会学と柳田民俗学との学問的共通性あるいは相違点はどこにあるのか。これについては、両者が具体的に共通性と批判とを展開していないために明らかにすることはできない。しかし、座談会のなかに、この点を解く一つの鍵がある。

まず、明治政府以来の教育体制にもとづく倫理規範と民族的慣習もしくは習慣が一致していないこと。いいかえるならば、「従来日本人の民衆の生活が現実には明治政府が教えてきたようなものでそれほど規律されていないということをいろいろな事実で明らかにされてきた点」について、川島武宜氏は民俗学に接近した。この点については、柳田国男氏との間において本質的に大きな差異はない。たとえば、柳田国男氏が、「今度無くなった教育勅語、あれは私など不平でたまらなかった。例えば、公共道徳というものはほとんど勘定していないでしょう。[11]」というとき、川島法社会学での理解は、「明治の為政者は主に武士だから儒教を道徳と考え、庶民は禽獣に等しと軽蔑して、儒教の道徳を上からおしつけていた。[12]」というのであるから、この点については両者は一致していた。庶民は、別に倫理もしくは生活規範をもっており、これと明治政府の教育イデオロギーの基本である「五常の道」（五倫の規定）とは対立していたからである。しかし、柳田国男氏の、つぎの発言について川島武宜氏は納得したのであろうか。

柳田　井上毅とか福岡孝悌などという若干の人は徹底的に儒教でつくられた人で、儒教プラス愛国ですが、今度の戦争で、あれで西洋の思想と向い合おうとしたのは確かに見苦しかったですよ。こちらは陣容が整わないですからね。もっと戦うものがありはしないかと思ったんですが、根底は、私らは旧弊な考えをもっておるけど、皇室に対するわれわれの考えはごく自然なもので、歴史的なものであって教理で強いたものではなかったから……あれの上に乗っかっていたから……教育勅語とあの二つのものを合わせていたから、あんなに有力だったんじゃないですか。なにかと言うと儒教の方にぶつからないで教育勅語を楯にとっていましたからね。あれは皇室の力だったと思いますね。孝行はぜひさせなければならぬし、孝行と忠義が矛盾したときはどうするのかという考えは素人がすぐ抱く考えですから、あれで困ったでしょうね。忠の例はなんだと言うと、赤穂の義士をもってくるのを見て私はハラハラしたですね。条理の一貫しないことは。なんにも実例がないんですからね。孝行の例はいくらでもあるけれど……。

というのは、民俗学においても法社会学においても、柳田国男氏のいう「皇室に対するわれわれの考えはごく自然なもので」との発言が承認されるかどうかである。民俗学にとって天皇制の問題はタブーといわれるから、(13)少なくとも、天皇もしくは天皇制権力と民衆との構造関係については捉えることはできないにしても、歴史的にみて、天皇と民衆とのかかわりあいを「自然なもの」として立証することができるであろうか。あるいは、明治維新政府成立後において——天皇ということになれば幕末から明治維新期——天皇がただちに天皇制として出現することをうけて、それまでも「自然なもの」として表現できる実証的な根拠を、法社会学においては逆のかたちでできるにしても、柳田民俗学においては学問として立証することはできないであろう。そのことは、柳田国男氏のうけ入れ方の問題にほかならない。つまり、「自然なもの」として柳田国男氏に天皇がうけ入れられるきっかけが、郷里・兵庫県においてか、あるいは、転居先の茨城県もしくは東京市においてであろうか。いずれにしても、時間と要因を欠くものである。この「自然なもの」について川島武宜氏は納得はしなかったであろうが、座談会においてもその後においても柳田民俗学との直接のかかわりあいでは追求していない。

柳田国男氏の「自然なもの」というのは、民俗学にとってはそのままのかたちで認められても法社会学においては、なぜ「自然なもの」なのかが問われるところであり、かえって、ものごとの本質をあいまいにする不自然なことばなのであり学問的とはいえないであろう。こうした点については、川島武宜氏は別の表現で民俗学にたいする要望のなかにおいて指摘しているし、別の著書においても明らかにしている。[14]

庶民の生活と明治政府のイデオロギー——そのシンボルである教育勅語——との背離については、柳田民俗学と川島法社会学との間においては、ごく基本的な点においては共通の理解をみながらも、実態的な面と制度・政策との関係においては、そのずれが目立つようになる。

まず、「結婚の現実形態」において、それぞれつぎのように指摘している。[15]

川島　いったい日本人が結婚についてどういう考えをもっているのが多いのだろうかと、終戦後考えさせられています。男女七歳にして席を同じゅうせずという儒教精神が、日本人の民衆の中にどれだけあったかというと、かなり社会層や地方で違うのではないかと思いますね。互いに顔も知らないで、結納が入り、結婚式のときにお婿さんと初めて同席したが、横に坐っているので顔も見られない。披露がすんでやっと見た、というようなのは確かにあったと思いますが、他方、農村なんかに、若衆組とか、一種の年齢的な朋輩同士の団体、とかを媒介としてかなり自由な面もあったようですし、また都会なんかでも年寄に聞きますと、必ずしも男女七歳にしてというような、また女はお客さんの前に出ないというようなことは、必ずしも普遍的ではなかったようですね。格式を重んずるある種の階層とか、ある地方ではそういうことはあったかしれないが、日本全体としてはなかったと思いますね。

柳田　そういう結婚は非常に少ないんです。武士は別として、百姓がそれをしなければならないということはなかった。私など自分の生まれた村でかなり乱れた男女関係を知っていますので……十ぐらいでだいたい知っていますがね。男女関係がいっぺんで結婚する者がほとんどないことを知っていたので、概念をもっていましたが、この頃になって後ろからガンと殴られるほど大きな啓発を受けたのは、瀬川さんという女の人ですが、あの五島に行って、こまかく調べてきたが、若者の泊宿を廃めてしまおうという青年団の改良運動が起こったとき、娘たちがそんなことをしたら私たちは嫁に行かれんじゃないかといったという。ハッとしましたね。つまり、あれは自然な健全な制度じゃなかったか。新しい組織を作ってそれに合わないから野蛮だとか、無智だとか、禽獣に等しいとかいうのはひどい話だと思った。今になってしきりに反抗心を抱いておるんです。日本人全体の生活を知りもしないで……第一、ハッキリした区別は、姑と嫁が同居するしかないかということ、数の上では同居しない方が多かったんです。それが同居する制度にしてしまったのはむしろ家のない都会の生活でしょうね。

ここでも、現実の問題について両者は互いに実態と教義との間に大きな相異があることを認めている。川島武宜氏は「儒教精神」が男女の結びつきという点において民衆のなかに一般的にとけ込んでいないことを指摘し、「社会層や地方で違う」ことを見いだす。柳田国男氏もまた、兵庫県時代の体験を通して農村での男女関係の自由についての認識をもつ。しかし、ここでもまた、表現上の差からくるものであろうか、川島武宜氏が男女の結びつきにおいて一定の秩序を前提とした「自由な面」を指摘しているのにたいして、柳田国男氏は「自分の生まれた村でかなり乱れた男女関係を知っています」というが、この「かなり乱れた男女関係」というのが、いったい、なにを基準として乱れた・乱れていないと指摘し、価値（モラル＝倫理）の位置づけを与えているのであろうか。このように幼児を回想して男女関係を指摘する柳田国男氏の考え方の根底には、男女関係・モラル・婚姻・家庭生活等について一定の基準というものがあったのであろう。柳田国男氏が、五島での瀬川清子氏の報告「若者の泊宿を廃めてしまおうという青年団の改良運動が起こったとき、娘たちがそんなことをしたら私たちは嫁に行かれんじゃないかといったという。ハッとしましたね。つまり、あれは自然な健全な制度じゃなかったか。新しい組織を作ってそれに合わないから野蛮だとか、無智だとか、禽獣に等しいとかいうのはひどい話だと思った。今になってしきりに反抗心を抱いておるんです。日本人全体の生活を知りもしないで。[16]」という認識の甘さを認めている。

ここでは、柳田国男氏は、瀬川清子氏が長崎県五島の調査において、戦時中に強力に進められた「青年団の改良運動」で、「若者の泊宿」の廃止が行なわれようとしたときに、「娘たちがそんなことをしたら私たちは嫁に行かれんじゃないかといった」と述べていることにたいし、「ハッとしましたね。つまり、あれは自然な健全な制度じゃなかったか。」と思うとき、柳田国男氏は、それまで、性の問題を民俗学のなかで構造的に据えていなかったのではないか。あるいは避けていたのであろうか。あるいは、少年期の体験を原点として、彼の倫理感が、庶民の生活のなかで生きづいていた風俗や倫理を否定するものとして形成されていたことによるのであろうか。柳田国男氏が、この問題を含めて、民俗学のなかで考えてきたものには、性と部落と家という地方の庶民に重大なかかわりがある一つの大きな柱にたいする客観的な認識を欠いていたものといわねばならない。少なくとも、瀬川論文が発表される以前においてではある。そこから、地方の生活を見るとき、「新しい組織を作ってそれに合わないから野蛮だとか、無知だとか、禽獣に等しいとかいうのはひどい話だと思った。今になってしきりに反抗心を抱いておるんです。日本人全体の生活を知りもしないで」、ということであるが、川島法社会学においては、漁村の実態調査を通じて、この問題について、一応「自由結婚」であることを確認する。(17)

川島　漁村などに行きますと、自由な男女関係が非常に多うございますね。私は実は戦争中のあの恐ろしく反動的な時期に、志摩の安乗村に調査に行ったことがあります。そこでは若衆宿をネンヤと言っており、これが一つの機能を営んで、若い者は、自分らの意志で配偶者を決定して結婚している。年寄に会うとここでは「自由結婚」だという。親の同意は単に形式的なもので、一応親に話す程度ですね。そこでは我々が逆に説教されて、都会の人はおかしいじゃないか、一生連れ添う相手を人に世話してもらうなんて、そんな甲斐性のないことでどうするかというのです。この村では離婚など聞いたことがない、たまたまあるとすれば、仲人のとりもった他所者との結婚だと自慢して聞かせてくれました。そのとき感じましたのは、俗に漁村は風儀が悪いといいますが、それは徳川時代の武士的思想からいえばそうかもしれません。その村に行くと、不道徳という印象を受けない。そこでは一種の社会制度なんですね。

離婚がないことをもって「自慢」することは、回答者の意識の問題であって自由であるが、結婚と離婚とが短絡的に結びつけられているというのは、決して伝統的な考え方ではなく、やはり、明治以来の教化の影響によるものであろう。離婚——法形式上のそればかりでなく、事実上のも含めて——が、破廉恥だという考え方は必ずしも一般において固定観念として形成されていたものではないからである。[18] 男女の結びつきというものについて、両者ともに或程度までは肯定しているにもかかわらず、「乱婚」とか「かなり乱れているところと少し乱れているところ」というように「乱れる」という表現をとるとき、性交渉をともなった男女の結びつき、そうして別れ、さらに結びつき、というようなくり返しについては、必ずしも全面的に肯定しない倫理感をもっているのであろう。これについては川島武宜氏も、「結婚前の男女の交際は禁止されていないどころか非常にルーズだったそうです。」（傍点、北條）とのべている。ことばの問題であって、調査例をモラルに反しているというようにみているわけではないと思われるが、いずれの場合においても注意すべき表現である。

この、自由な――表現上では、乱れた・ルーズな――男女の交際について、その結果生ずる子供の問題について、それぞれつぎのように発言している。[19]

川島　大瀬の場合は、ほかの男のを孕むと、親とか親戚にやってしまって、決してその男と自由に結婚できない。従ってその村には明治時代に私生児が多かった。それだけ家長権が強いわけですね。家長権が強大になると、結婚が歪められてくるわけですね。

柳田　それはデリケートな問題なんですが、多くの昔の場合は、長女と次女以下との間にいくらか差別をつけているように思いますね。長女の結婚については監督がきびしくて親はなるたけ守ろうとする。男でも次男坊以下の結婚は長男との間になんらか差があったと思う。大瀬の場合は、もう少し行って聴かなければわかりませんがね。もしルーズな性道徳を許していたらおしつけることができない場合もありますね。

ここで、川島武宜氏は調査地の例をあげて、村に私生児が多かった明治時代について、「家長権が強」かったことを原因としてあげている。「ほかの男のを孕むと、親とか親戚にやってしまって、決してその男と自由に結婚できない。」というのも、その結果であるという。これについては、柳田国男氏が「デリケートな問題」として明確な指摘をさけ、もう少し調査を進めること、というように否定的に答えている。右の事例で、家長権と私生児との結びつきを指摘していることは、決して理由のないことではないように思われる。明治政府の法律上の規定や、モラルからいえば、婚姻については家長権が発動されるのは当然なこととみているからである。したがって、明治国家体制の影響力の地方への浸透ということからみるとおかしくはない。にもかかわらず、他の事例――あるいは一般的な事例――からみると、「乱れた男女関係」[20]（柳田国男氏）・「非常にルーズな」（川島武宜氏）ということばで表現された自由な男女交際――しかし、そこには柳田国男氏が指摘している「自然な健全な制度」という側面をもつ――に対立する明治政府がいうところの家長権が、どうしてみられたのかについては依然として明らかではない。あるいは、これは明治政府が規範とした家長権というものではなく、村＝村落のルールとしての問題として捉えるべきなのかも知れない。貧しい、一般な家においては、強大な家長権をもってこれを発動するということは、多くの場合、みられないと思われるからである。村落において認められない男女関係は、その発生する原因は皆無ではないにしても少ないであろうし、またそのなかでも村落のルールのなかで処理されるものもある。[21]同じことながら、村落社会が認めないかたちの子の処置というのは、少なくとも村落内ではほとんど不可能だからである。それには、それなりの理由があるからにほかならないからであり、たとえ、家長権として問題とされうるにしても、その家長権とはいったいどのようなものなのかを明確にする必要がある。いったい、川島法社会学においても、柳田民俗学においても指摘された、明治政府のいうような――教義ないしは法律、政策――家長権の成立やその浸透というものは、庶民社会においてはなかなか理解されないし、また浸透しにくい、とみなければならないであろう。川島武宜氏が調査した戦前段階においても、自由恋愛や自由結婚の事例が庶民において一般的であったことが指摘されている。これらは、国家の教義や政策に相反するものであるから、明治政府によって確立された教義ないしは法律は、それが庶民にまで徹底するにいたるにはかなりの時間を要していることが、これによっても明らかである。調査地においては、すでに徹底していたのであろうか。これに関連して、柳田国男氏はつぎのようにも述べている。(22)

柳田　第一、ハッキリした区別は、姑と嫁が同居するかしないかということ、数の上では同居しない方が多かったんです。それが同居する制度にしてしまったのはむしろ家のない都会の生活でしょうね。それで娘と同様の取扱いをして嫁をいじめてたまたま母親でも長生きしたら惨めなもので、四十、五十まで姑奉仕している者がある。

家に、姑と嫁とが同居して生活することについて、その数量的な考察をしたデータが手元にないために、いまのところ柳田国男氏の指摘をそのまま受けとるしかないが、「同居する制度にしてしまった」のは、「むしろ家のない都会の生活でしょうね。」ということについても今後の研究にまつしかない。姑と嫁との同居ということについては、農山村・漁村についても一般的な貧しい家においてはみられたことも確認できるし、これとは反対にみられなかったことも確認することができるからである。(23)柳田国男氏の言をそのまま受け入れるならば、姑と嫁との同居は、都会において一般的にみられる現象であるから、教義や法律においてみられる姑と嫁との問題も、経済的な事情から都会が先行して先取りしたことになる。この点についてはそのまま受けとめることができない。再考を要することはいうまでもない。

三

柳田民俗学と川島法社会学とが、決定的に相違するのは家に関する解釈と在り方との問題である。まず、つぎの解釈の相違[24]は、家にたいする川島武宜氏と柳田国男氏との、あるいは見方を変えれば、柳田民俗学と川島法社会学との学問上における基本的な知識や認識の違いからくるものである。

柳田　人間の一生の間に、幸福なひとで僅かに三分の二働くけれども、まず二分の一しか働けないと見なければならない。幼年時代と老年時代を養うところをつくらなければ駄目だと思うが、御承知の通り養老院、育児院は眼も当てられない状態でしょう。そうして結婚だけは自由にして家督制度はなくしてしまった。

川島　家督相続で助かる人は日本全体からいえばきわめて少なく、多くの日本人はそんなことじゃ駄目だと思いますね。

柳田　扶養の義務と結びついた家督制度でなく、家に家督がなかったら結婚できないし、結婚するには必ず家を考えてしなければならぬということになる。

川島　家というのはどういう？……

柳田　最小限度の生産力をもっている家を結婚の準備にしなければならぬと思いますね。

川島　そうしますと、どうでしょうか。現在の客観的条件の下においては多くの人は結婚はできないということになりますね。そうかといって、若い青年男女は自然の要求で全然結婚しないでいるというわけにゆかない。真面目な愛情があるが、結婚するだけの物質的基礎がないから、野合でもない中途半端なものが大量に出てきますね。そういう場合に生産力をもっている家と言ってみても……。

ここで柳田国男氏がいう家督制度は、戦後の民法改正によって消滅したものを示す。民法改正には川島武宜氏も参加し、大いに力があったであろうから、この柳田国男氏の家督制度維持論には納得するはずがない。柳田国男氏は、家督制度というのは「扶養の義務と結びついた」ものとしてではなく、「最小限度の生産力をもっている家」で、それは「結婚の準備」としての性質をもつ家というように解釈する。しかし、この家督制度は、明治政府によって民法に規定されたもので、家制度の根幹である戸主権＝家長権にもとづくものであって、封建的な制度の一つとしてあげられていた。柳田国男氏が家督制度というものを家経済と結びつけて考えるとき、家を継承する者は当然のことながら財産も継承するわけであるが、一般庶民のほとんどは、財産という名に値するような経済価値物をもっていない。とくに、貧農や労働者階級にとってはいちじるしい。柳田国男氏は、「家に家督がなかったら結婚できない」というのは、いったい、ここでなにを具体的に示そうとしているのかがわからない。家督にこだわる、というのは、或程度財産らしい財産をもっている者に限定しているのならばともかく、一般庶民にとって結婚を前提とするとき、家督を必要としなければならないであろうか。家督とのかかわりをもつ家というのが、「最小限度の生産力をもっている家」と柳田国男氏が規定するとき、いかなる程度の家族の経営規模、あるいは、どの程度までの自作農や財産所有者を想定していたのであろうか。ここでは、明らかではない。家督制度と家経済とを結びつけて考えるとなると、「家督相続で助かる人は日本全体からいえばきわめて少ない」という川島武宜氏の指摘が正しくなってしまう。民俗学の調査において、庶民生活がいかなるものであったかを知っていたはずである柳田国男氏の発言としては理解できないが、あるいは、民俗学調査・民俗学認識においては、そこまで分析し、理解するまでにいたらなかったのであろうか。いずれにしても、きわめて重大なくい違いである。

そのくい違いは、いくつかのかたちをとってあらわれるが、基本的には、同一の知識・理解からくるものである。たとえば、つぎのような点についても指摘できる。[25]

川島　無責任な男女関係が起る主な原因の一つは、結婚に伴う責任感とか、相手や子供に対する人格的尊重がないからだと思います。それは、私はどうも日本の従来の意味での家族制度に責任の一半があるんじゃないかと思いますね。つまり女は男の玩弄物である、男が支配者である、というような考えがあって……。

柳田　そんなことをよく言っていますが、私はそんなにひどくなかったろうと思いますね。女は圧迫されていたというけど、昔の主婦は時によっては男を叱りとばす。下男でも出入りの者でも叱りとばすのです。そういう歴史を知らなんで、女が屈辱ばかり受けていたようにいうのは困る。女にも要求があるし、見ず知らずの者の玩弄物になって甘んじているものはありませんね。以前は結婚に金を取っていませんからね。これは女の自衛でもって逃れることができると思いますね。

川島武宜氏は、「無責任な男女関係が起こる主な原因として」というように、まず、「無責任な男女関係」を前提とする。この当否の具体的な指摘は別としても、議論のなかにおいては、そうであるとも断じきれないところである。しかし、原因の「一つ」に、「結婚に伴う責任感とか、相手や子供に対する人格的尊重がない」（傍点、北條）をあげている。川島武宜氏は、「座談会」以前に発表した『日本社会の家族的構成』（一九四六年、日本評論社）があり、その構想は戦時中からのものである、といわれている。この論文では、明治以来の日本の家族制度は、「封建制度の中で特に侍階級において形成された家族の制度であった」[26]ということが中心的な視点である。近代的婚姻についてはその社会的基礎についてマックス・ヴェーバーの近代化論からはもとより、カントの婚姻論についてまで検討までしているから、[27]理論的にも明確な規定をもっていたといえる。そこで、「自由な」男女関係と「無責任な男女関係」とを区別したのであろうが、依然として実態上の男女関係について、どう規定したかについては疑問が残る。両様の見方がみられるからである。それはともかくとして、柳田国男氏には、川島武宜氏ほどの明確な理論をもっていなかったと思われるのである。川島武宜氏がいう「結婚に伴う責任感」とは、まさしく、カントの婚姻論を前提に置いていると理解してよいであろう。そうして、前近代的な右の日本的形態について、それがよってきたるべき原因を家族制度のなかに位置づけたのである。

これにたいして柳田国男氏は、現象として川島武宜氏が指摘した「女は男の玩弄物である、男が支配者である、」ということを捉え、その事実を否定する。主婦権力の強さを実態として示し、「そういう歴史を知らないで、女が屈辱ばかりうけていたようにいうのは困る。」というとき、ここでは、現実問題として、したがって、民俗学と法社会学との調査・研究の上にたって、武士の倫理によってつくりあげられた家族制度イデオロギーと、その適用を正面からうけて現実の規範として階層、そうして、一般的な教育原理と、これに対抗する村方の、これも特定化される一般的な庶民層という、これまでの共通の認識——たとえ、細部にいたらないまでも——が、両者の間で分裂している。この点については、右の発言につづく、つぎの発言によっても、なお、相違は明らかである。[28]

川島　古くから日本の農村では嫁をもらいますと、すぐ籍を入れないで見ていて家風に合わないとかえすとか…

…。

柳田　その制度はあなたのおっしゃった玩弄物とは違うんです。結婚を軽く見て、安全でなければというように、家を重く見てやったんですけど……。

川島武宜氏は、嫁と戸籍との間に介在するものが家＝家制度にほかならないとみている。嫁がきても、戸籍という形式上の婚姻関係を結ぶにいたるまでには「家風」になじむということが前提とされているために、いわゆる「気に入らない」という表現で、家族構成員の一員としての資格をうることができない現実を、家制度に結びつけたが、これにたいして柳田国男氏は、「その制度」、つまり、嫁の籍を入れないで、しばらく様子をみて「家風に合わない」場合には実家に帰す（実質上の離縁）ということは、女性を玩弄物としてみているところからくるのではなく、「結婚を軽く見て」そうして「安全でなければ」本来の嫁として家族の一員としない、というのであろうと説明している。この、結婚を軽くみるということには、おそらく、われわれの通常の概念とは異なったかたちでことばを使用しているものと思われる。つまり、本来の意味での家族構成員——川島武宜氏のいう戸籍に入れる、という手続き（形式・セレモニー）——となる以前の男女関係、それが、たとえ家族と同居していたり——そこでの生活のなかで性関係をともなっていたにしても——、男女関係の協調、家族との同化（うまくやっていける）していくことができるか、あるいは、労働力として一人前であるか、ということを内容として同居していること（結婚を軽く見る）を指したものであろう。これらの前提ののちに結婚しても——あるいは、結婚というものを、女性が嫁にきたということだけに使用しても——、家とのつながり・家経済との関係において不適当ということにでもなれば、離縁ということになる。柳田国男氏が、家を重くみるということを協調するのは、経済を中心とした家の再生産ということを考慮していることは、さきに、労働力という意味での養子・もらい子について発言していることがみられるからであるが、家格ということ、あるいは、武家社会や伝統的な富裕層に特徴的な家の制度（しきたり・伝統・格式・名等）による家というかぎりにおいては、家を重く見るということばは意味がない。川島武宜氏は、後者にウエイトを置いて発言していると思われるが、事実関係において、「家風」というものを前者にもあてはめるとすれば、労働力としての嫁とその協調性に重要な内容があって、後者とは区別されなければならない。農村の中程度以下の層も含めて普通一般の庶民については、武家社会風の、あるいは富裕層の家風が適用される余地はない。これは、両者の発言のなかにおいても確認されることである。

また、川島武宜氏が「女は男の玩弄物である。男が支配者である」と指摘するとき、一面においては正しい指摘でありながら、他の一面においては矛盾をあらわしている。このことについて、性支配という点からみるならば、公娼・私娼制度——私娼は法制度上において認められていないが、事実として広汎に存在していた——を指すか、上層の家庭における女性の地位や存在などについてあてはまるであろうが、一般庶民の家庭においては、はたしてその指摘が貫徹するであろうか。川島武宜氏が調査をされた地域においてはそれがみられたのであろうか。調査についての発言にしては、右のような内容が乏しい。

明治政府がその基礎をつくりあげ、以来、これを展開してきた家制度。とくに、民法の規定。それと現実との背反については柳田国男氏は認めているところであり、かつ、武家の倫理を一般化しようとした明治政府以来の政策にたいしては批判的であったはずである。そうでなければ、学としての民俗学の成立する余地はない。にもかかわらず、柳田国男氏は婚姻制度・家族制度について、目の前に生じた戦後の民法改正と関連してつぎのように指摘している。(29)

柳田　今度の民法の改正にしても、婚姻制度について私は非難しておりますけれど、婚姻制度ばかりでなく家族制度でもああ単純にぶち切ってしまって、大きな私有財産制度も小さな農家の家督制度も一括的に旧式なものだと排斥してしまうことができるのかどうか、そこを私は疑っています。そこはわれわれの方で研究しなければならない点だと思っていますが、一旦法律で決まったものだから、すぐに政治論を持ち出そうとは思っていませんがね。

民法改正にたいする柳田国男氏の批判は、旧いものにたいするおりのごとき郷愁をこえて、明確にイデオロギーという面からは対立していることをあらわしている。「婚姻制度ばかりでなく家族制度もああ単純にぶち切ってしまった」というとき、婚姻制度について、いったいなにを具体的に残したかったのか、この点が明らかではないことと、「大きな私有財産制度も小さな農家の家督制度も一括的に旧式なものだと排斥してしまったこと」は容認できない、と指摘するが、ここでは、大農あるいは寄生地主の土地財産やその他の財産と、小農もしくは貧農、あるいは労働者との財産を中心として家の継承についてのものであろうか。圧倒的多数を占める貧農や労働者などには、よるべき土地財産・財産などは存在しない。いずれにしても、婚姻制度・家族制度・家督制度と柳田国男氏がよぶものについては、川島武宜氏はそのイデオロギーのうえからいって、近代的な法体系のもとでは認めるべきものではない、という原則のうえに立っている以上は、柳田国男氏との間において妥協するものはみいだせないであろう。ただ、柳田国男氏が、小さな農家の家督制度、ということをどのような実態として把握して示したのかについては気になるところである。小さな農家を庶民として捉えた場合に、ここでの家督というものが、法制度において規定する家督というものと、実態上において小農もしくは貧農が行なっているものとの間に、質的に差異があることが否定できない場合があるからである。まして、労働者や水呑百姓といわれる者に、柳田国男氏が想定しているような家督というものは存在しないであろう。それは、たんなることばの上の表現の平均化にしかすぎない。

柳田国男氏が、右のようなかたちで川島武宜氏と対立する背景には、つぎのように集約された柳田民俗学の理論があったのである。[30]

柳田　日本の水田……米作地というものが、近世に至って面貌を一変してしまった。津軽、大阪平野、広島の周囲、熊本県というような米産地の多くのものはみな近世の成立なんです。一望平原でつづいていまして、陸地の隆起と関係があるだろうと思いますが、そういうところでは以前の農業形態に基礎づけられた家族の制度は守り難くなってきている。その点で二つに分けることができると思う。例えば、以前の村落ですと、村の中に一つも山をもたない村はほとんどないんですね。山があり、そこに小さな平地があって、その周囲に段階をつけて水を溜めてゆく。従って山を中心とした農業が考えられるわけで信仰の問題に関係するんですね。死後の霊魂の行きどころを日本人は近いところにもっていた。その山に行って、山から下を見おろして子孫の耕作地を見ているという信仰がありました。その農神信仰というものがなくなってしまった。見渡す限り三里も四里もある平野で田地しかない村が方々にできていますね。そのため以前の形態が持続し難くなってしまったのです。それでどうしても近世というものと中古以前が対立するわけで、われわれの探して歩いているところは中古以前の形態です。だから、都会にしても工場地帯にしても、米産地の主力が平地にあるので、平地人が日本の農業を代表しているように見えているのに、われわれは古い中世の形で言わず語らずの間に農村を見ていたわけです。しかしまあ、こういうふうに埋立地がたくさんできて山をもたない農村ができたのも大きな一つの事実ですから、そこに民俗学で働く限界を認めなければならないのですが、まだそれが捨てられないで古いかたちの農村の生活を見ている。しかし、一方にはまた平地の農家にしても全然平地で発生した人種じゃなくて、奥山から出てきてだんだんと分かれたのだから、差支えない限り古いものを引きずって歩いている。盆の精霊祭にしても、山から自分の村へ精霊のくる道を導いてくるが、山のないところは川端でやったり、以前の祖神との連絡を維持できるだけしているものですから、われわれとしては世の中が変わったからといって、それを捨てなければならぬということはいえないんです。そこに世間で言うことがよくわからないという原因があるのです。都会でもよく見ると、みんな親の代や親の親の代のとき農村から出てきて、祖神に対する祭り方、維持の考え方がまだ残っていて、生活状態が変遷しているにもかかわらず、やはり信仰生活においては古いものを背負ってるんですね。そういう変遷があったということを承知の上で古いことをたずねてゆかなければならない。固有信仰の方面からしらべてみても、家族制度の基礎は深いものであって、そう一朝一夕で廃《すた》るものでないということがわかってきたのです。

民俗学という学問体系においては、この柳田国男氏の考え方がどのように受け入れられているのかは明らかではないが、ここでは、柳田民俗学の限界を示すものとしてみることができる。川島法社会学との相違点については後に掲出するとおりであるが、柳田国男氏は家族制度とのかかわりに触れて、「固有信仰の方面からしらべてみても、家族制度の基礎は深いものであって、そう一朝一夕で廃《す》たるものではないということがわかってきたのです」と述べている。土着した、あるいは古くからうけつがれてきた生活に関連する伝統やしきたり、考え方というものは、たしかに、柳田国男氏の言うように一朝一夕でなくなるというわけのものではない。法制度上において、あるいは、社会統制・規範上において古い生活慣習や考え方を否定しても、それが、一般民衆のなかに新しい生活慣習や規範・考え方となって定着するにいたるまでには相当の時間を要するであろう。これについては、当然のことであると了承するにしても、「家族制度の基礎は深い」ということは、いったいなにを意味するのかが明らかではない。ここでいう家族制度は、用語上のうえからいって一般的な学術用語としての認識からいえば、川島武宜氏が理論づけを行なった概念にしたがうかぎり、徳川時代も、武士階級に特徴的な規範でありイデオロギーであって、これの再編がほかならぬ明治政府によってつくりあげられた家族制度にほかならないのである。しかし、現実の庶民社会においては、これを受け入れる余地は少なかった。柳田民俗学が「古いことをたずねて」と言っているうちに、右の家制度がすでに中世、あるいはそれ以前の庶民の間に広く存在していたというのであればともかく——そうであっても、そのことをもってただちにイデオロギーの正当性を示すことにはならない——、ましてそうでない場合には、この家族制度というのは、さきの、明治政府の家制度とはどのような関連性があるのかわからないことになる。ただたんに、ルーツがあったといっても、武家の慣習と庶民の慣習とでは質的に異なるからである。柳田国男氏によれば、「家族の制度」は農業の発展とともに変化する。それによって信仰もまた変化する。近世と中世との対立は、こうしたことによって必然的に生ずるというのである。民俗学は、ルーツを探し求めることに大きなウエイトがかけられる。「われわれは古い中世の形で言わず語らずの間に農村を見ていたわけです。」と指摘している。祖神との関係にしても、山での信仰が平地に移ってもなお続いているということは、「信仰生活においては古いものを背負っている」からにほかならないという。この点については誰しも異論がないであろう。生活上の変化にもかかわらず、古いことを期待している現実は肯定するしかないが、だからといって、制度という面において古い家族制度が維持されなければならない、という積極的な理由にはならない。古い、家族生活の慣習がなんらかのかたちで変化しながらも維持されてきていることと、川島武宜氏が指摘した明治国家による法制度、倫理、イデオロギーによる家制度の政策と、柳田国男氏がいう家族制度とは、いったい、形式においてもどのように違っているのか。また、類似しているのかが少しも明らかにされていない。むしろ、柳田民俗学においては、この点について混同しているのではないであろうか。少なくとも、川島法社会学の規定性との対比においてである。柳田国男氏に、明治政府によってつくりあげられた家制度にたいして、あるいは、武家社会の家制度にたいして、おりのごとき郷愁があっても、個人としては、それは一向に問題ではない。しかし、学問体系については次元を異にしなければならない。柳田国男氏のように、地位も名誉も財産も有している家において家長制は現実のものとして問題化される。一般庶民は、その日の生活がやっとであり、しかも、家族構成員全員の共働によらなければ生活を維持することができない――いわゆる農家複合経済ないしは複合経済――という現実においては、きわめて厳格な規定性をもつ家長制[33]が展開できるなどということはあり得ないのである。この点については、川島武宜氏も家長制展開の基本的条件についての認識が少なかったのではないか、とさえ思われるふしがあるようにもみられる。

柳田国男氏が、固有信仰と農業とのかかわりあいから家族制度の維持について触れたことについて、川島武宜氏は、つぎのように述べている[32]。

川島　農業とそういう信仰との関係ですね。農業を先祖の神様に守られてやっている、また守られなければやってゆけないという一種の気持、これはどこからきているか、こういうものは日本の農業からいつまでもなくならないものだろうか、という点を考えてみますと、つまり今おっしゃったそういう農業の神様の信仰は、日本だけでなく、原始時代にはヨーロッパにも、どこの民族にもございましたね。それがなくなるときを厳密に規定することは専門でないのでわかりませんが、今アメリカではそういうことをしていないし、ヨーロッパでもおそらく農事信仰はなくなっていると思うんです。現実の生活の中の単なる名残りは別として、日本でも農業の仕方が全然変わってしまえばそういうものもおそらくなくなるんじゃないでしょうか。

農業における生産力・生産関係・生産形態・生産手段が大きく変化すれば、それ以前の諸条件のもとで展開していた農業と関連していた古い信仰もまた変化をうけることは当然なことである。とくに、日本の信仰の多くは現実性――現実的・物質的利益。たとえば、神々や信仰のはやりすたりをみよ――をつねにもっていたために、その信仰が、つねに古い時代の農業とともに存在していた場合には、機械による生産が展開し、しかも、その生産が機械によって飛躍的に増大し、恒常的な生産が期待できるとなると、古い農業生産の土壌において存在していた信仰が大きく後退するのは当然なことといわねばならない。信仰が、内なるものへの自己戒律であり、それにもとづく精神形成の領域にまでいたらない場合においては、とくにそうである。

農業と信仰の関係は、川島武宜氏が指摘するとおりである。ただ、信仰が失われたり、変化していくことについては簡単にそうなるものとは思われない。

川島武宜氏は、右に関連して、また、つぎのような発言をしている。(33)

川島　日本はほかのアジアの地域に比べれば農業が進歩しているわけですが……そうなってゆけば日本の農神信仰も弱くなる。祖先の霊に対する信仰もその基礎を動揺させられる。そうなればおのずから日本の将来においては祖先崇拝に基礎づけられた家の意識、家族の意識は非常に薄らぐのではないかと思いますね。

農業が進歩すれば農神信仰も弱くなる。これは、理論としても事実としてもそのような方向に行くであろうことは予想される。現に、田の神にたいする土俗的な信仰は次第に薄くなっている。水田にたいする水の配分が、水道方式のように機械化され合理化されて恒常的なものとしてみられるようになれば、水神信仰もまた次第に薄れていくことは予測されることである。しかし、これらの信仰が完全に消滅するのか、あるいは別のかたちをとってあらわれるのか、ということは予測することが困難である。信仰については、一つだけの事実によって成り立ってはいないからある。川島武宜氏が農業の進歩によって農神信仰が弱くなれば「祖先霊に対する信仰もその基礎を動揺させられる。」と考えたのは、あまりにも一元的であった。したがって、さらに、「日本の将来においては祖先崇拝に基礎づけられた家の意識、家族の意識は非常に薄らぐ」と予測するとき、この「将采」というのを、どのくらいの時間的内容を構想して発言したのであろうか。半世紀という歳月を考えていたならば、もう経過としては時間切れである。にもかかわらず、家・家族の問題は依然として解決もないまま今日にいたっているのである。それは、川島武宜氏がいう家の意識・家族の意識というものが、決して、農業によってのみ成り立っているとは限らないからである。農業というものを、その主体的な位置づけからみて水田耕作に限定してみると、中世と近世との間に大きなへだたりがあることを柳田国男氏が述べていることによっても、そうそう、この水田農業からのみ祖霊信仰がみちびき出されるということはないからである。付言すれば、日本の山村の多くは水田によって成り立っていたのではないのである。

かつて、日本人はその生活上あるいは生産上の必要性から多くの神々をつくり出し、そうして捨てた。この現実は、いまもなお、続いている。仏教においてもこのことはあてはまる。農業の変化によって、家の意識・家族の意識が簡単に変革をとげていくものとはかぎらない。庶民生活のなかには再生されていくなにかをつねにもっているからである。

川島武宜氏の右の意見にたいして、柳田国男氏はこれを肯定的に捉え、つぎのように答えている。(34)

柳田　現に薄れてきていますね。ですから政治論としては、例えば、古い信仰をなるべく元の形において保存するという国学者の考え方を支持するということはわれわれの学問では不可能かもしれない。例えば、われわれはこういうプロセスをとってこういう状態できているということを、過去の純なる時代ばかりではなく不純になって変化してきたところまで跡づけてこようというわけで、それをよく知った暁は祖神信仰は要らないという結論になるかしれないが、どうもこれはこういうデスクリプティヴな学問の悲哀でして……歴史は常にそういう淋しいものですね。現に先ほど申上げたように水田地帯が激増して、今日の米作地の三分の二以上は江戸時代以後のものだということになれば……。

柳田国男氏の右の発言は、民俗学者の発言としては淋しいものである。「それをよく知った暁は祖神信仰は要らないという結論になるか知れないが」という意味内容に、柳田民俗学のイデオロギーとしての側面をあらわしているものとみるならば、ルーツにこだわりつづけた、しかも、祖霊信仰との結びつきを重視した柳田民俗学は、つねに、過去への回帰をともなっていたことになり、現時点において、その過去が消滅していけば柳田民俗学の使命は終わりかねない。ルーツはともかくとして、現在、生起している民俗学的現象にスポットをあてて分析するということがないとすれば、そこに、柳田民俗学の限界を感じないわけにはいかない。

現実を、つねに過去へとさかのぼってその原型をみる。あるいは、その過去から現実をみるにしても、現実とのかかわりについて、その分析を放棄しなければならない局面を生じることがある。たとえば、日本民族の発生原因を追求していくなかに、天皇とのかかわりが生じた場合、などがそれである。天皇は神として降臨したのであるのか、渡来人なのであるか、原住民なのであるか、を見極めることに直面する。もっと端的なのは、庶民の文化と、明治国家体制とのかかわりにおいて、柳田国男氏が庶民の側からみた教育勅語について語ったとき、そこには、天皇制国家体制下における国家思想による庶民——といっても上層部であろう——の社会的な認識とのずれから指弾される、という政治現象に遭遇する。ここにおいても、柳田民俗学が越えられなかった学問上の限界をみなければならない。これを追求すれば、天皇制明治絶対主義国家のイデオロギー的基盤にたいする批判となる。

四

川島武宜氏の家制度についての考え方、あるいは論理にたいして、柳田国男氏はあまり理解を示していないし、その内容については否定的である。この対談についてみるかぎり、川島法社会学の理論は、柳田民俗学によって克服することができない内容である。これは、柳田国男氏の反論についてみると、そのように結論づけることが決して誤りではないからである。

民法に関連して、家族制度を論ずるとなると、もはや、川島武宜氏の独壇場である。[35] 民法改正に関与した経験が生かされる。それは、近代化論のイデオロギーに裏付けされているからである。

川島　改正民法で家族制度がなくなった、代わりのものがないと不安で困る、という非難を聞きますが、実はそういうこと自身の性質をもう少し考えてみると、家族制度がなくなったということの意味は、民法に書いてある家族制度、つまり家長権があって、どういう場合には家長の許可を要するかということがなくなっただけで、また相続でも分割を必ずしろといっているのでなく、ただ不分割相続を強制しなくなっただけです。むしろ、今日問題は法律上の家族制度廃止にかかわらず、実際には家父長制が存続してゆくという点にあるとも言えましょう。

柳田　普通人に説明しようと思って専門家があまりにも強く言いすぎた嫌いがある。

民法改正によって廃止されたのは、いわゆる家族制度であるから、これに関連するものは法制度上において消滅する。柳田国男氏が、この家族制度＝家制度について、イデオロギーとして、あるいは心情的に肯定していたか否かはともかくとして、民法改正については快く思っていなかったことは、ここでも明らかである。柳田国男氏が川島武宜氏の説明をうけて、「専門家があまりにも強く言いすぎた嫌いがある。」というとき、そこには、川島武宜氏の説明によって或程度は民法改正の骨子がわかったからなのか、それとも、「むしろ、今日問題は法律上の家族制度廃止にもかかわらず、実際には家父長制が存続してゆくという点にあるとも言えましょう。」（傍点、北條）という、法と実態とのずれ、あるいは背反といったことについての安心感であったのか。柳田国男氏が、生産の起点、あるいは再生産の単位としての家というものを民俗学の上において重要視され、この家を維持していくためのイデオロギー、あるいは規範というものを、すでに、これまでたびたび指摘されてきた、武士的・儒教的イデオロギーをもってあてはめることについては否定的であったにしても、それでもなお、家イデオロギーとして、右の明治政府の教義にたいしては全面的に否定するにはいたらなかったものといえる。それは、家のもつ役割というものを、過去のルーツというかたちからみるかぎり、その過去において明治政府のイデオロギーを探しださなければ、対抗するなにものをも持てないということからくるものである。家というものは否定すべきものではないし、いいものだと柳田国男氏がいうとき、川島武宜氏は、つぎのように家について説明する。[36]

川島　家族仲良く暮らすということを法律が否定しているわけでなく、家族の共同生活がなくなるということを考えてもいない。アメリカやイギリスでも家族が仲よく暮らすという点は日本とは異らないのだし、かえって見方によってはアメリカやヨーロッパの方が仲がいいとも言えましょう。家族制度がなくなるということは家族共同生活がなくなるということを現在でも意味していない。家族制度がなくなっても、バラバラになって心細いものではない。

柳田　しかし、素人はそういう感じを抱いた。家が世の中にまるで存在しないように考えたんですよ。（笑声）

川島　われわれが家族制度と言うときは、学問用語としていっているんですが、だんだん調べて見ると、家族制度は家族が仲良く暮らす原理だというように、普通考えられているわけですね。およそ人類が生きている限り家族共同生活の原理がなくなる時代は永遠にこないと思うんです。ただその仲よくする仕方が変るだけですね。

柳田　私はどうも専門家が強く説明しすぎたと思うんですよ。解説書を読んで見るとあまりハッキリ言いすぎているので素人は誤解していますね。

学術用語としての家族制度＝家制度、したがって、そのドグマ dogma これにたいする学問的な位置づけ、これらは、敗戦による旧国家体制の解体とその基礎であったイデオロギーの変化、法制度上においてこれを支えていた民法家族法の全面的改正によって現実化した。解体させられたのが、徳川時代の武士社会的倫理であったのか、これを再編成して儒教思想を加え、国家体制に適合させた明治政府による庶民への徹底であったのか、ということは、なお、研究の余地があろうが、柳田国男氏は、この国家体制の創成期に生まれ、高等教育をうけて官僚の中枢の地位を占める。そのことが、彼の生涯や考え方のうえになんらかの痕跡も残すことはなく、旧国家体制に学問の側から批判的であったと考えることはきわめてむつかしい。矛盾があったとしても、それなりの仕方で処理したのであろう。

法制度上における家族制度の解体にたいして、柳田国男氏は家族の解体とみていたのであろう。少なくとも、民法で規定し、これに倫理的要素をもりこんで国家体制の基本とした家族制度の規範としての家候は解体した。川島武宜氏が指摘しているように、それだからといって家族が解体するわけのものではない。日本のような明治絶対主義的なイデオロギーとしての家族制度が存在をみない、あるいは、すでに封建的な家族制度が解体した「アメリカでもイギリスでも家族が仲よく暮ら」している現実を、どう理解したらよいのか。そこには、家があって家族がともに生活しているが、家族制度はない、ということである。ただし、川島武宜氏がいわれるような、「およそ人類が生きている限り家族共同生活の原理がなくなる時代は永遠にこない」とまでいい切ることができるかどうかは、別の問題である。この発言は、あまりにも柳田国男氏の家族解体論にたいして同情的にいい過ぎたきらいがあるからである。これについて柳田国男氏は、「あまりハッキリ言いすぎているので素人は誤解していますね。」と答えているが、その意味するところは明らかではない。依然として家秩序――それが、必ずしも徳川時代の武家の秩序、ないしは明治国家体制下の家制度そのままではないにしても――を維持しようとすることがみられるからである。祖霊信仰にもとづく家とその伝承、家族にたいする家長の優越性による統率、これらが、マックス・ヴェーバーのいうピエテート Pietätの概念[37]とは同一ではないにしても、少なくとも関係をもつ。

近代的家族が、戦前の民法で規定された家族と異なる点について、川島武宜氏はつぎのように述べている[38]。

川島　封建制度になって出来たもの、例えば長子相続制などでもですね。そういうものがなくなると家族共同という原理がなくなると人々が思うのはどういうわけかという問題ですが……従来の家族仲良くするという原理はやっぱり原理的には民主主義的な原理とは違うわけですね。

「従来の家族仲良くするという原理は」、というのは、明治政府によってその基礎をあたえられ、国家の方針とされた「徳川時代の武士の道徳たる儒教」にもとづく家族であり、その制度下での「仲良く」なのである。これは、まさしく「民主主義的な原理とは」異なるのはいうまでもない。問題は、民俗学において、そのような家族の形態をみることができたであろうか、ということである。柳田民俗学においては、中世から近世をみる、ということがいわれており、ルーツが重要視され、その、本来の意味するところ、すなわち、原型が問われる。中世から近世へ、そうして近代へというかたちにおいて、解体していく物事にたいして、その意義を問うことは柳田民俗学の範囲外の作業であり、かつ、理論構成のなかには入っていないのかも知れない。とすると、近代へ直結するような、あるいは、近代へと始動するような庶民の社会現象については問題とならないのであろう。川島武宜氏が、法社会学調査において、調査地での「自由」な男女関係や、「乱れた」男女関係のなかに、性道徳だけに的をしぼらないで、社会関係として捉えたならば、いったい、そこになにを見出だすことができたのであろうか。柳田民俗学においては、古代ないしは原始における男女関係の残存とみるのか、もしくは、近世的な、あるいは近代的な地域社会における性モラルの頽廃をみるのであろうか。この点についいては、川島法社会学においても同じことが問われなければならない。

五

以上によって明らかなように、まず、柳田国男氏は、民法改正における家制度の解体について理解をしていない、ということである。もっとも、家制度の解体そのものに反対なのであれば、それなりに柳田民俗学との関連において別の角度から分析して柳国民俗学のイデオロギーを明らかにしなければならないが、ここでは、とにかく、家制度の解体が家族の解体というように受けとめている点がみられる。しかし、それでもなお問題が残るのは、その家族なるものは、川島武宜氏が座談会の冒頭で示した――そうして、柳田国男氏もこれを認めた――明治国家体制のもとでつくりあげられた特殊な制度だということである。特殊だというのは、徳川時代において武士階級の支配秩序維持のための倫理規範であり法制度であって、庶民のうちでも地主や商人等の富裕層はともかく、一般の貧しい農・工・商・町人達の生活や思考にいたるまで、この武家の倫理や規範が徹底していたものと解することはできないからである。この点についても、柳田国男氏は民俗学を通して知っていたはずであり、知らないければならないことである。

徳川時代においてさえ、庶民のなかに徹底することができなかった儒教的武家イデオロギーを、明治政府は法律と教育を通して徹底をはかる。にもかかわらず、依然として庶民の民俗は、これを全面的に受け入れるまでにはいたっていない。形式上・表面上においてこれを受け入れてはいても、それは、国家権力との関係が存在していたからであって、納得していなかった場合が多い。このことは、民俗学の調査を通じても知られる。しかし、民俗学の調査・研究においては、この、国家権力との関係について分析したものが少なく、したがって、対立関係にある民俗学について、あるいは、明治政府以来の政府の教化政策がどう貫徹しなかったか、ということについては、ほとんど重要な業績を残してはいない。川島法社会学は批判の学なのであるから、この点について民俗学にたいして多くの要望を出したのもおかしくはない。民俗学が、川島武宜氏の要望にたいして答えることができないというのであれば、民俗学それじたいのもつイデオロギーの問題であるのか、あるいは、民俗学にたずさわる者達の多くに共通する問題であって、学問というものにたいする体系も知識も持っていない現実からくる、ということになるのであろうか。単純に学問領域の差からくる問題として扱うことができない。なぜならば、川島武宜氏が指摘された民俗学研究者以外にも、すぐれた著作を発表されている方々がみられるのであるからである。

明治政府以来の国家イデオロギーと政策、とりわけ、家族制度＝家制度において、川島武宜氏のわずかな調査経験においてさえ、国家政策、あるいは民法の規定と庶民生活のそれにおいてへだたりがあり、とくに、乖離といったこともみられる。その現実は、国家政策のうえからいってどのような位置づけをあたえられるのか。あるいは、川島法社会学、とくに、その近代化論のうえからいってどのような位置づけをあたえられるのか、この点に関しては必ずしも明らかではない。たとえば、川島武宜氏は調査地での男女関係について、一方では「自由な」ということばを使用し、他方においては「ルーズな」ということばを使用している。前者の調査地では、一種の「社会制度」となっていることを指摘している。これは、明治以来の国家イデオロギー・教化政策に対立する意味での実態としての自由を表現したのであろうか。後者については、川島法社会学の近代的婚姻論からみて「ルーズ」な男女関係と規定したのであろうか。ここには、それらの婚姻以前の男女関係が、農山漁村という一定の地域的枠内において、大都市におけるような一種の無統制をもつとは思われず、やはり、それも、一定のルールがあってのことなのであると考える。だからこそ、そのルールがどのようをものなのか、一定の位置づけや意義について考察しなければならないわけである。人々は、そのような現実があったというだけで、自らの主観的な判断でことの善悪やモラルを決定しがちだからである。少なくとも、この座談会でみるかぎり、川島武宜氏も柳田国男氏も明確な回答をもっていない。あいまいとしかいいようがないのである。

川島武宜氏は、柳田国男氏が民法改正における近代的婚姻論・家族論について理解がなかったことをいわれた。戦前の日本国家を貫流する家族制度について、その認識の甘さを指摘された。これと同じようなことを新見吉治氏が川島武宜氏の理論について、私に、「すぐれた研究を発表して尊敬しているが、あの家族制度批判論にはついていけません」と話されたことがある。(39) 川島武宜氏の『所有権法の理論』(岩波書店)等について理解を示しながらも、家族制度論について批判的であったのは、新見吉治氏が士族であり、尾張藩について敬愛するという系諸もさることながら、その武家の家風と明治政府の国家イデオロギーとが実生活上に重ねられたところに問題をもった。士族の多くは武家風に、富裕層——とくに、地主階級——の多くもまた武家風に志向したところに、家族制度イデオロギーの現実的拘束力があったといえる。

それがまた、庶民生活の間にみられたイデオロギーや社会規範というものにとってどのような存在であったのか。柳田国男氏が、このことにわずかに触れているが——その真意は明らかではない——。庶民の間に醸成され存在しているものが、近代化論とどう対立関係を生じるのか、あるいは生じたのか、ということについても明らかではない。明治政府以来の家族制度イデオロギーについては、柳田国男氏は必ずしもこれを全面的に受け入れているとはいえないし、民俗学調査においてもこのことは実証されているはずである。しかし、瀬川清子氏の調査報告をみて強いショックをうけたということは、現実をみていても、それを現実の社会とのかかわりにおいて分析をしていなかった柳田民俗学の限界を示すものであろう。

（1）ルース・ベネディクト『菊と刀』長谷川松治訳、社会思想社。川島武宜氏は、この邦訳以前の一九四七年に鶴見和子氏によって『菊と刀』の存在を知り（鶴見和子「『菊と刀』――アメリカ人のみた日本的道徳観」『思想』二七六号、一九四七年）、さらに、長谷川氏の邦訳によって「学問的ショック」をうけたという。のち、原書を入手されて論評を書かれた。

（2）『川島武宜著作集　第一巻』二八八頁以下、一九八二年、岩波書店。初出は、「ルース・ベネディクト『菊と刀』の与えるもの――評価と批判――」『民俗学研究』一四巻四号、一九五〇年。

（3）川島武宜「法社会学と民俗学」（初出のタイトルは、「民俗学と法社会学」）『川島武宜著作集　第一巻』一四七頁。

（4）川島『前掲書』一四三～一四八頁。

（5）このような点について鋭く追求した労作を多く発表されている岩本由輝教授の指摘に注目されたい。

（6）『展望』第三七号、昭和二四年。

（7）「座談会」一六〇頁。

（8）「座談会」一六〇～一六一頁。

（9）この点については、「私自身は民俗学に感謝しているわけです。」（「座談会」一六〇頁）ということばで表現している。少なくとも、なんらかのかたちで民俗学の業績（著作であるか聞き取りであるか）に接触して、法社会学研究に資するところがあったことを示している。

（10）「座談会」一六一頁。

（11）「座談会」一六一頁。

（12）「座談会」一六二頁。

（13）岩本由輝『柳田民俗学と天皇制』三～五頁、一九九二年、吉川弘文館。

(14)たとえば、川島『イデオロギーとしての家族制度』ほか、『著作集』参照。
(15)「座談会」一六三頁。
(16)「座談会」一六三頁。
(17)「座談会」一六三頁。
(18)上村正名『村落生活と習俗・慣習の社会構造』参照、一九七〇年、御茶の水書房。
(19)「座談会」一六四～一六五頁。
(20)岩本由輝教授の著書によれば(『前掲書』)、柳田国男氏のこの表現のなかに柳田国男氏の生活的体験を重ねてみることができるであろう。
(21)山梨県でのドラブチについての慣習もその一例である。上村『前掲書』参照。
(22)「座談会」一六三頁。
(23)この点について、徳川時代においてはどうであっただろうか。これに該当する他の論文を参照することが早急にできなかったので、いま、手元にある信州の私藩ならびに甲州の山村の例についてみると、必ずしも柳田国男氏の指摘のとおりではないようである。上村正名『和合会の歴史　社会史編』参照、財団法人・和合会。
(24)「座談会」一六五～一六六頁。
(25)「座談会」一六六～一六七頁。
(26)川島『前掲書』。
(27)川島「近代的婚姻のイデオロギー」(初出、一九五一年)、『著作集　第十巻』二七四頁以下。
(28)「座談会」一六七頁。

(29)「座談会」一六七頁。
(30)「座談会」一六七〜一六八頁。
(31)たとえば、マックス・ヴェーバー『家産性と封建制』(浜島明訳、昭和三二年、みすず書房)参照。
(32)「座談会」一六八頁。
(33)「座談会」一六九頁。
(34)「座談会」一六九頁。
(35)「座談会」一七〇〜一七一頁。
(36)「座談会」一七一頁。
(37)マックス・ヴェーバー、世良晃志郎訳『支配の社会学』一四三頁以下、昭和三五年、創文社。青山秀夫『マックス・ウェーバー』岩波新書。
(38)「座談会」一七一頁。
(39)新見吉治氏(広島大学名誉教授、徳川林政史研究所研究員)については、拙著『明治初年地租改正の研究』(一九九二年、御茶の水書房)のあとがきでも触れたが、先生は東京帝国大学を卒業後、ドイツへ留学され、とくに、実証史学のランプレヒトについて研究され、ランプレヒトに嘱望されてさらに研究を続けられた。この日、ドイツの学界における総有権についての解釈や新見先生の見解、川島先生の所有権論についての御高説を拝聴したあと、いろいろと意見を交換した。その際にたまたま、川島武宜氏の家族制度についての諸説(『イデオロギーとしての家族制度』一九五七年、岩波書店)について触れて、新見吉治先生は、その批判を若干されたあとで、前記のような感想となったわけである。新見吉治先生には数多くの著書があるが、とりわけ、『壬申戸籍の研究』、『下級士族の研究』が記憶に残る大著である。

追記　『川島武宜著作集』（一九八一～一九八三年、岩波書店）の編集にたずさわり、著者の全著作のコピー(40)をつくりあげていたときに、そのなかに柳田国男氏と川島武宜先生とが対談しているのが目にとまった。おおかたの著作等が集められ、著作目録の編集の段階で、この種の対談等は『著作集』に入れないことが決まったために、このなかの一つである柳田国男氏との対談は『著作集』では陽の目を見ることがなく終った。対談の内容について、私は、両者の間で、くい違いがあることを先生に話し、この点について一、二時間ほどディスカッションをした。そのあとで先生は、「君なりに柳田国男先生について書いてみたらどうか」とすすめられたが、以来、柳田国男研究も思うようにできないまま今日にいたった。(41)これについては、絶えず気にかけていたのであるが、今回、思い切って、この対談について書くことにし、これを突破口として柳田民俗学と川島法社会学との相互関係――というよりも断絶の問題からその解消へ――について研究をはじめることにした。なお、この対談は筑摩書房から対談集として出版されたなかに入っているが、手元に置いて参照することができるものでもないと思われるので、問題の個所についてはなるべく原典を多く載せることにした。

なお、柳田国男氏との対談は、昭和二四（一九四九）年の雑誌『展望』第三七号に「婚姻と家の問題」として掲載されたものである。(42)これにつづいて川島武宜先生は『民俗学と法社会学』を執筆している。

（40）このコピーは、現在、その全部が長野県山ノ内町の財団法人・和合会に所蔵されている。なお、コピーには、刊本であって、今日でも比較的簡単に手に入るものは除いてある（たとえば、『民法総則』）。なお、川島武宜氏は、『著作集』の編集にあたり、旧著に手を加えられた（その全部ではないが）ために、川島法社会学体系を発展的にみるかぎり、この、オリジナルは重要である。

(41) 柳田国男氏の学問については、民俗学をふまえ、別の角度から分析し、追求した力作を発表されているのが岩本由輝教授である。

(42) 『民間伝承』一三巻二号。のち、『法社会学における法の存在構造』に所収。『川島武宜著作集　第十巻』に所収。

川島武宜氏は多くの著書・論文・資料等を所蔵されていたが、東大を定年退官される以前に研究室にある若干の書籍を整理され、つづいて、定年退官に際してかなりの著書・論文等を売却・処分された。その後、弁護士事務所に所蔵してあった書籍についても、実務に必要とする書籍を残し、前後二回ほど整理された。この間において、法制史・歴史・経済史・民俗学・民族学ならびに法律関係で今後研究の対象としない分野については、その若干を残して整理された。したがって、現存の蔵書上から民俗学との接点を求めることは不可能である。なお、民俗学者については、橋浦泰雄氏を高く評価されていたことを、しばしば口にしておられたのを記憶している。なお、川島武宜氏の蔵書は札幌大学に川島文庫として所蔵されている。

第十二章　封建制のアジア的特質
——ヘーゲルにおける中国社会——

はじめに

日本における中国研究は、古い時代より思想・学術という面と文化という面において行なわれていた。卑近な、通俗的な例においては、中国からの仏教の伝来のためにとり組んだ遣唐使達の運命を画いた井上靖の小説『天平の甍《いらか》』にその例をみ、また、徳川幕府の公設学問所における中国研究の例をみても明らかである。明治初年においても、絶対主義国家体制の確立においては、ヨーロッパ諸制度を導入したが、中国の儒教イデオロギーや諸制度も再確認している。中国の文化は依然として明治日本に大きな影響を与えていたのである。ところが、日本が中国への侵略を意図し、満州を独立というかたちでの植民地支配に着手したころより、日本の中国研究は、中国支配の前提としての研究が、純粋に学術的な研究と併行して行なわれるようになった。

かつて、ヴィットフォーゲル K. A. Wittfogel は、『ヘーゲルにおける中国論』[1]という論文において、ヘーゲル(Georg Wilhelm Friedrich Hegel, 1770~1831)の著作中に占める中国関係の叙述の数量について、つぎのごとく述べている。

すでに「純粋に外面的」にみてさえ、中国的諸現象の分析は、ヘーゲルの諸著作中において多くの部分を占めている。『世界史の哲学』への序説のなかでは、たえず中国が引用されている。『歴史哲学』のなかでさえ、「中国」の項は六七頁におよんでいる。そのほかの種々の著書、たとえば、『哲学史』（六頁）、『宗教哲学』（一五頁）、『美学』においても同様に、ヘーゲルは極東のこの巨大国に関して多かれ少なかれ語っている。ヘーゲルが中国に関して論述したところを全部集めてみると、結果として、少なくとも一〇〇頁の本ができることは確かである。

ヴィットフォーゲルの、この考察は必ずしも全著作を数量的に正確に把握して記述したものではないが、ヘーゲルの著作中において中国に関する部分が、かなりの数量にのぼるという傾向を示していることを明らかにしたことで重要な意義をもつ。すなわち、ヘーゲルの哲学大系において、中国の占める位置が、かなり高いものであることを意味しているからにほかならない。

ところで、ヴィットフォーゲルは、前記の論文において、ヘーゲルの中国認識にたいする誤謬について、四つほど指摘している。(2) すなわち、その一つは、しばしば多くの人によって利用される命題、中国は「一定不変の国家状態」を示しており、ここには発展性がない、ということの具体的内容である、儒教的世界の伝統の固定化の理論が誤っているということである。つまり、ヘーゲルは、「儒教の伝統について、なんらの新しい『精神的原理』が生れてこなかったために、したがって、なんの現実的な発展も、狭義の歴史も生じなかった」ことを指摘しているが、著作のなかにおける事実関係について検討すると、この論理は決して一定したものではなく、発展について認めている記述がしばしばみられる。この矛盾についてである。論理と事実との背反である。その二つは、ヘーゲルが、中国を「階級や身分のない国家とみなしていた」ことについて、そのような規定にもかかわらず、ヘーゲルは事実関係の具体的分析のなかにおいて階級関係の存在を記述しているのである。その三つは、ヘーゲルが、「中国的家族の社会的意義」について過重に評価しているという点である。その四つは、ヘーゲルが「中国人の特性としてみなした自尊心の欠如」にしても、これと並んで「終始変ることのない友愛および信愛（労働者、手工業者、商人の同業組合および郷党の間での）中国の商業生活におけるもっとも厳格な契約の尊重」の存在があることを同じ文献からみられる、ということである。

ヘーゲルは、自らこうした事実を認識しながら、停滞理論を構成するために、意図的に論理にそぐわない事実関連を無視ないしは捨象してしまったのであろうか。

ヴィットフォーゲルの中国研究は、戦前期においてヨーロッパ人としては特筆すべき成果をあげている。それは、ヨーロッパ人の中国研究という面において捉えられるばかりでなく、中国人の中国認識にたいしても大きな影響をあたえ、さらに、日本の中国研究にも大きな影響をあたえた。

ヴィットフォーゲルの前には、マックス・ヴェーバー Max Weber（1864～1920）が中国とインドを中心としたアジア社会論を著わしている。(3) その前は、カール・マルクス Karl Marx（1818～1883）である。

ヘーゲルのアジア社会についての研究は、哲学大系のうちに包摂されるものであり、アジア研究を専門として分析を展開したものではない。一八〇〇年代前期にみられるアジアについての論述は、ヨーロッパ諸国の、アジアにたいする商業貿易や、これを軸とする商業支配、そうして、植民地政策＝支配の端初において蓄積されたアジア社会研究の上に成り立っている。とくに、イギリスはインドにおいてその植民地支配を確固たるものとして築いており、総督府を置いて領土の領有を完全なものにしていた。これにたいしてヴィットフォーゲルの中国研究は、産業革命を経て、高度資本主義(4)の段階に突入したヨーロッパ諸国が、その国富と武力においてアジアを制圧し、植民地政策を展開しているときである。そのアジアにおいてはまた、日本が帝国主義政策を確立し植民地支配を拡大していた。ヘーゲルとヴィットフォーゲルとの間にある、この一〇〇年の差異は、アジアの情勢を一変させるものではなく、むしろ、ヨーロッパ、そうしてアメリカのアジア支配が資本主義経済の矛盾とともに露出したのであり、ヘーゲルの時代の延長上において展開したものである。しかし、ヘーゲルの時代とは異なり、ヴィットフォーゲルの目前にあるアジアは、反植民地闘争で激動するアジアであり、ヘーゲルが画いた停滞するアジアではない。さらに、この伝統的な理論の下にインド総督評議会の官吏として着任し、実態的にインドを経験するとともに、その法律制度を研究して旧来のヨーロッパ的法律学にたいして批判したヘンリー・メインの停滞社会論 stationary society でもない。[4] にもかかわらず、ヨーロッパのアジア研究は、ヘーゲルを基点とするアジア社会論、あるいは、その哲学体系に影響がない、といい切ることができない。

ヘーゲルは、『歴史哲学講義』（歴史哲学） Vorlesungen über die Philosophie der Geschichte （一八二二〜一八三三年）において、しばしば人々に引用される「世界史の区分」（序論・第三篇）の冒頭の比喩、[5] すなわち、世界史を天体の運行法則になぞらえて、アジアを東に位置づけた。理性 die Vernunft の象徴ともいえる太陽は、まず、東よりのぼるとし、この太陽の輝きに人々は驚嘆し我を忘れる。太陽が昇るにつれて、この驚嘆は薄れていき、やがて人々は周囲の対象が見分けられるにつれて自意識 das Selbstbewußtsein を獲得するようになる。人々は活動に入り、太陽は沈むが、内なる太陽（精神）が、自然の太陽よりも美しく輝きはじめる。このように表現する。内なる太陽 innere Sonne とは、近代のヨーロッパが手にした主観的自由の意義にほかならない。

しかし、ここで注意しなければならないのは、この主観的自由は、封建的支配＝社会の構造的矛盾に対抗して生まれてきたものであるが、開明的絶対王制下において、そのイデオロギーと国家支配体制によって制約をうけるものである。

ヘーゲルの『歴史哲学』の編成は、まさに、比喩にあらわれたのと同じである。それは、ヘーゲルの哲学体系の実証的部分を構成する編成法によっているものであり、哲学の体系の根幹を示している。したがって、『歴史哲学』の編成が、つぎのようなかたちをとったのも当然であった。

第一部　東洋の世界

序説　　　　（ここでは、アジアは四つにわけられる）

(一)　中国とモンゴル（分析においては、中国が第一篇に）

(二)　インド　（分析においては、第二篇に）

(三)　ペルシャ　（分析においては、第三篇に）

(四)　エジプト　（分析においては、第三篇に。「ペルシャ王国と、その構成部分」に入られる）

（付）

第二部　ギリシャの世界

第一篇　ギリシャ精神の諸要素

第二篇　美的個性の諸形態

第三篇　ギリシャ精神の没落

第三部　ローマの世界

第一篇　第一期（第二次ポエニ戦役にいたるまでのローマ）

第二篇　第二期（第二次ポエニ戦役から帝政まで）
第三篇　第三期（帝政時代）
第四部　ゲルマンの世界

右の編成は、ヘーゲルの比喩のとおりであり、太陽が西へ没するとともに、太陽よりも美しい主観的自由を獲得したのは、近代ヨーロッパ、ほかならぬゲルマンの世界である、ということを論理的に位置づけることになる。したがって、『歴史哲学』においてゲルマンの世界が占める割合は質・量ともに圧倒的に高い。そのゲルマン社会の政治体制は、いわゆるプロシャ絶対王制国を主軸とした国家体制であり、プロシャ国家とヘーゲルとは切り離して考えることはできない。

本章では、ヘーゲルの『歴史哲学』を中心に考察するものである。ヘーゲルが、アジアを論ずるにあたり、いかなる資料・文献を用いたか、ということは、ヘーゲルのアジア研究の解明にとって大きな役割をもつが、これまで、この点について、詳細に研究したものを参照することができなかったので、右の著書についてしか論ずることができない。いずれにしても、アジアについては、マルコ・ポーロの旅行記(6)以来、相当に研究がなされてきており、ヨーロッパ諸国によるアジアとの交易や植民地政策の展開によって、政策上においても学術上においても、かなり深く研究がされてきた。したがって、ヘーゲルの時代においては実態的にも文献的にも多くの研究の存在をみているのであり、ヘーゲル以前の一〇〇年とは異なっているのであるが、なお、同時代においては完全なものとはいえない。それは、一つには、ヨーロッパ的絶対主義ならびに近代資本主義のイデオロギーからのみ、アジアをみている、ということに起因する。いいかえるならば、アジア社会にたいする価値尺度の規準が、ヨーロッパ啓蒙主義とその伝統によってつくりあげられた近代のイデー Idee・理想型をもとにしているからなのである。

一

ヘーゲルにとって、アジア世界とは、具体的につぎのようなものをさす。まず、『歴史哲学』の編成においては、さきに示したようにアジアは四つに区分される（前出）。すなわち、(イ)中国とモンゴル、(ロ)インド、(ハ)ペルシャ、(ニ)エジプト。そうして、これらは地理上の区分として、具体的に示される。いまここでは、ヘーゲルの簡単な指摘の部分を掲出するにとどめる。(7)

ここで、もう一歩立ち入った地理的区別を立てておこうと思う。しかも、それは雑然とした〔自然的〕偶然的な要素から見られたそれではなくて、思想に基づく本質的区別でなければならない。そこで、この区別の性格から見ると、次の三つがある。

1、広大な荒地と平原とから成る水のない高地。

2、大河川が貫流し、その灌概の便にあずかる峡谷地帯、すなわち過度の地帯。

3、海洋と直接の関係をもつ沿海地方。

この三つの契機が根本的な契機である。したがって、この点からして旧世界は三つの部分に分けられる。第一のものは、荒涼とした、変化に乏しい、金属質の高地であって、未開状態のままに自分の中に閉じ籠っているが、しかしそれでも他に対して刺戟を与えるだけの素地はもっている。第二のものは、文化の中心点を形成するが、まだ封鎖的な独善性を帯びている。第三のものは、世界の連関をつけるとともに、これを維持するものである。

アジアを特徴づけるのは、その地理的・自然的条件の特質である。ひとことでいうならば、「アフリカでは高地がその主な原理をなし、アジアは河川地方と高地との対立を根本とし、ヨーロッパの性格は、これらの区別の混合にある。」と規定する。もともと、アジアをヨーロッパ——あるいはヨーロッパの諸国・諸民族——と区別する概念はヘーゲルに始まったことではない。だが、ヘーゲルにおいては、哲学上の意味においても、アジアをヨーロッパと区別する必要があった。たとえば、「アジアの世界における位置は一般に、それが『日の出』の世界だということである。なるほど、アジアはアメリカから見れば西に位する。しかし、ヨーロッパが一般に旧世界の中心であり、また終局であって、そのかぎり絶対的に西方であるという点から見ると、アジアは絶対的に東方である。[9]」と、ヘーゲルがいうとき、自然的・地理的条件の差異よりも、ヨーロッパに対置される民族ないしは国、あるいは宗教の類型的な把握という点から捉えていることは明らかである。また、そうでなければ、『歴史哲学』の体系が成立しえなくなる。

近代のヨーロッパが、ヨーロッパ以外の、とくにアジアといわれている地域にたいして一つの特性を認めたとするならば、同時代の知識人の目にうつったアジアは、停滞性よりも、むしろ、異文化としては理解しがたい低度の文明として映ったからにほかならない。この点では、のちの、ヴェーバーやヴィットフォーゲルの分析視点とは若干異なっている。

アジアをヨーロッパとわけて、非ヨーロッパ的なものをアジアとして規定したことじたい、そもそも問題がある。たしかに、ヘーゲルはアジアを四つに区分した。このわけ方は、ヨーロッパとアジアとを大雑把なかたちでわけるよりも適正である。類型という点からみるならば、四つの区分は、それぞれが類型化できる特徴をもつからである。アジア諸国ないしは民族からそれぞれをみると、四つの区分は、まさに異文化であり、異民族ということになるからである。だが、ヘーゲルにおいては、この四つの区分はアジア内部における程度の差であって、それぞれの区分が独立してヨーロッパに等値されるべきものではない。したがって、アジアは依然としてアジアなのである。

それでは、いったい、ヨーロッパとアジアを区別する規準とはなにか。アジアについて、ヘーゲルは「精神の本性の抽象的諸規定」という面から、つぎのように指摘する。[10]

まず、概念規定として、物質と精神とを比較し、「物質の実体が重力であるとすれば、精神の実体、本質は自由である」とし、「精神は自分自身の許にあるもの（Das Bei-richr-selbst-sein）である。そしてこれこそ、まさに自由である。」（傍点、原文）と、精神の自由を位置づけ、これを世界史にあてはめる。すなわち、「世界史とは、精神が本来もっているものの知識を精神自身で獲得して行く過程の叙述である」というのである。このような論理＝規定をアジアにたいして適用すればどうか。ヘーゲルはアジア全体にたいして、「東洋人はまだ精神が、または人間そのものが本来自由であるということは知らない。彼らはこれを知らないが故に自由ではない」と逆説的にいう。これが、アジア停滞性の主体的側面である。世界史との関連性という点で、この自由を他の区分――ギリシャ、ローマ、ゲルマン――のなかにみると、ギリシャについては、「自由の意識はギリシャ人の中に、はじめて現れた」とはいえ、ギリシャ人もローマ人も「ただ少数の者（Einige）が自由であることを知っていたにとどまり、人間が人間として自由であるということは知らなかった」のである。つまり、自由についての量的な拡散＝一般化がないことを指摘している。これらにたいしてゲルマン諸国民は、「キリスト教のお陰で、人間が人間として〔すべての人が Alle〕自由であり、精神の自由が人間の最も固有の本性をなすものであるという意識に達した」のである。したがって、「世界史とは自由の意識の進歩を意味するもの」として捉えられなければならない。このようなものである。

つぎに、ヘーゲルは、「第一部東洋の世界」をはじめるにあたり、「概観」の「一、序説」のなかで、東洋との関連のもとにつぎのように述べている。(11)

東洋の世界の特有の原理をなすものとしては人倫の實体性を挙げることができる。この原理は恣意の最初の克服であって、恣意はこの實体性の中では、その影を没する。そこではいろいろの人倫上の規定が法律の形をとるから、その結果、主観的意志は外的権力としての法律に支配されることになり、一切の内面的なもの、すなわち心情とか、良心とか、その他形式的〔主観的〕自由は存在しないことになる。またそのかぎり、法律は單に外面的な仕方で行使され、ただ強制法として存立するにすぎなくなる。われわれの民法もなるほど強制義務を含んではいる。私は他人の所有物の返却を強要されるし、一度結んだ契約の履行を強いられる。しかし、それでもわれわれにあっては、人倫関係は強制の中にあるのみではなくて、そこには問題に對する個人の心情と同感如何を容れる余地が残されている。ところが、東洋においては、人倫関係もまた外的に命ぜられるのであるから、したがって人倫の内容が全く正當な場合でも、内面的なものが外面的なものにせられている。〔これを逆にいえば〕道徳的行為を命ずる意志はないわけではないが、それが内面的〔即自的、消極的〕に命令されているにすぎないために、それを行う意志はないのである。精神はまだ内面性に到達していないために、一般に單に自然的な精神形態として現れるにすぎない。外面的なものと内面的なもの、法律と道徳とがまだ一體となっていると同じく、宗教と国家ともまた一つになっている。

ヘーゲルが、いかなる資料・文献をもってこのように東洋を分析したのか、ということは今は問題としない。ここでは、法律と道徳とを分離して考えること、そうして、そのことがヨーロッパ近代――とくにドイツ――の特徴であり、まさしく、このことが、ヨーロッパとアジアとを明確に区分することができる世界史的、そうして哲学的な規準として提示されているのである。内面的なものと外面的なものとの分離は、普遍的な自由存在の基本原則であり、前提である。その意味において、内面的なものと外面的なものとが分離することなく全体となって存在するアジアにおいては、法律と道徳とが一体となっていることに照応する。同時に、アジアにおいては、宗教と国家とが一体となっている。いうまでもなく近代法においては、法律と道徳との峻別が特徴である。その位置付けは、ヘーゲルによって確固たるものとして提示される。ここでは、近代が、たんに時代的な年表上の区別としての近代ではなく、政治・社会構造において、さらに、この構造を組織する人間関係において、一人一人の自我が「自由な恣意」を基本として成立しており、法律と道徳とは、アジア社会ないしは国家のようなかたちであらわれることはない。

われわれが、今日、法律について概念規定する場合、この、道徳と法律との明確な分離をもって、近代社会ないしは近代国家における法律の一般的特徴とみていることから、右のようなヘーゲルが規定した近代への前提条件については異論はないであろう。すくなくとも、このことがヨーロッパ近代の特徴として関連諸学においても指摘されているからである。だが、この、ヨーロッパにおける歴史的形成の近代的基本的特徴がそのままアジアの歴史にたいする価値尺度の規準となるかどうかは別のことである。

ヘーゲルがアジアについて、道徳と法律との明確な分離、そうして、宗教と国家との分離について考察し、これをアジア社会にあてはめたとき、まさに、アジア社会においては、ヨーロッパが到達した社会現象・国家とは正反対のことがみられることを指摘する。たとえば、中国とインドにおいては、「この両国民に自由概念についての本質的意識がかけている」のであり、そのために中国人にとっては「その道徳上の諸々の規則は自然法則のようなものであり、外から来る積極的命令であり、強制的な権利と強制的な義務である」。したがって、「そこでは道徳は国事であって、政府の役人と裁判官とが、これを司さどる」というものである。[13]「中国の道徳と孔子の著書」についてヨーロッパの人々は「非常な賞賛」を行なったが、これらはインドの「宗教と詩歌」とともに、「脱俗性が買われたもの」であって、中国とインドの国民には「自由概念についての本質的意識が全然欠けている」のがみられる。「諸々の実体的な理性規定は自由によってはじめて倫理的な心情になる」のであるから、中国のような場合には「相互の礼儀の規則」にしかほかならない。インドについても、その「教義の中でも、肯定的な、道徳的な自由は問題ではなく、究極ではない」のであるから、「感性の否定、欲望と浮世の関心の断滅を説」いても、ここにあるのは、ただただ「意識の空」があるのみで、生産的なものではない。

ヘーゲルの、アジアについてのこのような規定は、当時のヨーロッパを代表するアジア観であるばかりでなく、今日にいたるまで、このようなみかたは依然としてヨーロッパのアジア観の重要な部分を占めている。

右によっても明らかなように、法律と道徳との峻別の根底にあるものは、自由という観念であり、それは、普遍的・一般的な存在としての「主観的自由」にほかならない。アジアとヨーロッパ——とくにドイツ——において具体的にどのように展開したのか、具体的事実あるいは現実的事象がいかなるかたちで抽象化され理論として構成されたか、ということはきわめて重要なことである。一八世紀後半から一九世紀初期にかけてドイツがどのような国家であったかはともかくとして、一九世紀後半から二〇世紀にかけてのドイツが、ヘーゲルが抽象化するほど近代についてのあらゆる概念規定があてはまるほど、近代的社会ではなかったからである。たとえば、資本主義発達についての「二つの途」[13]のうち、プロシャ型といわれるドイツに表象される後進資本主義発達の型＝類型について、ヘーゲルのいう抽象的規定が必ずしも具体的に適用されないことは明らかである。資本主義ということばを、近代社会ということばに置き換えて、ここに近代についての諸規定をみるならば、プロシヤ型においては、ほかならぬ近代以前の人間関係・社会関係が構造的に存在することがみられ、これが、法律・政治を形成していることが指摘できるからである。道徳と法律の分離でさえ、ヘーゲルが規定したかたちにおいては完全にみられない。とすると、ドイツにおいては、ヘーゲルが論証したときよりも構造的に逆行したのであろうか。

一七八九年のフランス革命にヘーゲルが際会するのはチュービンゲン大学の神学部学生のときである。一九才のヘーゲルがフランス革命に熱狂したことはよく知られるところである。一八世紀に、フランスを中心として発達した啓蒙思想は、ヘーゲルにも影響をあたえる。ヘーゲルの哲学に、この啓蒙思想と、その結果としてのフランス革命が常にみられるのはそのためであろう。しかし、フランス革命がもたらした結果は、やがてナポレオンの政治体制を経て、ヨーロッパにナショナリズムを生むようになる。ヘーゲルがこの問題について相当の頁数をさいているのも影響の深刻さが、たんに学説上の対立からばかりでなく、現実的なもののあらわれからとみるべきであろう。そのことが同時に、アジアにたいする価値尺度の規準となったことも否定することはできない。

たとえば、ヘーゲルは民族について、つぎのように述べているところもある。(14)

そこで、われわれがはっきり認識しなければならないのは、民族の具体的な精神である。民族の具體的な精神もそれが精神である点では精神的にのみ、すなわち思想によってのみ把握されることができる。民族精神こそ民族のあらゆる行動と方針を指導し、自分を實現し、自分を享楽し、自分を把捉するものにほかならない。というのは、自分自身を産出するというところに、民族精神の使命があるからである。

ヘーゲルのいう民族とは、具体的存在としての民族ではない。精神との関連において、しかも、この精神はアジアにみられるたんなるくり返しとしての精神、つまり、「自分の屍を焼き滅ぼして、その屍に転生するものではなく、また、その身の灰の中から若返るものでもない」のであって、つねに再生のなかにおいて「浄化」され、高められるものとして「前よりも一層純粋な精神としての前の形態から生まれ出て来るものなのである」。このような弁証法的発展はヨーロッパに特徴的な事実なのである。したがって、「精神は、この自分の生存を滅ぼすことによって、これを加工錬成するのである。したがって、いままでその教養または文化を構成していたところのものは、精神が自分の働きによって自分を新しい教養または文化に高めるための材料になる」[15]。文化は、このような精神を基礎としているかぎり文化である。もっと極言するならば、このような文化がヨーロッパ文化である、というのであろう。こうした点について、ヘーゲルはさらにつぎのように述べている。[16]

民族精神は自分を現実に存在する客観的な世界として建設するところの特殊的精神である。そのために、この客観的な世界はその民族精神特有の宗教をもち、特有の礼拝をもち、特有の慣習、特有の憲法、特有の法律をもち、またその民族精神特有の諸制度の全範囲を包容し、その諸々の事件と行為とから成るものである。それらは民族精神の作品であるが、——また民族そのものである。民族諸々の行為の中には、すなわち民族そのものがある。

民族の精神と個人の精神とは、もとより同一ではない。民族精神は「精神的な、普遍的な生命」として、個人は、その存在の前提に民族を置くからである。「個人は民族の存在をすでに出来上がった、確乎とした世界として自分の前にもつものであり、したがって個人はそれに同化しなければならないものである」。しかし、民族精神は新しいものを「意欲」することによって、従来の民族精神よりも「もう一つ高い」・「もう一つ進んだ」新しい精神があらわれる。(17)普遍的精神のもつ、このような新しい力＝精神は、民族精神に固有なものでなければならない。民族精神についてのこのような存在は、民族にのみ特徴的な精神としてヘーゲルはつぎのように説明する。(18)

一般に普遍的精神は単に自然的な死を遂げるものではなく、また単に惰性的な生活に陥ってしまうものでもない。普遍的精神が世界史に属する民族精神であるかぎり、それはまた自分の事業の何であるかを知り、自分を思惟することになる。一般に民族精神は、その根本要素として、その根本目的として普遍的原理を蔵するかぎりにおいてのみ世界史的である。また、そのかぎりにおいてのみ、この精神の産み出す作品は人倫的、政治的な組織となる。（傍点、原文）

ヘーゲルがここでいう世界史とは、いうまでもなく『歴史哲学』において規定されたものである。歴史は生成するものであり、また、発展するものである。この法則性からいえば民族も例外ではない。しかし、民族は精神によってその特殊性をもつものであるから、民族においては民族精神が法則性に適うものとなる。「精神の産み出す作品は人倫的、政治的な組織」であるから、これがないところにおいては民族精神を、あるいは民族を論ずることはできない。ヘーゲルによれば、人倫的な作品とは国家にほかならないからである。これは絶対主義的発想である。

民族精神は、その根本において「普遍的原理」を有するのであり、それゆえに、この普遍性によって「作品」には一定の規定性のわくのもとに置かれる。「思惟」といわれるものがそれであって、「思想がなければ、その作品は何らの客観性をももたない」。思想ということばで表現されるのは、きわめて次元の高いものであって、たんなる思考や考えということばであらわされるものではない。民族精神を様々なかたちで位置づけ、これを哲学的に表現することによって、民族にたいして、あるいは民族精神にたいして高度な内容をもたせ、一定の規準のもとにおいて、具体的に民族・民族精神を分析することになる。そのために、ヨーロッパ——とくに、ドイツ——における民族精神を発展のもっとも次元の高いものに置くことができたのである。

ヘーゲルは、つぎのようにいう[19]。

元来、一つの作品〔産物〕の要素の中には普遍性の規定〔原理〕、すなわち思惟の規定も含まれている。思想がなければ、その作品は何らかの客観性をもたない。思想は、その土台である。そこで、民族の文化または教養の最頂点は、その民族がさらに自分の生活と状態についての思想をもつかみ、その法律、その法と人倫に関する学〔知識〕をもつようになる所にある。というのは、この統一の中にこそ精神の最も内的な統一があり、精神の自分自身との一致があり得るからである。それ故に、精神は自分の作品の中に自分が対象として入るように心掛け、努力しなければならない。ところで、精神が自分の本質をもつ対象として自分を対象化し得るのは、精神が自分を思惟するものであるかぎりにおいてである。

二

すでに考察したように、ヘーゲルは、アジアを世界史のはじめに位置づけている。アフリカは問題とならない。ヘーゲルによればアフリカは、「それは自分の中に閉じこもっている黄金の国であり、自意識をもった歴史の真昼の彼方で夜の帷《とばり》に包まれているお伽話の国である」[20]からにほかならないからである。天体の運行になぞられた哲学体系の規定のうえからいって、この位置付けは、世界史の影の部分をつくり出すということになるのであろう。

アジアは、ヘーゲルにとって、いかなる意味においても世界史のはじめでなければならない。「第二篇地理的基礎」における「一、一般的諸規定」の冒頭において、[21]ヘーゲルはつぎのようにこの地理的条件と民族精神との関係を規定する。

民族精神の自然との関係は、人倫の全体としての普遍性〔国家〕や、それの個々の現れとしての行動する個人に〔対する関係に〕比べると、外面的なものである。けれども、この自然的な関係が精神の活動のための地盤と見られなければならないかぎり、それは本質的に、また必然的に一つの基礎をなすものである。われわれは本論のはじめにあたって、世界史の中では精神の理念は外的な諸形態の一系列という形で現実の中に現われ、その形態の各々は現実に存在する民族として出現するということを主張しておいた。しかし、この現実的な存在の面は時間と空間、すなわち自然的存在に属する。すなわち、各々の世界史的民族がそれ自身をもっている特殊的な原理は同時に、その民族の自然規定性なのである。そしてこの自然性の衣を着た精神の特殊的な諸形態は分散的な形をとる。というのは、分散性こそ、自然の形式だからである。

この規定が、具体的にアジアの自然的条件の分析について適用され、アジアはその自然的条件において、世界史のはじめに位置されることになる。世界史の発展において、アジアが端初的形態を示すにしても、この発展は社会構成の移行のモデル・ケースを、つまり発展段階を示すものなのであるのか、この点については明確ではない。世界史の同時代性という点からみれば、これらの区分は、発展段階というよりも、同時代における存在の形態を示すものとして受け取ることができる。そのかぎりにおいてアジアは、依然としてアジアである、ということの証明である。したがって、理念としての近代は、ヨーロッパに対比されているのではない。アジアは、ヨーロッパの現実と対比されているのである。たとえば、ヘーゲルはアジアについて、「東洋はただ一人の者が自由であることを知っていたのみであり、またいまも依然としてそうである。」（傍点・原文）と述べている。したがって、ヘーゲルの時代においては、アジアはほとんど発展をみることなくして、いわば、古代的なあるいは原初的な支配機構のもとに置かれて今日までいたっているようにみえる。ヘーゲルは、この点について「幼年期」Kindesalten というようにあらわしている。アジアは、ギリシャにもローマにも形態的に移行することなく、その停滞性を維持したままということになる。

アジアはもともと、中国・モンゴル・インド・ペルシャ・エジプトというかたちで分析の対象となっている。そうして、いずれもその形態を異にするとはいえ、ヨーロッパとはまったく異なっている点で同じである。ヘーゲルは、アジアを四つにわけて、それぞれの特徴を指摘している。

まず、中国とモンゴルである。

この二つは、ともに「神政的専制の国」であり、「族長性」das Patriar chaliche を「原理」としている。モンゴルにおいては、族長性が「精神的、宗教的王国という単純な形態に押し込められて」いるのにたいして、中国では「君主が族長として天子である」という特徴をもつ。「したがって、国法も一面からいえば法律的であるが、また一面からいえば道徳的である」[22]。ここでは、「内面性」は成熟していない。それでは、この形態の中心をなす族長性について、ヘーゲルは、どのように概念規定をしているのであろうか。『歴史哲学』序論の「理念の実現した形態」でつぎのように要約している。[23]

族長制は、その種族全体のためにか、また少くも幾つかの個々の部族のために、法律的な面と同時に人倫的、心情的な要素が満足させられ、これらの要素と結合することによってはじめて、正義そのものも、その内容上真実に行なわれることになるというような関係と見られる。族長制の根底には家族関係がある。家族関係は一番最初の人倫の関係であって、これに次いで国家が第二の人倫として現れ、意識に基づいて、その最初の人倫の展開が行われる。だから、族長制は過渡の体制であって、そこでは家族がすでに種族または民族に生長し、したがって紐帯も、ただ愛と信頼の結合ではなくなっており、そこにはすでに奉仕の関係が現われている。（傍点、原文）

ヘーゲルによれば、中国では族長性が貫徹しているとみている。この族長性の特徴は、その根底に「家族関係」があることを指摘する。家族関係は、「一番最初の人倫関係」であり、これについで「国家が第二の人倫として現われる」。したがって、族長性は「過渡の体制」として位置づけられる。このような家族関係の拡大は必然的に国家を規定する。中国では、国家の首長としての皇帝は「族長であり、国中のあらゆる尊崇の的である。」。皇帝は「慈父の心」をもって「君主としての権利を行使」し、「市民的な自由を単独に主張することの許されない子としての臣下の精神とともに、国家を形成する」[24]。いいかえるならば、「国家を特徴づけているものは客観的な家族の敬愛心《ピエテート》〔孝悌〕にほかならない。中国人は自分がその家族に属すると同時に、また国家の子であると考えている」[25]。このような、家族と国家の不離一体の関係は、個人が、家族・族長性・国家の中に埋没していることをあらわしている。道徳は国法であり、国法が道徳であるということは、この家族関係を基礎として国家が成り立っていることによるものである[27]。

中国にたいするこのような位置づけの当否はともかくとして、ヘーゲルの中国にたいする認識は、のちのちまでもヨーロッパ人による中国認識の基軸部分を構成するのに大きな役割を果たしている。

中国にたいして、同じアジアの一つの形態とされたインドについてはどうか。ヘーゲルは、インドについてつぎのように簡潔に述べている。(26)

第二の形態であるインドにおいて真先にわれわれの目につくのは、中国にあったような国家組織の統一、完全な機構が崩れていることであり、個々の権力が割拠して、自由を主張しあっていることである。なるほど、カスト〔族籍〕の別は確立しているが、しかしそれも宗教に基づくものであって、宗教的見地からして、それが自然的な区別となっている。そのために、ちょっと見ると個人は差別から解放されているかのようにも思われるが、やはり個人の自立はない。というのは、国家組織はもはや中国のように一人の実体的主観〔族長としての天子〕によって左右され、統御されているのではないが、その代りに今度は区別は自然の手に帰し、カストの別となっているからである。(傍点・原文)

インドが、中国と異なっている点は、国家組織である。宗教にもとづくカースト制が支配しているこの国においては、なるほど、国家組織の統一とその完全な機構——すなわち、中国では「一人の実体的主観〔族長としての天子〕によって左右され、統御されている」という意味において——が崩れているとはいえ、政治体制としては「神政的貴族政治と、その専制政治」をもって特徴とする。ヘーゲルは、政体をもって、君主政体 Monarchie と貴族政体 Aristokratie ならびに民主政体 Demokratie にわけたが、さらに、君主政体を専制政体 Despotismus と本来の意味での君主政体とにわけている。(27)この分類によっても、インドは、依然として専制政体であってアジア型の一形態である。インドの宗教について分析したヘーゲルは、「正常な、分別ある人の意識には乱心として思われないような、野蛮な、わけのわからない迷信〔難行やまた一般の迷信〕が横行することになる。」と述べている。この「正常な」という意味は、ヨーロッパの近代的精神＝形態——実際上においては、プロシャ絶対王制——からのみかたを意味したのであろう。しかそれゆえにこそインドは、

中国と同様に古くからあるとともに、いまになお現存する国で、元の形態は変わらずにそのまま残って来ており、ただ内に向って完全な発達をとげたのであった。それは常に憧憬の国であったが、われわれの目には今もなお夢想の国、魔法の世界として写る。中国がすべての点で全く散文的悟制の性格をもっていたのに対して、インドは空想と感覚の国である。

というようにみられたのであろう。[28] この、「正常」ではないインドの宗教・風俗といったものが、逆にヨーロッパの人々にとって「神秘」という印象をあたえる。こうした傾向は、インドに限ったことではなく、アジア全体についても同じようなことが指摘できる。マルコ・ポーロの旅行記はともかくとしても——ときにはマルコ・ポーロと同じような印象をアジアにたいしてもつ者もいたり、これに拠るものもある——同時代、あるいは同時代以降においてでさえ、こうした印象が一般的であることがみられるのである。異文化を外からみる場合には避けることができない問題である。一八五三年に日本に来航したアメリカ艦隊のペリーがうけた印象も同じようなものである。[29] これらは、日本を題材とした娯楽・オペラ・小説・詩等にいたるまでヘーゲルの延長上において同質化していることによっても明らかであり、この点からも証明することができるものである。いずれにしても「神秘」は、裏をかえせばヨーロッパにとって理解しがたい非合理的・非論理的なものをあらわすことばとなる。ひるがえって、アジアのなかの日本につ

いてはどうか。ヨーロッパ的宗教観からみれば、多数の宗教が存在する日本の信仰は、ほとんど理解しがたいまでに精神の混迷の実在としてうつったのである。ところで、ヘーゲルはまた、ペルシャ人についてつぎのように述べている。「アラビア人の世界は、そんな空想や、法とは縁の遠いものである。彼らは、ずっと単純な情熱と関心とに生きている。すなわち、恋と武勇と馬と剣とだけがアラビア人の詩歌のおハコ題材なのである。」と。このことは、アラブの現状からヘーゲルが示したものである。

ペルシァもまた、ヘーゲルによればアジアである。ペルシャは「ローマに対比されることができる」という点において、中国・インドよりもヨーロッパにたいして近接する。自然的・地理的条件もこのことに照応している。しかし、基本的原理はヨーロッパと異なる。それは、ペルシャの政体が「神政政体が君主政体の形をとる」からであり、「法律それ自身はまだ自然的なものである。」ということが理由である。

ペルシアの精神は純粋な、光明《ゲリヒテテット》の精神であり、純粋な人倫、並びに神聖な教団の中に生きている民族の理念である。けれども、この教団は一方では自然的な教団として自分の中に対立を克服されないままにもち、ために その神聖ということも当為の性格をもっている。しかしまた他方では、この対立はペルシアにおいては敵対する諸民族の国という形をとるとともに、また種々雑多な、対立的な諸国民間の連合という形をとって現れる。ペルシアの統一は中国のような抽象的な統一ではなくて、多くの異民族の上に君臨し、それを自分の普遍性の温和な力〔光〕の下に統一するものとせられているのである。それはちようど、恵み深い太陽が万物の上を偏ねく照し、万物を蘇《よみがえ》らせ、暖めるのと同じである。つまり、この単に根元であるにすぎない普遍は、一切の特殊的なものを自由に自分の中から放出するのであり、また一切を思いのままに繁殖させ、枝葉を繁茂させる。だから、これらのそれぞれの民族の組織の中では、また種々様々の原理が自由に割拠するとともに、共存共栄を祝っている。

このように概念規定される[31]ペルシャは「多くの異民族の上に君臨し、それを自分の普遍性の温和なる力〔光〕の下に統一するもの」とされているが、それぞれの民族組織においてはそれぞれの多様な「原理」の存在をみる。多民族のうえに成り立つ国家の現象――あるいは宿命――ではあるが、ヘーゲルはそれゆえに「ペルシャは世界史における真の過渡の役割を演ずることができた」というようにみている。ペルシャをもって「ギリシャの生活への外面的な過渡をなす」というように規定できるとすれば、それはギリシャとペルシャとの、まさに外見的近似性によるものであろう。しかし、ヘーゲルがいうように、この「過渡」というのが実現可能なものであるのか、あるいはギリシヤへの近似性というものが、ペルシャにはたして内在していたかどうかは、民族の多様性、宗教の存在形態からみて問題であった。これは、今日のペルシャの実状が示している。

つぎに、エジプトである。ギリシャへの「内面的な過渡はエジプトを介して行なわれる」[32]。（傍点・原文）このようにヘーゲルはいう。エジプトは「謎の国」であり、「昔から驚異の国であったが、いまもやはりそうである」[33]。ヘーゲルの文学的表現によれば、エジプト人の民族性は、ひと口でいえば「アフリカ的な情熱の要素が東洋的生硬としっくり結びつけられて、民族の展覧会場である地中海に出品されている。」というのである。したがって、一面からみればエジプトは、「合理的な制度のために、古代人からは倫理的秩序のよくととのった模範国と見られた」。これに他の一面である情熱が加わる。ヘーゲルがエジプトにおいてなにをみたのか。そうして、その内容をどのように論理的かつ抽象的に規定したのか、ということについてみる。[34]

ここで根本になっている観念は、自然の中に没入した精神と、それからの解放に対する衝動という二つの現実的な要素が、ここでは矛盾のままに一緒に括り合わされているという点である。ここに見られるものは、自然と精神との矛盾であって、その直接的統一でもなければ、また自然が単に精神の示現のための地盤としておかれているといった具体的統一でもない。この第一と第二との統一に対して、エジプトの統一は矛盾的統一として、その中間に位する。だから、この統一の両面は抽象的独立性の形であり、したがって統一は単に課題として〔すなわち統一がいわゆる零として〕掲げられているにすぎない。(圏点・原文)

「エジプトの統一は矛盾的統一として」あらわれる。ヘーゲルはこのように表現する。具体的には野蛮と知性の共存である。「個々の存在の形態を変更する力と、直接的な現象に左右されない、それよりも一段高いところにある思慮」にたいして、「慣習の桎梏が厳然として存在しており、その上にまた人間に抜きがたいものとなっている因業な迷信がある」。ヘーゲルがエジプトにたいして行なった分析の当否についてはともかくとして、古代エジプト文明は、ヨーロッパがいままた文明をもたない、その意味において歴史世界のなかへまだ入ってこない時代に開花したものである。その証明は、現実のエジプトの生活や文化から明らかにされるのではなく、遺蹟によって、わずかに比類のない文明に接することができるし、証明される。それは、いまだかつてヨーロッパが到達したことがないものであった。しかし、その文明は、ヘーゲルによるとギリシャ以前に属する内容であって、アジアの一形態である。エジプトは、ヘーゲルにとって古代文明がエジプトであり、現実のエジプトは、この域を出るものではない。すなわち、停滞社会である。エジプトは『歴史哲学』の編成のうえからいって「第一部東洋の世界」に属するが、ペルシャが独立した三章をもって構成されているのにたいし、エジプトは、その「第三章ペルシャ王国と、その構成部分」において、ⅣのユダヤのつぎにVとして四つの項目に分けられて述べられている。しかし、そのいずれもが「亡び去って行った古の国」についてであり、「エジプト人の思想と観念とは、その建築と象形文字との中に表現されている」[36]とあるように、ヘーゲルのエジプトについての論述は、古い過去の時代に費やされており、その時代の基本的特質を一九世紀にまでもち越しているというように理解されるのである。にもかかわらず、ヘーゲルはエジプトをギリシャへの内面的推移をもつものとしてアジアからの脱却の門戸を開いたのである。

アジアは、そのいずれの民族・国家をとってみても、ヨーロッパとは隔絶している。それは、「東洋精神においては、自然の中に沈没した精神の朴訥、生硬な実体性が、どこまでもその根底となっていた。」[37]からにほかならない、と指摘する。

アジアからの脱却は、アジアとは異種の精神、文明によって代表されるギリシャである。[38]

> ギリシャ人のところまで来ると、われわれはもう故国に帰ったような気がいる。というのは、われわれはやっと精神の土壌の上に落ちつくことになるからである。また、その民族の淵源と言語の区別は遠くインドに発するにしても、精神の本当の出現とその真の更生とはギリシャにおいてはじめて見られるからである。

ヘーゲルは、ヨーロッパをもって「精神の世界」都市、アジアを以て「自然の世界」と規定した（前出）。ギリシャは当然のことながらアジアではない。ヨーロッパを三つの部分にわけたヘーゲルは、ギリシャを第一の部分、これに南ヨーロッパを入れる。「ギリシャとイタリアとは長い間、世界の舞台であった。ヨーロッパの中部と北部とがまだ開けなかった時分に、世界精神はこの地にその故郷を見出したのである」[39]。ギリシャはアジアとの戦争によってヨーロッパとなるのであり、その自己完成の途を歩む。しかし、それはまた自己没落の過程である。ギリシャはアジアに対立することによって、「精神の本当の出現とその真の更生とはギリシャにおいてはじめて見られる」ということをヘーゲルは指摘する。その象徴は青年アレクサンドロスであり、彼は、「この現実世界が曾て産んだ中での最も自由な、最も美しい個性は、いまや成熟した青春の生活の先頭にたって、アジアに対する報復をなし遂げたのであった」[40]。アジアを克服することによってギリシャはアジアではない。ヘーゲルは、ギリシャについて「人倫的なものと主観的な意志との統一」を認め、「美わしい自由の国（Reich der schönen Freiheit）」（傍点・原文）とよんだ[41]。「個性の出現」と「理念の現実性」の中において美も開花する。これにたいして、アジア諸国はなんと暗いことか。

三

ヘーゲルは、『歴史哲学』において世界史を体系的に捉える。そこでは、精神の自由、あるいは自由な精神が分析の中心に置かれる。アジアを世界史の端初に、ゲルマンを世界史の最後にして、世界史の哲学体系は完成する。それは、ヘーゲルの弁証法でもある。ヘーゲルの哲学の中軸をかたちづくるのがなんであれ、アジアは、というよりもアジア的形態は世界史的位置づけ＝発展の態様からみれば、きわめて遅れている形態とみなされる。

アジアの精神的貧困さは、主体的自由――の理念――をもったヨーロッパからはそうみられる。

世界史的なかたちにおける歴史発展について、天体の運行法則になぞらえた比喩は、その当時におけるヨーロッパのアジアについての見方を示していると同時に、その後におけるアジア観の基本的認識となって多くの人々に影響をあたえている。歴史分析の方法論はともかくとして、ヨーロッパからアジアをみるとき、同じヨーロッパ人であるメィンにしても、また、マルクスやヴェーバー、そうしてヴィットフォーゲルにでさえこうした点を見出すことができるし、さらに、文化人類学のルース・ベネディクトにもみることができるからである。もともと、ヘーゲルはアジアを分析するとき、精神を中心として考察しているのであり、この点から他の国々もみている。精神の自由・自由な精神の存在というのが最高の条件であり、これの量的な拡大と質的な内容とが、近代国家にとって最も重要な課題である。量的な面において、アジアは専制君主ただ一人のものである、とみるのであるから、アジアはペルシャやエジプトからみても問題とならない。ただ、このヘーゲルの規定が、同時代的な国々の構造的な特質として捉えることができるかどうか、ということについては疑問が残る。[42]

ヴィットフォーゲルは、ヘーゲルのアジア＝中国分析のなかにおける、発展と階級についての誤りを指摘している。まず、中国については「本来歴史をもたない」という命題があまりにも固定化されたかたちで理解されている、と言う。つまり、中国においては、「一定普遍の国家状態」が存在する、ということについてである。しかし、現実はそのような単一的・固定的なものではなく、また、ヘーゲル自身が述べているように、中国には「発展過程」がみられる。こうしたことから、ヘーゲルは「自分の模型にとって非常に邪魔になる事柄を、唯心論的構成の外に追い出してしまってゐるのである」[43]。つまり、ヘーゲルは、中国の発展過程という歴史的事実を知っていたにもかかわらず、これを自己の哲学体系に組み入れ、哲学体系のなかで構成しないで、この事実を除外することによって世界史的発展の弁証法的位置づけを行なったのである。つぎに、階級である。ヴィットフォーゲルは、ヘーゲルが中国について「階級や身分のない国家とみなしてゐた」ことにたいして、ヘーゲルの「皇帝以外には何等の著しい身分は存在しない」という規定そのものについて、事実関係からこの誤りを指摘したほか、ヘーゲルが中国における身分関係の存在を、熟知しないまでも知っていたことについて触れ、これを深化させて検討し、社会的諸範疇として認識し構成しなかっ

たことを指摘している。(44)

ヴィットフォーゲルが一九三一年においてヘーゲルの中国観を分析し批判することは容易である。まして、今日の中国研究の水準において、歴史実証の立場から、一八〇〇年前後の実証的研究についてその当否や研究不足の点ならびに欠陥・誤謬について指摘することは容易である。しかし、それにもかかわらず――もしくは、そのことを問題外として――アジア的専制体制――ヘーゲルでは中国の専制体制（支配）――の固定的永続性について、これがなんらかのかたちにおいてアジア国家の一般的認識にまでいたっている点に大きな問題がある。たとえば、ヴィットフォーゲルにおいてさえ、人口灌概がアジア的専制支配の物的基盤であることを指摘していることからみても、(45)ヘーゲルの用語が今日的意義をもっていることを示している。もちろん、ヘーゲルとヴィットフォーゲルとの間には用語の同一性はあっても、中国の専制権力にたいする社会経済的な分析や用語のもつ意味が固定的に捉えられているものではない。ヴィットフォーゲルの分析の基礎には、具体的に専制支配を可能とした村落共同体あるいは共同社会の存在をみている。これは、インド社会において共同体の鞏固な存在をみたメインの場合と同じである。そうして、この支配の社会構造には固定化された、いわゆる歴史停滞性をではなく、発展を示すものを論証し、さらに、複雑な階層構成と階級関係、そのもとにおける利害対立の動的要因をも明らかにしているのである。にもかかわらず、アジア社会＝国家の特質としてあげられるのは、まさしく、アジア的な専制体制＝支配にほかならない。(46)マルクスもまた同じようなことを指摘している。

ヘーゲルが精神という観点から人間社会を分析し、アジアをもって専制的国家と規定したことについては、それ自体としては大きな問題ではない。だが、ヘーゲルが、象徴的なかたちで、アジアの専制国家においてはただ一人のものが自由なのであって、人々はこの者（天子）に素朴な信頼をささげていることが固定化したままで特質として規定しており、その意味において超歴史的な規定として存在しうるか、ということである。アジア的専制国家という用語は、多くの研究者が使用するところであるが、必ずしもヘーゲルが画いたアジアそのものではない。精神の自由、あるいは自由な人間の一般的存在を前提とすることによってヨーロッパ精神構造を近代的なものとして措定する場合、たしかに、ヘーゲルがアジア、とりわけ中国について分析した結果からみれば、きわめて原初的な専制体制だとみなければならない。その体制＝国家（支配）が、依然として一九世紀初頭にまで維持されてきているのであろうか。ヘーゲルが中国について参照した文献の数は多い。(47) しかし、それらが一九世紀ないしは一八世紀後半の中国の現状について著したものであるか、というと、その数については特定することはできない。アベル・レミュザ Abel Re'musat やサン・マルタン Saint Marttin エックシュタイン Baron von Eckstein などの著書を参照しているので、これらから、その研究内容の当否はともかくとしてアジアの現実についての知識をも得ていたからであろう。

こうした点をふまえながら、ヘーゲルはアジアの特徴をもって専制体制＝政治と規定する。ヴィットフォーゲルが指摘するように、アジアは紀元前より一九世紀の今日にいたるまで、不変でもないことをヘーゲルは知っており、かつ、身分制についても知っていたにもかかわらず、これを論理＝弁証法のなかから除外したことは明らかである。このことを、ヘーゲルが意図的に行なったものであるとするならば、その哲学体系においてアジアの構造部分を単純化して、発展や階級構成を切り捨てなければならないほどの重要な要因があったはずである。もともと、ヘーゲルの歴史哲学の体系には、右のような動的な要因と固定的な要因とが二つながら存在していた。アジア社会にたいする事実関係の具体的把握から、アジア社会の理論的位置づけについて、その動的要因を捨象することができるほど、世界史の発展過程にたいする弁証法的説明が可能なものであったのか。それとも、アジア社会の動的要因は、ほとんど問題にするに足りないほどの事実として認識していたのであろうか。アジアにおける専制的支配とその体制について、停滞性のみが理論として提示され、そこでは道徳と法律は古代の思想がそのまま適用されている観がみられる。これは、精神・理性・人倫といった用語の哲学的意味をアジア社会にたいして適用するとき、その内部に動的要因があっても、国家＝社会全体について概観するときには、専制的な支配構造が国家として現われていることを認識すべきであり、それを象徴としてみるべきであると捉えたのであろう。しかし、その内容は、少なくとも、ヘーゲルが象徴したアジア社会そのものではありえない。

ヘーゲルが規定した世界史の発展には、二つの問題が内在しているものと思われる。ヘーゲルは、発展の原理について、「根底に内的規定、即自的にある前提があって、それが展開して現実の存在になるという意味をふくんでいる。」といい、精神の重要性を指摘している。(48) こうした問題を根底にして考慮するとき、アジアにおいては、依然として動的要因が専的制支配下において、ほとんど自由な精神をもつにいたっていないことを確認することになったのであろう。

ところで、さきに指摘した二つの問題について、ヘーゲルが太陽の運行になぞらえた美しい比喩についてもう一度考えてみる。

ヘーゲルは、まず、アジアをもって世界史の端初に置き、ヨーロッパをもって、その成熟したかたちと捉えた。世界史の発展が、アジア、ギリシャ、ローマ、ゲルマンという具体像をもって示されるのであるならば、アジアの、あの専制的な停滞性は、なんらかの要因（外部・内部）によってギリシャ（的形態）へと移行し、そうして、さらに、ローマ（的形態）へと移行し、最後にゲルマン（的形態）へと移行しなければ、アジアは死滅する運命にあるというのであろうか。とすると、アジアが死滅をまぬがれるためには、そこでは、道徳・宗教・法律・風俗等を含めて、完全にヨーロッパ＝ゲルマンに到達しなければならない、ということになる。アジアにおける、それらのものは、すべて専制政治のために存在するからである。あるいは、世界史的発展段階の規定は、アジア社会において――また、ギリシャ社会において――、その内部変革の態様を示すものとして示されたものなのであろうか。前者は国家の移行であり、後者は国家の変質である。ヴィットフォーゲルは、国家の変質の過程に注目しながらも、なお、中国の専制的支配体制を固定的に捉えてみていた。しかし、中国の専制的支配体制は、停滞性を古代社会以来そのままもちつづけているのではなく、内部的な変容をとげながら、しかし、専制的支配体制であるという特徴をもつのである。アジアは、止揚 die Aufheben されるべきものではなく、変容しており、変容するものだというのであろう。しかし、アジアの特質においてである。したがって、アジアはギリシャに移行すべきものでもなく、ローマにでもない。それでは、ゲルマンは究極の歴史世界なのであろうか。

ヘーゲルが画いたゲルマンの理念は、ヨーロッパの近代が到達した、あるいは到達すべきものとしての具体的な指標であるにしても、絶対主義王制のドイツ自体においては、近代への具体的なプランは、ヘーゲルが措定した意味においては達成されるものではない。ヨーロッパ近代の具体的な像として、あるいは抽象的な規定の象徴としてのドイツは、実態的・歴史的にはヘーゲルが示した理念としてのゲルマン国家・社会ではないからである。したがって、その意味においては、アジアがゲルマンとしての質的な変容ということはない。アジアが、その質的な変容をとげるためには、アジア内部の要因によって二つの途のいずれかを選択するであろうし、さらに、第三の途を選択することにもなる。しかし、いずれにしても、ヘーゲルのゲルマンについての命題は理論上において避けることはできない。

ヘーゲルが、アジアにたいして規定した専制的支配＝国家の形態は、その内部において停滞性をではなく、動的な要因をもって質的に変化していたことは明らかである。しかし、その外部において、ヘーゲルのアジア的規定は、その価値を失うことなく、アジアの特質として現在にいたるまでにヨーロッパの学者によって提示されている。

(1) ヴィットフォーゲル『ヘーゲルの中国論』(『歴史科学』昭和七年八月、白揚社)。K. A. Wittfogel: Hegel über China. UNTER DEM BANNER DES MARXISUMUS. 1931。訳本中の「シナ」という用語は原典に照らして「中国」とした。

(2)「前掲書」。

(3) マックス・ヴェーバーのアジア(インド)社会論については、共同体の視点から論じた大塚久雄『マックス・ヴェーバーのアジア社会観』がある。『大塚久雄作集』(岩波書店)所収。

(4) ゾムバルト『高度資本主義』(梶山力訳、昭和一五年、有斐閣)。Werner Sombart. Der moderne Kapitalismus. Duncker 8 Humbloe, 1928.

(5) Henrz Maine, Village Community.

(6) ヘーゲル『歴史哲学』(上巻)武市健人訳、二一七頁、岩波文庫版・Hegel, Vorlesungen über die Philosophie der Geschichte. Reclam. 訳本中の「シナ」は「中国」とした。なお、このヘーゲルの比喩はいろいろなところで使われている。たとえば『哲学史序説』(武市健人訳、一七六頁以下、岩波文庫)にもみられる。

(7)『マルコ・ポーロ旅行記』(深沢正策訳)昭和一一年、改造社。『東方見聞録』(青木富太郎訳)一九八三年、社会思想社。

(8)『歴史哲学』一九二頁。

(9)『歴史哲学』一九七頁。

(10)『歴史哲学』二一一頁。

(11)『歴史哲学』七六～七八頁。

(12)『歴史哲学』二三〇～二三一頁。

(13)『歴史哲学』一六三～一六四頁。『法の哲学』六〇〇～六〇一頁、『世界の名著』第三五巻、中央公論社。

(14)資本主義的発展の可能な二つの「途」の一つとして、下からの発展に対抗する上からのプロシャ型が指摘される。プロシャ型は、たんにプロシャ・ドイツにのみ特徴的なものではなく、構造的な意味において後進資本主義を広く指すものとして理解される。ここでは、前近代的なあらゆる諸関係が、経済的・社会的基盤としてみとめられ、権力そのものもまた、この基盤を維持しながら資本主義へ対応するものである、と示されている。この典型としてプロシャ＝ドイツが提示されたのである。これによって明らかなように、ヘーゲルが理念として、あるいは理想として「近代」の基本的特徴をドイツに認めるにしても、国家＝社会構造としては、ドイツが決して近代の理想型ではないことを示すものである。レーニン「社会民主党の農業綱領」三五頁以下、一九六五年、国民文庫社。北條功「いわゆるプロシャ型について」(山田盛太郎『変革期における地代範疇』六五ページ以下、一九五六年、岩波書店)参照。

(14)『歴史哲学』一六四頁。

(15)『歴史哲学』一六七頁。

(16)『歴史哲学』一六八頁。

(17)『歴史哲学』一七〇頁。

(18)『歴史哲学』一七一頁。

(19)『歴史哲学』一七一頁～一七二頁。

(20)『歴史哲学』一九八頁。

(21)『歴史哲学』一七八頁。

(22)『歴史哲学』二三二頁。

(23)『歴史哲学』一一六頁。族長制については、仁井田陞『中国法制史研究・家族法』(一九六二年・東京大学出版会)、同『支那身分法史』（一九四二年）、同『中国の農村家族』（一九五二年、東京大学出版会）に詳細に論述されている。
(24)『歴史哲学』二四八頁。
(25)『歴史哲学』二四五頁。
(26)『歴史哲学』二三三頁。
(27)『歴史哲学』一一九～二一〇頁。ヘーゲルは別のところで、「われわれが世界史において見るところの第一の形態は専制政体（Despotismus）であり、第二の形態は、民主政体（Demokrtie）と貴族政体（Aristokratie）であり、第三の形態は君主政体（Monarchie）である。」（二一八頁）と述べている。
(28)『歴史哲学』二七〇頁。
(29)『日本遠征記』一九九〇年、岩波書店。
(30)『歴史哲学』（中巻）九三頁。アラビア人の世界について、「そんな」という表現をヘーゲルがしているが、これは『千一夜物語』（アラビアン・ナイト）を指していっているのである。
(31)『歴史哲学』（上巻）二三五頁。
(32)『歴史哲学』（上巻）二三六頁。
(33)『歴史哲学』（中巻）五九～六一頁。ここでいう、「いまも」というのは、古代エジプトの国家や制度・文化がそのまま生きているというのではなく、遺蹟の発掘において驚嘆すべき古い時代がつぎつぎとあらわれ、解明されていることを示すものである。したがって、ヘーゲルはエジプトについて古い文化についてのみ述べている。
(34)『歴史哲学』（中巻）九二頁。
(35)『歴史哲学』（中巻）五九頁。

(36)『歴史哲学』（中巻）六二頁。エジプト文化にたいするイメージは、なにもヘーゲルに特徴的なものではなく、それ以後の、たとえば、ベルディのオペラ『アィーダ』をみても同じことが指摘できる。エジプトの文化に関するかぎり人々は遺跡の時代をもって表象化させるのである。

(37)『歴史哲学』（中巻）九五頁。

(38)『歴史哲学』（中巻）一〇二頁。

(39)『歴史哲学』（上巻）二一五頁。

(40)『歴史哲学』（中巻）一〇二〜一〇三頁。

(41)『歴史哲学』（上巻）二二三頁。

(42)この点については、疑問というよりも誤りとして指摘したほうがより適切である。

(43)ヴィットフォーゲル「前掲書」。

(44)ヴィットフォーゲル「前掲書」。

(45)ヴィットフォーゲル『支那の経済と社会』（平野義太郎監訳）下巻、一〜二頁。

(46)たとえば、高橋幸八郎氏は『近代社会成立史論』（御茶の水書房、昭和三五年、初出昭和二二年）において、ヘーゲルの『世界史の哲学』における東洋世界の構造原理を念頭において、日本の「特殊日本型」を構想している（一四〜一五頁）と指摘している。清水盛光『支那社会の研究』八一頁以下、昭和一四年、岩波書店。

(47)『歴史哲学』一四四頁原注二。同、二四〇〜二四二頁。同、二六三〜二六七頁。『哲学史序説』（岩波文庫）二一二頁以下。

(48)『歴史哲学』（上巻）一三六〜一三七頁。「この形式的な規定を本当にもつものこそ実は世界史を自分の舞台、自分の財産、自分を実現するための場所とするところの精神にほかならない。」（同上）。『哲学史序説』参照。

第十三章　国家と裁判の本質
——治安立法にたいする司法判断の問題——

はじめに

かつて、第一審・二審で不当な判決を受けた者が「まだ、最高裁判所がある」と叫んだことを、記憶している人がいるかもしれない。この言葉は、ある時代の一種の流行語のようなものになって拡散し、最高裁判所の判断に、いささかなりとも期待した時代の、ささやかなモニュメントでもある。一審・二審の誤判にたいする最後ののぞみの綱として、その法的判断の正確さ、法の正義を最高裁判所に求めた、きわどい表現である。判決によっては生と死をわけ、あるいは、財産や権利についてもすべてを失うか、得るかということさえもある。最高裁判所の判決は、現行の裁判制度においては最後の判断となるから、いわば、ラスト・チャンスにほかならない。少しでも、最高裁判所が希望の星であると夢想された時期の一つの証明である。

いま、最高裁判所は、政府・行政庁、あるいは、これにつながる大資本にとって希望の星である、といっても過言ではない。「まだ、最高裁判所がある」というのは、国や行政庁が相手どられ、また相手どった重要な訴訟において、下級審で敗訴した国——実際は行政官庁や国と利害関係にある大企業——がいう科白《せりふ》なのである。ある訴訟において、行政官が、「一審や二審で敗けても最高裁判所がありますからね」といったのを聞いたのは、だいぶ前のことである。東京大学教授・田中二郎氏が最高裁判所の判事となり、任期途中で最高裁判所を去ったあの頃ぐらいから、こと、国に重要な利害がある裁判については最高裁判所は急速に国や行政庁の付属機関となったのであろうか。そう思いたくはないが、現実はこれを明確に否定することができないようである。教科書的に、あるいは大学の講議で示される裁判所制度は、そうして、その判決と解釈は、単純な抽象論か解釈論に終始するか、具体的分析や実態分析、背景などをともなわない概念的なものが多い。したがって、裁判所の官僚的性質と機構、政治との関係には触れない。裁判所、とくに最高裁判所は、長官・判事の人事権をめぐって政治ときわめて密接する。これに民間が関与することも干渉することもできない最高裁判所の伝統的な官僚機構が重ねられる。にもかかわらず、いわゆる世間の注目を浴びている、もしくは大きな事件としてのニュース・ヴァリューがあるとマスコミが判断した政治や行政に直接かかわる事件について、政治や行政の意向が最高裁判所の方針や判決になんらかのかたちで影響を与えないとは言い切ることはできないであろう。判決を検討するについても、この点を十分に考慮する必要があるし、しなければならない。

裁判官が事件を審理し、判決をするにあたり、学説や研究、社会の動向についてまったく考慮せず、いわゆる「雑音」に耳を傾けることをしないように、という最高裁判所の指導があったのは、いつの頃であったろうか。かなり前のように思われる。このことが、世上で取り沙汰されて問題化してからのち、このような指導はかたちを変えてしばしば行なわれているというから、裁判官は社会の動向などについては一切考慮することなく、独自の判断で判決を行なうことができるわけである。第一線のエリート裁判官の多くは、小学校以来大学を経て司法試験に合格するまで、いわゆる俗事にかかわることなく、あるいは、新聞記事的な社会や政治・文芸についてさえかかわることも知ることもなく過ごしてきたのである。そればかりではない、学問という意味における法律の学説についてさえ知ることもなく、司法試験のコース上において必要とする法律知識・技術のみを習得してきているだけの視野の狭い技術者＝職人なのであるから、政治も経済も社会も、これを客観的に見る目も判断する力もないまま法律関係の特殊職業人となるわけである。〔1〕司法修習生のわずかな期間に、これらについてのどれほどの知識と判断力とを兼ね備えることができるのかは疑わしい。裁判や判決に対する批判を「雑音」として片付けるくらいであるから、司法修習生の期間に、学説や論文を読むことでさえもはばかられることもあるであろう。したがって、裁判官は、訴訟当事者の代理人の主張を聞いて判断することが唯一といっていいほど知識の糧を得る機会はこれだけということになる。よい代理人に恵まれれば裁判官の知識は少しは高められることになるはずである。それはまた、代理人が裁判官にたいしてより一層の高度な判断力を求めることにもなる。今日においては、事件にたいする法的構成、判決研究、法理論、学説研究等の適確さも弁護士に課せられている。したがって、裁判については、裁判官よりも弁護士が高度な法律知識をもっているし、また、もたねばならない。しかし、世間一般では、裁判官がつねに法律的知識も高く、社会的地位も高い、とされている。これにたいして弁護士は社会的地位が低いとされている。明治以来の、あるいは徳川時代以来のいわゆる官尊民卑の思想が依然として残っていることを示している。もっとも、弁護士の学問的レヴェルの低さは一般的でないにしても、知識も理解力もないのが多い。たしかに、普通一般の常識的な事件であるならば、それほど高度の知識を持たなくとも良いためだからなのであろう。

裁判制度は、そうして裁判官は、世にいわれているように政治から独立した機関である、ということはいいがたい。今日の、裁判所＝裁判官をとりまく政治的諸関係は、むしろ、裁判官を政治的な存在と思考をもたなければならないものにしているともいえるのである。つまり、最高裁判所の判事・長官ならびに高等裁判所長官の人事は、閣議や最高裁判所官僚機構によって決定される、という点からみても、政治とのかかわりあいを裁判所制度のもとにおいて持つようになっているからである。それが、判決となってあらわれるのであるとすれば、少なくとも、政治とのかかわりをもつ事件の判断については、最高裁判所に適確さを求めることはむつかしくなる。裁判所の判断が、法の適用や解釈の拡大や縮小、あるいは事件関係の誤認というケースではなく、はじめから、一方を勝たせなければならない、という判断を前提として行なわれるための法的講成である場合、立法や行政にかかわる事件についての正しい判断はごく少ない、ということになるのである。とくに、立法について、手続きそのものに問題を残すにしても、とにかく、まがりなりにも——形式的に——立法上の手続きさえ行なわれていたならば、その内容については問わない、ということであれば、多数決原則下において、いかなる立法でもできることになる。立法の是否について、最終的に裁判所が裁判できる機関であるからこの責任は重大である。

(1) かつて、私の友人が任官した頃、私の師事していた、およそ研究にたずさわる者ならば誰でも知っている、当時法律学者としてもっとも著名な何人かの教授の名さえ知っていないのに驚いたことがある。彼が知っていたのは、司法試験に必要とした参考書を書いた者と司法研修所の教官の名前だけであった。裁判官・検察官・弁護士を問わず、それが法律知識の原点なのであろうか。

第一節 『成田新法』の前提

『成田新法』(新東京国際空港の安全確保に関する緊急措置法・昭和五三年五月一三日、同年法律第四二号、を略称する)にかかわる違憲訴訟は、訴訟の開始以来一三年目に最高裁判所の判決があった。驚くべき長さであるが、この種のものとしてはあたり前である。成田空港建設の閣議決定と、これらについて紛争が生じて以来二六年の歳月が経過している。この間、成田空港は、巨大空港として建設が行なわれ、国際空港として全世界へ航空機が発進し、全世界から航空機が着陸する。誰の目でみても、この空港を閉鎖することはまったく不可能であることがわかる。これが既成事実というものであり、ここから裁判官の論理あるいは解釈、というよりもつじつまを合わすことが始まる。この間、一審では六年間を要し、二審では一年間、最高裁判所では七年間を要している。この最高裁判所判決は、判決当日の有力新聞では一面のトップ記事で、また、テレビなども特別に時間を割いて報道するというセンセーショナルなものであった。しかし、人々は、成田空港建設の法律的根拠（実際は政策）である『成田新法』にたいする訴訟があったことを忘れている。『成田新法』の裁判のような訴訟は、早期の結果が要求されるのである。一三年間の間に国際空港として整い、その機能を十分に発揮しているような政府関連機関にたいして、一三年後において裁判所が違法の判決を出すはずはまったくない。もともと、既成事実が、裁判官の視野に入っていたのであろう。一三年という歳月が、どのように現地を変え、人々を変えたか、ということについて、ほとんどがこれについて触れていない。成田空港（新東京国際空港の慣用語）建設に関する最初の訴訟が提起されたときの係争地には、丘陵と農地と林野と集落があった。いまは一変して巨大な大空港が、全世界へ向けての航空機と、全世界からの航空機を一年に一二万回数以上・二、二〇〇万人以上をさばいている。もう、この空港を昔のなだらかな丘陵と林野・農地と、まして静かな村里の姿にかえすことはできない。最高裁判所の判決は、この現実にもとづいている。たとえ、仮りに第一審判決が原告の主張を容れて『成田新法』の違憲を認めていたとしても、一九九二年（最高裁判所の判決の時点）においては、政府の方針や空港の現実からみちびき出される、最高裁判所の結論は、どのような稚拙な法的理由付けを行なっても、原告の主張を認めないことは明らかである。『成田新法』についての判決は、治安法といわれた法そのものの適否の問題ではなく、成田空港の建設と存在が重要なかかわりをもっているからである。つまり、『成田新法』は、空港の存続と拡張を前提とした私権の否定の上に成り立つ政治的な法の制定にほかならないからである。したがって、もっとも端的な表現をすれば、この種の紛争は、現今の最高裁判所にとっては、その組織・構成から、はじめから原告の請求は成り立たない、という政治的判断の上に立っているのである。いな、成り立たすことはできないのである。それは、法理論・法的判断以前の問題として扱われ、超法律的に政治・政策を優先させなければならないからにほかならない。それを前提として法律解釈のつじつまを合わすだけである。

結論的なかたちにおいて、判決が合憲であるというかたちで出たことについて、右崎正博氏（都留文化大学教授）は、「合憲判決は予想された」（一九九二年七月一日、毎日新聞）といい、判決以前に結果を予想している。同氏は、訴訟記録を調べてこうした予想をたてたわけではないであろうから、原告側の法律論としての構成に不備や無理があることを発見して、こう述べたことではない。おそらく、この種の事件にたいする最高裁判所の判断が、こうも簡単に予測することができるほど、最高裁判所の体質が判決の理由づけのなかに露骨にあらわれることが定着しているからにほかならないことが前提となっているからであろう。このような「予想」については、同氏ばかりではない。多くの専門家のみるところでもある。したがって、法律専門家としては、判決が『成田新法』を合憲とすることは明らかであるから、最高裁判所が、どのような理由づけをするか、ということに関心がもたれただけであろう。ここには、事件そのものについての法的判断にもとづく予測ではなく、それ以前の、事件にたいする裁判所——の体質——の対応という、政治的レヴェルと事件とのかかわりあいをどのように法律構成することしか興味はなく、判決の予測はきわめて簡単にできたからである。しかも、一審・二審は合憲判決を出しているのであるから、最高裁判所の裁判官にとっては楽に合憲判決は出せた、とみなければならない。しかし、それでも判決まで七年かかった。世論の沈静化と空港存在の既成事実のための「時間稼ぎ」にほかならない。

成田空港関係の裁判は右の最高裁判所判決だけでなく、成田空港の使用認定をめぐる、空港建設着手以前にかかわる訴訟をはじめとして、相当数の裁判が行なわれたのであるから、空港建設にからむ一連の訴訟のひとつとして位置していることは明らかである。本来、訴訟の主体は、空港の建設によって土地を失うことになる農民であるが、世間では、治安当局のいう「極左暴力集団」の「過激」な闘争による側面が大きく報道されているために訴訟当事者である農民の存在は、このセンセーショナルな報道のなかに埋没している感がある。いいかえるならば、土地の収用対象となっている農民もまた、「過激派」であって反社会的な集団のメンバーである、と印象づけられている。

この空港反対闘争ならびに訴訟関係の農民には、歴史的な位置づけからみると、二種類あって、その一つは、長い伝統的な村落で生活している農民と、その二つは、戦前もしくは戦後に入植した農民（開拓民）として他村・他県からこの地域にきた農民である。千葉県は、もともと保守的な農民が多いところであり、この地域一帯も本来はきわめて保守性が強い農民によって構成される地域社会であり、村落（部落）なのである。しかも、伝統的な農民は、村の成立が文書・記録上において明確にすることができないほど古くから定着して農林業等（委以下、等で農業とする）業を営んでおり、成田空港以前においては、その気候の穏やかなことに加えて、地形状もまた自然的条件に恵まれていた。農業に適しない、いわゆる荒蕪地は放置されていたほどであるが、この土地に入植して開墾に従事した農民は、もとの農村では生活することができない――働き場のない二、三男なども含めて、いわゆる離村せずにはいられない――条件下に置かれていた人達であるために、伝統的な、いわゆる古村になんらかの関係を持つ農民とは異なった苦労の生活を強いられた。この農民には意識において、やはり伝統的な農民とでは相異がみられる。開拓農民はいわゆるよそ者として扱われていたからである。

新空港の建設予定地は、成田に決定するまでにいくつかあった。その一つ、富士山北麓がとりあげられたときには、この地方の保守的な農民や一般住民（政治的には自民党サイド）がこぞって反対したために、このプランは立ち消えとなった。賛成したのは土地ブローカーだけというエピソードが残されている。また、同じ千葉県の富里村に建設を内定したが、同じく保守的な地元住民や農民の積極的な反対で計画変更をせざるをえなかった。その直後に、強力な政治的圧力によって成田空港が決定したのである。この地域には、旧皇室御料地（当時、宮内庁管理）の土地があり、開拓農家と古村の一部ということで、政府・行政庁・県はここに御料牧野があることもあって富里村よりも反対の条件が幾分緩和されるとふんだといわれる。開拓農家には、代替土地か金かのいずれがを提示すれば、土地を簡単に放棄するとみなしたことと、古村にしても、富里村のような全村の利害にかかわらないために、村全体の反対が生ずるとは思えないので、土地の取りあげには権力を背景にした説得によって、結果的には応ずる、という見通しをたてた、といわれている。官僚の判断である。政府・県・市町村は、この地域ではお上に弱く、保守的であるために、政治・行政関係などの実力者が介在することによって、きわめて容易に建設開始の目的を達成することができる、と判断したからである。これは、きわめて常套的な官僚的な発想であるとともに、高度成長期の政治家の考えかたでもある。

事実、ケースが異なるとはいえ、このようなことが成功した例は他にあった。しかし、農民が土地をとりあげられ、故郷を失うということが、どのくらい彼らにとって、経済的にも精神的にも社会的にも重要な問題なのであるのか、ということについて、政府・官僚・行政ともにあまりにも無知であり傲慢であった。とくに、保守的な地方においては一層このことが指摘できる。この尊大で強権的、かつ術策を用いたのは、行政の指導のもとに土地の買収にあたった空港公団側にもいえる。古村においては、土地と村落の伝統的な深いつながりを無視したし、入植地域においては土地とのかかわりあいと、現金を見せればすぐに応ずるし、上からの圧力をかければいいなりになると思っていた点である。しかも、土地買収や代替地については、出先機関による、悪徳不動産業者なみの詐欺的な方法さえもみられたといわれている。この感覚は昔も今も変わることはない。最近のケースにおいては、成田とは関係のない別のところの農地を買収するにあたって、閣僚級の一人は、「北海道や東北の少し広い土地でもあてがえば喜んで行くだろう」、と発言して物議をかもし、陳謝するということもあった。いずれにしても、数少ない農民の意向などは、はじめから考慮していなかったことは明らかである。

空港建設の対象地となったところは、政治上ならびに意識的において革新系に属し、きわめて先鋭的に政府・与党に対立して反対運動を行なっていた村落ではない。むしろ、政府、与党寄りの保守的な地域に属していたことに注意すべきである。農地の取り上げに直面した農家が、この政策にたいして反対するのは、保守、革新というイデオロギーとはあまり関係がない。山梨県富士山麗や千葉県富里村のように、空港建設の構想を発表したときに大規模な抵抗の発生が予想されたような場合については、政府・行政も計画を強行することはしない。しかし、成田の例においては、その予想に反し農地の取り上げに反対する農家の抵抗が意外にも強く、かつ、外部の支援団体がこれに参加することによって、事態は悪化した。外部からみると、この抵抗する農民の集落は、全体として「闘争」の拠点であり、あたかも「暴力集団」の巣窟であり、コミューンのような闘いの場のような印象をうける。だが、事実はこのようなものではなく、現実に、政府や行政が直接に介入しないかぎり、起伏のゆるやかな、まったく静かな村落であって、ここでは、時間が止まっているかのような錯覚さえうける平和で保守的な農村の典型である。(1) 日常の生活においても、この点はかわりはない。伝統的な風俗・習慣・慣習がそのまま維持されて今日までいたっているという側面をもっているのである。空港の建設さえなければ、このような状態が、あと長い間にわたって続いたであろう。また、静かな村里《むらざと》の姿をそのまま今日に伝える心のなごむ保守的な農山村であった。これを政治的な状況で捉えるならば、保守、とくに自民党の選挙地盤（票田）にほかならない。

（1）この農村的情景を端的に示すものとして、青山秀夫『マックス・ウェーバー』一二七～一三〇頁、昭和二六年、岩波書店（新書版）をあげておく。

第二節　裁判の前提

第一審の裁判官が訴状を受理する。成田空港事件のように政治を前提とした大きな社会問題となっていて、新聞・報道や法律専門誌などでとりあげられて人々の知るところとなっているような事件については、すでに裁判官はなんらかのかたちで事件の概要——本質ではないにしても、問題点や事件のアウトライン——を知っているはずである。第一審裁判の途中で裁判官が交替する場合でも、後任者は訴訟がどのような性質のものであるのか、ということについて、それが正しい知識であるかどうかは別にして知っているはずである。第一審の判決がだされた以後においては、控訴審の裁判官、そうして最高裁判所の裁判官・調査官は、相当に事件の内容について知っているはずである。まして、政治的問題がからんでいる事件についてはなおさらである。したがって、その処理については——すなわち、判決——本格的に、審理に着手する以前から、すでに、だいたいにおいて判決の結論は固まっているであろう。

ところで、第一審を担当する裁判官は、この種の事件については、直接的にこれをどう処理しなければならないか、ということを最高裁判所の官僚体制のタテ割りのなかにおいて、自らの位置づけを認識しながら決めるであろう。第一審の千葉地方裁判所は、地方としては近年にエリートコース仲間入りをしたところであるからなおさらである。成田空港事件では、まずなによりも、どのような法律的理由づけをしたら合憲判決をだせるか。つまり、原告の訴えを認めないためにどのようにつじつまをあわせた法的な理論構成をするか、である。判決以前の裁判官の判断のなかには、国側の勝訴の利害と、裁判のもつ社会的あるいは国民的な重大な関心、ならびに裁判にたいする世論の高まりの度合いについても考慮するであろう。ここには、さらに、最高裁判所事務総局が人事権を握っている以上は、裁判官である自分身の今後についても考慮しなければならない。この種の訴訟では、よほどの裁判官ではないかぎり、当該の訴訟について客観的な分析を行ない、「正当」な評価を下すことができるものではない。それは、訴訟記録の厚さや、内容の法的水準の高さにかかわるものではない。きわめて政治性の高い訴訟だからである。

かつて、末弘厳太郎氏（東京帝国大学教授）は、当時裁判官であった父のことばとして、「おれなどは事件を見ると、全く理窟などを考えずに、これは懲役何年とか罰金何円とかというような具合に頭の中に自然に裁判が生まれてくる。それに後から法条や判例、学説などを照らし合わせて理窟をつける。[1]」ということを雑誌に発表したことがある。昭和七（一九三二）年のことである。また、みずからの見聞として、「一体裁判官が裁判をするに当っては、事件を審理した上で結論が先きに出るのだろうか、それとも法文と理窟とが先きに出て、その推理の結果ようやく結論が出るものだろうか」という問題について「日本の裁判官はもちろん、外国の裁判官にもしばしば訊ねてみ」た結果、「ほとんど常に、『結論が直観的に先に出る、理窟は後からつけるものだ』という」回答をえたことを記している。[2] これは、大正一一（一九二二）年である。以来、こうした事情は今日にいたるまで裁判官の現実に変りはないであろう。裁判官は――当該国家体制のもとにおける裁判官僚であり――、法理論家でもなければ法律学者でもなく、たんなる職業的技術者にすぎないからである。つまり、職人なのである。

こうした発言の背景には、裁判官の経験と事件の単純性が指摘できるであろう。裁判官が多くの紛争を手がけた経験をもち、しかも類似の事件を扱うことになった場合、当然、「勘」による判断が先行するであろう。ここでは、裁判官が事件を法的に判断する技術能力にたけているということと、裁判官としての資質が前提となるものといえる。そのことはまた同時に、事件の性質について、自らの利害ともからみあわせて考えることでもある。事件が、きわめて政治性の高いものであれば、事件そのものにたいする純粋に法的な勘＝判断と、事件の政治性による、裁判所の構成機構を通じて（官僚機構）、有形・無形の政治的な圧力の存在にたいする勘――すなわち、判断――との二つを直観的に見分けることをするであろう。そうして、この両者の間に対立関係がみられる場合、良識ある裁判官であれば当然のことながら、とくに、法律学者の近代的な判決評釈と裁判過程の分析による評価について苦しむはずである。つまり、法的判断においては政治性は否定されるが、そうなると、この政治性は――少なくとも民主主義法治国家の現在では――、法的手段をともなわないで裁判官の職階性をもって統制する可能性があるからである。もちろん、原則として、裁判そのものにたいする政治や国家の利害は直接に裁判や裁判官人事に介入することは認められないし、できないことは当然である。しかし、裁判所機構のなかにおいて、右のような政治性がまったく介入することを明言することができない、ということはできないであろう。最高裁判所の長官ならびに判事の人事は閣議決定によるものである。そうして各高等裁判所の長官の任命は閣議決定によるのであるともいえるから、この人事にたいして、政府・与党の意向が反映しない、ということはありえない。この点については、アメリカでさえ問題となったところである。[3]

最高裁判所もまた一つの官僚機構をかたちづくる。最高裁判所の判事・調査官・職員以下、各高等裁判所の長官・判事・職員、地方裁判所、支部・区裁判所の判事・職員にいたるまで、最高裁判所の統制下に置かれる。調査官・事務官等の人事はもとより、予算・決算も最高裁判所が管掌する。さすがに、下級裁判所の判決そのものについて直接に関与もしくは干渉することは少ないと思われるが、それでも最近になって最高裁判所の意向・指導が多くみられるようになったと言われている。明らかに判決にたいするコントロールである。したがって、このことが判決に影響をあたえることがない、とはいいきれない。むしろ、重要な判決については、なんらかのかたちで最高裁判所の影響があるとみるべきであろう。下級裁判所において、この影響を考慮することなく、適正な法的判断のもとに判決を行なっても、これが、最高裁判所の意向に反する法的構成や結論であれば、最高裁判所はこれを認めることはしないであろう。最高裁判所が政治との関係において対立し、その結果、重大な立場に立たされることは避けなければならないからである。したがって、こうした事件について、第一審あるいは控訴審の段階において最高裁判所が意図するような方向において法律構成が行なわれ判決がでることが、もっとものぞましいといえる。第一審・二審において最高裁判所が期待＝意図するような判決がみられることは最良であろう。控訴審で、最高裁判所の意図とは正反対の結果がでることにでもなって、これを最高裁判所が否定（覆す）しなければならないことになると、ケースによっては正面から政治的判決ということで批判されることにもなる。判決における法的判断・法的構成の適確さを裁判官の名誉ということに結びつけてみると、今日のような最高裁判所の構成において、はたして、その次元まで法律家としての自覚がみられるかは、これを簡単に肯定することができない。裁判官もしくは判決によっては、名誉よりも実利をとったようなケースがみられるからである。(4)

現行裁判所制度のもとにおいて、少なくとも最高裁判所が完全に政治から独立するということはありえないであろう。高等裁判所以下の裁判所が当該への事件がいかなる内容や性質のものであっても、適正な法的構成のもとに判決をし、結果的には最高裁判所と対立してまでも、その適正さを維持することができるのか、ということである。

（1）末弘厳太郎『嘘の効用』（川島武宜編）二八六頁、一九八八年、富山房。初出は昭和七年六月『改造』、のち、『法窓雑記』（昭和一一年）に収録。

（2）末弘『前掲書』一一頁。初出、中央法律新法社編『新興文化と法律』大正一一年、同人社書店。

川島武宜先生は、このような事実を、その経験のなかから時々私に話されたことがある。そればかりではない。最高裁判所による統制と、政治の裁判機構への関与についても具体例をもって話されたことがある。先生は、法曹会に広い人脈をもっておられたから、私に話された以外に多くのこうした事実について知っていたことは推測できる。このことが、裁判そのものをどう左右するのか、ということについて、論文上において具体的に展開されなかったのは残念である。あるいは、このことが川島法学ないしは実践の一つの限界を実証するものであろうか。先生はこのほか、裁判官の資質の問題や、勉強不足についてもしばしば言及された。この点についても紛争論や、裁判関係論のなかにおいて具体的にとりあげ批判され、裁判官論、あるいは裁判制度論というかたちで位置づけられなかったのも残念なことである。川島先生は、別のかたちで訴訟の法律の科学性について論じている（『川島武宜著作集』岩波書店）。なお、福岡地裁飯塚支部判決については具体的に裁判官のさきの二つの問題について、判決研究のなかで言及している。たとえば、『川島武宜著作集』（岩波書店刊）第八巻、二五八頁以下参照。

（3）一九九二年、私がアメリカの大学にいたときに、大統領が、最高裁判所の判事を行政庁の役人（黒人）から任命することで議会で公聴会が開かれ、連日連夜のテレビの実況放送や新聞で大きくとりあげられたことがある。この人物がスキャンダルで指弾をうけ（指弾者は黒人女性）、議会の公聴会が開かれたためである。これを連日連夜テレビに放映された。結果としては大統領の意向どおりに最高裁判所の判事に任命されたが、その時の私の印象としては、どうしてこのような経過を踏んでまで、彼を最高裁判所の判事にしなければならなかったのか、ということであった。あるいは、これを別の角度からみるならば、アメリカでは、少しでも問題がある最高裁判所判事の候補者には、これだけの手続きを踏まなければならないルールがある、という「公正手続」についての国民的理解を必要とすることが条件づけられていることを示している、ともみられたのでもある。

京都の市民団体『開かれた裁判を求める市氏フォーラム』によると、大阪高等裁判所管内の裁判官が、人事について「差別」がある、と答えたほか、「差別的人事が事件処理に影響与える」と答えたことは注目すべきことである（一九九三年五月一八日、朝日新聞・青鉛筆）。

（4）その具体的事例の一つとして、愛知県の干潟訴訟の事例をあげることができる。（拙著「海面下の土地所有権」参照）。ここでは、最高裁判所判決（最高裁判所は第一審・二審判決を否定したばかりでなく先例でさえも否定）のなりふりかまわぬ政治性がみられる。また、これと同じく宮崎県の国有林にたいする地方裁判所の判決もある（拙著『林野入会の史的研究上』一九七七年、御茶の水書房）。

第三節　成田新法成立過程の問題点

まず、成田新法成立の直接のきっかけとなったのは、空港の開港間近の三月二六日に（開港は三月三〇日に予定）空港管制塔へ「極左暴力集団」が乱入して管制塔の設備をこわしたために、予定の日に空港は使用できなくなり、予定当日から空港を利用するために世界の航空会社へ予定を通知していた航空機の発着を中止せざるをなくなった。そのために開港を延期せざるをえなくなり、世界の航空ダイヤに支障をきたし、政府は国際的な信用をおとした、というのである。そうして、この過激派対策として急遽、成田新法の制定が四月四日の関係閣僚会議を経て、議員立法として提出され（実際は政府による法案の議員立法化）、当時の政党である、自民、公明、国民会議、新自由クラブの賛成（公明・民社両党による原案の一部修正）と、社会・共産両党の反対（憲法違反の疑いによる）のまま、四月二八日に衆議院運輸委員会ではわずかに三時間の審議で可決され、連休明けの五月九日の本会議で可決、成立した。参議院では一〇時間の質議を経て、一二日の本会議で可決され、成立した。この管制塔の乱入事件は、結果的には政府の空港政策と治安立法への追い風となった。

提案理由はいたって簡単で、法案の表現とは変わりはない。すなわち、「空港及びその周辺に過激派集団の活動の拠点となっている団結小屋等の工作物が存在している現状においては、同空港及び航空機の航行の安全を確保するためには、きわめて重大な不安があり、現行法の適用を検討した結果、いずれの法律もこのような事態は予想しておらず、その解決は不可能との結論に達した」からであるという。[1]「過激派集団」による「団結小屋等の工作物」がある以上は空港ならびに航空機の安全が確保できない、というのである。この種の法案が議員立法としてだされたのは、政府が提案すれば治安立法という非難をうけることになるために、それを避けるために議員立法としたのであることは明らかである。立法の背景には世論の支配がある、ということを印象づけるためのものである。だが、問題は法案提出の理由と法案の内容であって、政府提出か議員提案か、いずれにしても政策の本質や立法の内容にはあまり変わりはない。むしろ、治安立法的な内容である場合には、議員提案というかたちをとることによって、政府が議会を民主主義の殿堂というイメージとして先行させ、政府は関与していないという偽装ができるということで、かえって危険な場合も考えられる。

法案に反対する野党議員の質問には、いくつもの問題点が指摘されているが、衆議院においては、つぎの点が、とくに注目される。

まず、立法のきっかけとなったといわれている「管制塔襲撃事件」について、警備当局（警察庁警備局参事官・近藤恭二）は、これを「予測できなかったということではない」ことを明言し、かつ、「問題の起こりました箇所等についての配慮、配備が、いまから考えますと十分ではなかった」ということであり「反省」していると答えている。[2]これによると、こと、「管制塔襲撃事件」についてみるかぎり、立法の問題ではなく、警備上のミス、あるいは警備当局の判断の甘さによるものである、ということになる。この点は重要である。

つぎに、法案の対象となっている「過激派暴力集団」の「集合」ないしは「出撃拠点」となっている、いわゆる「団結小屋」について「捜査」を行なっているのか、という質問にたいし、警備当局は、「繰り返し捜査」を行なっていたことを答えている。しかし、警備当局によって三五か所あるといわれている「団結小屋のうち」、「横掘要塞」以外の場所については「裁判所の令状」をとって「差し押えをした例は」ないし、また、手続きを行なおうとしたことはない、と答えている。差し押えについては「火炎びん法とか凶器準備集合罪その他」によるものであるという。[3]この警備当局の答弁は右の法律の要件に該当する行為がみられたならば、「差し押え」をすることができることを示している点で注目される。したがって、法案について「実は政府部内でもいろいろ議論を重ねたわけで」あり、「団結小屋の処理ということまでも含めて運輸大臣が全部所管しなければならないかどうかという点につきましては議論があるわけです。その点につきましては、いろいろと議論がございまして、最終的には内閣官房の調整によりまして」立法化へのはこびとなったという。[4]いわば、法案について警備当局は法律上の点から難色を示しているということである。にもかかわらず、内閣官房という政治力によって法案提出が確定された。このことにより、少なくとも警備当局は道義上の、あるいは法律上の責任を逃れることができたとでもいうのであろうか。

法案と現行法との関係について衆議院運輸委員会では、質問をした野党議員が、「団結小屋」について関連する法律をもって差し押えることができるか、ということを警備当局にただしたのにたいし、警備当局はできるということを答えている。このことについて、質問者は、現行法でこのほか、「団結小屋」の使用禁止、封鎖等ができるのにもかかわらず、これを行なっていないということは、現行法でその手続きがなされていないという法執行の怠慢を指摘している。したがって、成田空港にかぎった法律をつくる必要のないことを追求している[5]。

法案の内容については、次のような諸点についての指摘が注目される。

まず、憲法との関連についてである。「特別の手続きを経ないで一方的に建物の除去を行なうということは、やはり憲法二十九条にも抵触をする問題でもありますし、また三十一条にも具体的に抵触をしてくるのではないか」[6]。あるいは、憲法二一条一項・九九条との問題が指摘された[7]。とくに、法案の提出という事態と、憲法二九条との問題について政府（運輸大臣）は、「財産権の侵害ということに関しましても、守るべき法益と規則を加える財産権との比較考量から見ましても、また与えられました強制措置が、三月二十六日のような事件が二度と起こっては困るという、緊急異常な事態に対処するためには、一定の法手続を踏む真にいとまがないということを前提にいたしまして考えるならば、例外中の例外として憲法上許されるものと考えております」[8]（傍点、筆者、以下同じ）。あるいは憲法三〇条との関連について衆議院法制局参事は、「またあのような事態はいわゆる通常の市民社会レベルの状態を越えたきわめて異常な事態であると、こう認識を前提にいたしまして、その上に立って憲法三十一条の法定手続というものを考える必要があろうかと、こう思っております。」[9]と答えている。こうした点について法案に反対する野党の議員は、一様に憲法違反であることを指摘しており、たとえば、「それが憲法三十一条に違反すると、なぜその弁明をお聞きになる手続を踏まなかったかと、（中略）それを聞かずに問答無用でやるという内容の法案だから私は憲法違反じゃないかと申しておるんです。」[10]と追求している。

国ならびに提案者は、立法は、「例外中の例外」――すなわち、憲法違反は承知――であり、それは、「通常の市民社会レベルの状態を越えたきわめて異常な事態」であるがために、憲法の各該当条文を無視しても立法が許される、という意思表示が答弁にみられる。それゆえに、法案提出者も、法案担当の政府責任者、法案に関与した各政府機関においても、答弁が法律的であろうはずがないのは当然である。デュー・プロセス due process of low という民主主義国家における法制定ないしは適用についての基本が、ここでは問題とならないのは当然のことである。それは、この法律が非常立法にほかならないからであることが強調されている。「例外中の例外」が適用されたことによって、デュー・プロセスの原則を適用する立法は、はるかに後景に押しやられ、「例外中の例外」という超法規的措置の原則がつくられることになったのである。これはもう、民主主義的法治国家の思想ではない。明治絶対主義国家思想をこえた、政治的・官僚的な思考であり発想なのである。しかし、一九七八（昭和五三）年三月二六日前後において、日本が非常事態にあったであろうか。一般の市民社会が危機的な状態におち入っていたのであろうか。あるいは、部分的にであっても、右の言葉に関連する意味における戒厳令が発動されるような事態をみたであろうか。当時、議会ないしは国が、憲法をこえて立法化をしなければならないほど、国家非常事態があったとは思えない――あったにしても同じであるが――、仮りに、非常事態があったとしても、それを引き起こした政治や社会がなによりも問われるべきであろう。治安立法の制定は、立法にたいする趣旨が「非常事態」でなければならないために、説明もまた、そのような状況をマス・コミを動員してつくりださなければならないことになる。法そのものが「緊急措置法」であり、その内容が法案のタイトルにふさわしい緊急事態に対応しなければならないからである。法案提出と、その趣旨説明、そうして答弁においては、法案提出にいたるまでの緊急な重大事態についてさほど緊迫した内容はみられない。これを現出したのが、ほかならぬ一審から最高裁判所を貫流する裁判官による判決なのである。ちなみに、千葉地方裁判所は、エリート裁判官のコースの一つの拠点でもある。その裁判官が最高裁判所の意思に反することはしないであろう。

ところで、法案に反対する野党（社会党・共産党革新共同）の質問のなかで注目すべきものに、つぎのようなものがある。すなわち、法案は「治安維持法」であるという指摘であり、法律の適用において拡大解釈ができる、という点である。たとえば、治安立法ということについて、「私もかつて昔の戦時中の法律、大分苦い経験を教わったんですがね、私らの先輩なども含めて明治、大正の機関士友愛会の先輩なども含めて、われわれの先輩が治安維持法を、機関車の運転士が何で治安維持法を適用されるんだということまで先輩からこれは聞かされたものです。そういう可能性を十分私はいまの討論を聞いておって持っております、持ちました」[11]。あるいは、「これはもう非常にファッショ的な治安維持法以外の何物でもないわけで」[12]という指摘によっても、法案自体の治安維持立法的な性格を完全に否定することはできないであろう。したがって、法の運用・適用解釈の拡大について問題が生ずることを危惧するのは当然である。この点について質問者が、この特別立法は、「地域を一定に限定したというものでありましても、やはり非常立法としての性格を今後拡大していく、こういうおそれもございますし、国民の権利を制限したり奪ったりというような、こういうものにつながっていく」[13]ということを発言したり、「この法律というものはもう際限なく拡大される可能性を持っている」[14]。あるいは、「法律は一人歩きをいたします。あなた（提案者—注）の御意志とは別個に法律自体が独自の機能、歩き方をするということ」[15]の危険性を指摘している。

これについて提案者ならびに政府関係者はつぎのように答弁している。

まず、提案者である。「私どもは、いやしくも治安立法とか、あるいはいまおっしゃった非常立法とかいうようなそしりをうけないようにと思いまして」・「憲法違反のそしりを受けたくない、何がなんでもやるのだという非常立法、治安維持立法的な色彩は帯びたくない、[16]」と答えている。また、政府は「いろいろ拡張解釈をされたり、こういうことが後幾つか続いていくというようなことではならぬとおっしゃる点は、目黒さん（質問者—注）に劣らず私も強く念願するところでございます。（中略）いやしくも乱用等があってはならぬと思います。[17]」（国務大臣）と答えている。さらに政府は、「この法律を乱用すると大変危険が起きるということは、私たち自身も行政官の一人として十分認識いたしております。[18]」（運輸省）と答えている。

右の答弁によっても明らかなように、質問者が危惧する治安立法・非常立法としての法案という性格は否定されていない。とくに重要な点は、法案が「拡張解釈」や「乱用」ができるという可能性があることを提案者・国側が示唆していることである。さらに、こうした特別法案が今後もできることを否定していない。理念として、あるいは理想として、つづけて立法化されてはならない、ということではあるが、この法律を「緊急異常な事態に対処するために」・「例外中の例外」として立法化したということ、つまり、今後において右に該当するような事態をみると——政府・関係者が認めたならば——、この法案が先例としての意味をもつのであって、後例を否定することはできなくなる。先例として、これまでの立法についての慣例ないしは法制定の正統な手続のうえでなければ法律を制定することはできないという根本原則が崩されたわけで、いつでも「緊急異常な事態」が発生したと政府が認めたときには、これに「対処するために」この種の法制定ができるということに道をひらいたといえる。それゆえに、「民主主義というのは、お互いに権利があるのだ。あたりまえの話を言っているのですが、今日までの成田空港については、そのあたりまえのことが通用していない。政府側の権力だけがずっと出てきている。関係者、農民の権利というものは無視されてきたということに大きな憤りの根底があるわけです。[19]」と指摘されたのも当然であろう。このことは、成田空港決定にいたる経過と、建設着手にみられる手続に原因があることなのであって、その後における農民の土地取りあげ反対を支援する、いわゆる「暴力集団」とのかかわりと同一の時点において論じてはならない、ということである。それは、内容において、「最初のボタンをかけ違えたまま突走ったため、最後の最後までボタンの通らない穴（反対派農民）が残ってしまった。[20]」（運輸省・高橋航空局長）というような文学的表現で説明ができるような緊張感のかけらも論理性もない、安易なものではないのである。政治と法律を根本から問い直す重要な問題にほかならないことだからである。この点について、「民主主義というのは長い時間がかかっても、そうしてまた手続きが大変であっても、そういう手続なりルールなり踏むことが非常に大事なんじゃないでしょうか。（中略）そういう手順なり段取りなりを今日まで着実に踏んでこなかったことにもう一つの問題があるんじゃないでしょうか。（中略）一方的に開港日を設定して、時間がない、だから臨時異例の立法だというようなことで憲法秩序や民事法秩序を根本的に破壊するような、人権を徹底的に否定するような法律をつくっていいんでしょうか。[21]」ということを指摘されなければならなかったのである。これにたいして新東京国際空港公団総裁が、「公団の発足といいますか、成田に空港の位置、規模等が決まる段階等に、今日から振り返りまして、必ずしも十分な手順、手続等踏んで行なわれたといえない点が指摘されることは、これは私もある程度認めざるを得ないというふうに思っております。[22]」と答えていることはきわめて重要である。政府ならびに空港公団は、その当初において、デュー・プロセスを欠いていたことを明らかに示しているのである。そうして、いままた、その延長上において緊急立法ということでデュー・プロセスを欠いたまま法律が制定されている。こうした二重・三重に法の正統な手続きがなされないまま、成田空港の関連諸法が成立し運用されているのである。問題は、「暴力集団」の介入以前に混乱の原因があったのである。それゆえ、「国際空港の設置は国策だと、国策だから何をやってもいいんだと、民主的な手続もルールも侵して、憲法を崩してまでも、国会の多数派さえ形成されれば立法が可能なんだというところに私は問題があるし、その前提をつくり出してきた空港公団の姿勢に厳しくやっぱり批判を加えておきたい」[23]、というような指摘がなされても止むえない状況を政府・関係諸機関・空港公団がつくりだしたといってよい。

そのうえでなされる立法について、法制局は、「憲法三十一条の法定手続というものは（中略）元来は刑事手続に関する規制である」という前提にたち、「行政手続においてもできる限りこの精神を及ぼすべきであるとする考え方が定着している」が、行政上においては、本件法案の事例では、必ずしもこれに従う必要はない、というような発言をしている[24]。恐るべき歪曲された法解釈である。そうとでも理由づけをしないと、法案は適法なものとして成立しないからである。しかし、この発言にたいして、「法律論ではなくて政治論を先行させた。しかも内容は空港の安全性というのを絶対価値にし、時間がないということをさらに補強理由として憲法を越えようとする議論をしているわけであります[25]。」という批判が行なわれている。行政に関する立法ならば、憲法三一條を無視してもよいというのはあまりにも暴論である。

しかし、いずれにしても、法案についての採決は、多数決をもって成立したのである。もっとも、はじめから多数決をもって成立することが予定されていたのであるから、法案の審議は一種の手続上の形式を踏んだだけであって、審議に要する時間の問題は、はじめから意味をなさない、といえる。「過激派暴力集団」の対策を前面に出した法案ということで、この種の法制定のもつ内容が、あらゆる角度から検討される余地を少なくしたことに、のちのちまで問題をはらむことになったといえる。

この法律にもとづいて運輸大臣は、「暴力主義的破壊活動者」の用に供されている工作物の使用禁止を行なった。これにたいして、地元民はただちに訴訟を提起した（いわゆる「暴力主義的破壊活動者」ではない）。関連する訴訟はいくつかある。

(1)第八四回国会衆議院「運輸委員会議事録、第八号」一頁、昭和五三年四月二八日。
(2)同前、五頁。
(3)同前、一四頁。
(4)同前、一一頁。
(5)同前、一四頁。
(6)同前、一五頁。
(7)第八四回国会「参議院運輸委員会、地方行政委員会、法務委員会連合審査会会議録第一号」五〜六頁。
(8)前掲、衆議院第八号一五頁。
(9)第八四回国会「衆議院運輸委員会会議録第十一号」五頁。
(10)同前、四頁。
(11)前掲、参議院一〇号九頁。
(12)前掲、連合審査会三頁。
(13)前掲、衆議院一五頁。
(14)前掲、参議院九頁。
(15)同前、二頁。
(16)前掲、衆議院第八号一五頁。
(17)前掲、参議院八頁。

（18）前掲、参議院一〇号一九頁。
（19）前掲、衆議院第八号八頁。
（20）前掲、参議院第一〇号三頁。
（21）同前、一七頁。
（22）同前、一七頁。
（23）同前、一七頁。
（24）前掲、参議院一一号五頁。
（25）同前、六頁。

第四節　「成田新法」と最高裁判所判決の問題点

成田新法についての判決文ならびに批判は、すでに様々なかたちで公刊されているので[1]、ここでは直接に問題点を指摘して検討することにする。

上告理由によると、争点は第五点まであるが、具体的には、以下の諸点が憲法に違反するとされている。まず、第一点は、『成田新法』第三条一項は、憲法第二条一項・第二二条第一項・第二九条第一項および第二項・第三一条、第三五条に違反している。また、『成田新法』第三条第六および第八項は、憲法第二九条第一項および第二項・同三一条に違反している。さらに、『成田新法』第三条第三項は、憲法第三五条に違反している。つぎに、第二点である。成田空港の位置決定にあたって航空法第三八条、ならびに三九条に違反している。また、第二四条の規定に違反している。さらに、土地収用法二九条に違反している。以下、『成田新法』は市民運動、反対運動を「敵視」してなされた立法であるから違憲無効であり（第三点）、「処分対象者」を特定することはできず、法の規定との関係ができない等が指摘されている。

これにたいする最高裁判所の憲法判断は、下級審の判決をふまえて、つぎのように論じている。

まず、「法制定の経緯・態様」について「拙速」であるという点は、「法案の審議にどの程度の時間をかけるかは専ら各議院の判断によるものであ」るから、「時間の長短」の問題ではなく、したがって論旨は採用できない。つまり、手続上において、審議時間の長短は法律の制定上にはなんらかの違憲性はみられない、というのである。したがって、デュー・プロセスもたんなる形式にとどまる。内容は問題外とされる。

つぎに、『成田新法』第三条一項は、上告人のいう憲法の諸条項に違反するものではない。すなわち、第三条一項は、「工作物の使用の禁止等」についての規定の一つであり、『成田新法』によって規定された「規制区域内」にある「建築物その他の工作物」が「暴力主義的破壊活動者の集合の用」に供される場合。「暴力主義的破壊活動等に使用され、又は、使用されるおそれがあると認められる」物の「製造又は保管の場所」の用に供される場合。「空港又はその周辺における航空機の航行に対する暴力主義的破壊活動者による妨害」に供される場合。という諸規定は、「新空港の設置、管理等の安全を確保するという、国家的、社会経済的、公益的、人道的見地からの極めて強い要請に基づくものであり、高度かつ緊急の必要性を有するものであること」にほかならないからであるという。

つぎに、「財産権の制限を規定」した『成田新法』第三条第六条および第八項は、「合理性がなく、制限を正当化するための公共の福祉の要請は存しない」ということについて、前項と同じく違憲性はない、と判旨している。また、「住居の不可侵と捜査、押収に対する保障を定め」た憲法第三五条にたいする違憲性については、『成田新法』第三条第三項は、すでに「第一項に基づく使用禁止命令」がだされている工作物についてのものであって、かつ、「刑事責任追求のための資料収集に直接結びつくものではないこと、強制の程度、態様が直接的物理的なものではないこと」等によって、憲法第三五条には違反しない。上告「第二点ないし第五点」については、「原審の認定判断は正当」であって違法性はない。判決は大法廷一五裁判官の全員の一致であるが、補足意見として、園部逸夫裁判官は、「不利益処分（名宛人を特定して、これに義務を課し、又は、その権利利益を制限する処分）については、法律上、原則として、弁明、聴聞等何らかの適正な事前手続の規定を置くことが、必要であると考える。」と指摘しているが、それにもかかわらず、「行政庁の処分は、刑事上の処分と異なり、その目的、種類及び内容が多種多様であるから」裁判所は「一義的」に判断ができず、「立法当局の合理的な立法政策上の判断にゆだねるほかはない」として裁判所の権限外に置いている。裁判所が法的判断の責任を転化して判断を回避したのである。

最高裁判所が上告理由について判断した個々の点について、逐条的に解釈し、批判することは別の論者にゆずるとして、ここでは、さきに、衆議院・参議院でも問題化された『成田新法』の特別治安立法という性質——もっともこの点が判決の基本的大前提であり、論議の中心でなければならない——との関係のもとに、判決について考究する。

最高裁判所が大法廷において口頭弁論を行ない、その後二か月と一〇日で判決を言い渡したのは、口論弁論によって上告人の弁論を聞き、しかるのちに判断をして判決をした、というのではなく、もともと、口頭弁論を聞いても、すでに決定している判決になんらの影響をあたえるものではなく、たんなるセレモニーとして判決の体裁を整えて権威づけたにすぎないことは明らかである。(2) 最高裁判所の一五名の全裁判官——と調査官——が、こうまでもして行政に譲歩しなければならない理由は、最高裁判所判事の任命が総理・内閣の承認を前提としていることと、最高裁判所の官僚組織によるものであり、それ以外であるとしたならば、原因は明らかではない。しかしながら、とにかく最高裁判所は『成田新法』には、まったく違憲の疑いがみられない、と判断したのであるから、この判決と『成田新法』の問題点を、根本的に考えてみる必要がある。

まず、『成田新法』の構成の前提となったのは、「暴力主義的破壊活動者」の破壊活動をすべてにわたって違法とする根拠である。

判決では、『成田新法』制定の経緯を、「新東京国際空港（以下、「新空港」という。）の建設に反対する上告人及び上告人を支援するいわゆる過激派等による実力闘争が強力に展開されたため、右建設が予定より大幅に遅れ」、さらに、昭和五三年三月二六日に「過激派集団」が「管制塔に侵人してレーダーや送受信機等」をこわしたために、「新空港を不法な暴力」から防ぎ、「地元住民の理解と協力を得るよう一段の努力を傾注すべきこと及び新空港の平穏と安全を確保し、我が国内外の信用回復のため」という国会決議にもとづいて法律として成立した、と認定した。この認定は、たんに立法についての経緯の認定にとどまらず、そのまま判決の骨子となっている点に特徴がある。『成田新法』制定のきっかけとなった管制塔事件はともかくとして、その前提である「暴力集団」の暴力行為について、第一審の千葉地方裁判所では、「昭和五三年三、四月当時新空港及びその周辺において暴力主義的破壊活動が頻繁に行なわれていたという異常な事態にかんがみ」なされたものである、という認定をしており、最高裁判所の判決もまた、これをうけている。「暴力」という力 Gewalt の行為の現象的局面だけをとりあげてみるとその通りであろう。しかし、「暴力」がただたんに自然発生的、あるいは、政府転覆、国家破壊を目的に、あるいは恣意的に起こされているものであるとするならば、これを鎮圧し、通常の犯罪事件として処理することはきわめて簡単であろう。いうところの「暴力」の多くは、「暴力」が生じた局面においては、空港の拡張工事や土地所有者の権利の制限、そうして、警察官の取締りによって生じている。だが、それよりも重要な点は、すべての原因が抜き打ち的な成田空港の建設決定によるものであって、国会の議事録は政府側の答弁として、デュー・プロセスを欠いていたことを明らかにしている。また、別件の控訴審において、東京高等裁判所も土地収用にあたりデュー・プロセスを欠いていたことを指摘し、また、前記の最高裁判所判決では補足意見のなかでもこれを示している。成田空港の発足時において、このデュー・プロセスを欠いて強引に建設がはじめられたために、ここからすべての問題が生じたのである。空港建設関係については、空港建設着手以前からいくつかの訴訟が利害関係者である地元農民からだされており、そのかぎりにおいて、地元農民の法律的な対応は正しい。しかし、この訴訟や陳情も含めて、地元民の対応にもかかわらず建設は強行されている。これにたいして政府側の対応は、土地買収についての交渉だけである。つまり、空港建設の早期完成を前提としたものであり、これ以外の交渉はまったくない。空港建設に直接の利害がある訴訟の進行中にもかかわらず、空港建設は中断されない。むしろ、訴訟が結審するまでに空港が完成されなければならないことが至上命令である。とにかく、空港が完成すれば、国際性・国益・今日までに例をみない巨大な資本投下・公益等の理由によって、これまでのこの種の判決についてみるかぎりでは、巨大営造物の完成にいたるまでの過程において、いかなる不法行為がみられても、現状を維持・容認したうえで判断するのであって、あとは、違反ないしは不利益についてどのように対処するか、という法律構成のつじつまを合わせるだけが残されるのである。したがって、国際空港については——地方の、国際性も社会性も経済性も少ないような空港とは異なり既成事実が優先することになる。仮りに、違憲判決がでても——その可能性はない——原状回復は不可能である。訴訟が提起された時点において、空港建設の停止が裁判所によって命令されないかぎり、この種の裁判では結果のみが問題となるだけで、裁判提起以前にはもどることはまったくないということである。デュー・プロセスに近いかたちをとれば、富里村のように全村反対では空港建設は計画の段階で不可能となる。デュー・プロセスを欠いて建設を強行し、裁判を実態的には無視したかたちで建設を進めることによって、周囲のあらゆる状況からみて農民が建設予定地にいられなくなり、買収に応ずるようになる、という、いわば、公権力による追い出しが成功することになる。事実、別件の千葉地方裁判所の訴訟において、国＝公団側の弁護人は、農民達は成田から出ていってもなんとか生活ができているから問題にはならない、という驚くべき高姿勢をみせているのである。官僚的（旧日本帝国、ドイツ・ナチス的）発想方法である。不法行為の連続性のうえに空港建設は完成する。このことを富里村での空港建設の挫折から得た経験からみて、政府・関連機関はその初めの段階から見通していたのであろう。

近代法秩序にとって、デュー・プロセスとはどのような意味があるのか。このことをいまさら説くまでもない。裁判所が、デュー・プロセスの法理論を前提として、政府の至上命令として、国会が多数決の論理をもって成立させた法律にかかわる成田空港関係の訴訟を判断するかぎり、この種の高度に政治的な事件について容易に判決文を書けるものではない。裁判官は一種の官僚であり、政治とは無関係ではないからである。また、ときには、裁判官にデュー・プロセスの法理論について適確な知識もないこともあるであろうから、きわめて困難な問題に直面する。したがって、デュー・プロセスについての正しい判断を回避して、判決することが行なわれる。その端的な例が今回の下級審裁判（裁判官）・最高裁判所の判決である。とにかく、国会での法の制定が多数決によって決定されれば、それだけで良いのである。法の本質論などは問わなくてもよいのである。それに、裁判所による法的判断の審理のなかにおいて、すでに空港は建設されており、世界へ向けて航空機は発着しているのである。

『成田新法』は、なによりも、成田空港の決定、そうして建設に際して、デュー・プロセスを欠いたことから生じており、その延長上において発生したものである。そうして、さらに法の制定にあたりデュー・プロセスを欠いていることである。この判断を適正に行なわないために「暴力集団」による「過激」行為のみが前面に出された、という特徴がある。空港建設に反対したのは「成田空港」関係の農民だけではない。他の空港予定地とされた場所——たとえば、富士北麓、富里村——の農民・住民も反対した。これらの地域は、いずれも保守系であるから、はじめから反対を予想される革新系の地域の候補地とは異なっている。その保守系の農民たちが一様に反対したのは、天下り的な空港候補地の決定と、上からの簡単な説明と県や地域上層部の一部の者に了解を求めた——これが、国側のいうデュー・プロセスである——というだけであったからである。つまり、一般の人々にとっては、そもそものはじめから地元民不在というかたちで空港建設が発足し、説得やデュー・プロセスを欠いたまま強権発動的に空港を設置したために、伝統的生活の維持ならびに村落社会とのかかわりが一変することの危機感によって空港に反対したので、反政府や革新的イデオロギーからではない。国も県も公団も、保守的な弱い農民たちを権力を背景に若干の金銭をだせば簡単に立退かせることができるし、また、これを拒めば半強制的に立退かせることができると判断した。空港建設予定地の土地買収をみれば明らかなように、空港公団側の悪質不動産業者まがいの行為や、脅迫があったことを見れば明らかである。しかし、予想外に現状の生活を維持する態勢が強く、そのうえ、空港建設に反対する支援者・支援団体、あるいは空港建設の反対を媒介として国家権力と対決するといったような支援団体が加わったことによって、空港建設の局面は大きく変化した。これは政府と運輸官僚、とくに、空港公団にとっては予想外のことであった。農民と生活との伝統的な社会生活にたいする認識があまりにもなさすぎたのである。つまり、農民を低次元の職業生活者と位置づけてかかった体質による結果が紛争をもたらした重要な一つでもあった。さらに、それらが、予想以上に長く続けられたという現実がみられる。そればかりではない。当初の予想をはるかに上回って成田空港の利用が増加した。成田空港問題は、あらゆる意味において国・公団側の予想に反した結果となってあらわれたといえる。

いずれにしても、すでに述べたように、成田空港関係のすべての現象は、空港決定・建設当初において発生したものであり、それは、政治＝国家権力のおごりによるものである。そのことはまた、政府次元においてデュー・プロセスを欠く結果となってあらわれた。この点については、国会での法案審議会において国側も認めており、最近になって裁判所においても認めているばかりか、さらに、運輸省サイドで開催されている成田シンポジウムにおいても、国側の学識経験者ならびに旧国側（当時の担当者）も明確に認めているところである。にもかかわらず、最高裁判所は、右の点については判断を避け、たかだか一裁判官が補足意見でとりあげただけであるが、その裁判官ですら実際上においては憲法違反でないと結論づけている。別件の下級裁判所においてはデュー・プロセスを行なわなかったことを指摘しているが、これをもってただちに違法行為であるとは論じていない。お座なりに触れているだけである。デュー・プロセスは、近代的民主主義法体系のもとにおいては、もっとも根幹をなす問題であり、近代的法律の前提条件である。もっとも、封建法においてでさえ、デュー・プロセスは否定されるべきものではない。民主主義国家においては、デュー・プロセスを欠いて、利害関係が直接にある者達の権利を制限したり奪うような新しい強制的な法の制定や国家権力の行使はできないはずである。したがって、裁判上においても、この点がもっとも基本的な問題として判断されなければならない。下級審・最高裁判所が、この問題を回避するか、ないしは、きわめて簡単に判断するかに終始しているのは、日本の法律実務家である裁判官が法の本質についての知識がないことを示すものでないとしたならば、国家＝政治権力、そして日本の伝統的特殊体質である官僚制支配にたいして服従の心がまえをもっているからであろう。このことはまた、裁判官が司法試験のための法律の知識――いわゆる、予備校的な受験のための知識の習得――のみによって裁判官となり、そうして裁判官・検察官に任官して以後における法律知識が、学問や社会的認識を欠いたままで、この延長上で行なわれており、法律の学問体系とは異なったかたちで紛争処理の法的技術教育が行なわれていることにも起因する。逆にいえば、官僚としての裁判官の法的判断は学問的であってはならない、ということなのである。かつて、最高裁判所長官が、「雑音に耳を傾けるな」と訓示して話題になったことがあったが、この「雑音」とは、政治・社会についての批判ばかりでなく、裁判批判、学説・研究をも指していると解してよい。

空港関係の紛争に起因して生じている地元民・支援者と警察との衝突は、ともに実力の行使である。これを国側からみて対処するとなると暴動・暴力行為にたいする治安のためであり、暴力の鎮圧であるが、地元民からみると反体制闘争だとか、闘争のための闘争ではなく、権利のための闘争である。地元民としては、裁判よっては必ずしも権利を保全することはできない。いくつかの裁判が進行しているにもかかわらず、判決を見ない以前に空港は完成し、さらに拡張される。この事実は同時に権利が制限され、奪われる過程でもある。このことにたいする抵抗が空港公団・警察との関係において実力行使となってあらわれたのである。しかし、そのような事態は、しばしば生じているのではない。農民の権力者にたいする抵抗が「暴力集団」とセットになってあらわされ、質的には、両者が異なるものであるにもかかわらず、「暴力集団」の「暴力行為」のみを強調することによって常時「暴力集団」が村落に存在し、空港を危険にさらし、国益を阻害し、国民の利益を阻害している印象をあたえた。これが『成田新法』が合法的なものであるという法律論構成の社会現象なるものの前提であり、立法の中心となった。したがって、『成田新法』は、緊急立法としては当然のものとして判断され、デュー・プロセスを欠いた超法規的なものであっても、緊急性なるがゆえに憲法に違反するものではないとした。ここでは、国会での政府側答弁よりも、裁判所の判決がはるかに後退した事実認定と法的判断が合憲論となってあらわれている。逆の見方をすれば、裁判官なるものの常識や認識はこの程度のものなのであるとしか言いようがない。

ところで、『成田新法』は、つぎの諸点において、きわめて特徴的な法律構成をとっている。

第二条第一項は刑法の諸規定（第九五条、第一〇六条、第一〇八条、第一〇九条第一項、第一一七条第一項、第一

二五条第一項、第一二六条第一項、第一三〇条、第一四二条、第一四三条、第一四四条、第一四六条、第一四七条、第一四九条、第二〇八条ノ二、第二二〇条、第二三四条、第二三四条ノ二、第二六〇条、第二六一条）を、同第二項は「爆発物取締罰則」第一条を、同第三項は「暴力行為等処罰に関する法律」第一条を、同第四項は「消防法」第三九条の二第一項を、同第五項は「電波法」第一〇六条第一項・第一〇八条の二第一項を、同第六項は「航空法」第五三条・第五六条において準用する第四九条第一項・第九九条の二第一項を、同第七項は「有線電気通信法」第二一条を、同第八項は「航空機の強取等の処罰に関する法律」第一条第一項を、同第九項は「火炎ビンの使用等の処罰に関する法律」第二条第一項を、同第一〇項は「航空の危険を生じさせる行為等の処罰に関する法律」第一条・第二条第一項・第三条第一項を、第一一項は、「人質による強要行為等の処罰に関する法律」第一条第一項・第二項・第二条・第三条を、というように、すでに公布された法律のなかから、「暴力主義的破壊活動者」取締りに必要とされる条項を抜き出して集成し、行政——主務官庁は運輸省——にたいして、警察はもとより「関係機関」は、この法律の「実施」に協力することが義務づけられている（第八条）。関係行政機関の内容については規定がない。したがって、運輸大臣が関係行政機関として指定した場合には、この法律の実施にあたり協力しなければならない、ということになるであろう。

右に摘示した法律構成について、以下に、その問題点を示すことにする。

第一は、法律の構成・適用を異にするにもかかわらず、これらのなかから適当な条項を選んで編成し、特殊な局部的な現実についてあてはめる。具体的には成田空港とその周辺に限定される。日本に多く存在する空港一般についてはこの法律の適用をみない。他の空港については、発生した事件によって、別の個別的な法律が適用されるだけである。この法律の適用をみる成田空港とその周辺ということは、ここに、「暴力行為」が発生したためということばかりでなく——実際には「過激派」による暴力行為が昭和五三（一九七八）年三月二六日に発生したことを契機として——、成田空港の拡張工事にたいして農地をはじめ生活上必要とする土地の強制収用ならびに集落の壊滅に反対する農民たちの抵抗を防止することを目的とする。このことによって、運輸省・空港公団等の強制収用のための立入り、調査ならびに拡張工事の準備・着手等について、これまでの法手続きによらないで、農民たちを実力をもってその抵抗することを排除することができるわけである。その限りにおいて空港拡張工事を側面から成功させるための立法にほかならない。つまり、治安ということに名を仮りた土地収用もしくは買収のための農民たちの封じ込めということに効力をもつ。実際上において、支援のための「暴力集団」はこの法律をもって簡単に排除することができるわけであるから、あとは問題が発生する余地はほとんどなくなるとみたのであろう。もともと、空港の選定と建設については、ほとんど一方的に行なわれたのであるから、いわば不法行為の原因は政府・関係官庁・空港公団側にあった。そのうえでの建設強行の最終局面を、このような立法によって片付けようとするのであるから、この連続性の原因と経過をみないで、暴力による抵抗の一時的な、しかも警備当局のミスによる物理的現象のみをとりだして法律論を展開することは当をえない。このうえに、局部的な問題を空港サイドにおいて解決するための立法なのであるから、まったく、異常な法律といわなければならない。

第二に、集成された各法律の条項をもって構成された法律を、運輸大臣——実際上においては運輸省と空港公団——が行政権能によって実施することができる。しかも、運輸大臣の命令によってこれらの職員は、——そうして、同じように関係機関の職員は——「暴力主義的破壊活動者」が破壊のために建物等を利用している場合はもちろんのこと、利用に「供されるおそれがあると認めるとき」は、裁判所の令状の必要なしに「当該工作物」の封鎖・徹去等を行なうことができる（第二条）。さらに、関係職員が立入り検査や職務質問をすることができるとともに、これらの職務の遂行について反抗する等をした者、ならびに「暴力主義的破壊活動者」に利用させた者に罰則を課することができる、という独立した権能をあたえた（第九条）。しかも、この罰則は懲役刑を含むものである（前条）。この点については、警察官の職務権能をはるかにこえている。しかし、警察官もまた、『成田新法』の適用については関係機関として包摂されるのであるから、より強い権能を与えられたことになる。行政にたいして、ここまで強い権限をあたえる立法は、黙秘権の否定も含めて、明らかに戦前の治安体制への逆行であり、たしかに、「治安立法」といわれる内容をもつ緊急立法として暫定的な措置というだけの、行政にたいしてこれだけの権限をもたせても憲法に違反することはない、と国側は解釈し、さらにこれをうけた裁判所は、そのままのかたちでこの法律を合憲と判断した。「暴力主義的破壊活動者」の破壊を防止することを「緊急」に行なうという大義名分を前提に、空港と「その機能に関連する施設の設置及び管理の安全確保を図るとともに、航空の安全に資することを目的とする」（第一条）ということを掲げるとはいえ、その本質は、すでに述べたように空港の拡張策であるのであるから、『成田新法』がもつ基本的役割は、空港拡張に実力をもって反対する局面を排除することと、空港の拡張を容易にし早期達成を意図していることは明らかである。このために、このような行政にたいして特別の権限をあたえたのである。成田空港ならびにその周辺で生じた行為が、犯罪を構成するものであるならば、その内容によって刑法をはじめ該当する法律の定めに従って処罰することができるはずである。『成田新法』第二条に掲示された諸法の規定はこれを示している。問題は、これら諸法において規定された法の枠をこえたものでなければ新しく法律を制定することは意味をなさない。第二条に掲出された法律は、その適用にあたり一定の手続きや適用解釈によって拘束される。『成田新法』はこれをこえる規定をもつところに意義がある。すなわち、第二条第二項は「暴力主義的破壊活動」を行ない、「又は行うおそれがあると認められる者」と規定し、これをうけた第三条においても「おそれがあると認めるときには」というように、運輸大臣が「おそれがある」という認定をしたときに、それ以下の条項（前掲）の法律行為をただちに執行させることができる。これは、第二条の諸法の適用をはるかにこえた規定となっており、さらに、この内容については、今後においてどのようにでも解釈することができるものである。行政が司法をはるかにこえて、そうして、行政が司法でさえも従属させることができる内容である。明らかに、今後における「治安立法」的な法律の制定・適用にたいしてさらに大きな可能性をあたえた立法となったことを否定することはできない。

第三に、「暴力主義的破壊活動」ならびに「暴力主義的破壊活動者」というように、運輸大臣がこの言葉に該当する者であると認定した場合には、ただちに法律の対象となり犯罪者となるということである。しかも、「等」という言葉の内容について明確な規定はないから、さらに「暴力主義的破壊活動者」を特定することができなくなり、その範囲は広くなる。もともと、成田空港に関係する地域において、土地の所有者等であり生活者でもある農民等の権利者が、いくら土地の取り上げに反対し実力で国や公団の強制調査を阻止したからといって、そのために新しい法の制定を行ない、これを「暴力主義的破壊活動者」として呼称することはできないであろうから、成田空港反対の支援団体で、これまでもその「暴力行為」や「テロ行為」があるとみられた団体や個人（個人名は特定することができない）が参加し「暴力」をふるっていることを理由として、これらを「暴力主義的破壊活動者」として呼称し、反対農民ともども一括して『成田新法』で規制する。しかし、その「暴力」の多くは、空港建設にともなう国・公団側の手続きの実施という局面において農民側（権利者）の抵抗を根底に生じたものであり、それ以外の散発的な「暴力」や「テロ」的な行為、あるいはイデオロギーにもとづくものとは質的に異なる。土地取り上げに反対する農民が国・公団側の一連の政治的・行政的な手続きにたいして対抗する一つの手段として法による処置を裁判に求め、法の判断、つまり裁判官の判断をまつ間に、必ず国・公団側は規制の事実をつくり出し、建設を進めるであろうし、この結果にもとづいて裁判官は国・公団側に違法性があったにしても、現状ではやむをえぬとして利益較量を中心として判決をするのは明らかである。そうなると、権利を守るためには実力による抵抗をともなわなければならなくなる。こうした事態が生じている間は、国・公団側は大量の警察官を投じて目的を達成することが事実上不可能となる。こめ行為について社会的な承認を得ることができにくいからである。そのためには、「暴力集団」の暴力による航空の危険性を排除することをマス・コミを動員して大々的に社会にアピールし、危険性の防止を目的とした大義名分を前提とした法律を制定し、この法律のもとにおいて「暴力主義的破壊活動者」として一括して排除することができるようにすることが必要とされている。しかも、これらの法律は、行政においてしか行なうことはできない。それは、超法規的な内容をもたなければならないからである。黙秘権も否定し、運輸省の職員や空港公団の職員等が姓名を質問したのにたいして、返答しなかったり、ためらった場合には刑罰の対象とされる、というのでは、この一事でも問題であろう。こうした内容の法律であり、かつ、いくらでも拡大解釈ができることについて、有識者が「治安立法」とよぶのは、過去において、わが国が非民主主義的な全体主義的国家であった時代につくられた治安立法に酷似しているからである。最高裁判所は、こうした点について触れることなく『成田新法』を合憲と判断した。

第四に、前に関連して問題となるのは、緊急事態ということによって、最高裁判所はこの種の立法にたいして合憲性を認めたことである。成田空港に関して、この緊急事態がどのようなかたちで存在したのか、という事実関係については立法の段階においても大きな違いをみせている。農民側の実力による抵抗も含めて緊急事態の連続として捉えることは無理がある。暴力行為があったとすれば、現行の法律において処理することができるからである。にもかかわらず、「緊急」という名のもとに、こうした種類の立法が可能であるということで政府ないしは行政が「緊急」と認めたならば、どのようなかたちの立法でも行なえるというのでは、現行法律制度は意味をなさないことになる。しかも、「緊急」というのは一時的な事態である、という立法の趣旨や一般の認識にもかかわらず、すでに、立法の段階において提案者のなかに法の恒常性さえも予定されている発言がみられるのである。これでは、一時的な緊急立法という意味はなさない。事実、すでに立法から二〇年以上の歳月は経過している。これ一つでさえ、緊急立法の一時的な枠をこえている。緊急の非常事態なるものが、依然として長きにわたって続いているのであろうか。少なくとも、この間、新聞紙上やテレビにおいて、この緊急事態の連続性について報道されたことをみないし、さらに、三月二六日事件のような暴力的破壊行為による「非常事態」をも見ていない。緊急ならびに非常事態が起こるおそれがあるということを予測して法律を持続させることができるのであるというならば、今後においてもこの種の緊急性ならびにその口実のもとに、緊急性に対処するための立法がつぎつぎとできることになる。まして、立法当時において、戦後史上例をみないような緊急・非常事態が三月二六日に生じたのであるとするならば、三月二六日のような事件が、たとえ警備上のミスから生じたにしても（前掲の議会議事録参照）、いつでもこの種の事件を緊急な非常事態とみとめて別の立法も可能ということになる。にもかかわらず、事件と立法との法の本質に触れる重要な関連性について、最高裁判所はなんら的確な判断をしていない。

第五に、これだけの問題点を抱えているにもかかわらず、最高裁判所の判断が、立法に際しては審議の時間の長短によって法の成立が適法であるかいなかを問われるものではない、とし、立法上の手続きにおいても瑕疵がないとし、法制定の前提条件にも法律上の違反はみられない、と決定づけたことは、現在の最高裁判所ならではのことである。審議は一時間でもよいのである。

以上の諸点から、もう一度新しい問題を指摘する。すなわち、かりに、「暴力主義的破壊活動者」なる者が三月二六日の事件を起した——あるいは、この事件は散発的に生じている他の事件との関連性をもつものであっても——ことを契機として、このような治安立法が成立したものであることは、日本はもとより世界史上において、国家権力が自らの安泰をはかるために、事件を利用して特殊な立法を行ない取締りを強化するケースとしてよくみられる現象であり、本件もこれに類似している。法をこえて法をつくる、ということは、たとえ「暴力主義的破壊活動者」による事件がみられたにしても、これを利用して行なってはならない。したがって、裁判所は、この種の法制定にたいして、政治をみてはならない、ということである。このことを裁判所が是認すると、裁判所は法の正義について次第に後退するようになる。日本の戦前史は、行政による立法が優先して、法の正しい判断が後退した歴史の連続の上に成り立っていたからである。法の適用・解釈にしても、大津事件[4]や、小説家・永井荷風が大逆事件[5]に際会してこれに抗しなかったことを恥じたのを引用するまでもないであろう。この法律さえなければ、というのは、過去において多くの実例をみる。「暴力主義的破壊活動者」の暴力排除のためであるから、という口実や大義名分であっても、非常立法は軽々に許されるものではない。さらに「暴力主義的破壊活動者」の暴力行為についても、事実関係からより厳密に定義すべきであろう。警察との間において実力による衝突という局面を生じたことをもって、ただちに暴力と規定するのはあまりにも国家権力的な思考発想方法だからである。これもまた、戦前において多くの例をみる。国会においても、また、法律専門家によって『成田新法』が「治安立法」として位置づけられたことを、裁判官はどのくらい真摯にうけとめたのであろうか。

そうして、『成田新法』の立法化が「暴力主義的破壊活動者」や「過激派極左集団」の暴力についてのことである、ということで、この立法について批判をすれば、これらの暴力集団の協力者などとみられたくないために、法律学者、とくに、法の本質や法の社会的存在、法と権力との関係を研究の対象とする法社会学者の多くが『成田新法』について批判の法律論を展開しなかったとするならば、このことにより一層の問題の重大さをみる。戦前期の日本が軍国主義の道を歩み、国家による統制によって、民主主義的なイデオロギーと行動を抑圧するために、この種の治安関係立法をつぎつぎに制定したが、今日のこうした動向にも同じようなことがみられた。これについて、当時、東京帝国大学法学部教授・末弘厳太郎氏は、こうした法律解釈の行政への従属化の傾向という状況について、「法律解釈の理論は裁判官其他法律的判断者の良心の問題である」（『法律解釈に於ける理論と政策』昭和六年）と指摘したが、これと同じような状況ともとれる現段階において、裁判所ならびに法律学者の法解釈・法理論の現実は悪化し、法の理念や「裁判官其他法律的判断者の良心」（末弘『前出』）は政治に従属したのであろうか。あるいは、裁判官に法の理念や「良心」についての基本的認識がないのであろうか。それとも、裁判官は、そのようなものを意識してはいけないのであろうか。それにしても、法律学者がこれに追従することは解せないことである。(6)

（1）判決文は、『判例時報』一四二五号、平成四年九月一一日、判例時報社。『判例タイムズ』七八九号、一九九二年九月一五日、判例タイムズ社。『ジュリスト』一〇〇六号、一九九二年八月、有斐閣。『最高裁判所判例集』四六巻五号。関係論文は、北野弘久「成田治安法違憲訴訟大法廷弁論」『法律時報』、一九九二年、六四巻八号、日本評論社。野中俊彦「『成田新法』訴訟大法廷判決について」『ジュリスト』一〇〇九号、一九九二年、有斐閣。千葉勝美「『成田新法』に基づく工作物等使用禁止命令取消等請求事件最高裁大法廷判決」同前。寺田熊雄「『成田新法』違憲訴訟大法廷判決批評」『法律時報』六五巻二号、日本評論社。北野弘久・一瀬敬一郎『成田治安法・いま憲法が危ない』一九九二年、社会評論社。出村和之「最新判例批評」『判例時報』一四四九号、判例時報社。木佐茂男「工作物使用禁止命令と事前手続」『別冊ジュリスト』二…号、有斐閣。

（2）寺田熊雄「前掲論文」参照。

（3）東京高裁平成四年一〇月二日第二民事部判決（『判例タイムズ』八〇二号、一九九三年二月一五日）。
（4）大津事件については、尾佐竹猛『大津事件』一九九〇年、岩波文庫。
（5）永井荷風については『花火』（『荷風全集』岩波書店、所載）初出は明治四三年。参照。
（6）戦前期において、末弘厳太郎氏（当時、東京帝国大学法学部教授）がこうした動向について指摘されているのは数少ない例である。同氏『法窓漫筆』（昭和六年、改造社）参照。東京・多摩川水害訴訟に直接かかわりをもった元裁判官・谷口正孝氏は、「判決というものは恐いもので、出てしまうと……一般化された命題が一人歩きします」と語っている。

第五節　その後の問題

『成田新法』は、成田空港という国際線を中心とした日本最大の国際空港――空港そのものであれば新羽田空港の方がより大きい――をつくるための途中において生まれた。もともと成田空港を建設する以前において、この空港のために土地を買収される農民たちの意向をほとんど無視して決定され、デュー・プロセスを欠いたまま――というよりも否定して――空港建設のための法が制定され、いくつかの訴訟が行なわれているにもかかわらず空港の建設が行なわれ、さらに、拡張工事によってその範囲は拡大する。しかも、土地所有関係や用水についての地元民達との十分な話し合いもなく、工事は一方的に進められたのであるから、いたるところでひずみを生じた。そのためには、たんに土地所有権ばかりでなく、用水の権利関係についても、ここに存在する私権を否定し公権力による一方的な収奪を行なわなければならない。いわば、私的権利の否定のうえに一方的に建設が進められる、という異常な事態をみるにいたったのである。ところが、保守王国千葉県において、こと、農民たちがみずからの権利を一方的に奪われるということになると、予想外の根強く、かつ激しい抵抗を生むにいたったことは、関係省庁・県・空港開発公団等が予想することができなかったである。その原因の一つに、『成田新法』がいう「暴力主義的破壊活動者」の土着化したような支援があったからである。したがって、適正な法的手続・行政がないままに建設を強行する最後の局面が、非常立法というかたちの『成田新法』を生むにいたったことは、明治絶対主義国家をうけつぐ官僚制国家としては当然である。

『成田新法』以前、成田空港建設開始のそもそもの始めにおいて、工事中止も含む関係　訴訟が提起された。政治はこのうえをのりこえて、空港建設を強行した。結果は明らかなように裁判所が既成事実の追認をすることを見通していたからである。最高裁判所の判決がこのことを明確に示している。最近になって、下級審の判決においてデュー・プロセスが問われているが、すでに遅きに失して実際上の意味は失われている。裁判官のたんなる繰り言にしかすぎない。巨大空港は完成して国際空港としての機能を発揮しているからであり、全世界からの、また、全世界への航空機の発着をみるからである。第一審において、なぜ、この点についてすみやかに空港建設の一時差止めの判断を下さなかったのか。それは、高度な政治性にもとづく空港建設の性格のためである。もちろん、その背景には利権がからんでいるからであろう。そうして、空港建設に権利者の側から反対する抵抗と、これを支援する者達との実力による抵抗とが重なって、問題の解決はさらにこじれる。これを話し合いというきわめて消極策をもとらずに、こうした実力による抵抗を行政によって直接的に排除し、成田空港の拡張工事を完成させるために制定されたのが『成田新法』である。その目的は、土地所有者の抵抗の排除と、これによる土地所有の放棄である。抵抗を暴力行為としてきめつけ、しかも、「暴力主義的破壊活動者」のなかに含んで解決をはかることが立法の目的である。

単発的な政治的あるいはイデオロギー的「暴力」や「テロ」については、ほとんどの一般市民は容認しないであろう。『成田新法』が、これらのために『成田新法』が生まれたということは、あまりにも短絡的な見方である。いうところの「暴力主義的破壊活動者」の取締りならば、これらを目的とした従来の法律がある。こうした「暴力行為」と農民たちの抵抗とをセットにしたところに『成田新法』の隠れた面がある。成田空港に反対する農民達が、つねに暴力的であり、わけのわからない「暴力主義的破壊活動者」としてマスコミを通じて一般に印象づけることも『成田新法』の重要な役割りの一つでもあったはずである。

ところで、ほとんどの人が観念的にも実際的にも認めない「暴力主義的破壊活動」が、現に成田空港において生じていることを強調し、この事態を「緊急」として位置づけ、『成田新法』を成立させたところに問題があるばかりでなく、さらに、裁判所がデュー・プロセスの判断をしないでこの法制定を認めたところに重要な問題がある。「緊急」を名とした治安関係法律が、行政主導型で成立することを裁判所が認めたことは、今後において、この種の「緊急」立法を多数決で国会が認め、国も認めたときには、法律上の違反にはならない、ということだからである。国が認定するわずかな「暴力主義的破壊活動者」の「暴力」なるものに——あるいはこれらの実力行使を特殊的な「暴力」として認定して名を借りて、治安立法がきわめて容易につくられ適用することができる先例をつくったからである。議会の責任上もとよりであるが、これを合憲として判断した最高裁判所、そうして第一審・二審裁判所の責任は重すぎるほど重い。

ところで、成田空港問題は最高裁判所の判決後において、最高裁判所の判決があったにもかかわらず、「成田空港問題シンポジウム」（五月一八日）が「所見」を出し、二四日に、国・県・公団・空港反対同盟（熱田派）の間において、(イ)空港未買収地の収用裁決申請取り下げ、(ロ)二期工事B・C滑走路計画を白紙に戻す、ということを国側が受け入れることになった（一九九三年五月一九日、読売新聞）。その前提として、「出発点における民主主義手続きの無視がその後の民主主義手続きの軽視を必然化することになった」（「所見」）のを確認したことによる。国・県・公団が、このデュー・プロセスを欠いた行政の非を認め、そのために、右の二項目を徹回したことを、第一審・二審・最高裁判所は、どう弁明するのであろうか。『成田新法』の違法性は、成田空港の決定・建設着手の違法性にある。政治が、法をこえて法をつくりだしたところに原因があった。その当事者が簡単に違法性を自ら認めたのであるから、裁判過程は空港完成までの時間稼ぎであって、一種の法手続にしかすぎないということになる。裁判官がこれを知らなかったとはいえない。裁判所の判断が、いかに政治的であったかは、この一事をもって明らかである。

おわりに

『成立新法』の成立としての内容について、最高裁判所――千葉地方裁判所・東京高等裁判所――が違憲性がない、という判決を出した。『成田新法』の前提であるデュー・プロセスについても違憲性がない、といったにもかかわらず、判決後において政府（運輸省）は法制定にいたるデュー・プロセスについてこれを欠いたことの違法性を認めたのである。政府サイドの「成田シンポジウム」においても然りである。この、政府サイドに立った学者グループでさえも、たとえおざなりであってもデュープロセスを問題とした。ということは、『成田新法』の違法性をめぐって、ひとり裁判所が孤立してしまったことになり、判決の信憑性が問われ、裁判所の権威が失墜したことになる。

補　論

一　中央集権的国家官僚機構と最高裁判所

最高裁判所が、政府・国・巨大資本にかかわる訴訟にたいして、適正な判断をしなくなったのはいつ頃からであろうか。石田コートとよばれた、石田和外最高裁判所長官時代から、最高裁判所の体質の変化、つまりは旋回がはじまった、と俗にいわれている。しかし、裁判所であるから、政治とは異なり右とか左とかでよぶのは正しくない。民主主義社会であるから、裁判官が適正な法の適用をし、適正・厳格な法の解釈と正しい事実認識をしなければならないことはいうまでもない。ところが、それにもかかわらず、国にかかわる労働関係事件や、国・行政・巨大開発等に関する訴訟においては、この多くは、必ずしも常識や民意に沿った判決がなされていない。国側の意向に適する判決が目立つ。こうしたことから、現在の最高裁判所に、右のような訴訟について適正な判決を期待することは不可能なことのようである、と思われるようになった。最高裁判所は、いまや、その本来の機能を失いつつある、といってよい（最高裁判所にもともと「本来の」という言葉にふさわしい、あるべき姿があったかどうか、という議論はここでは控えたい）。

法の理想とか正義とかという抽象的な定義のもとで、最高裁判所が、この理想や正義をどれだけ判決において実現することができるのか。戦後の民主主義的改革によって戦前の大審院制度は或程度改革され、大審院の名称も廃止された。最高裁判所の発足以来しばらくの間、法解釈学の科学性を最高裁判所に期待したのは、法律学者はともかくとして、少なくとも下級裁判所の良識ある裁判官達であったように思われる。最高裁判所の裁判官にたいして、下級審の裁判官は、最高裁判所の判事にたいして、全裁判官の上に立つだけの能力と識見を求めたのである。少なくとも、最高裁判所発足における裁判官の認識や判決には見るべきものがあった。しかし、いまは、どのくらいの法律専門家が、最高裁判所の判決の法理論に期待しているのであろうか。また、すべての裁判官は、最高裁判所を頂点とする官僚機構に――その根底にある政治性に――、どの程度まで順応しているのであろうか。このことは、判決とは別の角度から、つまり裁判所の機構から人的構成を通じて判決をみる、ということであり、この種の判決をみるためにきわめて重要な意義をもつ。

最高裁判所判事の人事は、現在、実際的には政府・与党によって左右される。裁判は政治から独立しなければならない、といっても、最高裁判所そのものが政治から独立する機構にはなっていない。裁判官が政治の世界に接近したときに、最高裁判所はその独立性を失うことになる。そうなったのは、最高裁判所の判事そのものにも原因があった。最高裁判所の長官や判事となるためには、なんらかのかたちで政府・与党に接近するか、暗黙のうちにその意向を受けることができる人物でなければならない。したがって、裁判官・弁護士・学識経験者で、いやしくも最高裁判所の判事を指向する者は、政府批判——立法も含む——や政府・行政・巨大資本（とくに開発）にとって不利となることをしてはならないのである。また、最高裁判所には機構そのものを掌握することができる人物が中枢にいて、判事を補佐するか、リードすることになる。事務官僚の存在も絶対であり、判決にかかわりをもつ調査官は、その重要なポストの一つである。最高裁判所の判決は、判事一人で成立するわけではないから、全機構的な問題となるのは明らかである。また、全裁判官の人事権を実質上握っている事務総局も重要な役割を果たしている。もっとつきつめたいい方をするならば、最高裁判所の判事は、政府・与党・国・巨大資本にとって、その死命を制しかねない事件とか、その利益（利権）に著しい打撃を与えるような事件については、これを回避することのできる法的構成を行なって、サービスをすることが暗黙のうちに——あるいは、場合によってはなんらかの合意のもとで——できる者でなければならない。最高裁判所の現実は、他の国家機構と同じように、そこまで行ってしまったのであろうか。このことを念頭において、『成田新法』と下級審判決ならびに最高裁判所の判決について考えてみる。

二　法律の是非が争われた『成田新法』訴訟

端的にいうならば、「新東京国際空港の安全確保に関する緊急措置法」（以下、『成田新法』と称する）の一審・千葉地方裁判所、二審・東京高等裁判所の判決を読んで、ここには法律論が不在である、ということを、まず指摘しなければならない。『成田新法』の特徴は、他の多くの裁判のように、事実関係ならびに行政そのものについての違憲性・違法性を争うというものではなく、法律そのものが争われているのである。

『成田新法』は、その法制定の手続において、十分な審議を尽くさないで成立させたことは、憲法との関係上、重大な疑点が存在する。これまで法案成立に必要とした慣例のうえからいっても、その審議時間は異例の短時間のうちに、行なわれているのである。ところで国会できわめて短時間のうちに一定の形式的手続きを経て、多数決ないしは全会一致をもって法を成立させたにしても、その制定された法自体が裁判所へ持ち込まれ違憲の疑いを審理しなければならなくなったとき、法制定にいたるまでの手続上の形式面においてなんらの瑕疵もみられないと判断ができたら、裁判所は法としての効力を認めなければならないのであろうか。この場合、国会で絶対多数の力を持つか、あるいは工作によって多数の賛成をえて法案を成立させれば、それがいかなる内容の法律であっても、裁判所はこれを違憲とすることができなくなり、その使命や存在意義を失うことになる。

裁判所は、国会で成立した法律が、法律解釈において違憲性のあるものかどうかを判断することができる唯一の機関であるばかりでなく、法律上においてこの制定された法律を否定することができる公的な機関なのである。裁判所が自らこの役割を放棄したとき、裁判所は正常な機能を失い、裁判官はもはや裁判官としての資格を失った単なる行政官と変わりがなくなる。これは裁判所そのものの問題よりも、国民にとっては、制定された法そのものの違法性を判断できる最後の可能性を失うことを意味する。違法な判断によって憲法が事実関係においてその存在を否定されるばかりでなく、これに追い打ちをかけるように最高裁判所がこれまでの判決では違憲とされたケースまで合憲とし、法律の面から改悪の方向へと傾かざるをえないような状況をつくり出す。それは、国家統制の強化につながるものであって、法の理念、民主主義国家の裁判所の否定に傾斜する以外のなにものでもない。すなわち、裁判所は残るが、民主主義的法の理念は消滅する。したがって、裁判所もまた国家統制の一つのセクションとして機能するだけである。戦前の裁判所の姿を思い起せばよい。日本の裁判所は、戦前からの伝統をひきつぐ、他の省庁と同じく中央集権的官僚制によって構成されているのである。これは、マックス・ヴェーバーが近代社会を根底において体系化した近代的合理的官僚制（Bürokratie）とは本質的に異なるものである。

（1）マックス・ヴェーバー『支配の諸類型』（世良晃志郎訳、昭和四五年、創文社）。青山秀夫『マックス・ウェーバー』一〇二頁以下、岩波書店。

三　最高裁判所の判決の論理

裁判所による『成田新法』の法的判断にたいする重要な問題点を三つだけ指摘しておくにとどめる。

その一つは、法的構成の異常さ、ということである。この法律を一見してわかることであるが、その法的構成の異常さである。すなわち、第二条第一項は刑法の規定を、以下、第二項は爆発物取締罰則を、第三項は暴力行為等処罰に関する法律を、第四項は消防法を、第五項は電波法を、第六項は航空法を、第七項は有線電気通信法を、第八項は航空機の強取等の処罰に関する法律を、第九項は火炎びんの使用等の処罰に関する法律を、第一〇項は航空の危険を生じさせる行為等の処罰に関する法律を、第一一項は人質による強要行為等の処罰に関する法律を、というように、すでに公布されている法律のなかから、それぞれ必要と思われる条文を抜き出して総集したうえで第一条の目的のために、新東京国際空港ならびにその周辺に適用し、右の項目の一つでも該当する行為がなされた場合には、あるいは、なされようと行政当局が判断したときには工作物の使用禁止ないし封鎖もしくは除去をすることができる。なお、こうした職務遂行のために、運輸省の職員に裁判所の認可を必要とすることなく立入ることができ、かつ、職務質問ができる権限を与えている。これにたいして、立入りを拒み、もしくは妨げ、質問に答えない場合ならびに虚偽の答弁をした場合には「五万円以下の罰金に処する」ことができるのである。そうして、「関係行政機関」は『成田新法』の実施について「運輸大臣に協力しなければならない」と規定する。そればかりではない。新東京国際空港公団の職員を、この第二条（工作物の使用の禁止）のうち、特定する項目に従事させることができるとし、その際、公務員としての資格までも付与することができる、というのである。行政にこれだけの権限を与えたことは、黙秘権の否定も含めて、明らかに戦前への逆行である、ということを指摘するだけでは済まされない。戦前の国家権力でも、そこまでの権限を与えていない。これは、一般官僚やその関係者にたいして治安公務員として警察権を付与する道をひらいたことになる。『成田新法』第二条が示す各法律の条文の執行に司法当局でさえも行なえない権限を持ち込んだことは、現行法を否定することにもなるであろう。しかし、問題は、それだけにとどまるものではない。こうした内容の法律を合憲としたのであるから、今後、この種の方法で対象を特定したり地域を特定したりして、関係諸機関がこの法律の実施に「協力しなければならない」と規定した法律を制定した場合にも適用され、その範囲はますます拡大することができる、ということになるのである。

「過激派集団」についての取締りだけであるならば、現行刑法ならびに関連する諸法を適用するだけで十分なはずである。にもかかわらず、あえて『成田新法』を制定させたのは、「新空港」拡張工事の阻害要因といえる反対派農民の私的権利の収奪の前提的条件を、「新空港」の治安に名を借りてつくり出すためである。「過激派集団」と農民集団とは別個のものである。このことは警察当局も熟知しているはずである。「過激派集団」の取締だけであるならば、強大な警察力をもってすれば容易に達成することができる。しかし、いうところの「過激派集団」は、いいかげんな政治に翻弄され、いままた土地も人権も奪われることに必死に抵抗する住民を支援している。また、彼等はまがりなりにも法の保護のもとに置かれている。そのために国は権力を思うように発揮できないのである。「過激派集団」を一挙につぶすことは、同時に農民をもつぶすことにつながる。それは、警察の強権力をもって市民としての農民の人権を否定し、土地をはじめとする財産を奪うことにもつながる。さすがに、現在の時点ではそこまでは国家権力といえども手を下すことはためらわれたのであろう。社会がこれを認めないからである。そこで、土地を手放すことをしない、農で生きることを生涯の使命としている者を、追い込む方法として考えたのが『成田新法』にほかならない。ここでは、「過激派集団」を特定しないところにその意味があり、「新空港」反対に参加する者は内容のいかんにかかわりなく「過激派集団」という名のもとに一括して反「国家的、社会経済的、公益的、人道的」なものとして概念規定する、という、きわめて乱暴な方法をとった。『成田新法』の適用区域は、「新空港」外側の三〇〇〇メートルにまでおよぶ、というのであるから、この区域内において、土地のとりあげにたいして、身をもって守ろうとするか、あるいは騒音等の公害にたいして抵抗する者が集団というかたちをとるとき——一人でも「過激派」（いずれ集団という文字はとるであろう）というように、やがて拡張解釈するであろう——には、『成田新法』が適用されることは当然であるとする。しかも、『成田新法』は、通常の法の厳格な適用という、デュー・プロセスを経ないで、行政レベルで、関係行政機関を従えて執行できるのであるから、明らかに司法もこのもとに従属させて強権力を発揮することができる。人々が。『成田新法』を戦前の悪法になぞらえて治安立法だと指摘するのは、このためである。

しかし、問題はひとり『成田新法』にとどまるものではない。デュー・プロセスを経ないで、多数決をもってこの種の治安立法や、立法にたいして安易な道を開いたことにある。

最高裁判所の大法廷において、裁判官一五名が、誰一人として『成田新法』の成立とその内容に疑点の一つも述べることなく全員一致をもって合憲としたことは、裁判官全員の揃い踏みという大げさな内容であるだけに、かえって滑稽さを増す。しかし、それだけにかえって、ここには、かつて、末弘厳太郎博士が法律解釈の行政への従属化の傾向という状況に注目して、「法律解釈の理論は裁判官其他法律的判断者の良心の問題である」(『法律解釈に於ける理論と政策』前掲)と指摘したことを、ふたたび持ち出さざるをえないほど、今日の裁判所、そうして法解釈をめぐる状況が悪化していることを示している。そもそも、裁判官に法の理念についての基本的認識がないからである。いな、ないからこそ、合憲と判快することができたのである。

その二つは、「新空港」と法の保護の問題である。下級審裁判所ならびに最高裁判所の判決内容は、原告(上告人)等がいかに人道的にも社会的にも許すことができない暴力集団であるかのように印象づけることに中心点が置かれていることである。したがって、「新空港」の建設に反対する原告と「過激派集団」というように、この両者を併列する。両者の相違を明確にしたうえで、　両者との関係を述べているものではない。そこで、この「新空港」の建設に反対する、という表現について、地元の人が行なっている抵抗が、いかに反対のための反対であるかというような、あるいは理由のないエゴイズムのあらわれであるかのように書かれている判決文について明らかにしておかなければならない。そもそも、この問題は「新空港」の決定そのものに原因があるからである。

「新空港」にいたるまでの過程は、きわめていきあたりばったりの政治的配慮によるもので、専門家による調査や研究のうえに決定されたものではない。であるから、立法の構想にいたってもいい加減なものであったことは時のマス・コミがよく伝えるところである。（これについては、「中立」という美名のもとにかくれて「成田シンポジューム」なるものを組織し、政府側の立場で調停に乗り出した一人、経済学者・宇沢弘文の『「成田」とは何か』（岩波新書）ですら指摘している。もっとも、指摘したにとどまり、現実の空港や法律を結果として容認している点において、政府サイドの答弁とは変わるものではない。「新空港」建設に際しては、その地域住民や土地権利者等にたいして十分な説明をすることや、意見を聞くなどして、納得のいく結論がなされたわけではない。原告の、というよりも、「新空港」の建設に反対した人々の運動は、空港そのものにたいして反対したというよりも、「新空港」の建設が突然というかたちで決定され、「新空港」の建設計画によって土地を失うことになる人々にたいして、官僚制支配機構、つまり、徳川時代、明治絶対主義国家のお上《かみ》の威光を笠に着て、強制的に土地を奪うようなかたちで臨んだことに端を発している。それは、「新空港」の建設であっても、他の事業であっても「新空港」方式で土地を奪うことを始めるとすれば同じことになる。「新空港」が、なにも土地の放棄に反対する者の多いところに、まして気象条件も悪く、地理的条件も悪い成田に建設されなければならないという必然性はなかった。その結果として、千葉県成田市や山武郡芝山町が東京とは全く関係ない県庁所在地の千葉市よりもはるかに遠い地方（田舎）であるにもかかわらず、「新東京国際空港」という詐欺的な名称が生まれる。そして、「新空港」によって土地を奪われることになる農民は、土地を放棄することを拒否した。この時点でごく少数者の権利は国家ならびに大多数者の利益のために犠牲となるべきである、という法理論ですら展開されていない。利益較量、ないしは比較較量という言葉ができるのは、まがりなりにも「新空港」ができあがり、航空機の離発着が頻繁に行われるようになってからである。法の下に保護されている少数者の権利や財産権と人権が多数者の利益のために、そうして、「国家的、社会経済的、公益的、人道的見地から」

という大義名分のような内容が意味不明の文言によって奪われてよい、というものではない。

不法行為の上に成り立つ構築物であっても、それが巨大化し多くの人が利用するところとなると、それが、企業の、資本の利益追求のためのものであっても、構築物の前提である不法行為は法律上において問われることがなくなる。これが日本の裁判所の判断の一般的特徴である。まして、国、政府、与党、県、大資本がひっくるめて直接に関与する空港のような施設にたいして例外であることはない。「新空港」が着工される以前において、地元の権利者が工事差止めの仮処分を申請しても、法理論上は可能であるにもかかわらず、実際には裁判所はこれを認めることはしないであろう。もし、認めたとしても、それは理論に忠実な地方裁判所の、少なくとも良識のある裁判官どまりである。それも現在の裁判所機構のもとではきわめて勇気を要する「危険」なことである。なぜならば、対象が政府・官僚が関与する国際的な大空港であるがためである。ここには、すでに法の正しい解釈や適用、法の正義は存在しないし、させてはならないのである。政治とこれに連なる企業の利益があるだけである。したがって、このようなケースの場合、弱者の権利は強者によって常に否定されることになる。民主主義にもとづく近代的な法は、弱者の権利を強者から保護することを建前とする。権利は、それが財産権であれ人権であれ、不法を原因としては奪われることはない。「新空港」の決定と、これの建設にいたるまでの過程は、不法行為の連続であったといってよい。しかし、いま、「新空港」の存在という既成事実の前には法の保護を受けられなくなる。民主主義的法治国家の基本原則は、ここでも崩れている。

ところで「古村」というような名称でよばれる地域の農民達は、例外なく古い歴史と伝統をもっている。また入植によって拓かれた村の農民達はその粒々辛苦のゆえに、土地に対して深い愛着をもっている。同じ土地や農地であっても、その思いは計測することができないのである。空港公団の土地買収にあたった職員は、この伝統的社会に生きる農民や荒れ地を拓いた農民にたいして例外なく、強圧と蔑視をもってのぞんだ。国の力を背景に、僅かな金を出せば農民は簡単に土地を手放すことと思ったのである。このことは、買収交渉をみると歴然としている。そこに成田問題の核心があることをひた隠しにしている。土地の取り上げに反対する農民達には、その土地で生活する権利がある。現行法律制度のもとにおいては、これを強権的に奪うことはできない。農民達は、単にこの土地を生涯の、生活の基盤としているばかりでなく、歴史とのかかわりあいの下に社会生活を送っているのである。古村や開拓の農民の権利は、ここで生活し、生存していく人権と、生業の権利、そうして作りあげてきた土地との結びつきという特殊財産にたいする権利が重畳的にある、ということにおいても複雑なかたちをとる。このことを理解することなく、一方的に国家の至上命令というものを、国際性とか社会経済とか人道とかいった言葉のオブラートに包んで強権力をもってのぞむことができるというのでは、戦後の民主主義時代をこえて、いきなり戦前社会へと戻したのと同じである。憲法違反などという生やさしい法律論以前の問題である。明らかに、現行憲法は死滅しつつある。

さきに述べたように、一般の良識ある法律学者は、『成田新法』を国家を最優先とする治安立法として戦前の治安立法のレベルで捉えていることは明らかであるが、それにもかかわらず、この法律について法律学者の批判がそれほど多くみられない。とくに、法の科学を建前とする法社会学者の間に少ないことが指摘できる。その理由は、おそらく裁判所の判決にみられるように、『成田新法』は「過激派集団」の「武力行使」を規制するための「新空港」のみに限定した時限立法であって、通常の人権や財産権とは関係がないものだと観念している——あるいは、そう思い込んでいる——ために、立法の背景や法の本質について見極められないか、もしくは、「過激派集団」とのかかわりあいを避けたいためであろうか、黙視している。不思議な現象である。『成田新法』が議員立法という形式をとったことは、政府が治安立法を行なったという指摘を避けるための方法であった。そのために、『成田新法』は広汎な知識人の反対をみることなく制定に成功した。ひきつづき一審・二審裁判所が、およそ常軌を逸した意味のない暴力行為を封ずるための法律であることにより『成田新法』は合憲である、という判決を行なったことについても反対意見が少なく、これによって最高裁判所も楽に判決することができる見通しがつき、いま、その意図が実現したのである。そうして、形式上は時限立法であり制限された特別法となっているが、その実質は、時限立法はたえず修正され、特別法は一般法をこえた存在となり、行政が司法を従えたかたちで展開できるということについても大きく道をひらいたといえる。

一九一一（明治四四）年、永井荷風は大逆事件に際会し、かって、フランスの小説家エミール・ゾラがドレフュス事件の冤罪について立ち上がったのにくらべ、自分はこの事件について文学者としてなにも言わなかったことに「甚だしき恥辱を感じ」、芸術の品位を下げることを決意している。時の政府の謀略事件にたいして正義を主張しなかった文学者のとるべき立場はこれでよいのかもしれないが、しかし、いやしくも法律学者となれば、それではすまされない。立法のもつ意味や法律の内容、そうして、判決について適確に法的判断をできない法律学者は、この種の立法や判決を肯定したことになり、今後、国家最優先を建前とした治安立法について反対する法的根拠を失いかねないことにもなる。また、かつて末広厳太郎氏が指摘したように（前出）法律学者としての資質がないとみられても仕方がない。

であると書いていることをう呑みにして、入会地の租放さや、開発を入会権がさまたげになっているということを知識としていることによる。前近代的という理解には、たしかに、川島武宜先生にもその一斑の責はあろう。また、徳川時代の所有論についてドイツのゲヴェーレという用語を用いて積極的に説明されたのも川島武宜先生である。ゲヴェーレについては、あるいは、徳川時代初期についてはその用語で説明がつくかも知れないが、徳川中期以降、幕末期にいたっての土地制度は説明されるものではない。なんとなれば、領有と所有とが明確に分離されているからである。前近代とゲヴェーレ論についてそのまま適用するのには問題が残る。入会権については、かって民法起草委員の富井政章氏が指摘しているように、団体的所有の一形態として捉えるべきであり、前近代については、明治維新変革の再検討とともに、プロシャ型発展の必然法則のなかで捉えるべきである。

ところで入会権についての研究は、明治期以来、今日にいたるまで数多くある。また、入会権に関する紛争を処理した大審院・最高裁判所の判決もおびただしい量である。私が、最高裁判所蔵によって、この判決のほとんどを集めたのは、川島武宜先生の御指導のもとにいたときである。したがって、私の入会の法律的・法社会学的研究についてはその多くを先生に負っている。

川島武宜先生のもとで、法律・法社会学の視点で入会権について最初に書いた（印刷した）論文は、温泉権をのぞくと、川島武宜・潮見俊隆・渡辺洋三編『入会権の解体Ⅲ』（昭和四三年、岩波書店）所載の『御料地・県有地入会と法律』（一一二頁）である。このとき、すでに川島先生が入会の権利の態様として、一、個別的共同利用、二、直接利用、三、分割利用、四、契約利用という四つを提示されていて、いやしくも入会を法律の面において捉える研究者ならば、この四つの形態は共通の前提であった。そうして、川島先生主宰の入会研究会はもとより、『入会権の解体Ⅳ』（未完）の入会理論・政策編の執筆についての会合でも、この形態については、なんら問題とはなっていない。

そればかりでなく、この認識は次第に広く人々が援用するところとなり、裁判所においても入会の権利関係を確認するうえでの基本的な分析手段として援用するようになったのである。私もまた、右の分析概念を入会研究の基本としてきた、もっとも、右の四形態を直接に援用した論文の数は少ない。とくに、入会の具体的分析研究においてはより少ない。しかし、さきに掲出した『入会権の解体Ⅲ』では、この理論が基底である。入会であるのか否か、ということを見極めるための法律論としては、この形態論は避けて通ることができない紛争解決のための手段であり、基準であったからである。

私が、この問題について疑問をもつようになったきっかけは、いずれも川島武宜先生の御指導から派生した。その一つは、マルクスの『ドイツ・イデオロギー』Karl Marx, Friedrich Engels, Die Deutsche Ideologieにおける所有についてどう把握すべきか。日本語訳には適切でない訳があるために文意が通らないところがあるし内容についても再検討しなければならない。したがって、これを先生が訳し直して論ずる、という作業をしばしば行なった。そうしてまた、『資本制生産に先行する諸形態』Karl Marx, Formen, die der kapitalistischen produktion vornergehen Dietz Venlage, Berlin, 1952.にいたっても、改訳しなければならない、ということで手をつけられ質議・応答もしばしばくり返したが、弁護士業務等のご多忙なこともあって断続的に行なわれ、残念なことに、いずれも完成をみることなく終った。しかし、この研究は、川島先生と二人だけでの研究であったが、先生の卓越した語学力とともに、その分析力は私にとってはきわめて有意義であった。それは、重要論文を原典に拠って正確に訳出する、というからではなく、論文を――原典・訳本を問わず――きわめて慎重に読み、そうして理解する、このようなものであったからである。そうして、もう一つは先生の「『ゲルマン的共同体』における『形式的平等性』の原理について」（大塚久雄教授還暦記念『国民経済の諸類型』、一九六八年、岩波書店）の執筆時において援用されたギールケの共同体論を理解するために行なった『ドイツ団体法論』Otto von Gierke, Das deutsche Genossen-schaftsrecht, 1.Bd. 1868.の当該頁の素読と検討である。これは、夏の軽井沢において短期間、集中的に先生の主導で行なわれたが、このときのギーケルについての理解は私に大きな影響をあたえた。

これらは、たんに民法・法社会学における入会権の解釈にとって有用であったばかりではなく、入会と共同体についての関連を、共同体の、そうして、共同体的所有という面から解明し理論づけるきっかけとなったのである。入会を可能ならしめているのは、ほかならぬ入会集団という権利主体の存在である。しかし、入会集団は、任意の諸個人が集まってつくりだした団体ではなく、一定の法則性＝法律的規定性をもって歴史規定性のもとにおかれているのであるから、少なくとも、これらの集団が民法典において規定されている他の集団や団体とはその権利の性質が異なる。この特質とでもいうべきものが、いわゆる「村落共同体」Dorfgemeinde との関係である。村落共同体について、まず、比較史的にみて理論構成をするということは、すでに共同体について独自の理論を展開された大塚久雄氏――同氏は、ヴェーバー、マルクスに依拠しているといわれるが、その内容をみて明らかなように大塚久雄氏独自のものであり、たんなる引用や焼き直しではない――の業績と重ねて、右の研究成果（というべきもの）を、日本の具体的事象に照らして、どのように理解し、また、理論づけることができるか、ということであった。

私は右の研究の対応として、共同体の理解を深めるために、ドイツのHandworterduch der Staatswissenschaaften. 1910, Gustar Ficharに収められている論文のうちから、共同体に関するものを選んで読んでみた（のちに、小冊子の体裁に編集した）。この論文は、一九世紀末から二〇世紀のはじめに出版されたのにもかかわらず、今日でもなお、新鮮さを失っていないし、また、学問的にも高い水準を保っているという特徴がある、それは、執筆者の顔ぶれをみても明らかなように、当時というよりは今世紀の最高のスタッフをもって構成されているということであり、いわば、これらの項目は、執筆者の学問的水準を圧縮してあらわしたものである、ということができる（その点、わが国に氾濫している、とおりいっぺんの常識的な『辞典』とは木質的に異なっている）。

他方、入会権についての研究は、別の角度からも進められる。それは、福島正夫先生の御指導による民法成立過程の研究、とりわけ、入会権についての立法資料の調査と、部落と入会林野とのかかわりについてである。その調査の法的な究明から福島正夫先生の御指示に従って、具体的な事例調査から多くの御教示をうけた。このことはまた、石井良助先生の総有論についての御教示や、川島武宜先生のゲヴェーレ論 Gewere とも深いかかわりをもつのである。

このように、慣習を法源とする入会について、法律上の紛争の解決をするためには入会の行為、つまり、入会がどのような事実関係において成り立っているのか、ということから、入会の主体とはどのようなものであり、慣習という規範がいかなる集団＝団体によって維持されているのか、ということが重要な問題となってきたために、これまでに主として経済史学・歴史学の学問分野において論ぜられ研究されてきた共同体論が、法社会学、法解釈学にとっても、法律的に明らかにしなければならなくなったのである。それは、紛争の処理という実務上の必要性から生まれたものであるが、その背景には、戦後における部落の変容と、これに関連して裁判所の入会判決への対応が要請されたからにほかならない。これまでの民法概説書の入会についての解釈や説明ならびに近世入会の歴史的研究が入会の現状について適確性をもたなくなったからである。部落と入会との関係については、その内容が適確に明らかにされないまま使用されてきた。しかし、戦後における民主化＝近代化論は、この部落を共同体との関連性において捉え、近代化に対置したのである。

近代化あるいは近代法理論の前提として、いわゆる封建的諸関係は止揚 Aufhebung されなければならない。いいかえるならば、前近代的諸関係は、近代的諸関係にとっては対立物となる。部落的結合はまさに前近代的諸関係である。戦前社会においては、前近代的社会関係の上に日本経済・政治が展開し、その特殊性にたいして法律が根拠をあたえた。戦後改革においては、この前近代的諸関係が、いわゆる近代化の阻害的集件として概念され改革の対象になった。川島武宜先生が、近代的法律学における理論的主導者であったことは周知の事実である。入会権についての実体的・理論的研究も戦後改革のなかに包摂される。『入会権の解体』は、法を社会的諸関係のなかにおいて捉え、その実態を明らかにした。入会権は、近代化のなかにおいて変化し、そうして解体する。あるいは解体しなければならない。にもかかわらず、入会権において四つの形態を見出したことは、かえって、入会権の解体ではなく、変化を実証し、一般的な教科書的通説による入会権の概念を科学的に否定するものであった。しかし、依然として、入会権は前近代的諸関係の上に成り立つ、と概念規定される。その、実際的な解体の過程について推進的役割をはたしたのが、「入会林野等に係る権利関係の近代化の助長に関する法律」（昭和四一年六月二七日、第五一通常国会。以下、林野近代化法と略称する）である。自治省・農林省林野庁との共同による法案の作成ならびに審議の過程においては私が参加し、法案提出の最終的局面において川島武宜先生は関与された。これは、近代化論の実践としては当然なことである。ただし、法案の審議と作成の段階において私は福島正夫先生と反対の立場であった、この法律はまさに、かって、部落有林野の統一・公有林野の整理を国策として強圧政策をもって遂行した、旧内務省・農林省山林局のイデオロギーの再版にほかならないからである。

右をうけてなされた農林省委託による川島先生主宰の北海道における入会調査は、この林野近代化法実施の延長上においてなされたが、川島先生と私は北海道にも入会権は存在するという前提から入会集団の生成という理論的仮定を実証することが目的であった。なにも、農林省の改革に協力したためではない。これを利用したといってもよい。この時期においては、すでに、入会権の社会的基礎、慣習の法社会学的研究は、部落＝村落共同体をもって入会権の主体として構成している。しかも、入会権利省の権利は一戸一権を原則とした家である。したがって、これらは当然のことながら、近代化論＝近代法の体系のなかにおいては異種のものとして否定されなければならないことになる。北海通においては、近代的諸関係が全面的に展開している、などという素朴な理解についてはもともと調査以前の段階において肯定はしていない。とくに、徳川時代において藩支配がみられ、村落制度が実施されている地域においては、「内地」と同じような村落構造と入会がみられることは当然と思われたし、さらに、アイヌ民族が集落をかたちづくっているようなところでは入会的なものが存在することも想定されたからである。調査は、想定した仮説が実態となってあらわれた。だが、ほとんど「内地」（旧時における北海道以外の日本本州の慣用的呼称）でみられない社会形態をとっている入植地において、「内地」と似かよった部落的な結合を求める動きにも直面したのである。これを川島武宜先生は部落的＝村落共同体的結合への指向ということを想定されたが、私はむしろ合有的結合とみた方がより適切であろうと思った。中田薫氏が規定している総有関係を形成するにいたるまでには、なお、いくつかの与件が導入されなければならないからである。

この前後において、川島武宜先生は、入会紛争・裁判にいくつか関与され、入会権に関する鑑定書を作成している。そのすべてが、入会権の解体に関するものではなく、入会権存在・確認の実証とこれの理論的構成である。それらは、部落＝村落共同体を中核に据えた総有論が理論としてあらわれる。入会権解体の要因や糸口といったものはみられない。入会権理論を総有論によって再構成するとともに総有財産の維持という観点から権利・主体の結合についてさえ、先生の入会理論の基本によって再構成することを指示された。富士山麓の入会組合親約の作成もその一つである。そうして、入会権解体について積極的政策をとった政府・関係省庁・地方庁にたいして批判をされる。さらに、裁判所の判決のいくつかについても批判される。川島武宜先生の近代化理論が、ここにおいて近代法理論上にいかなる位置づけをあたえられるのか、それが入会権にどう適用されるのか、それが明確にされないまま、そうして、『入会権の解体Ⅳ』も完成されないまま――この近代化論に対応できないために完成されなかったともいえる。――先生のご生涯が終わられることによってこれに終止符をうった。

川島武宜先生・福島正夫先生の学恩に感謝するとともに、心からご冥福をお祈り申し上げる次第である。

（1）川島武宜監修・北條浩編「大審院・最高裁判所入会判決集」全一三巻、一九七八年、御茶の水書房。木書は、大審院・最高裁判所の入会判決について、刊行された判決集のなかから集めて編集したものである。なお、書名がよく似ている川島武宜監修・北條浩編『判決原本版大審院・最高裁判所入会判決集（全二二巻一九八一年、御茶の水書房）は、最高裁判所に所蔵されている明治八年以来の判決原本を調査して、そのなかから、さきに刊行された判決以外の入会判決について編集し刊行したものである。

（2）この点のいきさつについては、『川島武宜著作集　第八巻』（一九八三年、岩波書店）中の「入会慣習法の実態」・「入会権の解体」（二一～三八頁）・「入会権の基礎理論」（六四～一二〇頁）、「解題」（三二六～三二八頁）を参照されたい。

（3）そのもっとも代表的な資料として、『明治二六年全国山林原野入会慣行調査資料』（林野庁）ならびに小林巳智次監修、福島正夫・北條浩編『昭和五年全国山林原野入会慣行調査資料』（林野庁、徳川林政史研究所刊）をあげておく。

（4）『北海道部藩有林野調査報告一、二』（林野庁）なお、川島武宜先生執筆の分は前掲『著作集』は所収している。

（5）前示した『調査報告書』参照。なお、この点についての川島先生との討論・検討については詳細が記録されていない。

予備調査は北海道庁林務部の協力をえて私がいくつかの調査を行ない、それを川島先生に報告して、さらに、川島先生とともに三か所ほどの調査を行った。その後に、各氏が私の予備調査で選定したところを調査したのである。

著者紹介

北條　　浩（ほうじょう　ひろし）

東京市神田に生れる。

千葉敬愛短期大学講師、徳川林政史研究所主任研究員、帝京大学大学院法学研究科教授、アメリカ合衆国ヴァージニア州立ジョージ・メイスン大学客員教授、徳川林政史研究所客員研究員等を歴任。

主要著書

民法の成立過程と入会権（福島正夫氏と共編著、1968年、宗文館書店）河口湖水利権史（1970年、慶応書房）、林野入会と村落構造（渡辺洋三氏と共編著、1975年、東京大学出版会）、林野法制の展開と村落共同体（1979年、御茶の水書房）、明治初年地租改正の研究（1992年、御茶の水書房）、入会の法社会学　上・下（2000年、2001年、御茶の水書房）、日本水利権史の研究（2004年、御茶の水書房）、その他。

編書

旧慣温泉権資料集（川島武宜監修、1968年、宗文館書店）、明治二十六年全国山林原野入会慣行調査資料（福島正夫氏と共編著、1965年、林野庁）、昭和五年全国山林原野入会慣行調査資料・全6巻（小林巳智次監修・福島正夫・北條浩編、1968年、林野庁）、その他。

日本《にほん》近代化《きんだいか》の構造的特質《こうぞうてきとくしつ》

2008年11月15日　第1版第1刷発行

著　者　北　條　　　浩

発行者　橋　本　盛　作

〒113-0033　東京都文京区本郷5-30-20

発行所　株式会社御茶の水書房

電話　03-5684-0751

FAX　03-5684-0753

Printed in Japan　　編集／（株）アイテム　印刷／（株）平河工業社

製本／東洋経済印刷（株）

ISBN978-4-275-00804-6　C3021